21世纪普通高等院校系列规划教材

市场营销学

Shichang Yingxiaoxue

（第二版）

主　编　黄　浩

副主编　王山宝　钟大辉　覃彦玲　詹华庆　揭东慧

西南财经大学出版社

Foreword 总序

为推进中国高等教育事业可持续发展，经国务院批准，教育部、财政部启动实施了“高等学校本科教学质量与教学改革工程”（下面简称“质量工程”）。这是深入贯彻科学发展观，落实“把高等教育的工作重点放在提高质量上”的战略部署，在新时期实施的一项意义重大的本科教学改革举措。“质量工程”以提高高等学校本科教学质量为目标，以推进改革和实现优质资源共享为手段，按照“分类指导、鼓励特色、重在改革”的原则，加强课程建设，着力提升我国高等教育的质量和整体实力。为满足本科层次经济类、管理类教学改革与发展的需求，培养高素质有特色应用型创新型人才，迫切需要普通本科院校经管类教学部门开展深度合作，加强信息交流。值得庆幸的是，西南财经大学出版社给我们搭建了一个平台，协调组织召开了普通本科院校经管学院院长联席会议，就教学、科研、管理、师资队伍建设、人才培养等方面的问题进行了广泛而深入的研讨。

为了切实推进“质量工程”，第一次联席会议将“课程、教材建设与资源共享”作为讨论、落实的重点。与会人员对普通本科的教材内容建设问题进行了深入探讨，认为目前各高校使用的教材存在实用性和实践性不强、针对性不够等问题，需要编写一套高质量的普通本科教材，以促进课程体系和教学体系的合理构建，推动教学内容和教学方法的创新，形成具有鲜明特色的教学体系，以利于普通本科教育的可持续发展。通过充分的研讨和沟通，与会人员一致同意，共同打造切合教育改革潮流、深刻理解和把握普通本科教育内涵特征、贴近教学需求的高质量的21世纪普通高等院校系列规划教材。鉴于此，本编委会与西南财经大学出版社合作，组织了二十余所院校的教师共同编写本系列规划教材。

本系列规划教材编写的指导思想：在适度的基础知识与理论体系覆盖下，针对普通本科院校学生的特点，夯实基础，强化实训。编写时，一是注重教材的科学性和前沿性，二是注重教材的基础性，三是注重教材的实践性，力争使本系列教材做到“教师易教，学生乐学，技能实用”。

本系列规划教材以立体化、系列化和精品化为特色，包括教材、辅导读物、讲课课件、案例及实训等；同时，力争做到“基础课横向广覆盖，专业课纵向成系统”；力争把每本教材都打造成精品，让多数教材能成为省级精品课教材、部分教材成为国家级精品课教材。

为了编好本系列教材，在西南财经大学出版社的支持下，经过了多次磋商和讨论成立了由西南财经大学副校长、博士生导师丁任重教授任名誉主任，章道云教授任主任，王朝全教授、李成文教授、花海燕教授、赵鹏程教授、傅江景教授、蒋远胜教授任副主任，二十余所院校的专家教授任委员的编委会。

在编委会的组织、协调下，该系列教材由各院校具有丰富教学经验并有教授或副教授职称的教师担任主编，由各书主编拟订大纲，经编委会审核后再编写。同时，每一种教材均吸收多所院校的教师参加编写，以集众家之长。自2008年启动以来，经几年的打造，现在已出版了公共基础、工商管理、财务与会计、旅游管理、电子商务、国际商务、专业实训、金融、综合类九大系列70余种教材。该系列教材出版后，社会反响好，有9种获评四川省“十二五”规划教材，有多种成为省级精品课程教材。

下一步根据各院校的教学需要，还将做两件事：一是结合转变教学范式，按照理念先进（体现人才培养的宽口径、厚基础、重创新的现代教育理念）、特色鲜明（体现科学发展观要求的学科特色、人才质量水平和转变教学范式的最新成果）、理论前沿（体现学科行业新知识、新技术、新成果和新制度）、立体化建设（基于网络与信息技术支持，形成一本主教材加与之配套的数字化资源，以辅助教学的网络平台提供创新型教学服务为支撑的内容产品体系）、模块新颖（教材应充分利用现代教育技术创新内容结构体系，以利于进行更加生动活泼的教学，引导学生利用各种网络资源促进自主学习和个性化学习，兼具“客观化教材”“开放性索引”“研究性资料”和“实践性环节”的功能）的要求，引进先进的教材编写模块来修订、完善已出版的教材；二是重点补充规划旅游类、实训类教材。

希望经多方努力，力争将此系列教材打造成适应教学范式转变的高水平教材。在此，我们对各学院领导的大力支持、各位作者的辛勤劳动以及西南财经大学出版社的鼎力相助表示衷心的感谢！

21世纪普通高等院校系列规划教材编委会

2013年4月

第二版前言

Foreword

《市场营销学》教材自2009年2月出版以来，承蒙读者和各高校师生厚爱，已连续三次重印，影响范围日益扩大。在使用过程中，读者们提出了很多建设性的修改意见和建议，西南财经大学出版社也积极支持我对教材做适当修订，使我有了编写修订版的动力和勇气。但由于工作变动和一些个人原因，原编写者已很难重新组织在一起，因此，我组织了部分长期从事市场营销学教学和科研并承担市场营销学精品课程建设的教师，对《市场营销学》进行了系统修订。他们是（以修订章节为序）：黄浩教授（第一、二章）、陈云岗副教授（第三、四章）、王山宝副教授（第五、六章）、候冬梅副教授（第七、九章）、倪秋萍讲师（第十章）、周静讲师（第八、十一章）。

此次修订参考了由我主持的四川省精品开放课程市场营销学项目的部分研究成果，注重对学科前沿最新知识的介绍和最新案例的更新，力求使本教材更加贴近一般本科院校的教学需要，着重对学生的创新思维能力和实践能力的培养，强调对学生在市场营销实践中创造性分析问题解决问题的能力训练。

本教材在修订过程中得到了西南财经大学出版社的大力支持和鼓励，同时，本教材也参考了国内外市场营销学界的最新研究成果和各类媒体关于市场营销学的评论报道，在此，一并致谢。恳切希望广大读者能一如既往地关心本教材，对本教材的不足之处继续提出意见和建议，以使我们能紧跟学科发展，为大家奉献出更优质的教材。

黄　浩

2014年12月

前言 Foreword

随着市场经济的发展，市场营销的理念与思想已经潜移默化地渗透到了许多领域，涉及社会经济生活的方方面面。可以毫不夸张地讲，生存在这个世界上的每一个人都应该懂一点营销！有关市场营销学方面的课程在高等院校中受到了广泛的重视，它不仅成为工商管理类专业的核心主干课程，而且是经济类、管理类专业的必修课程，甚至作为公共选修课为所有的专业开出，受到了许多文科和理工科专业学生的欢迎。同时，近年来，随着我国高等教育事业的发展，一般本科院校得到了迅猛发展，但适合一般本科院校教育特色的教材并不多，特别是重视应用能力培养和技能训练的市场营销学教材更少。

本书正是为适应我国一般本科院校教育发展的需要，结合我国一般本科院校教育的特点，精心组织了多年从事一般本科院校市场营销学教学和科研的专家、学者编写而成。市场营销学是一门实践性很强的学科，因此本教材博采众长，融合中西，突出应用性原则，重视理论和实际的联系，在立足市场营销学基础知识的同时，吸取了最新最前沿的营销理论和观点，并配以大量的营销案例，具有很强的应用性和实战性，重点培养学生的创新思维能力和实践能力，并使学生能够在市场营销实践中创造性地分析问题、解决问题，使本书符合一般本科院校教学需要。

本书既有对营销一般原理的理论阐述，又有具体可行的实际办法介绍。另外，为了反映营销理论和实践的发展，开阔视野和便于读者学习，我们在各章前增加了全章学习要点和开篇案例；在各章后有本章小结、思考与练习。通过这些努力，力求形成“简约、规范、科学，基本概念清楚，原理阐释有层次，方法和策略实用”的一般本科院校市场营销学教材品位和特色。

本书由四川省市场营销学精品课程负责人、宜宾学院黄浩教授和吉林农业科技学院钟大辉副教授任主编，西南科技大学覃彦玲副教授、攀枝花学院詹华庆副教授、佛山科学技术学院揭东慧副教授任副主编。由黄浩教授提出编写提纲，并经主编、副主编讨论决定。参加本书编写的有（以编写章节为序）：宜宾学院胡妍（第一章），西南科技大学覃彦玲（第二章），西华大学孟阳（第三章），攀枝花学院詹华庆（第四章），佛山科学技术学院揭东慧（第五章），西华师范大学陈正茂（第六章），宜宾学院侯冬梅（第七章），吉林农业科技学院钟大辉、刘宝安（第八章），西华大学蓝进（第九章），吉林农业科技学院葛洪英（第十章），乐山师范学院高文香、徐华林（第十一章），内江师范学院曹灿（第十二章）。全书完成后由黄浩教授和钟大辉教授分别统稿，最后由黄浩教授定稿。

本书在编写和出版的过程中，得到了参编者所在院系领导和西南财经大学出版社的关心、指导和支持；另外，本书还参考、借鉴了国内外营销学界前辈和同仁的诸多教学科研成果。在此，一并表示最诚挚的谢意。同时，也希望广大读者能够对本书的瑕疵之处不吝赐教，以便本书再版时修订。

编者

2008 年 11 月

目录 Contents

第一章　市场营销导论

学习要点

通过学习本章内容，理解市场营销以及市场营销管理的科学内涵；弄清市场营销与销售的区别与联系；了解市场营销管理的过程，明确市场营销管理的八大任务；了解市场营销学的学科性质、产生与发展、研究方法。

开篇案例

【案例一】爸爸去哪儿：口碑依然为王

说到2013年最火的娱乐节目，除了好声音第二季之外，莫过于横空出世的《爸爸去哪儿》了。《爸爸去哪儿》是一档明星亲子真人秀节目，在经历了《快乐男声》与《中国好声音》第二季的惨败之后，芒果台对于这档节目的推广可以称为低调，然后谁也没想到《爸爸去哪儿》一经推出后芒果台收视率却急速飙升，成为同时段电视节目收视率的第一名。

与之前不少娱乐节目在开播前大力宣传不同，《爸爸去哪儿》在开播前几乎很少有人知道，但在10月11日——也就是第一集开播这天，《爸爸去哪儿》在社交网络上的讨论量突然直线上升。许多观看了这档节目的观众开始跑到社交网络上给它以好评，其他人看到这些好评后便去主动搜索，然后观看网络版，直至成为《爸爸去哪儿》的忠实观众——这便是口碑传播的最典型表现。当然在传播过程中，林志颖、田亮等明星在社交网络上的讨论同样带动了收视率的提升。《爸爸去哪儿》的收视率自开播以来可以说是直线上升，由10月11日的1.1一直飙升至12月6日的2.9，马上就要破3了。

《爸爸去哪儿》的成功证明了在这个社会化媒体时代，内容为王这一说法并没有过时，好内容带动的口碑传播依然是最好的营销。

【案例二】恒大冰泉：借势营销的胜利

2013年11月9日，在与首尔足球俱乐部（FC Seoul）的决战开始前，广州恒大的球员穿上了胸前印有恒大冰泉的球衣，此前恒大拒绝了三星以每年4 000万元冠名球衣的合作。当晚广州恒大如愿以偿捧得了亚冠奖杯，恒大冰泉则几乎一夜成名。

恒大冰泉的横空出世与广州恒大在足球赛场上的表现紧密相连。2013年广州恒大在亚冠赛场上的胜利震惊了亚洲足坛，恒大获得比赛的胜利便是对自身品牌的最大广告。正如许家印算的账：在中央电视台打广告，1秒钟大概15万元。恒大一场球有25家电视台现场直播，有300多家媒体报道，11个运动员穿着印上了“恒大”两个字的背心，一个半小时的直播时间，如果做广告要多少钱?

除了品牌在赛场上的展示，恒大在微博上的表现也堪称优秀，每场重要的比赛，官方微博都会进行同步文字直播，在重要比赛之前，恒大还会在微博上发布官方海报。11月9日晚恒大“这一夜我们征服亚洲！下一步我们走向世界!”一条带有海报的微博获得超过7 000次的转发。

恒大的这一线上线下整合营销的策略为其获得了极大的曝光量和品牌价值。而当11月9日晚恒大推出恒大冰泉的时候，这一切优势和价值便附加在了恒大冰泉身上。

虽然恒大冰泉在电视、楼宇的广告仿佛让我们回到了20世纪90年代那个粗暴广告的时代，但毫无疑问越来越多的人因为广州恒大足球队而记住了恒大冰泉。

那么，什么是市场营销呢?

第一节　现代市场营销的科学内涵

一、市场营销的概念表述

市场营销是由英文Marketing一词翻译过来的，产生于美国，原意是市场上的买卖活动。随着市场经济的发展，人们对市场营销的认识在不断深化，但由于考虑问题的角度不同，便产生了对市场营销的不同理解，从而形成了不同的概念。

美国学者梅纳德（Maynard）和贝克曼（Beckman）1952年在其所著的《市场营销原理》一书中，给市场营销所下的定义是：“市场营销是影响商品交换或所有权转移以及为商品实体分配服务的一切必要的企业活动。”1960年，美国市场营销协会（American Marketing Association，简称AMA）定义委员会将市场营销定义为："市场营销是把产品和劳务从生产者引导到消费者或用户所进行的企业活动。"这些定义的缺点，是把市场营销仅仅局限在流通领域，从而容易使市场营销与推销产生混淆。

美国人理查德（Richard T. Hise）、彼得·吉勒（Peter L. Giller）和约翰·瑞恩斯（John K. Ryans）在其所著的《市场营销原理与决策》一书中，把市场营销定义为"确定市场需求，并使提供的商品和服务能满足这些需求"。这一定义的优点，是把市场营销研究超出了流通领域，从而把营销与推销区别开来；其缺点是没有超出企业的界限，认识不到市场营销对整个国民经济发展的重要意义。

1985年，美国市场营销协会定义委员会重新给市场营销下了定义："市场营销是（个人和组织）对思想、产品和服务的构思、定价、促销和分销的计划和执行过程，以创造达到个人和组织的目标的交换。"同其他定义相比，该定义在内涵上丰富得多，从而更符合社会的实际情况。其发展主要体现在五个方面：①把市场营销主体从企业扩展到整个社会；②把市场营销客体从产品扩展到思想、服务的领域；③强调了市场营销的核心功能是交换；④指明市场营销的指导思想是顾客导向；⑤说明市场营销活动是一个过程，而不是某一个阶段。

尽管上述定义从理论上讲得完善，但表述上显得拖沓，因此，中国学者多数喜欢采用美国市场营销学专家菲利普·科特勒（Philip Kotler）的定义：市场营销是个人和群体通过创造并同他人交换产品和价值以满足需求和欲望的一种社会和管理过程。

二、现代市场营销的科学内涵

菲利普·科特勒的定义科学、准确、概括性强，但较为抽象。若要深刻揭示现代市场营销的科学内涵，则需由浅入深、由表及里地弄清以下几个问题：

（一）市场营销的实质是一种社会性的经营管理活动

市场营销从实质上来说，是一种社会活动，确切地说应该是一种经营管理活动。由于它广泛存在于各种内容、各种形式、各种主体之间的交换活动中，因此，它是一种社会性的经营管理活动。

（二）市场营销的本质是商品交换

市场营销本质上是一种商品交换活动，因而可以说市场营销适用于存在交换关系的所有领域。

人们（包括自然人与法人）为了满足自己的需要，必须获得能满足这种需要的产品。人们获得能满足自己需要的产品可以通过四种方式，即自行生产、强制取得、乞讨及交换。当人们决定以交换方式来满足需要或欲望时，就存在市场营销了。市场营销就是以满足人们各种需要和欲望为目的，变潜在交换为现实交换的一系列管理活动。我们把在寻求交换时表现得更积极、更主动的一方称为市场营销者，而将不积极的另一方称作目标顾客或潜在顾客。可见，市场营销者既可以是买方，也可以是卖方。但是，由于买方市场在市场经济体制下较为普遍且长期存在，因此，我们所研究的市场营销一般就是从卖方的角度来说的。

（三）市场营销的主体是个人或组织，最典型的是企业

市场营销是在个人与个人、组织与组织、组织与个人之间进行的一种交换活动。组织既包括工商企业、交通运输企业、服务业企业等营利性组织，也包括学校、公益组织、政府机关等非营利性组织。政府部门、企业、事业单位、社会团体等组织和个人作为市场主体都可以开展市场营销活动。但是，最典型的营销主体还是企业，因此，在对市场营销基本理论与方法的阐述中，主要以企业为例展开，其基本思想对其他类型组织及个人仍然适用。市场营销就是企业积极主动寻找、创造交换机会，满足交换各方需要和欲望的社会性经营管理活动过程。

（四）市场营销的客体（对象）是市场

站在不同的角度，人们对市场有着不同的解释。对有形市场来说，人们一般把它概括为商品交换的场所或地点；对于涵盖有形市场和无形市场的市场概念，人们一般把它概括为商品交换关系的总和。对于卖方来说，他们所说的市场一般就是指人们对某种或某类商品具有的现实或潜在需求的总和；对于买方来说，他们所说的市场一般就是指人们对某种或某类商品具有的现实或潜在供给的总和。从某种或某类商品供求力量对比的格局的角度来看，市场有买方市场、卖方市场和均衡市场之分。买方市场是指供给大于需求，买方占主导的市场格局；卖方市场是指供给小于需求，卖方占主导的市场格局；而均衡市场则是供给与需求实现平衡的市场。

（五）市场营销的目的是满足交换各方需要

市场营销学的本质是一种交换活动，从供给和需求两方面分析，同时满足自己需要和他人需要的唯一途径是商品交换，只有同时满足交换各方需要的交换活动才是市场营销，不满足任何一方或仅仅满足其中一方需要的市场活动都不是真正的市场营销。

（六）市场营销的总体原则是等价交换

价值规律是商品经济的普遍的客观经济规律，只要存在商品生产与商品交换，价值规律就必然存在并发生作用。市场营销也是遵循价值规律、依照等价交换原则、体现等价交换机理、实现等价交换效果的商品交换活动。那种认为市场营销就是通过灵活定价、精美包装、广告艺术等营销技巧进行促销，以坑害消费者，谋取不当利益的态度是对市场营销的误解；同样，那种不遵循等价交换的市场经济机理，欺骗或损害消费者利益的交换行为，也并非真正的市场营销。当然，价格围绕价值上下波动，有时格高于价值，有时低于价值的现象，也并不违背价值规律与等价交换的总体原则，而且这也是价值规律作用于市场营销，市场营销遵循价值规律的表现。

（七）市场营销的宗旨是通过满足消费者需要实现自己营利的目的

虽然市场营销的目的是同时满足交换各方的需要，但是，现代市场经济条件下，买方市场长期存在，它的前提和重心却是满足消费者需要，是设法发现消费者现实需要和潜在需要，并通过商品交换尽力满足它，把满足消费者需要变成企业的营利机会，这是市场营销的宗旨。市场营销可以帮助企业同时考虑消费者需要和企业利润，寻找能实现企业利润最大化和顾客需要满足最大化的营销决策。交换过程能否顺利进行，取决于企业创造的产品的价值满足顾客需求的强度和交换过程管理的水平。

（八）市场营销的手段是企业的整体性营销活动

整体性营销是指企业为满足目标市场需要而开展的各项市场经营活动的总称，包括从了解消费者需要，到消费者需要满足的各阶段的各种活动，包括从产品生产之前到产品售出以后全过程的所有营销战略与策略。整体性营销涵盖企业产品生产之前和售出以后的全过程，所有的活动协调统一，紧密配合，而且不断循环往复。

（九）市场营销的媒体是产品，包括一切可以满足消费者需要的因素

作为商品交换活动媒体的产品包括所有能传送产品价值到消费者的载体，既包括具有实物形态的有形产品，也包括不具有实物形态的无形产品。可以说，产品包括一切可以满足消费者需要的因素，如货物、服务、思想、知识、信息、技术、娱乐等种种有形和无形的因素。

营销实践中，有许多企业过于重视有形产品而忽视伴随而来的售前、售中和售后服务，忘记了顾客购买是为了满足需求而不是为了得到某种物体，集中注意力于产品实体而忽视顾客需求等表现，营销学界称其为“市场营销近视症”。企业只有真正认识到并深刻领会产品只是传递满足消费者需求的效用或价值的载体，才能有效克服这种市场营销近视症。

（十）现代市场营销的特征是适应现代市场经济要求，遵循现代营销理念，面向全球市场，实施现代营销管理，运用现代营销技术，满足现代消费者需求

市场营销有传统市场营销与现代市场营销之分。现代市场营销就是适应现代市场营销环境，特别是适应21世纪网络经济的营销环境，按照现代市场营销管理哲学与现代市场营销理论组织管理市场营销活动，努力运用现代科学技术，积极创新营销方式，面向全球市场，积极实施全球营销战略，通过满足现代消费者需要实现企业营利目的的营销活动。

第二节　现代市场营销管理

一、现代市场营销管理的概念

美国市场营销协会 1985 年将市场营销管理定义为：规划和实施理念、商务的设计、定价、分销与促销，为满足顾客需要和组织目标而创造交换过程。

按照亨利·法约尔的一般管理理论，管理活动具有计划、组织、指挥、协调五大职能。那么，市场营销管理也是一个包括分析计划、组织实施、调和监督控制的过程，它涵盖了理念、有形商品和服务等领域，其目标是满足交换各方的需要。因此，市场营销管理是指企业为实现其目标，创造、建立并保持与目标市场之间的互利交换关系而进行的分析、计划、执行与控制过程。

二、现代市场营销管理的任务

企业在开展市场营销活动过程中，通常会预计一个要实现的需求水平，但是，现实中需求是受多种因素影响的，现实的需求水平也会经常与企业预期水平发生偏差，即实际需求水平可能低于、等于或高于这个预期的需求水平。为此企业必须重视市场营销管理。市场营销管理的总任务就是调节需求的时间、性质和水平，以实现企业的营销目标。在不同的需求状况下，市场营销应承担不同的任务。由此可见，市场营销管理的实质是需求管理。

根据需求水平、时间和性质的不同，可归纳出八种不同的需求状况。在不同的需求状况下，市场营销管理的任务有所不同。

（一）否定需求

否定需求是指全部或多数消费者对某些产品（或服务）不但不产生需求，反而对其持回避或拒绝的态度。这可能是由于消费者对某种产品（或服务）存在误解，或该产品（或服务）本身的确不适宜消费者。例如，工业品使用者对于某些可靠性差或维持费用高的产品拒绝使用；糖尿病人回避含糖量高的食品，高血脂患者回避高脂肪食品；特定地区或种族的人由于宗教禁忌或风俗习惯而对某些特定产品或服务持拒绝态度等。针对否定需求，企业应进行改善性或扭转性营销，也就是在充分进行市场调研，了解消费者对产品的意见、消费者的信念、价值观及其真正需要的基础上，采取各种办法消除使消费者产生厌恶和回避的因素，使否定需求变为肯定需求；或者干脆放弃不适宜的商品。其实质是认真分析顾客的需求特点，然后采取措施，将顾客真正需要的产品送到顾客手中。

（二）无需求

无需求不同于否定需求，不是由于消费者对产品产生厌恶或反感情绪而对产品采取否定态度，而是由于消费者对产品还缺乏了解或缺乏使用条件，因而对产品不感兴趣或漠不关心，既无正感觉，也无负感觉。

针对上述情况，市场营销任务是设法使无需求变成有需求，要采取促进或刺激性营销的策略。通常可用的方法是，努力将产品或劳务与市场上现有的需求结合起来。如结合建筑的需要，研究和宣传利用炉渣制作新型建筑材料；改变市场环境，创造新的需求；积极赞助和推动山区有关部门修建水库，发展旅游业以形成对游船的需求；加强宣传，大做广告，促使顾客认识产品的优点，了解产品能给顾客所带来的好处，以激发人们的购买动机。

（三）潜在需求

潜在需求是指市场上消费者已对某种产品或服务有了明确的需求欲望，而这种产品尚未研制出来，服务尚未有人开展；或指在一定市场环境下，市场需求的最高限量中扣除现实需求后的那一部分需求。如许多人都想拥有一种性能更好、更安全舒适、省油、污染少的汽车；新一代高效抗病强身药物的问世定会适应人们希望健康长寿的需求……随着科技的发展和人们消费水平的提高，潜在需求的内容和层次将更加丰富。善于发现和了解市场的潜在需求不仅是工商企业的任务，更是其发展壮大的机会，是保证企业开发新产品，开辟新市场，增强企业生存能力和竞争发展能力的最可靠的源泉。因此，企业的高层领导，特别是具有战略眼光的企业家，应该把主要注意力集中在研究市场潜在需求这个问题上，进而领导企业开展开发性或引导性营销活动。也就是说，企业应针对需求的紧迫性，结合企业的条件，果断决策，锐意开发新产品，并积极引导消费者使用和购买新产品，将顾客的潜在需求化为现实的需求。

【案例】：在国外广泛流传着这样一个故事：

一次，英美两国的两家皮鞋厂都试图在太平洋的某个岛屿上开辟新的市场，于是各自派一名推销员来到这个岛屿，两个推销员来到该岛后的第二天，便向国内发出了内容截然相反的电报。英国推销员的电文为："本岛无人穿鞋，我于明日乘首班飞机回去。"而美国推销员却大喜过望，发回的电文为："好极了！该岛无人穿鞋，是一个潜力甚大的市场，我将长驻此地。"

结果，美国这家皮鞋厂的销售量当年就增加了17%，而英国那家皮鞋厂生意十分清淡，当年就倒闭了。

两个推销员何以得出如此截然相反的判断和采取截然相反的行动呢？其中很重要的一点，就是思维方式的不同。英国推销员传统、保守，不知道如何去创造需求，他认为不穿鞋的人是永远不会买鞋的；而美国推销员却善于创造需求，从这个岛屿中发现了一个潜在的市场，对于没有穿鞋习惯的人，可以通过适当的方式，让他们改变这一习惯，从而开拓市场。

小资料： 意大利商人吉诺·包罗西说过，要让消费者选购你的商品，你必须先给他一个选购的理由，让他们非买你的商品不可，因为你所创造的产品是其他厂商没有的，任何一个生产经营者都不要做与别人完全相同的东西，要保持自己产品的特色，并要随时随地问自己："哪些东西是人们想要而现在还没有在市面上出现的?"

（四）下降需求

下降需求是指市场上对某种产品或服务的需求逐渐减少，出现了动摇或退却的现象。这种情况多是由于新的产品或服务的加入和冲击造成的。例如，由于彩色电视机的问世，人们对黑白电视机的需求产生动摇。由于产品和服务都有一定的市场生命周期，当其上市一段时间后，需求经历了上升和高涨之后必然会趋于衰退。然而，通过营销努力，企业可以在相当程度上扭转或缓和这种局面，从而延长已退却产品的市场寿命。解决这一问题的主要途径是进行重复性营销。例如，实行改变市场的策略，开拓和寻找新市场或进行市场转移；实行产品改进策略和改进营销手段的策略。其目的是通过寻找新市场，开发潜在市场，刺激更多的顾客对该产品产生需求，或使现有的顾客增加使用频率等，努力使开始退却的产品重新焕发新的生命力。当然，任何产品和服务最终必然会趋向衰退。因此，有计划地进行资源的战略转移，主动地用新产品取代老产品，实行产品的更新换代，不断创新，才是企业的根本出路。

（五）不规则需求

不规则需求是指市场需求量和供应能力之间在时间上或地点上不吻合或不均衡，表现为时超时负、此超彼负的现象。一般地说，产品的供给受企业生产能力变化的限制，往往是较均衡的，即与市场需求的平均水平大致相当。但市场需求则是比较活跃的，因此往往是不均衡的，在不同的时期、地点往往表现出较大的差别。许多季节性商品和旅游产品的供求关系都表现出这种规律性。又如医院里外科手术室在每周的开始几天常常是需求大于供给；公共汽车在上下班时间出现客流量的高峰等，这些都属于需求的不规则性。针对这种情况，企业应该设法采取各种同步性（调节性）市场营销手段调整供给与需求，使两者实现适当的同步变化。例如，企业可增加合理的产品库存，以应付旺季的需要，加强淡季的广告宣传，鼓励淡季购买或消费；调整季节差价，旺季适当提价，淡季合理降价；调整付款方式，实行预销售或提前销售或分期付款等。

（六）充分需求

充分需求是指市场上的需求水平和需求时间与企业预期的需求水平和时间基本上一致，供需之间大致趋于平衡。这是市场营销的理想状态，但这种情况的出现往往是相对的或短暂的。由于产品需求受多种因素影响，而客观环境在不断变化，再加上竞争的存在，供求水平协调平衡的现象随时都可能被打破，从而出现新的不平衡情况。特别是产品更新换代的加速和消费者兴趣点的增多，使得任何一种产品的畅销都只能是短时期的现象。所以，企业经营者面对饱和需求决不能满足现状，掉以轻心，应该居安思危，自觉地采用各种营销手段和策略，积极进取，以保持和稳定甚至进一步扩大需求。这叫维持性营销，其主要途径有严格控制成本，保证产品质量，灵活调整价格；稳定销售渠道，维持必要的销售量；保持优良的销售服务；增加提示性广告宣传，进行各种非价格竞争等。

（七）过量需求

过量需求是指市场需求超过了企业的供应能力，呈现供不应求的现象。一般以紧俏商品或暂时缺货的商品较多。企业面临超饱和需求，等于自己的产品市场出现了“空档”，如果不能及时补充，则根据市场竞争规律，别的企业就会瞅准机会打进来，甚至最终取而代之。为避免这种情况出现，企业可采取两种方式：①在市场预测的基础上，有计划、有步骤地迅速扩大生产规模，增加供应量，即采取增长性营销方案。②如果企业一时难以扩大供应量，可以暂时采取降低性营销策略限制需求，主要途径有暂时提高价格，减少服务内容，降低促销和推广努力，目的是使消费者暂时降低需求水平，但绝不是杜绝需求。

（八）有害需求

有害需求是指那些无论是从消费者利益、社会利益甚至生产者利益来看，都只会给人们带来危害的需求。例如，产品中包含了过量的某种对人有害的物质；假冒伪劣商品；有毒及霉烂食品及其他损害公众利益的商品（赌具、毒品、黄色书刊等）。由于上述产品的特殊性质，对它们的任何需求都被认为是过分的，将引起有组织地抵制消费的活动。企业对于这种产品及其需求，必须进行反击性营销。其任务是指出该种产品及需求的危害性，促进消费者自动放弃对这些产品的需求。一般地说，保护消费者、生产者和社会公众利益的任何宣传、法律及组织行动都属于反击性营销的内容。

第三节　市场营销学

一、市场营销学的学科性质

市场营销学是建立在经济科学、行为科学和现代经营管理理论基础之上的一门交叉学科、应用学科。从学科内容上来说，它具有交叉性、综合性、应用性、实践性、基础性、原理性、管理性、经营性等特点。

市场营销学之所以是一门交叉学科、应用学科、经营管理类学科、基础性学科与原理性学科，是因为：第一，它研究的内容要涉及经济学、人口学、社会学、心理学、组织行为学、管理学、决策学、商品学、价格学、法学、广告学、公共关系学、审计学、会计学、金融学、美学等学科的理论与知识；第二，它是一门能够直接指导企业市场经营实践的应用性学科，具有较强的实践性与可操作性；第三，从学科归属上来说，它属于广义的管理类学科，而更确切地说，它则属于经营学的范畴，与偏重于企业内部管理的狭义的管理学最本质的区别是其市场经营性；第四，市场营销学中所介绍的内容主要涉及一些反映一般规律，解决一般问题，并具有普遍指导意义的基本知识、基本概念与基本方法。由于凡是产生交换关系的领域，就会有市场营销学的运用，因而市场营销学覆盖的领域十分广泛。但不同的领域又有不同的特点，由此就逐步又建立起一些以市场营销学为基础的专业市场营销分支学科。因此，学习市场营销学，在解决一些具体的专业性问题时，还需要进一步深入学习一些专业的市场营销理论。

从市场营销的实践来说，市场营销是企业在激烈的市场竞争中求生存、求发展的一门科学、一种技术和一门艺术，它具有科学性、艺术性、技术性的特点。一方面，市场营销是有规律可以遵循的，是可以熟练掌握与操作的；另一方面，它又具有很强的艺术性，并非将营销知识背诵得“滚瓜烂熟”，就一定可以取得好的营销业绩。

二、市场营销学的产生与发展

市场营销学于20世纪初创建于美国，后来流传到欧洲、日本和其他国家，在实践中得到不断完善和发展。

人类的市场经营活动，早在市场出现就开始了，但直到21世纪之前，市场营销尚未形成一门独立的学科。19世纪末20世纪初，美国开始从自由资本主义向垄断资本主义过渡，社会环境发生了深刻的变化。工业生产飞速发展，专业化程度日益提高，人口急剧增长，个人收入上升，日益扩大的新市场为创新提供了良好的机会，产业界对市场的态度开始发生转变，所有这些因素都有力地促进了市场营销思想的产生和市场营销理论的发展。1902—1905年，美国的密执安、加州、伊里诺斯和俄亥俄等大学相继开设了市场营销课程。执教于威斯康星大学的巴特勒教授于1910年出版了《市场营销方法》一书，首先使用市场营销作为学科名称。因此，市场营销学从产生发展至今，大概经历了四个阶段，每一阶段受其所处政治经济条件的限制，呈现出不同特点。

第一阶段：19世纪末到20世纪初，为市场营销学的初始阶段。这一阶段由于工业革命的爆发，资本主义世界经济迅速发展，需求膨胀。市场总势态是供不应求的卖方市场。在这个阶段，市场营销学的研究特点是：①着重推销术和广告术，至于现代市场营销的理论、概念、原则还没有出现；②研究活动基本上局限于大学的课堂，还没有得到社会和企业界的重视。

第二阶段：从20世纪30年代到第二次世界大战结束，为市场营销学的应用时期。1929—1933年资本主义世界爆发了空前的经济危机，经济出现大萧条、大萎缩，社会购买力急剧下降，市场问题空前尖锐。危机对整个资本主义经济打击很大，使资本主义世界的工业生产总值下降了44%，贸易总额下降了66%。这个阶段，市场营销学的研究特点是：①并没有脱离产品推销这一狭窄的概念；②在更深更广的基础上研究推销术和广告术；③研究有利于推销的企业组织机构设置；④市场营销理论研究开始走向社会，被广大企业界所重视。

第三阶段：20世纪50年代至80年代初，为市场营销学的繁荣发展时期。第二次世界大战结束以后，各国经济由战时经济转入民用经济。战后经济的恢复及科学技术革命的发展，促进了西方国家经济迅速发展。这个时期，市场营销学的主要特点是：①市场营销学的研究从流通领域进入生产领域，形成了“以需定产”的经营指导思想；②由静态研究转变为动态研究，强调供给和需求之间的整体协调活动；③市场营销学由指导流通的销售过程发展为参与企业经营决策的一门管理科学。

第四阶段：20世纪80年代至今，为市场营销学的创新发展阶段。市场营销理论在指导企业的市场营销实践中做出了重要贡献。但20世纪80年代以后，随着国际竞争的日益加剧，营销环境复杂多变，对某些特殊复杂的营销环境而言，常规的市场营销理论及方法已显露出某种局限和不足。

1984年，科特勒提出了“大市场营销”（Megmarketing）理论，他认为在以往的营销组合中，必须加上两个新的重要因素，即权力（Power）和公共关系（Public Relations）。这两个新的营销战略手段的目标，在于打开被封闭或被保护的市场。大市场营销理论是20世纪80年代市场营销战略思想的又一新发展。这一理论，为企业应付更复杂的环境与竞争，打破各种封闭市场的“壁垒”，成功地开展市场营销提供了有力的武器。

为适应世界市场经济贸易日益全球化和一体化的重大变化和发展趋势，全球营销管理（Global Marketing Management）理论应运而生。全球营销理论在审视世界市场时，其角度与视野都发生了某些本质上的变化。它突破了国界的概念，从世界市场范围来考虑公司营销战略的发展，以求取得企业的综合竞争优势，其理论研究的起点和侧重点都是以上述核心理论为基础的。因此，其理论体系和研究的整体框架都有很多新意，主要是在全球营销的视野和框架下，对常规的营销模式与方法进行讨论，并在许多方面赋予市场营销新的内涵。全球营销理论的形成与发展，使国际营销管理不仅在理论上更加成熟，而且在更大的规模和更广泛的意义上拓展了国际化企业在全球市场上开展营销活动的战略思想。

本章小结

市场营销是个人和群体通过创造并同他人交换产品和价值以满足需求和欲望的一种社会和管理过程。其任务就是调节需求的时间、性质和水平，以实现企业的营销目标。市场营销管理的实质是需求管理。根据需求水平、时间和性质的不同，可归纳出八种不同的需求状况。在不同的需求状况下，市场营销管理的任务有所不同。

市场营销学是建立在经济科学、行为科学和现代经营管理理论基础之上的一门交叉学科、应用学科。这门学科于20世纪初创建于美国，后来流传到欧洲、日本和其他国家，在实践中得到不断完善和发展。从产生发展至今，市场营销学大概经历了四个阶段，每一阶段受其所处政治经济条件的限制，呈现出不同特点。

思考与练习

1. 什么是市场营销？

2. 简述市场营销的含义。

3. 简述市场营销对企业的重要意义。

4. 市场营销学产生的条件有哪些？它有哪些新发展？

5. 列举我国企业市场营销过程中的“营销近视症”现象，并分析其原因和危害性。

第二章　现代市场营销观念与理论

学习要点

通过学习本章内容，掌握市场营销观念在企业实践过程中的演进与发展；理解现代市场营销观念与传统市场营销观念的区别；了解直复营销、整合营销、定制营销、关系营销和客户关系管理（CRM）理论以及网络营销的基本概念、网络营销策略。

开篇案例

可口可乐昵称瓶：整合营销的力量

2013年的夏天，仿照在澳大利亚的营销动作，可口可乐在中国推出可口可乐昵称瓶，昵称瓶在每瓶可口可乐瓶子上都写着“分享这瓶可口可乐，与你的______。”这些昵称有白富美、天然呆、高富帅、邻家女孩、大咔、纯爷们、有为青年、文艺青年、小萝莉等。这种昵称瓶迎合了中国的网络文化，使广大网民喜闻乐见，于是几乎所有喜欢可口可乐的人都开始去寻找专属于自己的可乐。

可口可乐昵称瓶的成功显示了线上线下整合营销的成功，品牌在社交媒体上传播，网友在线下参与购买属于自己昵称的可乐，然后再到社交媒体上讨论，这一连贯过程使得品牌实现了立体式传播。当然，作为一个获得了2013年艾菲奖全场大奖的创意，可口可乐昵称瓶更重要的意义在于——它证明了在品牌传播中，社交媒体不只是广告活动（Campaign）的配合者，也可以成为广告活动的核心。

第一节　现代市场营销观念

一、营销观念的概念

营销观念（Marketing Concept）是以消费者为中心的观念。营销观念认为，企业的一切计划与策略要以消费者为中心，正确确定目标市场的需求与欲望，比竞争者更有效地满足顾客需求。企业主张“顾客需要什么，我们就生产提供什么”。市场营销观念有四个支柱：目标市场、整合营销、顾客满意和持续盈利。树立并全面贯彻市场营销观念，建立真正面向市场的企业，是企业在市场经济条件下成功经营的关键。

通过满足顾客需求达到顾客满意，最终实现包括利润在内的企业目标，是现代市场营销的本质。这一观念的更新及其在企业管理中的应用，曾经带来美国等西方国家在20世纪60年代的商业繁荣和促使一批富可敌国的跨国公司的成长。所谓顾客满意，是指顾客对某产品或服务满足其需求的绩效与其预期之间比较所形成的感觉状态。若顾客购买后所感觉到实际绩效大于预期，顾客就会满意。顾客预期的形成取决于顾客以往的经验、亲友同事的影响以及营销者和竞争者的信息与承诺。

二、典型的五种营销观念

企业经营管理哲学是指企业在经营活动过程中所确立和遵循的价值观、理念和行为准则。市场营销管理哲学是指企业对其营销活动及其管理的基本指导思想，核心是如何处理企业、顾客和社会三者之间的利益。近百年来，随着生产和交换向纵深发展，社会、经济与市场环境的变迁和企业市场营销经验的积累，市场营销观念发生了深刻的变化。变化的轨迹是由企业利益导向转变为顾客导向，再发展到社会利益导向，如图2-1所示。市场营销管理哲学的演进经历了三个阶段五种观念。

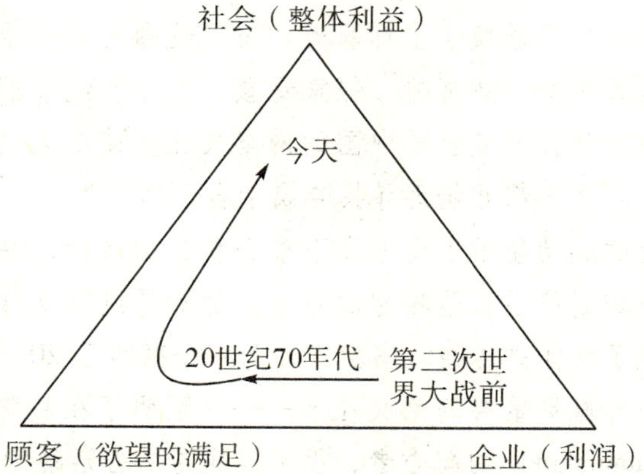

图2-1　企业营销管理观念的变化趋势

（一）以企业为中心的观念

生产观念（Production Concept）认为顾客喜欢那些随处买得到的、价格低廉的产品。商业哲学强调生产效率，在西方盛行于19世纪末20世纪初。当时，资本主义国家处于工业化初期，市场需求旺盛，企业只要提高产量、降低成本，就能获得丰厚的利润。生产观念一般适用于商品稀缺、供不应求的市场状态。奉行生产观念的典型企业如美国福特汽车公司。

产品观念（Product Concept）认为消费者喜欢高质量、多功能和具有特色的产品。因此，企业管理的中心是致力于生产优质产品，并不断精益求精。商业哲学强调产品种类和质量。公司技术人员常常迷恋自己的产品，在设计产品时重技术而很少让消费者介入。这样过分重视产品而忽视消费者需求，最终有可能导致“营销近似症”（指企业只是致力于生产和产品改进，而忽视市场需求，结果是产品被新技术替代，导致企业经营陷入困境）。1927年，美国通用汽车公司正是因产品观念超越了奉行生产观念的福特汽车公司。

推销观念（Selling Concept）认为消费者通常有一种购买惰性或抗衡心理，如果顺其自然，消费者就不会大量购买本企业的产品，所以营销管理的中心是积极推销和大力促销。执行推销观念的企业，称为推销导向企业。企业的主张是“我们卖什么，就让人们买什么”。商业哲学强调销售现有产品。该观念盛行于20世纪40年代。在这一时期，堆积如山的货物卖不出去，许多企业倒闭。现实使企业家们认识到，企业不能只顾生产，即使产品物美价廉，也要努力推销才能保证有人购买。于是大批推销专家出现，夸大产品好处，大做广告宣传，对消费者进行信息轰炸，迫使人们购买。

（二）以消费者为中心的观念

以消费者为中心的观念，即市场营销观念，从本质上理解就是西方式的全心全意为目标顾客服务。商业哲学强调顾客需求和愿望。20世纪50年代创造了一个消费时代，收入和支出是资本主义的双生支持者。第二次世界大战后，随着第三次科技革命的兴起，西方发达国家更加重视研究和开发，大量军工企业转向民品生产，使得新产品层出不穷，市场竞争进一步加剧。同时，西方各国政府相继推行高福利、高工资、高消费政策，消费者有较多的可支配收入和闲暇时间，对生活质量的要求提高，消费者需求更加多样化，购买选择更加精明苛刻。这就迫使企业改变以卖方为中心的思维方式，转向认真研究消费者需求，正确选择目标市场，努力使产品和服务满足目标顾客的需要。市场营销观念应运而生。1954年，彼得·德鲁克在《管理的实践》一书中指出：“关于企业的目的，只有一个有效定义：创造消费者。市场不是由上帝、自然或经济力量创造的，而是由商人创造的。他们满足的需求可能在消费者获得满足前已经被消费者感觉到。事实上，人的需求（例如饥饿时对食物的需求）支配着消费者的生活并充斥着他清醒的每时每刻。但这只是理论上的需求，只有当商人的行为使之成为有效需求时，消费者和市场才真正存在。”第二次世界大战结束之后，逐渐有一些企业开始从过去的推销观念转向奉行市场营销观念，以求得企业在日趋激烈的市场竞争中的持续发展。

（三）以社会长远利益为中心的观念

以社会长远利益为中心的观念即社会市场营销观念（Societal Marketing Concept），认为企业和组织应该确定目标市场的需要、欲望和利益，然后向顾客提供超值的产品和服务，以维护与增进顾客和社会的福利。商业哲学注重顾客与社会的长期利益。社会市场营销观念是对市场营销观念的补充和修正。从20世纪70年代起，随着全球环境破坏、资源短缺、人口爆炸、通货膨胀和忽视社会公共服务等问题日益严重，要求企业顾及消费者整体与长远利益的呼声越来越高。西方市场营销学界提出了一系列新的观念，如人类观念、理智消费观念和生态准则观念，可以统称为社会市场营销观念，认为企业生产经营不仅要考虑消费者的需要，而且要顾及消费者和社会的长远利益。现代市场营销观念包括市场营销观念和社会市场营销观念。

三、现代市场营销观念与传统市场营销观念的区别

传统市场营销观念包括生产观念、产品观念和推销观念，都是以企业为中心，以产定销，立足于企业本位，而不是满足消费者的真正需求。现代市场营销观念包括市场营销观念和社会市场营销观念，都是以顾客为中心，是一种从外到内的营销视角。两者产生于不同的发展时期和市场环境，管理的目标、中心、出发点、手段都有着本质上的差别。1960年，哈佛商学院的特德·西奥多·莱维特（Ted Theodore Levitt）发表了《营销近视》，对比分析了推销观念与市场营销观念的不同之处，如图2-2所示。他写道："销售关心的是让人们用现金换你产品的技巧。他不关心交换双方的价值。它不如营销那样始终如一地将整个经营过程视为发现、创造、唤起和满足顾客需求的努力的紧密结合。"

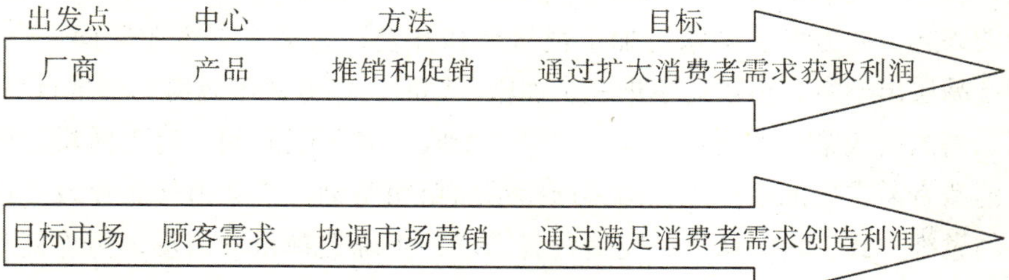

图2-2 推销观念和市场营销观念的对比

20世纪50年代到70年代，是西方发达国家营销观念发生变化最大的历史时期，是众多重要的营销观念产生的年代，同时也是市场营销学发生变革的一个重要阶段。1950年，哈佛大学的尼尔·H. 伯顿首次提出了"市场营销组合"理论，确定了包括产品、价格和销售在内的12个营销组合要素。在这一年，美国学者乔尔·迪安

在他的“有效定价政策”的论述中提出了“产品生命周期”的概念。1955 年，西德尼·莱维提出了“品牌形象”概念，被广告、公关以及营销策划人员广泛应用。1956 年美国温德尔·斯密便提出了“市场细分”这个重要的概念，强调了顾客需求的差异化，引导企业从重视产品转向重视顾客需求。这个概念被看成市场营销学发展进程中，继以消费者为中心观念之后的一次质的飞跃。1960 年，美国密歇根大学教授杰罗姆·麦卡锡提出了著名的 4P's 组合，美国西北大学教授菲利普·科特勒将营销组合定义为“企业为追求目标市场的营销目标而使用的一组营销工具”。

四、现代市场营销观念的新发展

进入 20 世纪 80 年代以后，随着科技进步、市场需求多元化和行业竞争日益加剧，市场营销理论得到了快速而深刻的发展。美国等发达国家营销学界先后提出了许多新的理论。下面就其中影响深远的营销理论进行简述。

1980 年，哈佛商学院教授罗伯特·海斯（Robert Hayes）和威廉·阿伯内西（William J. Abernathy）提出“关注企业长远发展”思想。该思想的核心观点是，美国管理者们历来将财务控制、企业组合管理和市场驱动奉为至宝。他们忽视了物极必反的道理。企业得以生存和持续发展得益于投资、创新、领先和创造新的价值。成功的企业管理者不仅仅是充当控制者或者分析家。

1986 年，菲利普·科特勒提出了“大营销”概念，旨在解决跨国公司如何克服国际市场进入壁垒的问题。他认为，优质产品和完美营销方案，不足以顺利地进入某些特定区域，可能面临各种政治壁垒和公众舆论方面的障碍，因此，企业必须要借助各种关系，尤其是政治技巧和公共关系技巧，才能在全球市场上有效地开展市场营销。

“共生营销”概念是美国学者艾德勒在 1986 年首次提出的。“共生营销”就是两个或者两个以上的企业联合开发一个营销机会，通过强强联手、资源互补和优势互用的营销策略，增加企业在竞争中获胜的可能性。企业已经进入了营销时代，产品生命周期越来越短，研发费用不断上升，企业走向合作已经成为必然。

1990 年，美国学者罗伯特·劳特伯恩（Robert Lauterborn）首次提出顾客“4C's”概念。他指出，“4P's”已经过时了，当今的企业应将过去的营销组合“4P's”转变为“4C's”，即顾客问题的解决（Customer Solution）、顾客成本（Cost）、便利（Convenience）和传播（Communication）。以顾客为中心的营销思想优于以企业战略为中心的思想。在市场上获胜的必将是那些可以方便经济地满足顾客需求，同时能够与顾客保持有效沟通的企业。

“平衡计分卡”概念是哈佛商学院教授罗伯特·卡普兰（Rorbert S. Kaplan）与戴维·诺顿（Daid P. Norton）于 1992 年提出的。传统的财务评价指标在工业化时代是有效的，而平衡计分卡是一套能够使高层经理快速而全面地考查企业业绩的指标体系，通过一些驱动财务业绩的因素，如客户满意度、内部流程以及组织的创新与学习能力等运营指标对财务指标进行补充。平衡计分卡概念建议企业管理者应当从客户视角、财务视角、企业内部视角和创新与学习等视角来审视企业。

“服务利润链”概念是1996年美国学者詹姆斯·赫斯科特等人提出的模型，集大成地发展了服务营销思想。他们认为，利润、增长、顾客忠诚度、顾客满意度、员工能力、服务的价值、劳动生产率之间存在着直接、牢固的关系。那些服务成功的企业既重视顾客满意度，也很重视员工能力发展。

“激进营销”概念是1999年美国学者山姆·希尔（Sam Hill）和格林·里夫金（Glenn Rifkin）提出的。他们认为许多成功的企业之所以成功，不是突破了已有的营销理论，而是积极地利用他们有限的资源，紧密贴近顾客，针对顾客需求创造了令人满意的解决之道，从而赢得顾客的长期忠诚。

第二节　现代市场营销理论

20世纪80年代以来，随着市场环境变化和营销实践迅速发展，现代市场营销理论也呈现出蓬勃发展之势。关注研究市场营销理论的新动向，并加以创造性地应用，是企业营销创新的内在要求。本节简要介绍直复营销理论、整合营销理论、定制营销理论、关系营销理论和客户关系管理理论。

一、直复营销理论

美国“直复营销协会”将直复营销定义为：直复市场营销是一个与市场营销相互作用的系统，它利用一种或多种广告媒介对各个地区的交易及可衡量的反应施加影响。根据其所采用媒体的不同，直复营销可分为目录营销、直邮营销、电话营销、电视营销、网络营销几种形式。直复营销作为一种商业模式其特征是，企业销售的商品不一定是本企业生产的，有自己或者第三方完备的物流配送系统，具备现代化和信息化的信息处理和交换系统，建立有完整的顾客数据库和完备的“顾客满意服务体系”。正当多层次直销商业模式也具有这五点特征。直复营销与正当多层次直销均属“无店铺销售”，但直复营销有区别于正当多层次直销的特征：消费者接触直复营销企业商品的“桥梁”是非人员“媒体”，比如直接邮件、国际互联网、购货目录和光盘等。

直复营销简称直销，最初被当作一种无店铺销售的零售方式而产生，于20世纪90年代初登陆中国，变身为中国式有店铺直销，呈现出史无前例的发展速度和影响力。作为一种新型的营销方式，直销存在空间、时间、商品和对象四方面的局限性，不可能完全取代适应社会分工需要的商业机构；同时，直销具有目标市场层面上的选择性，沟通对象的个别性，沟通过程的连续性，沟通效果的可测试性等优点，随着现代社会的发展和市场竞争的加剧显现出巨大的营销潜力。直销企业采用直接邮寄、报纸营销、电视营销和上门推销等销售形式，通过减少流转环节、降低营销成本、完善售后服务来增加销售利润。直销具有以下特点：

注重协调营销，实现快速交货。直销要以消费者需要识别、需求评价、市场细分、目标市场选择为基础，其中产品特性包括产品的自然属性、体积重量、标准化程度、单位价值、技术性能以及售后服务。一般地，适宜采用直销方式的产品有易腐易变质产品，体积或重量大的产品，非标准化产品，单位价值高、技术性能强的产品，市场认知程度尚低的新产品。快速交货体现在生产与销售的紧密衔接上，使收集客户信息、产品设计、生产、运输、交货成为一体以减少客户订货后的等候时间，定制产品生产出来之后，通过第三方物流快速地将产品配送到客户手中。

注重与网络结合。互联网络的出现增加了直销的渠道和工具。直销本身所具有的特性决定了它与网络技术能够很好地结合，企业可以利用计算机技术和互联网络提供的便利在网络世界中延伸其营销战略。个性化和互动性是直销方式所期望达到的目标，互联网络的出现不仅加强了互动性，而且加强了以一对一为基础的顾客与直销人员之间的双向沟通和互动。

以营销数据库系统为必要支撑。直销的实质是以数据资料为基础的营销，事先获得的大量信息和计算机技术的发展才是直销的驱动力。营销数据库系统可以用来寻找目标顾客，建立持续良好的客户关系，形成基本稳定的顾客网络，满足顾客差异性、个性化的需要，进一步培养、巩固与顾客间长期稳定的营销关系。一个内容完备的顾客数据库能帮助公司预测顾客需要，能够针对特定产品找出可能的买主并对顾客忠诚度进行评估。根据顾客数据库提供的潜在顾客特征数据，直销资料只需在适当的时机较精确地发送到感兴趣的顾客手中，企业就能大大提高营销针对性和有效性，降低营销成本。

细分顾客，实行一对一互动营销。企业直销的优势在于能够与顾客直接接触，及时、准确地掌握顾客需求。企业为了发挥这个优势，需要通过各种细分标准，如年龄、性别、生活方式等，来识别最可能购买公司产品的潜在顾客。市场细分可以使公司的产品更好地满足高度个性化的顾客需求。直销人员在开展直销活动时根据营销目的确定营销标准，再根据营销标准选择适合本次直销活动的顾客群。直销通过各种媒体，如平面印刷广告、直接信函、电话、电视、个人电脑等与消费者沟通，并向消费者提供回应工具，如免费电话、回信卡、订购单等，让消费者产生直接的回复反应。在直销行业中，消费者成为营销的中心，企业通过提供高度顾客承诺等手段，与顾客保持长期稳定的伙伴关系。

直销媒介和直销渠道竞争。直销活动可以到达处于不同地理位置的目标市场，空间上广泛性的特点致使传统营销方式对地点的争夺在直销行业不再突出。直销空间的扩大使企业能够更有效地利用营销资源，使每个营销投入都有明确的归宿，直销行业对地点的争夺逐渐被直销媒介和直销渠道上的竞争所取代。网络的出现进一步加强了直销的这个特点，网络广告和电子邮件等网络营销工具可以更加低成本地向用户开展营销活动。

有针对性地传递促销信息，将广告、促销融入销售中。通常意义上的广告采用的是大众传媒，缺乏对受众的基本了解和认识，直销中传播的广告和服务信息是根据消费者特征，比如姓名、地址、电话号码、电子邮件等，采用合适的媒体进行有针对性的信息传递。在传统的促销组合中，广告起着产品传播的信息沟通作用，营业推广起着进一步刺激消费者需求的作用，人员销售最终完成产品的销售。直销工具都是有针对性地将传递产品服务信息，实施销售促进和实现产品销售的功能集成起来，将广告、营业推广和人员销售等促销工具进行有机结合。

跨国企业成为直销行业的核心组织者。进入21世纪以来，很多跨国企业为了在当今激烈竞争的国际环境中立于不败之地，纷纷调整生产组织和内部管理结构，和同行甚至竞争对手结成国际战略联盟，呈现全球一体化趋势，引领直销行业发展潮流。美国戴尔凭借其直销模式在经营上取得巨大成功，成为全球增长最快的计算机公司。直销在全球范围内已经成为备受关注的商业模式，对于未来市场发展具有重要意义。

二、整合营销理论

菲利普·科特勒认为，企业所有部门为服务于顾客利益共同工作时，其结果就是整合营销。整合营销发生在两个层次：一是营销部门内部不同的营销职能（销售、广告、产品管理、市场研究等）必须协同工作；二是营销部门必须与企业的其他部门相协调。营销组合概念强调将市场营销中各种要素组合起来的重要性；整合营销则更为强调各种要素之间的关联性，要求将它们统一成为有机整体。整合营销观念改变了将营销活动视为企业经营管理的一项职能的观点，重视企业与顾客之间互动的关系和影响，努力发现潜在市场和拓展新市场，具有整体性和动态性特征。企业将与顾客之间的交流、对话和沟通放在重要位置，是营销观念的发展与变革。

美国西北大学教授唐·舒尔茨（Tang Schultz）是整合营销传播理论的开创者。20世纪90年代末，他在《整合营销传播》一书中提出了战略性整合营销传播理论，该理论成为20世纪后半叶最重要的营销理论之一。舒尔茨的“4R's”理论认为，一个企业生存与发展的终极目标仍然是获得利润，因而成功的营销者会将企业的产品与顾客的需求紧密结合，寻找两者之间的关联性（Relevance）、及时追踪顾客反应（Reaction）、与顾客建立良好互动关系（Relationship），从而获得更多的顾客回报（Return）。

整合营销理论提出了4C观念和整合营销沟通（IMC）观念。4C即消费者、成本、便利和沟通。整合营销沟通就是以消费者为核心重视企业行为和市场行为，综合协调地采用多种形式的传播方式，以统一的目标和统一的传播形象，传播一致的产品信息，实现与消费者的双向沟通，迅速树立产品品牌在消费者心目中的地位，建立与消费者长期密切的关系，更有效地达到广告传播和产品营销目的。

三、定制营销理论

定制营销（Customization Marketing）是指在大规模生产的基础上，将市场细分到极限程度，将每位顾客视为一个潜在的细分市场，并根据每一位顾客的特定要求，单独设计、生产产品并迅捷交货的营销方式。核心目标是以顾客愿意支付的价格并以能获得一定利润的成本高效率地进行产品定制。菲利普·科特勒将定制营销誉为21世纪市场营销最新领域之一。在全新的网络环境下，兴起了一大批像戴尔（Dell）、亚马逊（Amazon.com）、宝洁（P&G）等为客户提供完全定制服务的企业。定制营销已经在时装、鞋类、箱包、首饰、家具、室内装修、家电、餐饮旅游、汽车等许多行业得到了运用。例如埃克森石油公司生产的适用于管树等方面的聚乙烯、聚丙烯产品，每种数量有限，但种类却极繁多，适用于不同消费者的需要，该公司形容这种生产数量为“只够老鼠喝的一日牛奶”。宝洁的Reflect.com网站能够生产一种定制的皮肤护理或头发护理产品以满足顾客的需要。

与传统的营销方式相比，定制营销具有明显的竞争优势。首先，定制营销能体现以顾客为中心的营销观念。企业从顾客需要出发，与每一位顾客建立良好关系，并为其开展差异性服务，实施一对一的营销，最大程度满足用户的个性化需求，提高了企业的竞争力。企业注重产品设计创新与特殊化，个性化服务管理与经营效率，实现了市场的快速形成和裂变发展。在这种营销模式中，消费者需要的产品由消费者自己来设计，企业则根据消费者提出的要求来进行大规模定制。其次，定制营销实现了以销定产，降低了成本。在大规模定制下，企业的生产运营受客户的需求驱动，以客户订单为依据来安排定制产品的生产与采购，使企业库存达到最小化，降低了企业成本。因此，它的目的是把大规模生产模式的低成本和定制生产以客户为中心这两种生产模式的优势结合起来，在未牺牲经济效益的前提下，了解并满足单个客户的需求。可以这样说，它将确定和满足客户的个性化需求放在企业的首要位置，同时又不牺牲效率，它的基本任务是以客户愿意支付的价格并以能获得一定的利润的成本高效率地进行产品定制。最后，定制营销在一定程度上减少了企业新产品开发和决策的风险。

四、关系营销理论

所谓关系营销，是将营销活动看成一个企业与消费者、供应商、分销商、竞争者、政府机构及其他公众发生互动作用的过程，核心是建立和发展与这些公众的良好关系。关系营销以系统论为基本思想，将企业置身于社会经济大环境中来考查。

关系营销的本质特征是双向信息沟通、战略过程协同、营销活动互利以及信息反馈及时，主要目标就是在留住现有顾客的基础上，吸引新顾客，更为注重维系现有顾客。企业失去老顾客就等于失去利润来源，不得不以更高的成本去弥补过失或者吸引新的顾客。一般而言，企业争取新顾客的成本（资金和时间等）至少是保持老顾客成本的五倍以上。所以有些企业推行“零顾客背离”（Zero Defection）计划，即采取及时掌握顾客信息、与顾客保持紧密联系、分析顾客产生满意感和忠诚度的根本原因，主动培养顾客对企业的积极的态度与偏好，建立持久的顾客关系，从而将顾客流失降到最低程度。

关系营销的市场模型概括了市场活动范围，包括供应商市场、内部市场、竞争者市场、分销商市场、顾客市场和影响者市场。发现市场需求、满足需求并保证顾客满意与促使顾客忠诚，构成了关系营销的三部曲，核心问题是如何获得顾客忠诚。关系营销可以分为三个梯次推进。一级关系营销是建立在财务层次上，利用价格刺激增加目标顾客财务利益的频繁市场营销；二级关系营销则是在社会层次上，采用同时增加顾客财务利益和顾客社会利益的方法，通过加强企业与顾客的社会联系来获得顾客忠诚；三级关系营销是建立在结构层次之上，指企业与顾客建立结构性纽带关系，同时附加财务利益和社会利益。结构性联系要求提供的服务对顾客有价值，通常以技术为基础，并被设计成一个传送系统，从而为顾客提高效率和产出。如批发企业通过数据交换系统帮助零售客户做好订货、信贷、存货管理等一系列工作；星级酒店借助其营销信息系统（Marketing Information System，MIS）为再次光临的顾客提供个性化定制服务。

五、客户关系管理理论

CRM（Customer Relationship Management）就是客户关系管理的简称，最早源于美国。客户关系管理理论基础来自关系营销，核心思想就是为提供产品或服务的企业找到、留住并提升价值客户，从而提高企业的盈利能力并加强竞争优势。在1980年年初，美国就提出“接触管理（Contact Management）”。到1990年，“接触管理”演变成为包括电话服务中心与支持资料分析的“客户关怀（Customer Care）”。1998年，罗伯特·韦兰在《走进客户的心》中首次提出“客户关系价值”。客户关系管理可以分为理念、技术和实施三个层面，理念是客户关系管理成功的关键，它是客户关系管理实施应用的基础和土壤；信息系统、信息技术是客户关系管理成功实施的手段和方法；实施则是决定客户关系管理成功与否、效果好坏的直接因素。三者共同构成了客户关系管理稳固的相互支撑。

客户关系管理作为企业战略，就是以客户为中心指导企业全方位的管理，提高客户满意度和忠诚度，培育企业更强的客户吸引力和维持能力，最大化客户的收益率；作为一种新型管理机制，实施于企业的营销、销售、客户服务与支持等领域，优化资源配置，倡导企业与客户建立学习型关系；作为软件技术和应用系统，侧重实现对营销、销售、客户服务与支持和信息知识管理的优化和自动化，提高企业效率。客户关系管理理论认为客户关系是企业最有价值的资产之一，客户关怀是客户关系管理的核心，客户的差别化管理、对客户知识资源的整合与共享是实现客户关系管理的基础，通过对业务流程重构，降低企业成本，建立客户与企业之间的学习型关系。国际商业机器公司（IBM）认为，客户关系管理包括企业识别、挑选、获取、发展和保持客户的整个商业过程，管理的要点就是关系管理和流程管理。

客户关系管理技术集合了很多当前最新的科技成果，包括网络和电子商务、多媒体技术、数据仓库与挖掘、专家系统和人工智能、呼叫中心等。客户关系管理软件不等于客户关系管理理念，它是理念的反映与体现，吸纳了最先进的软件开发技术、企业经营管理模式、营销理论与技巧。客户关系管理实施是结合软件与企业组织状况，在调研分析的基础上做出的解决方案。

第三节　网络营销

一、网络营销的概念

1996 年，山东青州农民李鸿儒首次在互联网上开设“网上花店”，年销售收入 950 万元，客户遍及全国，没有推销员；1997 年，江苏无锡小天鹅，利用互联网，向全球 8 家大型洗衣机生产企业发布合作生产洗碗机的信息，并通过网上洽商，确定阿里斯顿作为合作伙伴，签订合同 2 980 万元；海尔集团通过互联网将 3 000 台冷藏冷冻冰箱远销爱尔兰，并有 20%的出口业务通过互联网实现。阿里巴巴将中国企业网络营销的神话演绎到了全球。正是这些神话吸引着我国企业参与网络营销，中小企业希望借助网络的力量改变命运。然而很多传统中小企业对网络营销的了解还不深入，以为建设一个网站、做一点推广就可以把网络营销做好。那么，什么是网络营销呢？

（一）网络营销的定义

网络营销是以国际互联网络为基础的一种新的营销方式，它借助新的通信技术的交互性，来辅助营销目标实现。广义的网络营销就是借助互联网这种工具和环境开展的营销活动。狭义的网络营销是指组织或个人基于开放便捷的互联网络，对产品、服务所做的一系列经营活动，从而达到满足组织或个人需求的全过程。网络营销具有很强的实践性特征，即从实践中发现网络营销的一般方法和规律，充分认识互联网这种新的营销环境，利用各种互联网工具为企业营销活动提供有效的支持。

（二）网络营销的特性

网络营销是建立在互联网基础上的，而网络具有互动性、虚拟性、全球性、直接性、全天候、高效率、低成本、方便性的优良特性，同时也具有不真实性以及缺乏安全性等缺点。

1. 网络营销的优点

（1）市场的全球性。网络的连通性，决定了网络营销的跨国性；网络的开放性，决定了网络营销市场的全球性。

（2）信息高速传播。网络自身的链式结构可以使网络信息通过类似核反应的模式迅速被转载传递出去。与报纸等传统媒体相比，互联网的信息的制作更为简便快捷。

（3）精准。企业可以利用计算机数据的处理能力加上互联网的互动性，搜寻记录访问相关信息页面的客户信息，针对潜在客户进行精准的信息传递。

（4）全天候。网络营销的全天候性是建立在网络硬件的全天候运行条件下的。网络营销可以全天候地收集客户的需求，并通过网络的互动性，由电脑完成对客户的信息反馈。

（5）成本低廉。网络营销无店面库存租金成本，可以帮助企业降低经营成本。国际互联网覆盖全球市场，价格透明，企业可方便快捷地了解国际市场动态，开拓国际市场，减少交通费以及电话费。网络广告效果容易测评，受众准确，并可以针对每次点击付费，也减少了费用。

2. 网络营销的缺点

（1）缺乏信任感。人们仍然信奉眼见为实，买东西要亲眼瞧、亲手摸才放心。网络营销的企业只能提供视频、图片、文字信息。人们看不到实物，产品没有质感。

（2）缺乏购物的乐趣。网络营销无法满足消费者个人社交的心理需要。网上购物、查询产品，面对的是机器，没有商场里优雅舒适的环境氛围，缺乏逛街和讨价还价的乐趣。

（3）各种网络安全问题。网络技术是一门新生技术，还在不断发展更新。在网络技术逐渐成熟的过程中，会产生各种问题，其相应的法规也尚待制定完善。网络营销存在一些安全问题，如黑客入侵、密码盗取、隐私泄露、网络钓鱼等。

（三）网络营销与传统营销的关系

网络营销作为一种便捷的营销方式，在一段时间内不能完全替代传统的营销方式。网络营销的特性符合顾客主导、成本低廉、使用方便、充分沟通的4C要求。网络营销与传统营销之间是互相支持的关系。

（四）网络营销与电子商务之间的关系

电子商务（Electronic Commerce）是利用计算机技术、网络技术和远程通信技术，实现整个商务过程中的电子化、数字化和网络化。电子商务包括网上营销、线上支付、线下物流等各个环节。在整个电子商务活动中，最重要的环节就是网络营销。网络营销是企业营销的组成部分，是电子商务的基础和核心。网络营销本身并不是一个完整的商业交易过程，只是促进商业交易的一种手段。

二、网络营销的模式

（一）根据信息的传递方向分类

根据信息的传递方向，网络营销分为主动和被动两种模式。网络上具有各种信息平台，例如在线黄页、行业门户的信息平台、企业对企业模式（B2B）、企业对消费者模式（B2C）平台、搜索引擎平台。主动发布信息是指企业可以付费或者免费在这些平台上发布与自己以及产品相关的介绍信息、网站链接，等待信息需求者主动检索企业的信息。其中产品供需信息是最重要的一块。一般来说，各个平台会对发布供应信息的商家收费，而对发布需求信息的商家免费。被动收集信息是指从事网络营销的企业通过收集网络上的供需信息进行利用。比如四川某个地区的政府采购中心需要采购一辆轿车，那么他会事先将汽车的型号和配置发布到省采购中心的网站上，省内的经销商只需要每日访问省采购中心的网站，根据自身的情况投递标书即可。

（二）根据从事网络营销个体的情况分类

根据从事网络营销个体的情况，网络营销可以分为有站点以及无站点两种模式。如图 2-3 所示，有站点的网络营销实际上可以包含无站点的网络营销，企业不一定要有自己的站点才能从事网络营销。

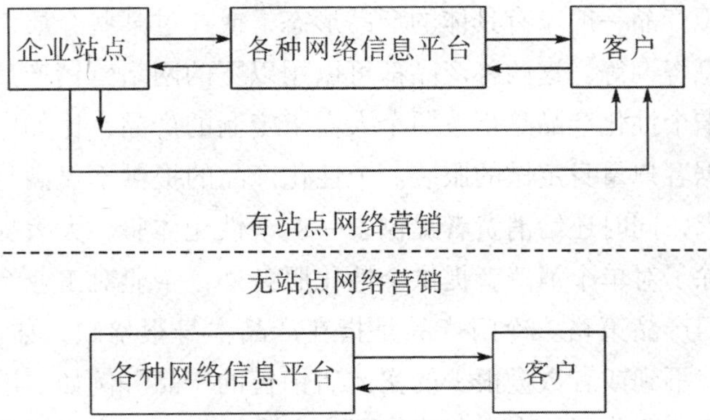

图 2-3　有站点网络营销与无站点网络营销图示

1. 有站点网络营销

站点是企业在虚拟世界的一个信息源头。建立一个站点就意味着人力和物力的长期投入。对于中型企业和大型企业来说，设立自己的站点是很有必要的，因为大中型企业的目标是争取引领整个行业或行业里某一分支的发展，所以它们迫切需要在网络世界有一个统一的口径——站点来传递自己的信息。

2. 无站点网络营销

无站点网络营销通常与传统营销是紧密结合的，是通过收集和发布供需信息后转换到传统的营销模式上。采用这类营销方式的企业一般自身的规模较小，很多都是代理商，不具备足够的实力来争夺行业的话语权。这里需要特别指出的是，随着网络营销的发展，各种企业对企业、企业对消费者网站已经为这类企业设计了专门的服务，提供给中小企业在企业对企业、企业对消费者平台下的子站点，子站点能满足基本的企业介绍、产品介绍功能，缺点是由于采用了模块化设计，子站点不够个性，不能与企业的风格完美结合。不过对于正处于发展中的中小企业和代理商可以好好利用它们所提供的便利。

三、网络营销策略

网络营销是在传统营销的基础上发展起来的，因此，传统营销中的基本营销策略仍然适用于网络营销，成为网络营销中的基本策略，其主要包括产品、价格、渠道和促销。因为网络的各种优势归结起来就是信息优势，用以打破传统的信息不对称，所以提及网络营销策略的时候一定要考虑信息不对称理论。信息不对称理论是指在市场经济活动中，各类人员对有关信息的了解是有差异的。掌握信息比较充分的人员，往往处于比较有利的地位，而信息贫乏的人员，则处于比较不利的地位。

（一）产品策略

网络营销的产品主要包含实体产品和虚拟产品。实体产品是指具有物理性状的物质产品；虚拟产品一般没有具体的产品形态，或通过某些介质而间接反映出某种形态，例如信息咨询等。这两种产品都可以用以下的网络营销产品策略：①个性化产品策略。所谓个性化产品是指按照个人需求定制的产品，比如印有自己喜欢的照片的茶杯、根据客户量身定做的服装。个性化产品的提供不仅满足了消费者对产品使用价值的需求，同时还给消费者提供了一次个性化体验，大大提高了消费者重复购买的几率。除了对单个消费者提供个性化服务外，企业对工业组织市场已实行定制生产。②冷门产品策略。冷门产品是指在产品本身很稀缺，如艺术品、收藏品，或者一个区域找不到或者数量很少的实体店销售的产品。例如，甲公司从事工业建筑招标信息销售，乙公司从事工业建筑配套产品销售，乙公司付费从甲公司的网站查询相应产品的招标信息，即是冷门产品策略。

（二）价格策略

由于网络的海量信息，各种企业对企业、企业对消费者、行业门户网站具有产品价格排序以及产品性能测试对比的板块，传统的信息不对称在网络营销的环境下越来越不具有优势。因此，网络营销通常采取以下几种价格策略：

竞价拍卖策略。首先，当产品处于生命周期初期时，对于初次从事网络营销的商家，或者新品准备进行网络营销，对于产品定价拿不准的商家，可以考虑采用竞价拍卖的方式来测算对产品感兴趣的潜在客户数以及潜在客户愿意付出的最高价格以确定产品进行网络营销时的定价。其次，当产品处于生命周期末期时，越来越多的企业开始运用拍卖竞价策略来提高收益。由于企业急于减少损失而不是最大化收益，因此市场中产品固定的清仓价格通常较低。通过网络竞价拍卖的方式，清仓产品真实的市场价值得到体现。实践也证明企业通过网络竞价售出的产品的价格大都高于企业制定的清仓价，因而企业可以获得更多的消费者剩余。

根据诚信等级定价。网络营销的劣势是诚信问题，因为网络营销的产品定价也需要根据销售商的诚信级别来进行定价。例如，知名公司在自己的官方网站从事产品在线销售时制定的价格一般与其产品的现实市场价是一样的，因为他的目标客户主要是在当地没有销售渠道的意向客户。淘宝网等平台有用户对商家的信用评价，诚信高的商家一般制定在现实市场价与网络报价最低价之间的中间价格。

辅助传统渠道定价策略。由于网络营销能让消费者在全球范围内寻找最优惠的价格，甚至可饶过中间商直接向生产者订货，因而能以更低的价格实现购买。而有些产品的销售需要经销商个人的关系网，例如大型工业用产品。当一个公司的产品绝大部分需要通过区域经销商的个人关系网进行销售时，网络营销的定价就应该与市场价一致或者稍高来制定。

超低价策略。网络营销能让企业节省出中间商利润、铺面费用以及各种铺货的资金占用成本。对于同质化产品严重的小企业来说，可以采用超低价策略在网上销售。例如，国内小厂生产的皮鞋、服装等，其网络价格算上运费还要比市面上的产品便宜许多。

(三) 渠道策略

营销渠道是指与提供产品或服务以供使用或消费这一过程有关的一整套相互依存的机构，它涉及信息沟通、资金转移和事物转移等。一个完善的网上销售渠道应有三大功能：订货功能、结算功能和配送功能。

由于网上销售对象不同，以及从事网络营销个体的性质不同，营销渠道主要分为以下三种模式：企业对企业、企业对消费者、消费者对消费者（C2C）。针对这三种类型的渠道策略是不同的，网络营销的渠道策略主要有以下三种：

网络直销策略。网上直销与传统直接分销渠道一样，都没有营销中间商。企业可以建立自己的站点，让顾客可以直接从网站进行订货。企业可以与一些电子商务服务机构如网上银行合作，通过网站直接提供支付结算功能，简化了过去资金流转的问题。对于配送方面，网上直销渠道可以利用互联网技术来构造有效的物流系统，也可以通过互联网与一些专业物流公司进行合作，建立有效的物流体系。从事这种策略的企业一般是从事企业对企业以及企业对消费者模式的商家。

网络代销策略。网络代销是指从事网络营销的企业将产品订单获取分包给各种网络销售零售商，网络销售零售商提供订单给企业，由企业负责货物发送。从事这种模式的企业一般是想开展企业对消费者模式，但是由于品牌知名度不高以及自身的技术水平、人力条件的限制，将产品的订单获取分派到从事消费者对消费者模式的更小企业。

网络中间商策略。传统中间商由于融合了互联网技术，大大提高了中间商的交易效率、专门化程度和规模经济效益。这种模式简单来理解就是从事企业对企业的企业将货品供应给从事企业对消费者的企业，由从事企业对消费者的中间商利用自己的网络平台进行产品的分销。

（四）促销策略

网上折价促销是目前网上最常用的一种促销方式。因为目前人们在网上购物的热情远低于在商场超市等传统购物场所购物的热情，因此网上商品的价格一般都要比传统方式销售时要低，以吸引顾客购买。

网上赠品促销的优点是可以提升品牌和网站的知名度，鼓励人们经常访问网站以获得更多的优惠信息，能根据消费者索取赠送品的热情程度而总结分析营销效果和产品本身的反应情况等。

抽奖促销是网上应用较广泛的促销形式之一，是大部分网站乐意采用的促销方式。抽奖促销是以一个人或数人获得超出参加活动成本的奖品为手段进行商品或服务的促销，网上抽奖活动主要附加于调查、产品销售、扩大用户群、庆典、推广某项活动等。消费者或访问者通过填写问卷、注册、购买产品或参加网上活动等方式获得抽奖机会。

积分促销在网络上的应用比起传统营销方式要简单和易操作。网上积分活动很容易通过编程和数据库等来实现，并且结果可信度很高，操作起来相对较为简便。积分促销一般设置价值较高的奖品，消费者通过多次购买或多次参加某项活动来增加积分以获得奖品。积分促销可以增加上网者访问网站和参加某项活动的次数；可以增加上网者对网站的忠诚度；可以提升活动的知名度等。

四、网络营销常用的工具

（一）自建网站

企业建立网站是为网络营销各种职能的实现打下基础，企业的网站对其品牌形象的宣传以及提高在搜索引擎中被检索到的机会等多个方面都有帮助。自建网站的方式有很多种，技术已经比较成熟，网站内容一般包括公司介绍、产品介绍、联系方式介绍、留言反馈、在线招聘等板块。

（二）搜索引擎排名

搜索引擎排名分为竞价排名和非竞价排名。竞价排名是一种影响在搜索引擎搜索结果列表中的位置的系统和方法，旨在使广告商可以通过竞价取得搜索引擎结果中最佳的广告位置，让潜在客户能够更方便地查询到自己的网页。目前国内使用较多是百度、谷歌（Google）、雅虎（Yahoo）。竞价排名按照给企业带来的潜在客户访问数量计费，企业可以灵活控制网络推广投入，获得最大回报。非竞价排名指搜索引擎通过复杂的算法自动抓取关键词进行用户搜索后的备选页面列表排名。目前的热点搜索引擎优化（Search Engine Optimization，SEO），即通过优化企业网站，获得更靠前的排名。搜索引擎优化主要就是通过对网站的结构、标签、排版等各方面的优化，使谷歌等搜索引擎更容易搜索网站的内容，并且让网站的各个网页在谷歌等搜索引擎中获得较高的评分，从而获得较好的排名。

（三）企业对企业行业门户平台

企业对企业是电子商务网站的术语，是企业与企业之间通过互联网进行产品、服务及信息的交换。国内知名的企业对企业平台有阿里巴巴、惠聪网。行业门户平台是指本行业的信息库，包含行业政策信息、行业产品供求信息等一系列的信息。

（四）许可电子邮件

电子邮件（Email）营销是在用户事先许可的前提下，通过电子邮件的方式向目标用户传递有价值信息的一种网络营销手段。例如，当一个客户注册成为一个网站的会员时，需要填写自己的兴趣爱好以及是否愿意收到此类信息，网站将客户的爱好信息提供给与其爱好相符合的商家，如将爱好旅游的客户电子邮件提供给旅行社，商家设计相应的电子邮件发送给网站会员。

（五）第三方认证

第三方认证是伴随网络的虚拟性所产生的。由于从事网络营销的门槛低，会有形形色色的皮包公司借助网络营销的旗号进行诈骗。为此，有专门的第三方公司对从事网络营销的公司进行认证。例如，阿里巴巴的诚信通将会对公司注册名称、公司注册地址、申请人姓名、申请人所在部门、申请人职位进行核实。

（六）互联网推广诊断工具

互联网推广诊断工具包括综合考察被诊断网站的谷歌网页级别（Google Page Rank）、主流搜索引擎的收录页面数、指定关键字排名以及反向链接和相关链接等。网页级别（Page Rank）是谷歌用来衡量一个网站的好坏的唯一标准，它是谷歌搜索排名算法中的一个组成部分，级别从 1 到 10 级，10 级为满分，PR 值越高说明该网页在搜索排名中的地位越重要，表明这个网页提供的是很重要的信息，简单来说，在其他条件相同的情况下，PR 值高的网站在谷歌搜索结果的排名中有优先权。

本章小结

建立营销管理的哲学观念，核心是正确处理企业、顾客和社会三者之间的利益关系。随着经济的发展，企业的营销管理观念大致经历了以企业为中心、以消费者为中心和以社会利益为中心三个阶段，形成了生产观念、产品观念、推销观念、市场营销观念和社会市场营销观念五种营销理念。全面贯彻现代营销管理观念，要求企业通过质量、服务和价值，实现顾客满意，还要通过市场导向战略奠定竞争基础。

现代市场营销理论包括直复营销理论、整合营销理论、定制营销理论、关系营销理论和客户关系管理理论。

网络营销是以国际互联网络为基础的一种新的营销方式，它借助新的通信技术的交互性，来辅助营销目标实现。网络营销具有很强的实践性特征，网络具有互动性、虚拟性、全球性、直接性、全天候、高效率、低成本、方便性的优良特性，同时也具有不真实和安全性缺乏等缺点。

思考与练习

1. 什么是生产观念？
2. 什么是市场营销观念？
3. 市场营销观念与推销观念的区别是什么？
4. 什么是社会市场营销观念？
5. 现代市场营销理论主要包括哪些方面？
6. 什么是直复营销？举例说明。
7. 什么是整合营销？举例说明中小企业如何进行整合营销。
8. 举例说明什么是关系营销。
9. 什么是网络营销？主要有哪些工具？

第三章　购买行为分析

学习要点

通过学习本章内容，理解消费者购买行为模式，了解影响消费者购买行为的因素和生产者市场购买行为，正确认识市场购买行为的主要类型，掌握市场购买决策的主要参与者，明确市场购买决策的具体过程，理解为促使市场购买需采取的对策。

开篇案例

购买行为特别是消费者购买行为，不仅受产品质量影响，更容易受消费者个体的心理主观影响。某服装企业经营中老年款式服装，对中老年的购买行为和心理做了较为细致的分析。该企业认为人进入中老年后，由于生理机能的老化，必然引起心理上的变化，其购买行为有区别于年轻人的独特性。该企业有针对性地采用了以下一些营销措施：①在广告宣传策略上，着重宣传服装的大方实用、易洗易脱、轻便、宽松；②在传播媒体的选择上，主选电视和报纸杂志；③在信息沟通的方式方法上，主要是介绍、提示、理性说服，而力求避免炫耀性、夸张性广告，不邀请名人明星；④在促销手段上，主要运用价格折扣、展销会等方式；⑤在销售现场，企业派出中年促销人员，为中老年消费者提供热情周到的服务，为他们详细介绍商品的特点和用途，若有需要，就送货上门；⑥在销售渠道的选择上，主要选择大商场，靠近居民区，并设立了老年专柜或老年店中店；⑦在产品款式的选择上，以庄重、淡雅、民族性为主，在产品价格的设计上，以中低价格为主，在产品面料的选择上，以轻薄、柔软为主，适当地配以福、寿等喜庆寓意的图案；⑧在老年顾客的接待上，厂家再三要求销售人员在接待过程中要不急不慢，以介绍质量可靠、方便健康、经济实用为主，在介绍品牌、包装时注意顾客的神色、身体语言，适可而止，不硬性推销。这八个方面的努力，基本契合了中老年消费者购买服装时的心理和行为习惯，该企业生产的中老年服装很快被中老年消费者接受，销售量明显上升，企业收到了很好的经济效益。

第一节　消费者购买行为

一、购买行为概念

购买行为（Purchasing Behavior），是客户主动采取的，以货币形式完成的获取特定商品或服务的所有权的行为。

认识购买行为这一市场营销基本概念，可采取三种主要角度。各种认知角度在市场营销中各有其侧重点，对不同角度了解得越全面，理解得越透彻，对购买行为就能分析得越科学，其营销效果也会越明显。

（一）经济学角度

从经济学角度分析购买行为，要求注重产品的价格和性能因素，强调消费者购买的经济动机——获取效用最大化，对购买行为的影响。但单纯的经济因素不能解释清楚购买者行为的发生及其变化，如购买者对产品商标和牌号的偏好。为什么一位客户在面对几种价格相仿，质量、性能相近的同类产品时，只选择其中的某一种，经济学在这方面难以准确地描述出来。

（二）传统心理学角度

从传统的心理学角度分析购买行为，主要采用需求驱动力模式来认识购买行为。其理论基础是以巴甫洛夫为代表的心理学家提出的“人类教育是基于‘条件反射’”而来的。该模式认为，需求促使人们产生购买行动，而需求是由驱动力引起的——原始驱动力与学习驱动力。原始驱动力是指生理的需求，是非理性因素的行为；学习驱动力是心理的需求，是后天获得的、理性的行为。心理学强调学习驱动力来自于人们运用自己的器官，与外界事物的经常接触，得到认识和积累经验，从经验中学得理性知识。为此，学习是一种联想反射过程，人们的许多行为被联想反射所制约，即在一定条件下，做出特定反应的行动。

从传统心理学角度分析购买行为，要求通过各种强化力量加强联想——反射的关系，借助创造和强化联想诱因，使客户产生特定反射——强大的驱动力来确立购买行为。这种理论应用于营销活动，如促销、广告，能够收到较好的效果。但传统心理学理论对人们对商品及促销活动的感受以及人与人之间的影响在购买行为中的作用等还不能做出令人满意的回答。

（三）社会心理角度

从社会心理角度看，人是社会的人，应该遵从共同的大众文化的标准及形式。人们的需求行为都要受到社会群体的压力和影响，以至于处于同一社会阶层的人们在商品需求、兴趣、爱好、购买方式、购买习惯上有着许多相似之处。

从社会心理角度分析购买行为，要求营销的主要任务是确定哪些人对哪些产品最具影响力，以使这些人在最大限度和范围内施展其影响力。但这也有不够完美的一面。因为个人行为肯定要受到社会的影响，但这种影响对个人许多行为并不起全部作用。即使两个人受到同一社会影响，他们的行为仍然会有明显的不同。这种不同是消费者个性差异造成的。购买者的个性类型与商品品牌偏好之间的关系，至今各界仍在持续探索中。

二、顾客购买让渡价值理论

（一）顾客让渡价值（Customer Delivered Value）

顾客让渡价值是菲利普·科特勒在《营销管理》一书中提出来的，他认为，“顾客让渡价值”是指顾客总价值与顾客总成本之间的差额。

顾客在购买产品时，总希望把有关成本包括货币、时间、精神和体力等降到最低限度，而同时又希望从中获得更多的实际利益，以使自己的需要得到最大限度的满足，因此，顾客在选购产品时，往往从价值与成本两个方面进行比较分析，从中选择出价值最高、成本最低，即“顾客让渡价值”最大的产品作为优先选购的对象。

企业为在竞争中战胜对手，吸引更多的潜在顾客，就必须向顾客提供比竞争对手具有更多“顾客让渡价值”的产品，这样，才能使自己的产品为消费者所注意，进而使消费者购买本企业的产品。为此，企业可从两个方面改进自己的工作：一是通过改进产品、服务、人员与形象，提高产品的总价值；二是通过降低生产与销售成本，减少顾客购买产品的时间、精神与体力的耗费，从而降低货币与非货币成本。

（二）顾客购买总价值（Total Customer Value）

顾客购买总价值指顾客为购买某一产品或服务所期望获得的一组利益，它主要包括产品价值、服务价值、人员价值和形象价值等。顾客获得的总价值是使顾客获得更大“顾客让渡价值”的途径之一，是为了增加顾客购买的总价值。顾客总价值由产品价值、服务价值、人员价值和形象价值构成，其中每一项价值因素的变化均对总价值产生影响。

1. 产品价值（Product Value）

产品价值是由产品的功能、特性、品质、品种与式样等所产生的价值。它是顾客需要的中心内容，也是顾客选购商品的首要因素，因而一般情况下，它是决定顾客购买总价值大小的关键和主要因素。

2. 服务价值（Services Value）

服务价值是指伴随产品实体的出售，企业向顾客提供的各种附加服务，包括产品介绍、送货、安装、调试、维修、技术培训、产品保证等所产生的价值。服务价值是构成顾客总价值的重要因素之一。在现代的消费市场上，消费者在选购产品时，不仅注意产品本身的价值的高低，而且更注意产品附加价值的大小。特别是在同类产品质量与性质大体相同或类似的情况下，企业向顾客提供的附加服务越完备，产品的附加价值越大，顾客从中获得的实际利益就越大，从而购买的总价值就越大；反之，则越小。因此，在提供优质产品的同时，向消费者提供完善的服务，已成为现代企业市场竞争的新焦点。

3. 人员价值（Personal Value）

人员价值是指企业员工的经营思想、知识水平、业务能力、工作效益和质量、经营作风、应变能力所产生的价值。企业员工直接决定着企业为顾客提供的产品与服务的质量，决定着顾客购买总价值的大小。一个综合素质较高又具有顾客导向经营思想的工作人员，会比知识水平低、业务能力差、经营思想不端正的工作人员为顾客创造更高的价值，从而创造更多的满意的顾客，进而为企业创造市场。人员价值对企业、对顾客的影响是巨大的，并且这种影响是潜移默化的。因此，高度重视对企业人员综合素质和能力的培养，加强对员工日常工作的鼓励、监督和管理，使其始终保持较高工作水平就显得非常重要。

4. 形象价值（Image Value）

形象价值是指企业及其产品在社会公众中形成的总体形象所产生的价值，包括企业的产品、技术、包装、商标、工作场所等所构成的有形形象所产生的价值，公司及其员工的职业道德行为、经营行为、服务态度、作风等行为形象所产生的价值，以及企业的价值观念、管理哲学等理念形象所产生的价值等。形象价值与产品价值、服务价值、人员价值密切相关，在很大程度上是上述三个方面价值综合作用的反映和结果。形象对企业来说是宝贵的无形资产，良好的形象会对企业的产品产生巨大的支持作用，赋予产品较高的价值，使顾客的需要得到更高层次和更大限度的满足，从而增加顾客购买的总价值。因此，企业应高度重视自身形象塑造，为企业进而为顾客带来更大的价值。

（三）顾客购买总成本（Total Customer Cost）

顾客购买总成本，指顾客为购买某一产品所耗费的时间、精力、体力以及所支付的货币资金等，它包括货币成本、时间成本、精神成本和体力成本。

1. 货币成本（Monetary Cost）

一般情况下，顾客购买产品时首先要考虑货币成本的高低，因此，货币成本是构成顾客总成本高低的主要和基本因素。低价高质的产品是赢得顾客的最基本手段。企业要想赢得市场，必须严格控制成本，对本企业产品或服务的各个环节进行成本控制，设身处地以顾客的目光看待成本的高低和价格的可接受度。

2. 时间成本（Time Cost）

在顾客总价值与其他成本一定的情况下，时间成本越低，顾客购买的总成本越低，从而“顾客让渡价值”越大。以服务企业为例，顾客为购买餐馆、旅馆、银行等服务行业所提供的服务时，常常需要等候一段时间才能进入到正式购买或消费阶段，特别是在营业高峰期更是如此。在服务质量相同的情况下，顾客等候购买该项服务的时间越长，所花费的时间成本越高，购买的总成本就会越高。同时，等候时间越长，越容易引起顾客对企业的不满意感，从而中途放弃购买的可能性亦会增大。因此，努力提高工作效率，在保证产品与服务质量的前提下，尽可能减少顾客的时间支出，降低顾客的购买成本，是为顾客创造更大的“顾客让渡价值”、增强企业产品市场竞争能力的重要途径。

3. 精力成本（ Energy Cost）

精力成本是指顾客购买产品时，在精神、体力方面的耗费与支出。在顾客总价值与其他成本一定的情况下，精神与体力成本越低，顾客为购买产品所支出的总成本就越低，从而“顾客让渡价值”越大，因为消费者购买产品的过程是一个从产生需求、寻找信息、判断选择、决定购买到实施购买以及体会购后感受的全过程。在购买过程的各个阶段，消费者均需付出一定的精神与体力。如当消费者对某种产品产生了购买需求后，就需要收集该种产品的有关信息。消费者为收集信息而付出的精神与体力的多少会因购买情况的复杂程度不同而有所不同。

就复杂购买行为而言，消费者一般需要广泛全面地收集产品信息，因此需要付出较多的精神与体力。对于这类产品，如果企业能够通过多种渠道向潜在顾客提供全面详尽的信息，就可以减少顾客为获取产品情报所花费的精神与体力，从而降低顾客购买的总成本。又如，对于结构性能比较复杂、装卸搬运不太方便的机械类、电气类产品，如果企业能为顾客提供良好的售后服务，如送货上门、安装调试、定期维修、供应零配件等，就会减少顾客为此所耗费的精神和体力，从而降低精神与体力成本。因此，企业采取有效措施，对增加顾客购买的实际利益，降低购买的总成本，获得更大的顾客让渡价值具有重要意义。

三、购买行为分析的基本内容

在购买行为的一般细节上，营销者需要搞清楚顾客购买行为表现出来的五个“W”和一个“H”。这是研究顾客购买行为的基本内容。

（1）“What”：了解客户知道什么、购买什么。

（2）“Who”：了解客户是哪些人，弄清购买行动中的“购买角色”问题。

（3）“Where”：了解客户在哪里购买，在哪里使用。

（4）“When”：了解客户消费和购买某类商品和服务的具体时间。

（5）“How”：了解客户怎样购买、喜欢什么样的促销方式，是如何使用产品的。

(6)"Why":了解和探索客户购买行为的动机或影响其行为的因素。

通常而言,从购买者主体出发划分,购买行为包括两部分:消费者购买行为和生产者购买行为。两种购买行为,具有较大的区别,应有不同的营销策略予以应对。下面我们分别讨论不同购买主体的购买行为特征。

第二节 消费者购买行为分析

一、什么是消费者购买行为

消费者购买行为,指人们为了满足个人、家庭的生活需要,购买特定的产品或服务时所表现出来的各种行为。

这一概念告诉我们,该购买行为的主体是消费者,不是生产者;目的是为了获取生活效用,不是为了获取生产效用;购买对象是具有生活效用的商品,而不是生产资料。

美国营销大师菲利普·科特勒对消费者购买行为的定义,则强调指出该行为所必经的各个阶段。科特勒认为,消费者购买行为是指人们为满足需要和欲望而寻找、选择、购买、使用、评价及处置产品、服务时介入的过程活动,包括消费者的主观心理活动和客观物质活动两个方面。

消费者购买行为是复杂的,其购买行为的产生是受到其内在因素和外部环境的相互促进交互影响的。

二、消费者市场的特征

消费者购买行为虽然复杂多变,但并不是毫无规律可言。通过经济学、心理学、社会学与市场营销学的共同研究,现在我们大致可以归纳出消费者购买市场的如下特征:

(一)购买者多而分散

消费购买涉及作为自然人的每一个人和每个家庭,购买者多而分散。为此,消费者市场是一个人数众多、幅员广阔的市场。由于消费者所处的地理位置各不相同,闲暇时间不一致,构成了购买地点和购买时间的分散性。

(二)购买数量少,购买频度高

消费者购买以个人和家庭为购买和使用单位,由于受到消费人数、需要量、购买力、储藏地点、商品保质期等诸多因素的影响,消费者为了保证自身的消费需要,往往购买数量少、购买频度高。

（三）购买的差异性大

消费者购买受年龄、性别、职业、收入、文化程度、民族、宗教等影响，其需求有很大的差异性，对商品的要求也各不相同。而且随着社会经济的发展，消费者的消费习惯、消费观念、消费心理不断发生变化，从而导致消费者购买差异性大。

（四）大多属于非专家购买

由于生产领域与消费领域的信息不对称，绝大多数消费者购买缺乏对于商品质量、成本、效用、市场态势等相应的专业知识，尤其是对某些技术性较强、操作比较复杂的商品，更显得知识缺乏。在多数情况下消费者购买时往往受感性因素的影响较大。因此，消费者很容易受广告宣传、商品包装、卖场装潢价格及其他促销方式的影响，产生购买冲动。

（五）购买的流动性大

消费者购买必然慎重选择，加之在市场经济比较发达的今天，人口在地区间的流动性较大，因而导致消费者购买的流动性很大，消费者购买经常在不同产品、不同地区及不同企业之间流动。

（六）购买具有一定周期性

有些商品消费者需要常年购买、均衡消费，如食品、副食品、牛奶、蔬菜等生活必需商品；有些商品消费者需要季节购买或节日购买，如一些时令服装、节日消费品；有些商品消费者需要等商品的使用价值基本消费完毕才重新购买，如电话机与家用电器。这就表现出消费者购买具有一定的周期性。

（七）购买的时代特征

消费者购买常常受到时代精神、社会风俗习俗的导向，从而使人们对消费购买产生一些新的需要。如近几十年来，历届奥运会、足球世界杯之后，其吉祥物及关联商品，都会成为之后一段时期的流行风尚，受到消费者的追捧；又如当前社会对健康、养生的重视，人们对健康产品的需求量增加，从而使人们对养生书籍、锻炼器材的购买量明显增加。这些显示出消费购买的时代特征。

（八）购买的发展性

随着社会的发展和人民消费水平、生活质量的提高，消费需求也在不断向前推进。消费者过去只要能买到商品就行了，现在则追求名牌；过去不敢问津高档商品如汽车等，现在有人消费了；过去自己承担家务，现在部分由家政专业人员承担了等。这种新的需要不断产生，而且是永无止境的，使消费者购买具有发展性特点。

认清消费者购买的特点意义十分重大，它有助于营销者根据消费者购买特征来制定营销策略，规划生产、经营活动，为市场提供消费者满意的商品或服务，更好地开展市场营销活动。

三、购买行为分析基础模板

消费者购买决策随着购买行为类型的不同而变化。较为复杂和较高资金投入的购买决策，往往凝结着购买者的反复权衡和众多相关人员的参与决策。

（一）根据消费者的购买介入程度和对品牌差异的认知程度划分的购买类型

关于消费者购买行为的分类标准比较多，最常见的是科特勒总结出来的四分法，根据消费者在购买时投入时间精力的多少（购买介入程度）和对品牌差异的认知程度，大致划分出四种类型的消费者购买行为，如表 3-1 所示。

表 3-1 购买行为科特勒四分法

介入程度 / 品牌差异	高度介入	低度介入
品牌差异大	复杂型购买行为	多变型购买行为
品牌差异小	和谐型购买行为	习惯型购买行为

科特勒四分法于 20 世纪 80 年代初提出，为进行消费者购买行为分类提供了基本的标准和基础，是后来时代购买行为研究的一个重要借鉴模板。

（1）复杂型购买行为。这是品牌差异大，消费者介入程度高的购买行为。当消费者初次选购价格昂贵、购买次数较少的、冒风险的和高度自我表现的商品时，则属于高度介入购买。由于对这些产品的性能、价位缺乏了解，而又涉及金额较大，为慎重起见，消费者往往需要广泛地收集有关信息，并经过认真地学习，产生对这一产品的信念，形成对品牌的态度，并慎重地做出购买决策。

对这种类型的购买行为，企业应设法帮助消费者了解与该产品有关的知识，并让他们知道和确信本产品在比较重要的性能方面的特征及优势，使他们树立对本产品的信任感。这期间，企业要特别注意针对购买决定者做介绍本产品特性的多种形式的广告。

（2）和谐型购买行为。这是品牌差异小，消费者介入程度高的购买行为。消费者购买一些品牌差异不大，但价格高的商品时，虽然他们对购买行为持谨慎的态度，但他们的注意力更多地集中在品牌价格是否优惠、购买时间和地点是否便利，而不是花很多精力去收集不同品牌间的信息并进行比较，而且从产生购买动机到决定购买之间的时间较短。因而这种购买行为容易产生购后的不协调感：即消费者购买某一产品后，或因产品自身的某些方面不称心，或得到了其他产品更好的信息，从而产生不该购买这一产品的后悔心理或心理不平衡。为了改变这样的心理，追求心理的平衡，消费者广泛地收集各种对已购产品的有利信息，以证明自己购买决定的正确性。为此，企业应通过调整价格和售货网点的选择，并向消费者提供有利的信息，帮助消费者消除不平衡心理，坚定其对所购产品的信心。

（3）多变型购买行为，又叫作寻求多样化购买行为。这是品牌差异大，消费者介入程度低的购买行为。如果消费者购买的商品品牌间差异大，但价格低，可供选择的品牌很多时，他们并不花太多的时间选择品牌，专注于某一产品，而是经常变换品种。比如购买饼干，他们上次买的是巧克力夹心，而这次想购买奶油夹心。这种品种的更换并非是对上次购买饼干的不满意，而是想换换口味。

面对这种广泛选择的购买行为，当企业处于市场优势地位时，应注意以充足的货源占据货架的有利位置，并通过提醒性的广告促成消费者建立习惯性购买行为；而当企业处于非市场优势地位时，则应以降低产品价格、免费试用、介绍新产品的独特优势等方式，鼓励消费者进行多种品种的选择和新产品的试用。

（4）习惯型购买行为。这是品牌差异小，消费者介入程度低的购买行为。消费者有时购买某一商品，并不是因为特别偏爱某一品牌，而是出于习惯。比如醋，这是一种价格低廉、品牌间差异不大的商品，消费者购买它时，大多不会关心品牌，而是靠多次购买和多次使用而形成的习惯去选定某一品牌。

针对这种购买行为，企业要特别注意给消费者留下深刻印象，企业的广告要强调本产品的主要特点，要以鲜明的视觉标志、巧妙的形象构思赢得消费者对本企业产品的注意和购买惯性。为此，企业的广告要加强重复性、反复性，以加深消费者对产品的熟悉程度。

（二）根据消费者的购买态度划分的购买类型

（1）习惯型购买行为。这是指消费者由于对某种商品或某家商店的信赖、偏爱而产生的经常、反复的购买行为。由于经常购买和使用，他们对这些商品十分熟悉，体验较深，再次购买时往往不再花费时间进行比较选择，注意力稳定、集中。

（2）理智型购买行为。这是指消费者在每次购买前对所购的商品，要进行较为仔细的研究比较。消费者购买感情色彩较少，头脑冷静，行为慎重，主观性较强，不轻易相信广告、宣传、承诺、促销方式以及售货员的介绍，主要看重商品质量、款式。理智型购买行为常见于中青年男性。

（3）经济型购买行为。这是指消费者购买时特别重视价格，对于价格的反应特别灵敏。消费者无论是选择高档商品，还是中低档商品，首选的是价格，他们对“大甩卖”“清仓”“血本销售”等低价促销最感兴趣。虽然一般来说，这类消费者集中于中低收入阶层，但收入偏高的日本消费者，也是价格敏感者，以经济型购买为主。经济型购买态度受多种因素影响，可能存在于不同收入人群中。

（4）冲动型购买行为。这是指消费者容易受商品的外观、包装、商标或其他促销努力的刺激而产生的购买行为。消费者购买一般都是以直观感觉为主，从个人的兴趣或情绪出发，喜欢新奇、新颖、时尚的产品，购买时不愿做反复的选择比较。冲动型购买，常见于青少年、中青年妇女、艺术家等人群。

（5）疑虑型购买行为。这是指消费者具有内倾性的心理特征，购买时小心谨慎和疑虑重重。消费者购买一般缓慢、费时多，常常是“三思而后行”，常常会犹豫不决而中断购买，购买后还会疑心是否上当受骗。

四、影响消费者购买行为的因素

（一）影响消费者购买行为的内在因素

影响消费者购买行为的内在因素很多，主要有消费者的个体因素与心理因素。购买者的年龄、性别、经济收入、教育程度等因素会在很大程度上影响着消费者的购买行为。这部分内容已在其他章节中的“人口环境分析”和“经济环境分析”进行分析。在此主要分析影响消费者购买的心理因素。

消费者心理是消费者在满足需要活动中的思想意识，它支配着消费者的购买行为。影响消费者购买的心理因素有动机、感受、态度、学习。

1. 动机

需要引起动机。需要是人们对于某种事物的要求或欲望。就消费者而言，需要表现为获取各种物质需要和精神需要。马斯洛提出了“需要层次理论”，指出人的需要包括生理需要、安全需要、社会需要、尊重需要和自我实现的需要。需要产生动机，消费者购买动机是消费者内在需要与外界刺激相结合使主体产生一种动力而形成的。

动机是为了使个人需要得到满足的一种驱动和冲动。消费者购买动机是指消费者为了满足某种需要，产生购买商品的欲望和意念。购买动机可分为以下两类：

（1）生理性购买动机。生理性购买动机是指由人们因生理需要而产生的购买动机，如饥思食、渴思饮、寒思衣，又称本能动机。包括：①维持生命动机；②保护生命动机；③延续和发展生命的动机。

生理动机具有经常性、习惯性和稳定性的特点。

（2）心理性购买动机。心理性购买动机是指人们由于心理需要而产生的购买动机。根据对人们心理活动的认识，以及对情感、意志等心理活动过程的研究，可将心理动机归纳为以下三类：①感情动机。这是指由于个人的情绪和情感心理方面的因素而引起的购买动机。根据感情侧重点的不同，可以将其分为三种消费心理倾向：求新、求美、求荣。②理智动机。这是指消费者建立在对商品的客观认识的基础上，经过充分的分析比较后产生的购买动机。理智动机具有客观性、周密性的特点。消费者在购买中表现为求实、求廉、求安全的心理。③惠顾动机。这是指消费者对特定的商品或特定的商店产生特殊的信任和偏好而形成的习惯重复光顾的购买动机。这种动机具有经常性和习惯性特点，消费者表现为嗜好心理。

人们的购买动机不同，购买行为必然是多样的、多变的。这就要求营销者深入细致地分析消费者的各种需求和动机，针对不同的需求层次和购买动机设计不同的产品和服务，制定有效的营销策略，获得营销成功。

2. 感受

消费者购买如何行动，还要看他对外界刺激物或情境的反应，这就是感受对消费者购买行为的影响。感受指的是人们的感觉和知觉。

所谓感觉，就是人们通过感官对外界的刺激物或情境的反应或印象。随着感觉的深入，人们对各种感觉到的信息在头脑中联系起来进行初步的分析综合，形成对刺激物或情境的整体反应，就是知觉。知觉对消费者的购买决策、购买行为影响较大。在刺激物或情境相同的情况下，消费者有不同的知觉，他们的购买决策、购买行为就截然不同。因为消费者知觉是一个有选择性的心理过程：①有选择的注意。②有选择的曲解。③有选择的记忆。

分析感受对消费者购买影响的目的是要求企业营销掌握这一规律，充分利用企业营销策略，引起消费者的注意，加深消费者的记忆，正确理解广告，影响其购买。

3. 态度

态度通常指个人对事物所持有的喜欢与否的评价、情感上的感受和行动倾向。作为消费者态度对消费者的购买行为有着很大的影响。企业营销人员应该注重对消费者态度的研究。

消费者态度来源于：①与商品的直接接触；②受他人直接、间接的影响；③家庭教育与本人经历。消费者态度包含信念、情感和意向，它们对购买行为都有各自的影响。

（1）信念，指人们认为确定和真实的事物。在实际生活中，消费者不是根据知识，而常常是根据见解和信任作为他们购买的依据。

（2）情感，指商品和服务在消费者情绪上的反应，如对商品或广告喜欢还是厌恶。情感往往受消费者本人的心理特征与社会规范影响。

（3）意向，指消费者采取某种方式行动的倾向，如是倾向于采取购买行动，还是倾向于拒绝购买。消费者态度最终落实在购买的意向上。

研究消费者态度的目的在于企业充分利用营销策略，让消费者了解企业的商品，帮助消费者建立对本企业的正确信念，培养消费者对企业商品和服务的情感，让本企业产品和服务尽可能适应消费者的意向，使消费者的态度向着企业的方面转变。

4. 学习

学习是指由于经验引起的个人行为的改变，即消费者在购买和使用商品的实践中，逐步获得和积累经验，并根据经验调整自己购买行为的过程。学习是通过驱动力、刺激物、提示物、反应和强化的相互影响、相互作用而进行的。

“驱动力”是诱发人们行动的内在刺激力量。例如，某消费者重视身份地位，尊重需要就是一种驱动力。这种驱动力被引向某种刺激物——高级名牌西服时，驱动力就变为动机。在动机支配下，消费者需要做出购买名牌西服的反应。但购买行为的发生往往取决于周围的“提示物”的刺激，如看了有关电视广告、商品陈列，他就会完成购买。如果穿着很满意的话，他对这一商品的反应就会加强，以后如果再遇到相同诱因时，就会产生相同的反应，即采取购买行为。如反应被反复强化，久之，就成为购买习惯了。这就是消费者的学习过程。

企业营销要注重消费者购买行为中“学习”这一因素的作用，通过各种途径给消费者提供信息，如重复广告，目的是达到加强诱因，激发驱动力，将人们的驱动力激发到马上行动的地步。同时，企业商品和提供的服务要始终保持优质，消费者才有可能通过学习建立起对企业品牌的偏爱，形成其购买本企业商品的习惯。

（二）影响消费者购买的外在因素

1. 相关群体

相关群体是指那些影响人们的看法、意见、兴趣和观念的个人或集体。研究消费者行为可以把相关群体分为两类：参与群体与非所属群体。

参与群体是指消费者置身于其中的群体，有两种类型：

（1）主要群体是指个人经常性受其影响的非正式群体，如家庭、亲密朋友、同事、邻居等。

（2）次要群体是指个人并不经常受到其影响的正式群体，如工会、职业协会等。

非所属群体是指消费者置身事外，但对购买有影响作用的群体。有两种情况，一种是期望群体，另一种是游离群体。期望群体是个人希望成为其中一员或与其交往的群体，游离群体是遭到个人拒绝或抵制，极力划清界限的群体。

企业营销应该重视相关群体对消费者购买行为的影响作用；利用相关群体的影响开展营销活动；还要注意不同的商品受相关群体影响的程度不同。商品能见度越高，受相关群体影响越大。商品越特殊、购买频率越低，受相关群体影响越大。消费者对商品越缺乏认知，受相关群体影响越大。

2. 社会阶层

社会阶层，指作为社会人的民众按照一些公认或默认的参照准则而自然形成的相对稳定的不同层次。不同社会阶层的人，他们的经济状况、价值观念、兴趣爱好、生活方式、消费特点、休闲方式、能接受的大众传播媒体等各不相同。这些都会直接影响他们对商品、品牌、商店的选择以及购买习惯和购买方式。

营销者要关注本国的社会阶层结构情况，针对不同的社会阶层爱好要求，通过适当的信息传播方式，正确有效地传递产品信息，在适当的地点，运用适当的销售方式，提供适当的产品和服务。

3. 家庭状况

一家一户组成了购买单位，我国现有 24 400 万左右的家庭，在企业营销中应关注家庭对购买行为的重要影响。研究家庭中不同购买角色的作用，可以利用有效营销策略，使企业的促销措施引起家庭购买决策者的注意，诱发主要营销者的兴趣，使决策者了解商品，解除顾虑，建立购买信心，使购买者购置方便。通过研究家庭生命周期对消费购买的影响，企业营销可以根据不同的家庭生命周期阶段的实践需要，开发产品和提供服务。

4. 社会文化状况

每个消费者都是社会的一员，其购买行为必然受到社会文化因素的影响，文化因素有时对消费者购买行为起着决定性的作用，企业营销必须予以充分的关注。

五、消费者购买决策过程

消费者购买是较复杂的决策过程，不能一概而论。但大体说来，消费购买决策过程一般可能经历以下五个阶段，营销者可针对不同阶段制定相应的营销策略。

1. 确认需要

当消费者意识到对某种商品有需要时，购买过程就开始了。消费者需要可以由内在因素引起，也可以由外在因素引起。此阶段企业必须通过市场调研，认定促使消费者认识到需要的具体因素，营销活动应致力于做好两项工作：①发掘消费驱动力；②规划刺激、强化需要。

2. 寻求信息

在大多数情况下，消费者还要考虑买什么牌号的商品，花多少钱到哪里去买等问题，需要寻求信息，了解商品信息。消费者寻求的信息一般有产品质量、功能、价格、牌号、已经购买者的评价等。消费者的信息来源通常有以下四个方面：①商业来源；②个人来源；③大众来源；④经验来源。企业营销的任务是设计适当的市场营销组合，尤其是产品品牌广告策略，宣传产品的质量、功能、价格等，以便使消费者最终选择本企业的品牌。

3. 比较评价

消费者进行比较评价的目的是能够识别哪一种牌号、类型的商品最适合自己的需要。消费者对商品的比较评价，是根据收集的资料，对商品属性做出的价值判断。消费者对商品属性的评价因人因时因地而异，有的评价注重价格，有的注重质量，有的注重牌号或式样等。企业营销首先要注意了解并努力提高本企业产品的知名度，使其列入消费者比较评价的范围之内，才可能使其产品被选为购买目标。同时，企业还要调查研究人们比较评价某类商品时所考虑的主要方面，并突出进行这些方面的宣传，从而对消费者购买选择产生最大影响。

4. 决定购买

消费者通过对可供选择的商品进行评价，并做出选择后，就形成购买意图。在正常情况下，消费者通常会购买他们最喜欢的品牌。但有时他们也会受以下两个因素的影响而改变购买决定。

（1）他人态度。

（2）意外事件。消费者修改、推迟或取消某个购买决定，往往是受已察觉风险的影响。“察觉风险”的大小，由购买金额大小、产品性能优劣程度以及购买者自信心强弱决定。企业营销应尽可能设法减少这种风险，以推动消费者购买。

5. 购后评价

消费者购买商品后，购买的决策过程还在继续，他要评价已购买的商品。企业营销须给予充分的重视，因为它关系到产品今后的市场和企业的信誉。判断消费者购后行为有两种理论：

（1）预期满意理论。预期满意理论认为，消费者购买产品以后的满意程度取决于购买前期望得到实现的程度。消费者如果感受到的产品效用达到或超过购前期望，就会感到满意，超出越多，满意感越大；如果感受到的产品效用未达到购前期望，就会感到不满意，差距越大，不满意感越大。

企业在营销过程中，对商品的宣传应力求实事求是，不要夸大其词，以免造成消费者在购买前的希望过高，使用后却因存在落差而对商品产生强烈不满。

（2）认识差距理论。消费者在购买和使用产品之后对商品的主观评价和商品的客观实际之间总会存在一定的差距，可分为正差距和负差距。正差距指消费者对产品的评价高于产品实际和生产者原先的预期，产生超常的满意感。负差距指消费者对产品的评价低于产品实际和生产者原先的预期，产生不满意感。

消费者购买商品后，都会可能产生不同程度的不满意感。这是因为任何商品都有其优点和缺点，而消费者在购买时往往看重商品的优点，而购买后，又较多注意商品的缺点，当别的同类商品更有吸引力，消费者对所购商品的不满意感就会越大。

营销者在营销过程中，应密切注意消费者的购后感受，并采取适当措施，消除不满，提高满意度，如经常征求顾客意见，加强售后服务和保证，改进市场营销工作，力求使消费者的不满降到最低。

第三节　生产者购买行为分析

一、生产者购买行为

生产者购买行为是指一切购买产品或服务，并将之用于生产其他产品或服务，以供销售、出租或供应给他人消费的一种决策过程。

生产者购买行为分析是提供生产资料产品的企业营销的研究重点，只有了解了生产者购买行为的特点，掌握生产者购买行为的规律性，才能制定相适应的市场营销组合策略，在满足生产者需求的同时，实现企业自身的营销目标。

二、生产者购买市场的特征

生产者购买的目的是为了进行再生产并取得利润。因此，生产者购买与消费者购买有很大的差别。生产者购买市场具有以下特征：

（一）购买者数量少，购买规模大

在生产者市场上，购买者是企业单位，购买者的数量必然比消费者市场少得多，但每个购买者的购买量都较大。在现代经济条件下，许多行业的生产集中在少数大公司，所需原料、设备的采购也就相对集中。买者有限，但购买数量相当大。

（二）购买者区域相对集中

购买者区域上相对集中是由产业布局的区域结构决定的。由于历史和地域资源的原因，产业布局结构各不相同。例如我国，东北是能源供应、重工业所在地，华东是纺织、电子、机械加工业发达地区。产业布局形成了生产者购买较为集中的目标市场。

（三）需求受消费品市场的影响

企业对生产资料的需求，常常取决于消费品市场对其需求。对生产资料或服务的需求，被称为“衍生需求”，是指生产者购买需求归根结底是从消费者对消费品的需求中衍生出来的。

（四）需求缺乏弹性

在生产者市场上，购买者对产品的需求受价格变化的影响不大。在工艺、设备、产品结构相对稳定的情况下，市场资料的需求在短期内尤其缺乏弹性。例如，在消费者对皮鞋的需求既定的情况下，在一定时期内，皮鞋制造商既不会因皮革价格上涨而减少对皮革的需求量，也不会因为皮革价格下降而增加对皮革的需求量。

（五）需求波动幅度大

生产者对于生产资料的需求比消费者对消费品的需求更容易发生较大的波动。消费者需求的少量增加能导致生产者购买的大量增加。这种现象被称为“加速原理”。生产者购买变化很大，企业营销往往实行多元化经营，以减少风险，增强应变能力。

（六）购买人员较为专业

生产者购买必须符合企业再生产的需要，对产品的质量、规格、型号、性能等方面都有系统的计划和严格的要求，通常需由专业知识丰富、训练有素的专业采购人员负责采购，要求企业营销向采购员提供技术资料和特殊的服务。

（七）购买多为直接购买

购买者大多数希望直接与供应者打交道。一方面，供应商能够保证按照购买者自己的要求提供产品，另一方面，购买者又能与供应商密切联系，保证在交货期和技术规格上符合自己的需求。

（八）特殊购买方式——租赁

许多生产者是以租赁的方式取得设备的。这种方式一般适用于价值较高的机器设备、交通工具等，租赁已成为近年来生产者获得生产资料，特别是生产设备的一种重要形式。租赁的形式主要有服务性租赁、金融租赁、综合租赁、杠杆租赁、供货者租赁、卖主租赁等形式。

三、生产者购买的类型

（一）直接重购

直接重购是指企业采购部门为了满足生产活动的需要，按惯例进行订货的购买行为。

企业采购部门根据过去和供应商打交道的经验，从供应商名单中选择供货企业，并连续订购采购过的同类产品。这是最简单的采购，生产者购买行为是惯例化的。

这种购买类型所购买的多是低值易耗品，花费的人力较少，无须联合采购。面对这种采购类型，原有的供应者不必重复推销，而应努力使产品的质量和服务保持一定的水平，减少购买者的决策时间，努力维护与客户的良好关系，以保持现有客户不流失。

（二）修正重购

修正重购是指企业的采购人员为了更好地完成采购任务，适当改变采购产品的规格、价格和供应商的购买行为。

这类购买情况较复杂，参与购买决策过程的人数较多。原有的供应者要清醒认识面临的挑战，积极改进产品规格和服务质量，大力提高生产率，降低成本，以保持现有的客户；新的供应者要抓住机遇，积极开拓，争取更多的业务。

（三）全新采购

全新采购是指企业为了增加新的生产项目或更新设备而第一次采购某一产品或服务的购买行为。

新购买产品的成本越高、风险越大，决策参与者的数目就越多，需收集的信息也就越多，完成决策所需时间也就越长。

“新购”是供应商营销人员的机会，他们要采取措施，影响决策的中心人物；要通过实事求是的广告宣传，使购买者了解本产品。为了达到这一目标，供应商企业应将最优秀的推销人员组成一支高效的营销队伍，以赢得采购者信任从而采取行动。

（四）系统购买

系统购买即生产者从一个销售商那里购买一揽子解决方案。它始于政府对重要军火和通信系统的购买。政府不是购买设备后自己组装，而是通过招标的方式，让供应商提供设备，并由供应商组装成系统。

系统销售是供应商赢取和留住客户的关键的产业营销策略。供应商已逐步认识到购买者喜欢这种方式，并渐渐将系统销售作为一个营销利器，逐步采纳。系统销售的过程分为两步：第一步，供应商卖出一组相互关联的产品，如供应商不仅销售胶水，也销售涂抹器和干燥剂；第二步，供应商提供生产、库存控制、分销和其他服务等全套系统，来满足购买者优化运行的要求。

四、生产者购买决策过程

（一）生产者购买的参与者

生产者购买要比消费者购买复杂得多。通常，生产者购买涉及以下成员：

（1）使用者，指实际使用欲购买的某种产品的人员。使用者往往首先提出购买某种所需产品的建议，并提出购买产品的品种、规格和数量。

（2）影响者，指企业内部和外部直接或间接影响购买决策的人员。他们通常协助决策者决定购买产品的品牌、品种、规格。企业技术人员是最主要的影响者。

（3）采购者，指在企业中组织采购工作的专业人员。在较为复杂的采购工作中，采购者还包括那些参与谈判的公司人员。

（4）决定者，指企业中拥有购买决定权的人。在标准品的例行采购中采购者常常是决定者；而在较复杂的采购中，企业领导人常常是决定者。

（5）信息控制者，指在企业外部和内部能控制市场信息流到决定者和使用者那里的人员，如企业的采购代理商、技术人员和秘书等。

企业营销必须了解生产者购买的具体参与者，尤其谁是主要的决策者，以便采取适当措施，影响有影响力的重要人物。

（二）影响生产者购买决策的主要因素

1. 环境因素

企业外部环境因素，包括政治、法律、文化、技术、经济、竞争态势和自然环境等。其中，国家的经济形势对购买者的影响最为深刻直接。当经济发展前景不佳，社会有效总需求趋于萎缩，投资风险增大时，购买者会减少投资，减少原材料的采购和库存。在这种环境中，生产者市场营销人员在刺激总需求上作为不大，他们仅能在保持自己的市场占有率上做些努力。

2. 组织因素

企业本身的因素，如企业的目标、政策、业务程序、组织结构、制度等，都会影响生产者购买决策。例如，有的企业以发展为目标，有的则只求保持现状。有的企业重视质量，有的侧重廉价。大企业往往从长远利益考虑，小企业则重视中短期利益。这些因素都影响着采购者的购买行为。供应商和生产资料营销人员应了解和把握这些组织因素、变化趋势及对企业购买可能产生的影响方向与程度，并采取适当措施，加速生产者的购买决策过程。例如，有多少人参与制定购买决策、他们的评估标准如何、企业对其采购人员的政策和限制有哪些。总而言之，组织因素在生产者购买决策中具有十分重要的作用。

3. 人际因素

人际因素指采购者与上级主管之间、与相关部门之间以及与其他有关人员的实际相互关系对购买行为的影响。人际因素泛指企业内部的人事关系。一般说来，生产者购买活动具体由企业的采购中心执行，采购中心通常又包括使用者、影响者、采购者、决定者和信息控制者。这五种成员共同参与购买决策过程，因其在组织中的地位、职权、说服力以及他们之间的关系不同而对购买决策产生不同有时甚至是微妙的影响。设法洞悉这些敏感的人际因素，有利于供应商营销人员了解生产者购买过程中的群体动态及其作用，并制定恰当的营销策略。

4. 个人因素

个人因素指采购人员的个人感情、偏好对购买行为的影响。个人因素指企业内参与生产资料购买决策的个人的年龄、工作职位、受教育程度、个性、价值观念和风险态度等。一般说来，对工业用品的采购是一种理性化采购，采购人员的个人感情和偏好对购买行为影响较小。企业生产资料的购买实质上是采购中心成员在企业内外各种因素约束下的具体购买行为，因此，这些个人因素必然对生产者的购买决策产生潜移默化的影响，即影响各参与者对要采购的生产资料和供应商的感觉、看法，进而影响其购买决策和购买行为。

（三）生产者购买决策的主要阶段

由于生产者购买类型不同，购买决策过程也有所不同。直接重购的决策阶段最少。修正采购的决策阶段多些。全新采购的决策阶段最长，要经过以下八个阶段：

（1）认识需求。需求是由两种刺激引起的：①内部需求；②外部刺激。在新任务购买和修正续购的情况下，购买过程首先是从生产资料使用者或其他倡议者认识到需采购某种产品，以满足企业的生产经营需要而开始的。

（2）确定需求。企业对标准品按要求采购；对复杂品，采购人员要和使用者、工程师共同研究确定所需产品的主要功效、材质、型号、规格、品牌等。

（3）说明需求。企业采购中心组织专家小组对所需品种进行价值分析，做出详细的技术说明。目的是以最少的资源耗费，获得最大功能，以取得最大的经济效益。价值分析公式：

$$V = F/C$$

其中，V——价值；F——功能（指产品的用途、效用、作用）；C——成本。

企业通过价值分析在各产品生产性能、质量、价格之间进行综合评价，有利于选择最佳采购方案。

（4）物色供应商。全新采购需要花较多时间物色供应商。采购人员通常利用工商名录或其他资料查询供应商，也可向其他机构（国家相关工商管理部门、银行、协会、其他企业等）了解供应商的信誉。

（5）征求建议。采购人员可邀请供应商提出建议或提出报价单。如果采购复杂的、价值高的产品，采购人员可要求每个潜在的供应商都提交详细的书面建议或报价单。

（6）选择供应商。企业对供应商提出评价和选择建议，选择最具吸引力的供应商。企业通常从主要供应商处采购所需产品的60%，另外40%则分散给其他供应商。采购人员在采购选择中，注意不要片面选择报价最低的供应商，一定要结合其他要素综合评价。

（7）正式订货。采购人员与供应商通过商务谈判达成协议，给选定的供应商发出正式采购订单，写明所需产品的规格、数量、交货时间、结算方式、退款政策、担保条款、保修条件等。在商务活动中，对信誉可靠的保修产品，企业往往愿订立“一揽子合同”（又叫无库存采购计划），和该供应商建立长期供货关系。

（8）检查合同履行情况。企业应向使用者征求意见，了解他们对购进产品是否满意，检查和评价各个供应商履行合同的情况，然后根据检查和评价，决定以后是否继续向某个供应商采购。

本章小结

购买行为是客户主动采取的，以货币形式完成的获取特定商品或服务的所有权的行为。通常从购买者主体出发划分，购买行为包括两部分：消费者购买行为和生产者购买行为。这两种购买行为，具有较大的区别，应有不同的营销策略予以应对。

消费者购买行为，指人们为了满足个人、家庭的生活需要，购买特定的产品或服务时所表现出来的各种行为。消费者让渡理论，较好地解释了消费者购买行为的目的。消费者购买行为主观性很强，应充分了解消费者购买行为的特点、类型、影响因素、决策过程与变化动态。消费者购买行为，是大多数企业开展市场营销所重点研究的对象。

生产者购买行为是指一切购买产品或服务，并将之用于生产其他产品或服务，以供销售、出租或供应给他人消费的一种决策过程。生产者购买行为相对理性，购买频度小，购买数量大，属于一定程度的专业性购买。生产者购买行为类型大致有直接重购、修正重购、全新采购、系统购买四种；生产者购买过程通常有八个阶段，由于生产者购买强调尽量理性购买，八个阶段不要省略任何一个阶段。

思考与练习

1. 影响消费者购买行为的因素有哪些？
2. 你认为消费者购买决策过程，哪一个环节最重要？
3. 生产者购买行为的主要特点有哪些？
4. 你如何看待消费者让渡理论？

第四章　市场营销环境

学习要点

通过学习本章内容，了解市场营销环境的含义及特点；掌握微观市场营销环境的构成因素及其对企业营销活动的影响；了解宏观市场营销环境的构成因素及其对企业营销活动的影响；理解市场营销环境分析的方法及相应的对策。

开篇案例

博世—西门子（Bosch-Siemens）家电公司针对不同营销环境推出不同功率洗衣机

德国的博世—西门子家电公司，我国也译为博西家电公司，是享誉全球的百年家用电器制造商。

该公司在面向欧洲市场推出洗衣机产品时，进行了详细的调查研究，发现对于洗衣机而言，欧洲各国的购买力都差别不大，问卷得出的需求差异也比较小。但调查人员注意到，在市场营销宏观环境上，德国和斯堪的纳维亚国家阳光天气较少，以阴冷天气为主，而西班牙、意大利等南欧国家阳光充沛，晴天很多，以温暖明媚的地中海气候为主。

于是博西公司针对北欧子市场（以德国与斯堪的纳维亚国家为主）的阴冷自然环境，推出每分钟转速（Revolutions Per Minute，RPM）高达 1 600 转的大功率洗衣机，因为北欧居民很难利用到阳光来晾晒衣服，需要高转速所能提供的甩干功能；而针对南欧市场阳光充沛的自然环境，博西公司推出的洗衣机每分钟转速仅有 500 转，因为南欧的阳光足够较短时间内晒干衣服，居民也喜欢衣服被阳光晒干的感觉。

毫无疑问，每分钟500转的小功率洗衣机成本也低，可以在价格策略上拥有更多自由裁量空间，适当较低定价，便于和日本、中国销往南欧的洗衣机竞争。而1 600转的大功率洗衣机，迎合了北欧居民在阴冷天气快速甩干衣服的需求，固然价格较高，但远远没有超过北欧居民的支付能力，并且其他国际竞争者的洗衣机很难达到如此的高转速，由此也能获得竞争优势。

博西公司详细分析市场营销环境，有助于制定相应的营销策略，推出适应特定环境的产品和营销组合，这让博西公司的家用电器在国际上一直拥有强大的竞争力，也让该公司多年来在家用电器行业居于世界排名第三、欧洲排名第一的位置。

（资料来源：菲利普·凯塔奥拉，等. 国际市场营销［M］. 16th edition. 崔新建，译. 北京：中国人民大学出版社，2013.）

第一节　市场营销环境

一、什么是市场营销环境

市场营销环境（Marketing Environment）指一切影响和制约企业市场营销决策和实施的内部条件和外部环境的总和。市场营销环境包围营销企业并影响企业，通常分为宏观环境（Macro-environment）、微观环境（Micro-environment）。宏观市场营销环境是指企业无法直接控制的因素，是通过影响微观环境来影响企业营销能力和效率的一系列巨大的社会力量，它包括人口、经济、自然环境、政治法律、科学技术、社会文化等因素。由于这些环境因素对企业的营销活动起着间接的影响，所以又称间接营销环境。微观市场营销环境和宏观市场营销环境之间不是并列关系，而是主从关系。微观市场营销环境受制于宏观市场营销环境，微观市场营销环境中的所有因素均受到宏观市场营销环境中的各种力量和因素的影响。

微观市场营销环境是指与企业紧密相连、直接影响企业营销能力和效率的各种力量和因素的总和，主要包括企业内部环境、供应商、营销中介、消费者、竞争者及社会公众。由于这些环境因素对企业的营销活动有着直接的影响，所以又称直接营销环境。

市场营销环境通过对企业构成威胁或提供机会来影响营销活动。环境威胁是指环境中不利于企业营销的因素及其发展趋势，对企业形成挑战，对企业的市场地位构成威胁。市场机会指由环境变化形成的对企业营销活动富有吸引力和利益空间的领域。

营销者的职责在于正确识别市场环境所带来的可能机会和威胁，适当安排营销组合，使之与客观存在的外部环境相适应。

二、市场营销环境的特点

（一）客观性

企业总是在特定的社会、市场环境中生存、发展的。这种环境并不以营销者的意志为转移，具有强制性与不可控制性的特点。也就是说，企业营销管理者虽然能认识、利用营销环境，但无法摆脱环境的制约，也无法控制或难以控制营销环境，特别是间接的社会力量，更难以把握。

（二）差异性

不同的国家或地域，人口、经济、政治、文化存在很大差异性，企业营销活动要面对这种环境的差异性，制定不同的营销策略。而同样一种环境因素，对不同企业的影响也是不同的，如海湾危机，造成国际石油市场的极大波动，对石化行业的企业影响十分大，而对那些与石油关系不大的企业影响则较小。

（三）相关性

构成营销环境的各种因素和力量是相互联系、相互依赖的。如经济因素不能脱离政治因素而单独存在；同样，政治因素也要通过经济因素来体现。这种相关性表现在两个方面：

1. 某一关键环境因素的变化会引起其他环境因素的互动变化

如 2012 年下半年以来，党中央提出“厉行节约”的政策，限制“三公消费”，对军队下达禁酒令，对地方各级政府下限酒令，严格控制接待费，反对铺张浪费，这些政策是为了廉政建设，为了社会风气的根本好转，获得了广大人民群众的好评和支持。该政策环境因素的变化，带来消费行为的变化，带来公务接待的大幅减少与节制，导致对中高端白酒的订货减少，使得中高端白酒销售骤然遭遇市场寒冬，从卖方市场转为买方市场，从“量价齐升”，转为“量价齐跌”。由此，白酒行业不得不面临一个必须做出营销战略调整的考验。

2. 企业营销活动受多种环境因素的共同制约

企业的营销活动不仅仅受单一环境因素的影响，而是受多个环境因素共同制约的。如企业的产品开发，就要受制于国家环保政策、技术标准、消费者需求特点、竞争者产品、替代品等多种因素的制约，如果不考虑这些外在的力量，生产出来的产品将很难被市场接纳。

（四）动态性

外界环境随着时间的推移经常处于变动之中。例如，外界环境利益主体的行为变化和人均收入的提高均会引起购买行为的变化，影响企业营销活动的内容；外部环境各种因素结合方式的不同也会影响和制约企业营销活动的内容和形式。

（五）双面性

双面性即市场营销环境中，各种因素的动态变化，使得市场机会与环境威胁并存。如上例中，党和政府提出“厉行节约”的政策之后，带来一系列环境因素的变化，对客观上依赖公务接待的中高端白酒行业，无疑是一次环境威胁；而对于中式快餐、节能产品等行业，却是正面的利好市场机会。即使对于名优白酒企业，适时调整营销组合，用好原有品牌优势，把资金、人员、产能等资源着重投向中档饮品、大众型饮品的话，也未尝不是一次很好的市场机会。

（六）多样性

多样性即构成市场营销环境的因素多、层次多，对市场营销活动的影响方式多。

第二节　宏观市场营销环境

宏观市场营销环境是指企业不可控制的、并能给企业的营销活动带来市场机会和环境威胁的主要社会力量，包括人口环境、经济环境、自然环境、技术环境、政治法律环境以及社会文化环境。企业及其微观市场营销环境的参与者，无不处于宏观市场营销环境中。

一、人口环境

人口是构成市场的第一位因素。人口的多少直接决定着市场的潜在容量，人口越多，市场规模就越大。而人口的年龄结构、地理分布、婚姻状况、出生率、死亡率、人口密度、人口流动性及其文化教育等人口特性会对市场格局产生深刻影响，并直接影响着企业的市场营销活动。对人口环境的分析可包括以下几方面的内容：

（一）人口总量

以 2010 年 11 月 1 日零时为标准时点的第六次全国人口普查的数据显示：普查登记的全国（含港澳台）总人口数量为 1 370 536 875 人，占世界人口总量的 19%。与 2000 年进行的第五次全国人口普查相比，十年间我国增加了 7 390 万人，增长了 5.84%，年平均增长 0.57%，比 1990—2000 年的年平均增长率 1.07%下降了 0.5 个百分点。数据表明，十年来我国人口增长处于低生育水平阶段。

与其他主要经济体相比较，北美洲总人口约 4.45 亿人，欧盟 5.01 亿人，日本 1.26 亿人，中国人口大于上述主要经济体人口数量的总和。随着改革开放的不断推进，我国人民收入持续提高，中国已被公认为将在 5~10 年成长为世界最大的市场。

（二）人口结构

1. 年龄结构

截至 2010 年，我国 0~14 岁的人口占总人口的 16.6%，15~64 岁的人口占总人口的 74.5%，65 岁以上老年人口比重为 8.9%。这一年龄分布，体现为中间大、两头小的纺锤形结构，反映在市场上，教育产品、结婚用品、住房、家电、汽车等都会有稳定的旺盛需求。但出生率的下降、当前0~14岁人口的相对偏少，会使社会总需求在较为长久的将来在既有水平上呈现一定程度的衰减。

2. 性别结构

根据2010年人口普查数据，以女性为基数100计，我国0~14岁男女性别比为112∶100；15~64岁男女性别比为106∶100；65岁以上男女性别比为91∶100。我国不同年龄的性别比，反映出青少年、中青年阶段男性多于女性，老年阶段则男性少于女性的特点。人口性别不同，会在市场需求上表现出差异，出现男性用品市场和女性用品市场。通常而言，男性倾向于购买高额、大件物品，女性倾向于频繁购买中小金额的生活用品、服装等。

3. 家庭结构

在集体主义观念占优势的中国，家庭一般是购买、消费的基本单位。除了低值习惯性购买之外，多数购买行为是以家庭、而不是以个人为决策单位的。家庭的数量会直接影响到特定商品的需求数量。进入21世纪，一个家庭只拥有一对夫妇及其孩子的小家庭成为家庭结构的主流。经济越发达的地区，家庭规模越小，我国曾经的“四世同堂”大家庭已非常罕见，“三世同堂”家庭数量也在明显减少，一对中青年夫妇带一个孩子的小家庭越来越普遍。家庭数量增多，每个家庭的成员数量减少，是我国家庭结构变化的大趋势。独立家庭数量的增加，必然会带来对住房、家电家具、厨具洁具等产品的需求增长。

4. 教育结构

2010年的人口普查数据表明，我国人口科学文化素质已有显著提高。与2000年人口普查数据相比，每十万人中具有大学文化程度的由3 611人上升为8 930人，具有高中文化程度的由11 146人上升为14 032人，具有初中文化程度的由33 961人上升为38 788人，具有小学文化程度的由35 701人下降为26 779人。文盲率（15岁及以上不识字的人口占总人口的比重）为4.08%，比2000年人口普查的6.72%下降了2.64个百分点。

5. 城乡结构

截止到2010年，我国目前居住在城镇的人口为665 575 306人，占49.68%；居住在乡村的人口为674 149 546人，占50.32%。

中国积极推进人口城镇化和产业结构升级，实施城市带动农村、工业反哺农业的发展战略，人口城镇化率以每年超过1个百分点的速度增长。国家将继续采取多种措施和合理规划，引导农村富余劳动力向非农产业转移，努力改善农民进城务工环境，促进农村劳动力有序流动。

农村人口将不断转化为城镇人口，是世界各发达国家经历过的必然发展阶段。我国这一农村—城市转化趋势，将给营销市场带来各种各样的机遇和挑战。

6. 民族结构

汉族是中国的主体民族，汉族人口占全部人口的91.51%。其他还有55个少数民族，其人口占全部人口的 8.49%。

少数民族的人口增长快于汉族，从 1953 年占全国人口 6.1%，到 1990 年的 8.04%，2000 年的 8.41%，2005 年的 9.44%。

2010 年人口普查数据显示，汉族人口为 1 225 932 641 人，占 91.51%；各少数民族人口为 113 792 211 人，占 8.49%。同 2000 年第五次全国人口普查数据相比，汉族人口增加了 66 537 177 人，增长了 5.74%；各少数民族人口增加了 7 362 627 人，增长了 6.92%。

（三）地理分布

人口地理分布是反映人口在特定时期的空间集聚状态的指标，通常以某地区的人口总量和人口密度（每平方千米多少人）来表示。中国人口地理分布的最大特点就是人口分布极不平衡。沿海 12 省、市、自治区平均每平方千米有 364 人；内地 18 省和自治区平均每平方千米有 80 人。其中，内蒙古、西藏、青海、新疆 4 省区人口密度只有每平方千米 9 人，与沿海相差达 40 倍。除直辖市外，人口密度最高的江苏省达每平方千米 654 人，而最低的西藏自治区仅有 2 人。如果以漠河—兰州—腾冲一线为界，将全国分为东西两部分，则东部土地面积占全国的 43%，拥有全国 94.4%的人口，人口密度平均每平方千米 231 人，西部土地面积占全国 57%，人口仅占全国的 5.6%，平均每平方千米只有 10 人。

同时，中国人口超千万人的超级大城市也在不断涌现。如北京、上海、广州、重庆等城市，人口超过千万量级，是巨大的生产流通市场，更是巨大的消费市场。

二、经济环境

经济环境是指影响企业市场营销方式与规模的各种宏观经济因素，主要包括收入与支出水平、储蓄与信贷及经济发展水平等因素。

（一）消费者收入

消费者收入是指消费者个人从各种来源所得到的货币收入，通常包括个人的工资、奖金、其他劳动收入、退休金、助学金、红利、馈赠、出租收入等。消费者收入主要形成消费资料购买力，这是社会购买力的重要组成部分。

消费者收入分为货币收入和实际收入。物价下跌，则实际收入上升。此外，不同时期、不同地区、不同阶层消费者收入水平不同。

消费者收入主要形成消费人口的购买力，收入水平越高，购买力就越大，但消费者收入不会全部用于消费。因此，对营销者而言，有必要区别以下几种概念：

（1）个人可支配的收入，即个人收入中扣除各种税款（所得税等）和非税性负担（如工会费、养老保险、医疗保险等）后的余额。它是消费者个人可以用于消费或储蓄的部分，形成实际的购买力。

（2）个人可任意支配的收入，即个人可支配收入中减去用于维持个人与家庭生存所必需的费用（如水电、食物、衣服、住房等）和其他固定支出（如学费等）后剩余的部分。这部分收入是消费者可任意支配的，因而是消费需求中最活跃的因素，也是企业开展营销活动所要考虑的主要对象。

（3）家庭收入。许多产品的消费是以家庭为单位的，如冰箱、电视、空调、汽车等，因此家庭收入的高低会影响许多产品的市场需求。

在进行营销分析时，要注意，比如消费者收入不变，而商品价格上涨，就等于消费者收入的减少。反之，如果物价下跌，就等于消费者收入增加。一个好的企业不仅要分析研究消费者的平均收入，而且还要分析研究每个阶层消费者的收入和消费水平，只有这样才能抓住重点，提高企业的创收率。

消费者购买力来自消费者收入，所以消费者收入是影响社会购买力、市场规模大小以及消费者支出多少和支出模式的一个重要的因素。营销者在进行经济环境分析时，要区别可支配的个人收入和可随意支配的个人收入、货币收入和实际收入等细分项目；另外还要分析研究消费者的平均收入，而且要分析研究各个阶层的消费者收入、不同地区的收入水平和工资增长率等因素。

当消费者收入水平较低时，迫于生计，不得不消费较多的劣等品。当消费者收入提高时，会增加对层次较高、品质较好的生活必需品的消费，这样自然而然减少了对劣等商品的消费。因此，劣等商品价格提高了，若撇开由相对价格变化引起的购买替代，则由于消费者实际收入的降低，就会引起消费者对该商品更多的购买。

（二）消费者支出

在收入一定的情况下，消费者会根据消费的急需程度，对自己的消费项目进行排序，一般先满足排序在前也即主要的消费。如温饱和治病肯定是第一位的消费，其次是住、行和教育，再次是舒适型、提高型的消费，如保健、娱乐等。以上支出项目排序结构，一般也称为消费者支出模式。分析消费者支出模式最常用的工具是恩格尔系数（Engel's Coefficient），即食品支出总额占消费者支出总额的比重。

随着消费者收入的变化，消费者支出模式就会发生相应的变化。恩格尔系数对这方面的主要分析如下：

（1）随着家庭收入增加，用于购买食品的支出占家庭收入的比重就会下降。

（2）随着家庭收入增加，用于住宅建筑和家务经营的支出占家庭收入的比重大体不变。

（3）随着家庭收入的增加，用于其他方面的支出和储蓄占家庭收入的比重就会上升。

恩格尔系数是反映食品支出占家庭支出的比重，越富裕的家庭，食品支出占比越低。根据联合国粮农组织的标准划分，恩格尔系数在40%～49%为小康，30%～39%为富裕，30%以下为最富裕。

除了消费者既定收入因素外，消费者支出模式还受以下两个因素影响：一是家庭生命周期的阶段，一个家庭有没有孩子，其支出情况会大不相同，例如有小孩的家庭，乘飞机外出旅行的频度会少于没有小孩的家庭；二是消费者家庭所在地区，家庭位于交通不便的偏远地区，和家庭位于交通便捷的发达地区，如果收入相同，支出也会有较大的差别。

（三）消费者储蓄和信贷

消费者的个人收入一般不会全部花掉，总有一部分以各种形式储蓄起来，这是一种推迟的、潜在的购买力。消费者储蓄一般有两种形式：一是银行存款，增加现有银行存款额；二是购买有价证券。消费者的收入一定时，储蓄越多，现实消费量就越小，但潜在消费量愈大；反之，储蓄越少，现实消费量就越大，但潜在消费量愈小。营销者应当全面了解消费者的储蓄情况，尤其是要了解消费者储蓄目的的差异。储蓄目的不同，往往影响到潜在需求量、消费模式、消费内容、消费发展方向的不同。这就要求企业营销人员在调查、了解储蓄动机与目的的基础上，制定不同的营销策略，为消费者提供有效的产品和服务。

我国人民有勤俭持家的传统，长期以来养成侧重储蓄的习惯。近年来，我国居民储蓄额和储蓄增长率均较大。据商务部统计，截止到2012年年底，城乡居民储蓄余额已达到40万亿元。我国居民储蓄的目的主要用于供养家庭成员、婚丧嫁娶及大病预备，但从发展趋势看，用于购买住房和大件用品的储蓄占整个储蓄额的比重也在逐步增加。我国居民储蓄增加，一方面，显然会使企业当前产品价值的实现比较困难；但另一方面，企业若能调动消费者的潜在需求，就可打开储蓄宝库，获得新的增长空间。

消费者信贷，指消费者凭信用先取得商品使用权，然后按期归还贷款，以购买商品。这实际上就是消费者提前支取未来的收入，提前消费。西方国家盛行的消费者信贷主要有：①短期赊销；②购买住宅分期付款；③购买昂贵的消费品分期付款；④信用卡信贷。信贷消费允许人们购买超过自己现实购买力的商品，从而创造了更多的就业机会、更多的收入以及更多的需求；同时，消费者信贷还是一种经济杠杆，它可以调节积累与消费、供给与需求的矛盾。当市场供大于求时，可以发放消费者信贷，刺激需求；当市场供不应求时，必须收缩信贷，适当抑制、减少需求。消费者信贷把资金投向需要发展的产业，刺激这些产业的生产，带动相关产业和产品的发展。我国现阶段的消费者信贷主要是居民住房、汽车购买等服务，其他的有公共事业单位提供的服务信贷，如水、电、煤气的交纳；此外，信用卡消费已逐渐普及。

（四）经济发展水平

企业的市场营销活动要受到一个国家或地区的整个经济发展水平的制约。经济发展阶段不同，居民的收入不同，顾客对产品的需求也不一样，从而会在一定程度上影响企业的营销。例如，以消费者市场来说，经济发展水平比较高的地区，在市场营销方面，要强调产品款式、性能及特色，使品质竞争多于价格竞争。而在经济发展水平低的地区，则较侧重于产品的功能及实用性，价格因素比产品品质更为重要。在生产者市场方面，经济发展水平高的地区着重投资较大而能节省劳动力的先进、精密、自动化程度高、性能好的生产设备。在经济发展水平低的地区，其机器设备大多是一些投资少而耗劳动力多、简单易操作、较为落后的设备。因此，对于不同经济发展水平的地区，企业应采取不同的市场营销策略。

美国学者罗斯顿以“经济成长阶段”理论将世界各国的经济发展归纳为五种类型：传统经济阶段，经济起飞前的准备阶段，经济起飞阶段，迈向经济成熟阶段，大量消费阶段。凡属前三个阶段的国家称为发展中国家，而处于后两个阶段的国家则称为发达国家。不同发展阶段的国家在营销策略上也有所不同。以分销渠道为例，国外学者认为，经济发展阶段越高的国家，其分销途径越复杂而且广泛；进口代理商的地位随经济发展而下降；制造商、批发商与零售商的职能逐渐独立，不再由某一分销路线的成员单独承担；批发商的其他职能增加，只有财务职能下降；小型商店的数目下降，商店的平均规模在增加；零售商的加成上升。随着经济发展阶段的上升，分销路线的控制权逐渐由传统权势人物移至中间商，再至制造商，最后大零售商崛起，控制分销路线。

我国目前进入经济起飞阶段。市场规模进一步扩大；企业投资机会增多；市场交换成为企业的根本活动；信息竞争将成为市场竞争的焦点。因此，企业应当注意经济起飞阶段市场的变化，把握时机，主动迎接市场的挑战。

（五）经济体制

世界上存在着多种经济体制，有计划经济体制，有市场经济体制，有计划—市场经济体制，也有市场—计划经济体制等。不同的经济体制对企业营销活动的制约和影响不同。

例如，在计划经济体制下，企业是行政机关的附属物，没有生产经营自主权，企业的产、供、销都由国家计划统一安排，企业生产什么，生产多少，如何销售，都不是企业自己的事情。在这种经济体制下，企业不能独立地开展生产经营活动，因而，也就谈不上开展市场营销活动。

在市场经济体制下，企业的一切活动都以市场为中心，市场是其价值实现的场所，因而企业必须特别重视营销活动，通过营销，实现自己的利益目标。

三、自然环境

市场营销所关注的自然环境，主要是指自然物质环境，即自然界提供给人类的各种形式的物质财富，如矿产资源、森林资源、土地资源、水力资源等。自然环境也处于发展变化之中。当代自然环境最主要的动向是：自然资源日益短缺，能源成本趋于提高，环境污染日益严重，政府对自然资源的管理和干预不断加强。所有这些，都会直接或间接地给企业带来威胁或机会。

20世纪90年代以来，企业和公众面临的主要问题之一是日益恶化的自然环境。自然环境的发展变化对企业的发展产生越来越强烈的影响。所以，企业管理层必须分析研究自然环境的如下发展动向：

（一）某些自然资源短缺或即将短缺

地球上的资源包括无限资源、可再生有限资源和不可再生资源。目前，这些资源不同程度上都出现了危机。

（1）无限资源，如空气和水等，从总体上讲是取之不尽、用之不竭的，但污染问题严重，亟待解决。此外，近几十年来，世界各国尤其是城市用水量增加很快（估计世界用水量每20年增加一倍），与此同时，世界各地水资源分布不均，而且每年和各个季节的情况也各不相同，所以目前世界上许多国家和城市面临缺水问题。我国随着城市化的发展，济南、天津和北京等300多个城市也开始为水资源不足的问题所困扰。

（2）可再生有限资源，是指森林、粮食等。我国森林覆盖率低，仅占国土面积的12%，人均森林面积只有0.8亩（1亩≈666.67平方米），大大低于世界人均森林面积3.5亩。我国耕地少，而且由于城市和建设事业发展快，耕地迅速减少，近30年间我国耕地平均每年减少810万亩。

（3）不可再生资源，是指石油、煤和金属等矿物。由于这类资源供不应求或在一段时期内供不应求，企业必须寻找代用品。在这种情况下，就需要研究与开发新的资源和原料，这就给某些企业带来了新的市场机会。如，在我国西北部建设太阳能发电基地，开辟一条“电力丝绸之路”；在内蒙古推广风力发电，充分利用草原上丰富的风力资源。

（二）环境污染日益严重

在许多国家，随着工业化和城市化的发展，环境污染程度日益增加，公众对这个问题越来越关心，纷纷指责环境污染的危害性。一方面，这种动向对那些造成污染的行业和企业就是一种环境威胁，它们在社会舆论的压力和政府的干预下，不得不采取措施控制污染；另一方面，这种动向给控制污染、研究和开发不致污染环境的行业和企业带来了新的市场机会。如，我国火力发电站排放的二氧化硫导致了酸雨的形成，这些发电站需要安装脱硫装置，从排放的浓烟中除去硫黄成分。在拥有大约2 000个火力发电站的中国，脱硫装置市场大有潜力可挖。

（三）政府对自然资源管理的干预日益加强

随着经济发展和科学进步，许多国家的政府对自然资源管理加强了干预。但是，政府为了社会利益和长远利益而对自然资源加强干预，往往与企业的经营战略和经济效益相矛盾。例如，为了控制污染，企业必须购置昂贵的控制污染设备，这样就可能影响企业的经济效益。目前我国最大的污染制造者是工厂，如果政府按照法律和规定的污染标准严格控制污染，有些工厂就要关、停、转，从短时期来看，这样就可能影响工业的发展。因此，国家必须统筹兼顾地解决这种矛盾，力争做到既能减少环境污染，又能保证企业发展，提高经营效益，以达到经济可持续发展的目的。

企业在营销活动中要有高度的环保责任感，善于抓住环保中出现的机会，推出

"绿色产品""绿色营销"，以适应世界环保潮流；尽量做到生产、营销每一个过程的环保化，努力开发节能、控污的技术与相关产品。

四、政治法律环境

政治与法律是影响企业营销活动的重要的宏观环境因素。政治因素是经济学中提到的"看得见的手"，调节着企业营销活动的方向，法律因素规定了企业营销活动及其行为的准则。政治与法律相互联系，共同对企业的市场营销活动产生影响和发挥作用。

（一）政治环境

政治环境是指企业市场营销活动的外部政治形势。一个国家的政局稳定与否，会给企业营销活动带来重大的影响。如果政局稳定，人民安居乐业，就会给企业营销形成良好的环境。相反，政局不稳，社会矛盾尖锐，秩序混乱，就会影响经济发展和市场的稳定。

企业对政治环境的分析主要要分析国内的政治环境和国际的政治环境。

国内的政治环境包括以下一些要素：政治制度、政党和政党制度、政治性团体、党和国家的方针政策、政治气氛；国际政治环境主要包括：国际政治局势、国际关系、目标国的国内政治环境。

政治环境对企业营销活动的影响主要表现为国家政府所制定的方针政策，如人口政策、能源政策、物价政策、财政政策、货币政策等，这些都会给企业营销活动带来影响。例如，国家通过降低利率来刺激消费的增长；通过征收个人收入所得税调节消费者收入的差异，从而影响人们的购买行为；通过增加产品税，对香烟、酒等商品的增税来抑制人们的消费需求。

不同的国家也会制定一些相应的政策来干预外国企业在本国的营销活动，主要措施有进口限制、税收政策、价格管制、外汇管制、国有化政策等。

（二）法律环境

法律环境是指国家或地方政府所颁布的各项法规、法令和条例等，它是企业营销活动的准则，企业只有依法进行各种营销活动，才能受到国家法律的有效保护。近年来，为适应经济体制改革和对外开放的需要，我国陆续制定和颁布了一系列法律法规，例如《中华人民共和国产品质量法》《中华人民共和国公司法》《中华人民共和国经济合同法》《中华人民共和国涉外经济合同法》《中华人民共和国商标法》《中华人民共和国专利法》《中华人民共和国广告法》《中华人民共和国食品卫生法》《中华人民共和国环境保护法》《中华人民共和国反不正当竞争法》《中华人民共和国消费者权益保护法》《中华人民共和国进出口商品检验条例》等。企业的营销管理者必须熟知有关的法律条文，才能保证企业经营的合法性，运用法律武器来保护企业与消费者的合法权益。

营销者对于法律环境应予了解和关注的因素有：

（1）法律规范，特别是和企业经营密切相关的经济法律法规，如《中华人民共和国公司法》《中华人民共和国中外合资经营企业法》《中华人民共和国合同法》《中华人民共和国专利法》《中华人民共和国商标法》《中华人民共和国税法》《中华人民共和国企业破产法》等。

（2）国家司法执法机关，在我国主要有法院、检察院、公安机关以及各种行政执法机关。与企业关系较为密切的行政执法机关有工商行政管理机关、税务机关、物价机关、计量管理机关、技术质量管理机关、专利机关、环境保护管理机关、政府审计机关。此外，还有一些临时性的行政执法机关，如各级政府的财政、税收、物价检查组织等也与企业关系密切。

（3）企业的法律意识是企业法律观、法律感和法律思想的总称，是企业对法律制度的认识和评价。企业的法律意识，最终都会物化为一定性质的法律行为，并造成一定的行为后果，从而构成每个企业不得不面对的法律环境。

五、科学技术环境

科学技术环境指的是企业所处的社会环境中的科技要素及与该要素直接相关的各种社会现象的总和。

科技环境大体包括四个基本要素：社会科技水平、社会科技力量、国家科技体制、国家科技政策和科技立法。

（1）社会科技水平是构成科技环境的首要因素，它包括科技研究的领域、科技研究成果门类分布及先进程度、科技成果的推广和应用三个方面。

（2）社会科技力量，指一个国家或地区的科技研究与开发的实力。

（3）科技体制指一个国家社会科技系统的结构、运行方式及其与国民经济其他部门的关系状态的总称，主要包括科技事业与科技人员的社会地位、科技机构的设置原则与运行方式、科技管理制度、科技推广渠道等。

（4）国家的科技政策与科技立法，指国家凭借行政权力与立法权力，对科技事业履行管理、指导职能的途径。

当今，变革性的技术正对企业的经营活动产生着巨大的影响。企业要密切关注与本企业的产品有关的科学技术的现有水平、发展趋势及发展速度，对于新的硬技术，如新材料、新工艺、新设备，企业必须随时跟踪掌握，对于新的软技术，如现代管理思想、管理方法、管理技术等，企业要特别重视。

六、社会文化环境

社会文化环境是影响企业营销诸多变量中最复杂、最深刻、最重要的变量。社会文化是某一特定人类社会在其长期发展历史过程中形成的，它主要由特定的价值观念、行为方式、伦理道德规范、审美观念、宗教信仰及风俗习惯等内容构成，它影响和制约着人们的消费观念、需求欲望及特点、购买行为和生活方式，对企业营销行为产生直接影响。

任何企业都处于一定的社会文化环境中，企业营销活动必然受到所在社会文化环境的影响和制约。为此，企业应了解和分析社会文化环境，针对不同的文化环境制定不同的营销策略，组织不同的营销活动。企业营销对社会文化环境的研究一般从以下几个方面入手：

（一）教育状况

受教育程度的高低，影响到消费者对商品功能、款式、包装和服务要求的差异性。通常文化教育水平高的国家或地区的消费者要求商品包装典雅华贵，对附加功能也有一定的要求。

教育水平的高低对企业营销调研、目标市场选择和采用何种经销方式等均有很大影响。教育水平的不同决定企业营销调研时针对不同情况采取不同的方法，在教育水平高的国家或地区，企业可以雇佣调研人员或委托当地的调研机构完成所需调查的项目，而在教育水平低的国家或地区则企业要自己派员直接调研并采用适当的方法。

处于不同教育水平的国家或地区的消费者，对商品的需求也会不同，因而决定企业选择的目标市场也就不同。教育水平的不同，使得企业在进行产品目录和产品说明书的设计等方面采取不同的经销方式，如针对教育水平较低的目标市场，就不仅需要文字说明，更重要的是配以简明图形，并派专人进行使用、保养等方面的现场演示。

（二）宗教信仰

宗教是构成社会文化的重要因素，宗教对人们的消费需求和购买行为的影响很大。不同的宗教有自己独特的对节日礼仪、商品使用的要求和禁忌。宗教信仰是影响人们消费行为的重要因素，有时甚至有巨大的影响力。一种新产品的出现，宗教组织有时会提出限制或禁止使用的强制规定，原因可能就是因为该产品与宗教信仰相冲突。相反，有的产品如符合宗教信仰所倡导的观念，则会得到宗教组织的赞同与支持，甚至主动号召教徒购买、使用，从而起到了一种特殊的推广作用。因此，企业可以把影响大的宗教组织作为自己的重要公共关系对象，在营销活动中也要注意到不同的宗教信仰，以避免由于矛盾和冲突给企业营销活动带来的损失。

（三）价值观念

价值观念是指人们对社会生活中各种事物的态度和看法。不同文化背景下，人们的价值观念往往有着很大的差异，消费者对商品的色彩、标识、式样以及促销方式都有自己褒贬不同的意见和态度。对乐于变革、喜欢新奇、富有冒险精神的消费者，企业应重点强调产品的新颖和奇特；对注重传统、喜欢沿袭传统消费方式的消费者，企业在制定有关策略时应把产品与目标市场的文化传统结合起来。企业营销必须根据消费者不同的价值观念设计产品，提供服务。

（四）消费习俗

消费习俗是指人们在长期经济与社会活动中所形成的一种消费方式与习惯。消费习俗在饮食、服饰、居住、婚丧、信仰、节日、人际关系等方面，都表现出独特的心理特征、道德伦理、行为方式和生活习惯。具有不同消费习俗的消费者，具有不同的商品需要。企业研究消费习俗，不但有利于组织好消费用品的生产与销售，而且有利于正确、主动地引导健康的消费。了解目标市场消费者的禁忌、习俗、避讳、信仰、伦理等，是企业进行市场营销的重要前提。

第三节　微观市场营销环境

微观市场营销环境，是与企业营销活动发生直接联系的各种力量和因素的总和，主要包括企业内部环境、供应商、营销中介、顾客、竞争者及社会公众。这些因素与企业有着双向的运作关系，企业可以对其进行一定程度的控制或影响。

一、企业内部环境

企业内部环境通常包括营销部门和采购、财务、制造、研究与开发、总务等一系列职能部门。市场营销部门一般由市场营销副总经理、销售经理、推销人员、广告经理、营销研究经理、营销计划经理、定价专家等组成。

一方面，市场营销部门与这些职能部门在最高管理层的领导下，为实现企业目标而共同协作。另一方面，企业市场营销部门与这些部门之间既有多方面的合作，也存在目标定位差异、争取资源方面的矛盾。例如在产品品质方面，营销部门从顾客需求出发，会对产品品质提出更高的要求；而生产部门从节约成本的角度出发，可能会降低对品质的要求。再如，对营销推广费用的核定，营销部门与财务部门往往会不一致。因此这些部门的业务状况如何，它们与营销部门的合作以及它们之间是否协调发展，对营销决策的制定与实施影响极大。营销部门在制定和实施营销目标时，要充分考虑企业内部环境力量，争取高层管理部门和其他职能部门的理解和支持。

二、供应商

供应商是指向企业及其竞争者提供生产经营所需资源的企业或个人。供应商所提供的资源主要包括原材料、零部件、设备、能源、劳务、资金及其他用品等。供应商对企业的营销活动有着重大的影响。供应商对企业营销活动的影响主要表现在以下几方面：

（1）供货的稳定性与及时性。原材料、零部件、能源及机器设备等货源的保证，是企业营销活动顺利进行的前提。供应量不足，供应短缺，都可能影响企业按期完成交货任务。

（2）供货的价格变动。供货的价格直接影响企业的成本。如果供应商提高原材料价格，生产企业亦将被迫提高其产品价格，由此可能直接影响企业产品的市场竞争力，影响企业的销售量和利润。

（3）供货的质量水平。供应资源的质量直接影响到企业产品的质量。

针对上述影响，企业在寻找和选择供应商时，应特别注意两点：第一，企业必须充分考虑供应商的资信状况，要选择那些能够提供品质优良、价格合理的资源，交货及时，有良好信用，在质量和效率方面都信得过的供应商，并且要与主要供应商建立长期稳定的合作关系，保证企业生产资源供应的稳定性。第二，企业必须使自己的供应商多样化。企业过分依赖一家或少数几家供货人，受到供应变化的影响和打击的可能性就大。为了减少供应商对企业的影响和制约，企业就要尽可能多地联系供货人，向多个供应商采购，尽量注意避免过于依靠单一的供应商，以免当与供应商的关系发生变化时，陷入被动。

一般情况下，企业可把供应商分为两种类型：作为竞争对手的供应商和作为合作伙伴的供应商。面对作为竞争对手的供应商，企业一方面要尽可能削弱他们与企业的讨价还价能力，以获取更大的收益，另一方面要积极寻找和开发其他备选的供应来源，以减少对供应商的过分依赖。而对于作为合作伙伴的供应商，企业一方面基于供应关系的稳定要力争与供应商建立长期的合同，另一方面要积极分担供应商的风险，在必要的情况下，还可以向供应商进行投资以促进其对新技术的采用和生产能力的扩大。

三、营销中介

营销中介是指为企业融通资金、销售产品、给最终购买者提供各种服务的机构，包括中间商、实体分配公司、营销服务机构（调研公司、广告公司、咨询公司）、金融中介机构（银行、信托公司、保险公司）等。它们是企业进行营销活动不可缺少的中间环节，企业的营销活动需要它们的协助才能顺利进行，例如生产集中和消费分散的矛盾需要中间商的分销予以解决，广告策划需要得到广告公司的合作等。

（一）中间商

中间商是协助企业寻找顾客或直接与顾客进行交易的商业企业。中间商分两类：代理中间商和经销中间商。代理中间商，主要有代理人、经纪人、制造商代表等，他们专门介绍客户或与客户磋商交易合同，但并不拥有商品持有权。经销中间商，主要有批发商、零售商和其他再售商，他们购买产品，拥有商品持有权，再售商品。

中间商对企业产品从生产领域流向消费领域具有极其重要的影响。企业在与中间商建立合作关系后，要随时了解和掌握其经营活动，并可采取一些激励性合作措施，推动其业务活动的开展。而一旦中间商不能履行其职责或市场环境变化时，企业应及时解除与中间商的关系。

（二）实体分配公司

实体分配公司主要是指协助生产企业储存产品并将产品从原产地运往销售目的地的仓储物流公司。实体分配包括包装、运输、仓储、装卸、搬运、库存控制和订单处理等物流环节，实体分配公司的基本功能是调节生产与消费之间的矛盾，弥合产销时空上的背离，提供商品的时间和空间效用，以利适时、适地和适量地将商品供给消费者。

营销企业需确定应该有多少仓位自己建造，多少仓位向仓储物流公司租用。货物承运商包括从事铁路运输、汽车运输、航空运输、驳船运输以及其他搬运货物的公司，它们负责把货物从一地运往另一地。每个企业需从成本、运送速度、安全性和交货便捷性等方面进行综合考虑，确定选用那种成本最低而效益更高的运输方式。

（三）营销服务机构

市场营销服务机构指市场调研公司、广告公司、传媒公司及营销咨询公司等，他们协助企业选择最恰当的细分市场，并帮助企业向选定的市场推销产品。大多数企业都与营销服务专业公司以合同方式委托其开展营销辅助活动。企业在选择以上服务机构时，需对他们所提供的服务、质量、创意等进行经常性评估，并定期考核其绩效，激励、巩固既有合作关系，及时调整、更换达不到预期绩效的营销服务机构。

（四）金融中介机构

金融中介机构主要包括银行、保险公司以及其他对货物购销提供融资或保险的各种金融机构。金融机构为企业提供资本金来源、交易货款结算、产品运输保险等服务。现代社会的一大特征是，为确保资金安全、便于查证资金运行轨迹，要求任何经济体都要尽量减少现金交易，尽量采用各种形式的转账结算。离开金融机构，生产与营销活动是无法顺利开展的。

四、顾客

顾客是企业服务的对象，也是营销活动的出发点和终点，它是企业最重要的环境因素。按照顾客的购买动机，国内顾客市场可分为消费者市场、生产者市场、中间商市场、政府市场和国际市场五种类型。

五、竞争者

竞争者是指与企业存在利益争夺关系的其他经济主体。企业的营销活动常常受到各种竞争者的包围和制约，因此，企业必须识别各种不同的竞争者，并采取不同的竞争对策。

（一）欲望竞争者

欲望竞争者是指提供不同产品、满足类似消费欲望的竞争者。如一位消费者劳累工作后，有了休闲的欲望，这时可能满足他休闲欲望的产品可以是电影、餐饮、体育、游戏、旅游等企业提供的相关产品。以上企业，互相构成对方的欲望竞争者。

（二）普通竞争者

普通竞争者指提供不同的产品以满足相同或相似需求的竞争者。如上例中的消费者选择旅游来休闲，则面包车、轿车、摩托车、自行车都是可选交通工具，在满足特定需求方面是相同的，他们之间就是普通竞争者。

（三）产品形式竞争者

产品形式竞争者指生产同类但规格、型号、款式不同的产品的竞争者。如自行车中的山地车与城市车，男式车与女式车，就构成产品形式竞争者。

（四）品牌竞争者

品牌竞争者指生产相同规格、型号、款式但品牌不同的产品的竞争者。以电视机为例，长虹、康佳、创维、海信等公司的众多产品之间就互为品牌竞争者。

在市场营销活动中，企业除了要了解市场的需要与购买者的购买决策过程外，还要全面了解竞争对手的数目、分布状况、综合能力、竞争目标、竞争策略、营销组合状况、市场占有率及其发展动向等方面的情况，从而制定出有效的竞争性营销策略。

六、公众

公众是指对企业实现营销目标的能力有实际或潜在利害关系和影响力的团体或个人。企业所面临的公众主要有以下几种：

（1）融资公众，是指那些关注和影响企业获得资金能力的机构，如中央银行、银监局、商业银行、投资公司、证券经纪公司、保险公司、消费信贷公司等。

（2）媒体公众，是指报纸、杂志、广播电台、电视台、主要门户网站等大众传播媒体，它们对企业的形象的建立及声誉的维护具有举足轻重的作用。

（3）政府公众，是指负责管理企业营销活动的有关政府机构。企业在制订营销计划时，应充分考虑政府的政策，研究政府颁布的有关法规和条例。企业还应积极争取与政府部门充分沟通，促使政府颁布有利于企业的政策，参与创造出有助于企业发展壮大的良好宏观环境。

（4）社团公众，是指保护消费者权益的组织、环保组织及其他群众团体等。企业营销活动关系到社会各方面的切身利益，必须密切注意并及时处理来自社团公众的批评和反馈。

（5）地方公众。每个企业都同当地的公众团体，如邻里居民和社区组织，保持不同程度的联系。

(6) 一般公众，是指上述各种公众之外的社会公众。一般公众虽然不会有组织地对企业采取行动，但企业形象会影响他们的惠顾。

(7) 内部公众。企业内部的公众包括蓝领工人、白领工人、经理和董事会。大公司还发行业务通信和采用其他信息沟通方法，向企业内部公众通报信息并激励他们的积极性。当企业雇员对自己的企业感到满意的时候，他们的态度也就会感染企业以外的公众。

所有这些公众，均对企业的营销活动有着直接或间接的影响，处理好与广大公众的关系，是企业营销管理的一项极其重要的任务。

第四节　市场营销环境分析与对策

一、市场营销环境对企业营销的影响

(一) 市场营销环境对企业营销带来双重影响

(1) 环境给企业营销带来的威胁。营销环境中会出现许多不利于企业营销活动的因素，由此形成挑战。如果企业不采取相应的规避风险的措施，这些因素就会导致企业营销的困难，从而给企业带来威胁。为保证企业营销活动的正常运行，企业应注重对环境进行分析，及时预见环境威胁，将危机减少到最低程度。

(2) 环境给企业营销带来的机会。营销环境也会滋生出对企业具有吸引力的领域，给企业带来营销的机会。对企业来讲，环境机会是开拓经营新局面的重要基础。为此，企业应加强对环境的分析，当环境机会出现的时候善于捕捉和把握，以求得企业的发展。

(二) 市场营销环境是企业营销活动的资源基础

市场营销环境是企业营销活动的资源基础。企业营销活动所需的各种资源，如资金、信息、人才等都是由环境来提供的。企业必须分析研究营销环境因素，以获取最优的营销资源来满足企业经营的需要，实现营销目标。

(三) 市场营销环境是企业制定营销策略的依据

企业营销活动受制于客观环境因素，必须与所处的营销环境相适应。但企业在环境面前绝不是无能为力、束手无策的，而是能够发挥主观能动性，制定有效的营销策略去影响环境，在市场竞争中处于主动地位，占领更大的市场。

二、市场机会与环境威胁

市场机会实质上指微观或宏观市场上存在着“未满足的需求”。市场机会对于不同企业是不相等的，同一个环境机会对这一类企业可能成为有利的机会，而对另

一类企业可能造成威胁。环境机会能否成为企业的机会，要看该环境机会是否与企业目标、资源及任务相一致，企业利用该环境机会能否比竞争者获得更大的利益。

环境威胁指对企业营销活动不利或限制企业营销活动发展的环境因素。这种环境威胁主要来自两方面：一是环境因素直接威胁着企业的营销活动；二是企业的目标、任务及资源同环境机会相矛盾。并不是所有威胁对企业的威胁程度都一样大。

企业必须根据环境因素的影响度与发生的可能性进行分类，予以评价，认识哪些环境因素的机会最有吸引力，哪些环境因素的威胁最大或最小，以便采取相应的营销策略。对此，企业可通过市场机会矩阵图和环境威胁矩阵图进行分析，如图4-1、图4-2所示。

	威胁发生的概率	
程度大小	1	2
	3	4

图 4-1　威胁分析矩阵图

	机会出现的概率	
程度大小	1	2
	3	4

图 4-2　机会分析矩阵图

根据机会—威胁水平和影响程度，可能出现四种结果，如图4-3：

	威胁水平大小	
机会大小	风险业务	理想业务
	困难业务	成熟业务

图 4-3　环境分析综合评价图

（1）理想业务：理想业务即高机会低威胁类业务，环境态势对企业发展十分有利。

（2）风险业务：风险业务即高机会同时高威胁类业务，环境态势要求企业谨慎运营，在发展现有业务的同时准备好退路。

（3）成熟业务：成熟业务即低机会同时低威胁类业务，在处于这种业务状态时，企业应积极开拓新的业务类型。

（4）困难业务：困难业务即低机会而高威胁类业务，环境态势要求企业尽量放弃这类业务，把资金、资源、人力投入到新的业务中去。

三、企业营销对策

（一）威胁对策

1. 预防策略

任何企业的营销活动都可能遇到不利因素的侵扰，当这些因素还不明显或影响甚微时，企业就应该密切关注其变化趋势，尽可能使威胁因素消除在萌芽状态。

2. 对抗策略

对已经出现的环境威胁，企业要积极通过各种努力，予以抵抗威胁、抑制其影响的程度，尽力扭转不利局面。

3. 减轻策略

当企业难以抵抗已出现的重大环境威胁时，就需要调整自己的经营方式和营销策略，应对变化的环境，减轻威胁带来的影响，如加强内部管理、创新产品、降低成本、提高效益等。

4. 转移策略

当减轻威胁也效果不明显时，企业就必须采取转移策略来止损。通常的做法有：一是市场转移，企业将受到威胁的产品转移到威胁不大或基本无威胁的市场上去；二是投资转移，企业将原投入到受威胁的产品的各种资源撤回，转而投入到其他不受威胁并且有市场机会的产品上去。

（二）机会对策

对于面临的市场机会，企业需慎重评估机会的质量，充分了解机会的特点和性质，适当及时加以利用。机会对策大致可分为以下三种：

1. 及时利用

当环境变化形成的机会与企业的营销目标、资源条件正好一致，并且企业能享有竞争中的差别利益时，企业就要及时调整营销战略和策略，充分利用好机会。特别是对于时效性强的机会，如社会每隔一段时期出现的时尚热、影视热、体育热、明星热等带来的市场机会，企业需及早决策，抓住社会的脉搏，制定营销组合，不可犹豫观望，错失良机。

2. 适时利用

有的环境机会相对比较稳定，短期内不会发生很大变化，而企业暂时不具备利用机会的条件，这种情况下企业要积极筹备，待时机成熟再加以利用。企业往往还容易发现竞争对手产品的不足，更深入地分析消费者需求，从而开发出具备更优质量或更新功能的产品，来挤占竞争者的市场份额。

3. 创造利用

有的市场机会比较隐蔽，不易被发现，这就需要营销管理者利用环境因素之间的微妙联系去分析预测，利用战略家的胆识和前瞻的眼光去创造性地开发机会。机会埋藏在需求之中，消费者的需求是可以唤醒和加以引导的，那么机会也可以发掘和创造出来。一个领先于市场的企业，都不是在消极等待机会，而是通过不断的创造性工作，把潜在机会变成现实机会，把未来机会变成当前机会，把大众机会变成自己的机会。

本章小结

市场营销环境是指一切影响和制约企业市场营销决策和实施的内部条件和外部环境的总和。市场营销环境包围企业并影响企业，通常分为宏观环境、微观环境。宏观市场营销环境是指企业无法直接控制的因素，是通过影响微观环境来影响企业营销能力和效率的一系列巨大的社会力量，包括人口、经济、自然环境、政治法律、科学技术、社会文化等因素。微观市场营销环境是指与企业紧密相连、直接影响企业营销能力和效率的各种力量和因素的总和，主要包括企业内部环境、供应商、营销中介、消费者、竞争者及社会公众。

市场营销环境具有客观性、差异性、相关性、动态性、双面性、多样性等特点。营销环境的现状与变动，都会给企业带来有利的市场机会和不利的市场威胁。以分析市场营销环境来制定市场营销战略和策略，是企业的一项重要工作。

思考与练习

1. 什么是市场营销环境？它具有哪些主要特点？

2. 在宏观环境中，你认为哪一种环境因素最能提供市场机会？

3. 在微观环境中，你认为哪一种环境因素最能提供市场机会？

4. 如果你是营销者，结合市场营销环境知识，你认为什么样的市场是不值得进入的市场？

5. 如何进行环境的分析与评价？

第五章　市场营销调研与预测

学习要点

通过学习本章内容，了解营销调研的含义；掌握市场营销调研的类型和内容；了解营销调研的步骤与方法；理解市场营销预测的内容；了解市场需求预测方法。

开篇案例

中国山寨手机公司玩转印度：击败三星 惹恼诺基亚

据印度一市场研究公司估算，基伍（G'FIVE）公司 2010 年在印度市场出货量可能高达 3 500 万台，占有率为 21%，遥遥领先占有率为 13%的诺基亚（第二名）。调研公司高德纳咨询公司（Gartner Group）的出货数据亦证实了基伍品牌手机连续两个季度跻身全球手机前十。取得这样的成绩，诺基亚花费 10 年，三星为 6 年，基伍仅用了 2 年。

基伍在市面流通的产品数量总能维持在 200 款左右，每月它还能推出超过 10 款的新机，这也让诺基亚望尘莫及。基伍 99%的收入源自海外市场，与华为、中兴是中国仅有的三家手机销量进入全球前十名的企业。

2007 年，基伍国际有限公司董事长张文学注意到印度东部偏僻的小镇上，当地居民在一辆自行车前排起了长队，车子后座绑着一块汽车蓄电池，人们交上 10 卢比（相当于 1.2 元人民币）给自己的手机充电半小时。几个月后，基伍开始销售一款配备有超大容量电池的手机，它拥有微小的显示屏，电路经过特殊设计，以保证通话及待机时间长达 30 天。随后，基伍又推出一些匪夷所思的产品，如“双电池系列”产品，它可以保证拿下其中的一块时，另一块还能让手机正常使用；“干电池系列”产品则让消费者可以在锂电池之外随意更换5号或7号干电池在紧急时使用。

在市场拓展上，张文学选择了当时针对不同市场，语言、底层协议更佳的，功能并不花哨，但以质量稳定、性价比高著称的英飞凌平台，国外如中东、非洲等地月收入约50美元；若采用也算便宜的联发科平台，其手机成本要达到90多美元，当地买得起的人就会很少。

张文学意识到本地调研的重要性。一款型号为T33+的手机意外走红，这款直板手机采取了中国人并不乐见的暗红、黑色搭配，按键也格外硕大，全金属外壳，完全不符合中国人的审美，但其全球销量最终竟高达1 000万部。

类似产品的推出并非唾手可得，基伍的市场调查时间通常会持续三至六个月。细节涉及方方面面，包括人口基数、分布比例、年龄结构、消费水平、本地法律环境、海关政策、市场阶段、消费者需求、产品需求等。

第一节　市场营销调研概述

彼得·德鲁克曾写道，有些公司之所以成功，是因为它们能够深入认识与了解顾客，并能根据顾客的需求提供合适的产品，制定合适的价格，采用合适的促销和分销渠道，结果是顾客会很快地购买公司的产品。

要实施正确的营销活动，管理人员必须拥有信息，这就是营销调研的目的，也是将营销调研作为营销工作一部分的原因。营销调研能提供必要的信息，以使营销管理者能够正确地与顾客交换对其创意、产品和服务的看法。

一、市场营销调研的含义

阿尔文·C.伯恩斯（Alvin C. Burns）在《营销调研（第六版）》中认为，市场营销调研（Marketing Research）是设计、收集、分析和报告信息，从而决定某一具体的营销问题的过程。这个定义强调营销调研是一个提供信息，用以解决营销问题（如产品设计、价格设计、广告设计等）的过程。营销调研的目的就是提供这些信息来帮助企业进行相应的决策。

美国营销协会则认为，市场营销调研是通过信息使消费者、顾客、公众与营销人员之间进行沟通的桥梁。营销人员使用信息来识别和定义营销机会和问题，产生、完善和评估营销活动，监控营销绩效，促进人们对于营销理论的理解。

以上两种观点都是正确的，伯恩斯的观点比较简短和直观地说明营销调研的过程；而美国营销协会的定义稍长一些，因为它既描述了营销调研的功能，也阐述了营销调研的作用。

简单地说，营销调研就是指营销人员通过科学的方法，系统、高效地设计、收集、分析与企业营销活动相关的数据信息，并把结果与管理者沟通的过程。

二、市场营销调研的类型

根据研究的问题、目的、性质和形式的不同，市场营销调研一般分为如下三种类型，如表5-1所示。

表5-1 各类营销调研的不同点

	探索性调研	描述性调研	因果关系调研
决策情境不确定大小	高度模糊	部分确定	完全确定
关键的调研陈述	调研问题	调研问题	调研假设
何时实施	决策初期	决策后期	决策后期
常用的调研方法	无特定结构	有特定结构	有特定结构
例子	①我们公司的销量持续下滑，其明显的原因是什么呢？ ②我们的消费者对哪类新产品感兴趣？	①我们公司目前的市场占有率情况如何？ ②与我们主要竞争对手相比，我们公司的消费人群是哪种类型的？	①这两种提升市场占有率的方法,哪种更有效呢？ ②如果商品的包装改为橙色的，消费者会增加其购买量吗？
调研结果的性质	致力于发现，有成效，但是仍是推测性的，通常需要进一步调研。	可以是确定的，但是有时仍需进一步调研。调研结果在管理上是可操作的。	致力于证实，通常能获得具有一定决定性且在管理上可操作性的结果。

（一）探索性调研

探索性调研的目的是澄清模糊的态势或者发现有可能成为潜在商业机遇的创意。探索性调研并不是为了提供做出具体决策的决定性证据。从这个角度来说，探索性调研并不是最终的，调研人员在进行探索性调研时一般都会预期接下来的调研能够提供更具有决定性的证据。在没有经过探索性调研明确获悉需要哪些决策之前，盲目进行细节调查会造成时间、金钱和精力方面的浪费。

（二）描述性调研

描述性调研是营销人员通过详细的调查和分析，对市场营销活动的某个方面进行客观的描述。大多数的市场营销调研都属于描述性调研，例如，市场潜力和市场占有率、产品的消费群结构、对竞争企业状况的描述。在描述性调研中，营销人员可以发现其中的关联因素，但是，此时我们并不能说明两个变量哪个是因，哪个是果。

（三）因果关系调研

描述性调研可以说明某些现象或变量之间相互关联，但要说明某个变量是否引起或决定着其他变量的变化，就要用到因果关系调研。因果关系调研的目的是找出关联现象或变量之间的因果关系。

三、市场营销调研的内容

大体上，市场营销调研可以分为宏观市场营销调研和微观市场营销调研。宏观市场营销调研是以全国市场为对象，对市场总体进行的调查。它的研究内容具有高度的概括性，研究的是总体市场上的普遍性问题。我们从企业生产与经营的角度出发，来重点研究企业的微观市场营销调研。

我们在对美国798家公司日常市场营销调研活动所做的研究中发现，最普遍的10种市场营销调研活动是市场特性的确认、市场潜量的衡量、市场份额的分析、销售分析、企业趋势分析、长期预测、短期预测、竞争产品研究、新产品的接收和潜量研究、价格研究等。在此我们将市场营销调研的内容主要分为八类：

1. 市场研究（Market Research）

（1）市场竞争状况研究

（2）市场现实与潜在需求预测

（3）产品各品牌的市场占有率分析

（4）市场细分研究

（5）市场其他信息研究等

2. 价格研究（Pricing Research）

（1）成本研究

（2）利润分析

（3）价格弹性

（4）需求分析（市场潜量、销售潜量、销售预测）

（5）竞争价格分析

3. 产品研究（Product Research）

（1）产品概念发展及测试

（2）品牌扩张及测试

（3）试验市场

（4）现行产品测试

（5）包装研究

（6）竞争产品研究

4. 分销研究（Distribution Research）

（1）工厂、仓库布局研究

（2）渠道职能研究

（3）渠道覆盖研究

（4）出口和国际市场营销研究

5. 消费行为研究（Buying Behavior Research）

（1）购买行为研究

（2）购买动机研究

（3）品牌偏好研究

（4）品牌态度研究

（5）品牌认知研究

（6）产品满意度研究

6. 促销与广告研究（Promotion & Advertising Research）

（1）动机调查

（2）文案调查

（3）广告效果研究

（4）竞争广告调查

（5）促销活动调查（奖券、赠品、经销商竞赛等）

（6）企业公众形象研究

7. 媒体研究（Media Research）

（1）媒体接触率调查

（2）媒体收视（听）率调查

（3）广告监测调查

（4）媒体广告量统计分析

（5）媒体广告效果测试

8. 营销环境研究（Marketing Environment Research）

（1）社会价值和政策研究

（2）生态影响研究

（3）法律限制研究（有关广告、促销等）

（4）企业外部市场研究（市场研究、竞争对手研究和销售渠道研究等）

（5）企业内部研究（包括产品/服务的质量、数量、价格、销售渠道、广告、推销员的能力和素质、企业雇员满意度等）

第二节 市场营销调研实务

一、市场营销调研的步骤

营销调研过程包括以下阶段：①确定调研目标；②规划调研设计；③计划取样；④收集数据；⑤分析数据；⑥得出结论并准备报告。

管理层位于整个过程的中心。营销调研如果得不到管理层的支持，将无法确定适当的调研目标；最后制定决策的是管理层；营销人员提交报告以后，有可能要求进一步调研的仍然是管理层。调研过程的阶段如图 5-1 所示。

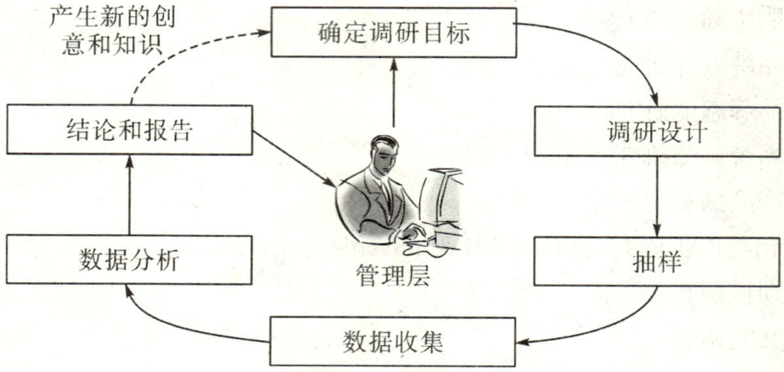

图 5-1　调研过程的各个阶段

对应于不同阶段，图 5-2 列出调研人员在每一个阶段所必须做出的决策。

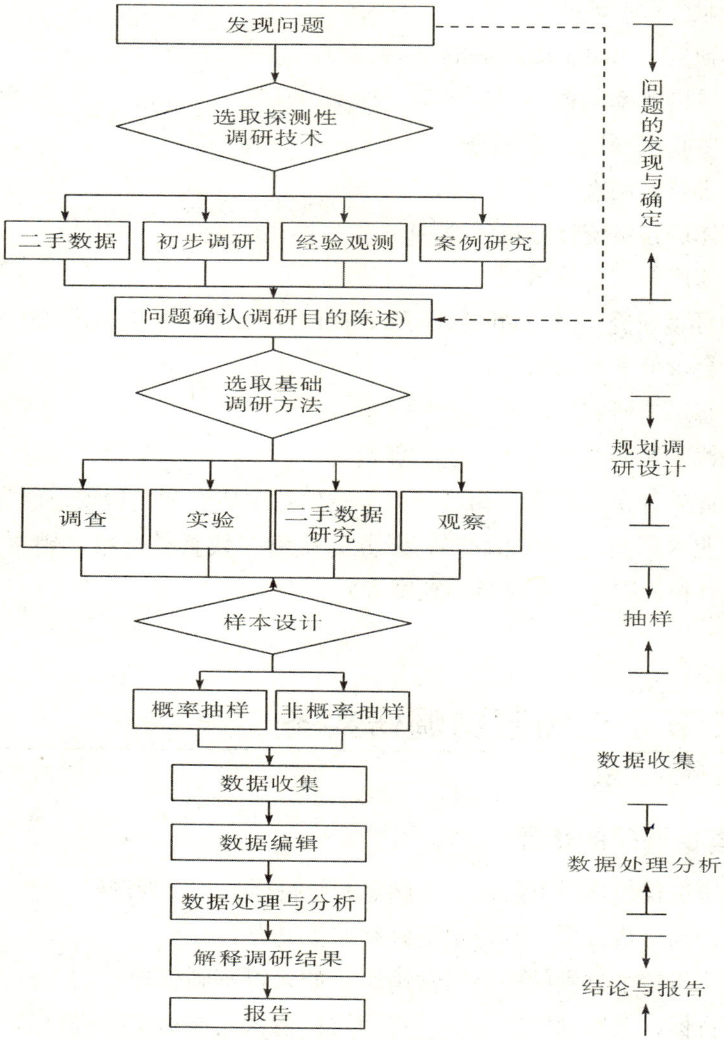

图 5-2　市场营销调研各阶段之过程流程图

（一）确定调研目标

一般而言，为更深入地了解问题，营销调研人员可以采用以下四个基础性技巧：以往的调研与数据、初步调研、案例研究和经验调查。

调研人员应当先调查一下以往的调研，其他人此前是否针对同样的调研问题做了工作；应当在公司的档案中查找以往的调研报告；此外，也可向有些专门的营销调研公司购买或获取各种调研报告。

初步研究是一种小规模的调研项目，它收集的数据来自那些与后续会用于完整的研究相类似的调研对象。它可以用做日后规模更大的研究的指南，也可检验调研的某个方法。初步研究能够极大地提高精度并降低日后完整调研过程中可能会产生严重缺陷的风险，初步研究有时也被称作预检验。

探索性调研可以用来帮助识别需要制定的决策。探索性调研可以逐步压缩调研题目，帮助调研人员把模糊问题转变为条理清晰的问题，从而使调研人员能够确定具体的调研目标。经过探索性调研后，调研人员应当确切知道在正式项目阶段应该收集什么样的资料，以及如何实施调研项目。

识别并阐明问题之后，无论是否需要进行探索性调研，调研人员都必须对调研目标进行正式陈述，这种陈述将描述所需的调研类型以及能够获得哪些情况以便决策者有的放矢地做出决策。

总之，为保证营销调研的成功和有效，调研人员首先要明确调研的问题，既不可过于宽泛也不宜于过于狭窄，要有明确的界定并充分考虑调研成果的实效性；其次，要在调研问题的基础上提出调研目标。

（二）规划调研设计

阐明调研问题之后，调研人员必须进行调研设计。调研设计是一个主要的计划，用来确定收集和分析所需要信息的方法和程序，为调研提供了一个框架或者说是行动计划。

调研设计包括在调研前期确定的研究目标，以确保所收集的信息能够用来解决问题。调研人员还必须确定信息的来源、设计技巧、抽样方法以及调研的时间安排与成本。

（三）抽样

虽然抽样计划已经在调研设计中有大致的介绍，但抽样阶段是调研过程一个独立的阶段。对于抽样工作我们一般需要回答以下三方面的问题：

第一个抽样问题：应当抽取哪些人作为样本。要解决这个问题需要首先搞清楚目标总体。

第二个抽样问题涉及样本的规模：样本应该多大？尽管管理层可能希望对产品或服务的每一个潜在顾客进行检验，但这样做既没有必要也不现实，其实，通过一个很小的组成部分也能对总体做出可靠的测量。

第三个抽样问题是如何选择抽样单位。

（四）收集数据

制定了抽样计划后，就进入了数据收集阶段。数据收集既可以通过人工观察或访谈的方法来进行，也可以利用机器来记录，但不管通过哪种方式收集，调研人员在过程中都必须注意尽量减少误差。

（五）处理并分析数据

调研人员完成实地的工作之后，必须把数据转换成可以回答营销经理提出的问题的格式。在此阶段，调研人员从原始的数据中挖掘出信息内容，数据处理通常始于编辑数据和编码数据。编辑数据包括检查数据收集形式、查看有无纰漏、字迹是否清晰以及分类是否一致；数据编码就是根据数据解释、归类、记录和输入数据库的规则对获取的数据建立有意义的类型和特征符号，在实践中通常通过对数据编码以方便进行计算机的处理。

数据分析是利用逻辑思维来解释收集到的数据。数据分析中所需的分析技巧取决于管理层对信息的要求、调研设计的特点以及所收集到数据的属性。统计分析的范围有可能涵盖从简单的概率分布到复杂的多变量分析。

（六）得出结论与准备报告

调研人员最重要的工作是将调研结果告知相关各方，包括解释调研结果、描述所隐含的信息、得出适当的结论以供管理层决策。

调研人员需要注意你是向谁提交报告，例如，提交给博士组成的营销顾问团的报告与提交给一线管理人员的报告应当是有所区别的；调研人员还需要避免过于强调复杂的技术问题和尖端的调研方法，管理层往往并不希望看到充斥着调研设计和统计发现细节的报告，他们需要的是对发现的总结。

二、市场营销调研的方法

市场营销调研的本质就是通过科学的方法，以客观的态度系统、高效地收集与企业营销活动有关的信息，为企业的营销决策提供依据。市场营销调研按信息资料的来源可以分为文案调查和实地调查两种。

（一）文案调查

文案调查法，又称二手资料分析法，是市场研究人员对现成的数据、报告、文章等信息资料进行收集、分析、研究和利用的一种市场营销调研方法，经常用于探索性的研究阶段。文案调查收集的信息资料包括企业内部资料和外部资料两种。

（1）企业的内部资料主要包括企业内部的各种报表、订货和发货记录以及销售员和顾客的反馈信息等。

（2）企业的外部资料主要包括各级政府、非营利机构、贸易组织和行业协会、专业市场调研公司的报告以及各种商业出版物所提供的信息资料。

（二）实地调查

实地调查也叫一手资料收集，是为了特定的研究目的，调查员依照调查方案直接向被访者收集第一手的信息资料的调查方法。实地调查的方法又可以具体分为调查法、观察法和实验法。

1. 调查法

调查法是调查员利用事先拟定的调查提纲，直接向被访者询问的一种调查方法。由于调查法能够收集到广泛的信息资料，因而在市场营销调研中最为常用。调查法又可分为问卷调查法、深度访谈法、小组座谈法、投射法和行为数据法。

（1）问卷调查法是由调查员通过结构性调查问卷从被访者处收集信息。它包括街头拦截式面访调查、入户面访调查、中心地调查、电话调查和邮寄调查等。

（2）访谈法由具有访谈经验并掌握一定访谈技巧的调查员对被访者进行面对面的深入的访谈，以揭示对某一问题的潜在动机、态度、信念和情感。它是一种无结构的、直接的、一对一的访问，主要用于探索性研究。

（3）小组座谈法，又称焦点访谈法，采取一种松散的组织形式，将一组（通常是6~12人）具有代表性的消费者或客户召集在一起，在一个受过专门训练的有经验的主持人的组织下就某个问题进行无结构的、深入的讨论，从而获得对该问题的深入了解的一种调查方法。这种调查方法基于这样一种假定：人们处于小组讨论氛围下时更愿意分享自己的观点。这种调查方法一般选择在一个装有单面镜和录音录像设备的房间内进行，它是一种典型的定性的研究方法，几乎是定性调查的代名词。

（4）投射法，或称投影技法，通过设置某种刺激物让被访者解释他人的行为，从而将其自己所关心的问题的潜在动机、态度或情感间接投射出来。这是一种无结构的、非直接的调查方式。

（5）行为数据法，通过商店的扫描数据、分类购买记录和顾客数据库来记录顾客的购买行为。调查员通过分析这些数据可以了解许多情况。顾客的实际购买所反映的喜好常会比顾客反映给营销调研人员的话语更能反映真实情况。人们经常会说出那些常见的品牌产品，而实际购买时，常会是另外的一些品牌产品。例如，调查百货商店的数据表明，高收入的人们并不会像他们所说的那样购买较贵的品牌产品，而许多低收入的人们也会购买一些较昂贵的品牌产品。美洲航空公司通过对其售出机票记录的分析，可以很清楚地从中找到一些关于乘客的有用信息。

2. 观察法

观察法是调查者在现场对被调查者的情况直接进行观察、记录，以取得市场信息资料的一种调查方法。观察法的好处是可以直接记录行为，而不必依赖来自应答者的报告。例如，“神秘顾客”是由特定的访问员扮作顾客，伪装购物，可以观察销售人员的一举一动，也可以进行比较购物以了解竞争性零售网点的价格。

> 芝加哥科学和工业博物馆想了解其展品的受欢迎程度，本来打算采取调查方法，但是，一位熟悉调研设计的富有创造力的调研人员提出了一种成本更为低廉的调研方法：不引人注意的观察法。这位调研人员指出，博物馆只需记录每个展品前地板砖的更换频率，就能够了解哪些展品前参观的人数最多。经过观察，博物馆发现小鸡孵化展最受欢迎。这种方法得出了与调查法一致的结论。而成本却低得多。

观察法并非像清点人数那么简单，其任务的难度也远远超过没有经验的调研人员的想象，因为很多信息是无法观察到的，如态度、想法、动机以及其他无形的思想状况。

3. 实验法

实验法是研究人员通过设计一定的实验条件，将调查项目置于实验环境中收集信息的一种方法。这种方法主要用于因果关系研究。例如，为获取价格与乘客对空中电话服务购买量之间的关系变化，美洲航空公司选取了在芝加哥到东京的正常航班上进行实验。在首次的一个星期航行中，它宣布每次服务的服务的收费是 25 美元。在第二周的同一航次上，它又宣布每次服务的收费为 15 美元。假设每次航班上的头等舱载客人数相同，并且在一个星期内天天如此，那么，在通话次数上的任何重要变化都可能与收费价格有关。实验设计也可以通过下列方法进一步改善：试用其他价格或其他航次等。

三、市场调研的抽样技术

抽样是市场营销调研的基础，它是从调查对象的总体中抽取若干个个体，以用于代表调研总体的方法。从统计理论上讲，当调查抽取的个体数量达到一定量时，可以认为对这些较少数量样本的调查结果与对全体对象调查的结果基本是一致的。但其前提条件是，调查样本的抽取必须科学，样本必须具有代表性，这样才能使调查结果详实、可靠，并能充分反映调查总体的状况。

（一）抽样的几个基本概念

1. 调查抽样

从研究对象的总体中选择一部分代表加以调查研究，然后由所得的结果推论和说明调查总体特征，这种由总体中选取一部分代表的过程就是抽样。

2. 总体与样本

总体又称调查母体，是指所要调查对象的全体。样本从调查总体中按照一定原则和方法所抽取的这一部分代表，称之为样本。

3. 随机抽样与非随机抽样

随机抽样也称概率抽样，是指按照概率原则抽取调查样本，不加以任何主观判断和选择，调查总体中的每一个个体都具有相同被抽取的机会。

非随机抽样也称非概率抽样，是指根据方便原则或主观标准来抽取调查样本。

4. 抽样框与抽样单元

抽样框又称为抽样范畴，是抽取样本的所有抽样单元的名单。

抽样单元是根据抽样需要和按照某些标准，将调查总体划分为有限个互不重叠又穷尽的若干部分，每个部分即为一个抽样单元。

（二）抽样的作用

1. 有利于调研项目的顺利开展和进行

对于涉及面广、调查对象样本量超大的市场营销调研项目，只有采用抽样调查的方式才能使调研工作进行成为可能。

2. 有利于提高调研工作的速度和效率

科学的抽样，能够减少调查访问对象的数量或提高调查工作的针对性和有效性，从而使市场营销调研工作效率得以大大提高。

3. 有利于降低调研成本

在保证抽样科学性和调查结果准确性的前提下，通过抽样来达到减少调查样本量，这将大大节约市场营销调研中的人力、物力和财力。

4. 有利于提高调查结果的准确性

由于抽样调查可以使调查人员将全部精力集中于少数样本之上，故有助于调查工作误差的降低，使调查人员更易于获得正确而周详的访问信息。

（三）抽样方法

1. 随机抽样

（1）简单随机抽样。这是最完全的概率抽样，即抽样时没有任何人为的选择与控制，用完全随机的方式从调查总体中抽取调查样本，故其也被称作纯随机抽样。在具体操作上，简单随机抽样又可分为：①抽签法，即将总体每一个单元或个体编上号码，混合后从中随机抽出若干个样本；②乱数表法，将大量0~9的数字完全随机地“乱”排起来所形成的数表称为乱数表，乱数表法就是利用乱数表进行随机抽取数码样本的方法。

（2）等距抽样。它也称系统抽样法，它是先将调查总体单元按照一定顺序排列起来，随机抽取第一个样本后，按照一定样本间隔抽出所需要的调查样本。

（3）分层抽样。这是一种卓越的随机抽样方法，它是先将总体按照某些重要标志进行分组（层），然后在各组中采用随机方式抽取调查样本。分层抽样方式具有组与组特征不同、组内个体特征相似、从各组中随机抽取个体样本的特点。

（4）整群抽样。它是先将整个总体分割为多个相似的大群体，然后从中随机抽出若干个群体，这些群体中的所有个体构成整个调查样本。整群抽样方式具有群与群特征相似、群内个体特征不同、随机抽取若干群体作为调查样本的特点。

下面用表5-2来说明各种随机抽样（概率抽样）的抽样方法。在每一种情况下，总体全部都是25名消费者，而且总体中消费者的态度均是呈现有20%的消费者表示不满意，40%的消费者表示中立，40%的消费者表示满意。

表 5-2　　随机抽样常用抽样方法说明与示意

随机抽样类型	总体抽样方法	图示	说明
简单随机抽样	1. 总体表示单位唯一，通常用数字表示 2. 样本通过随机数字来抽取	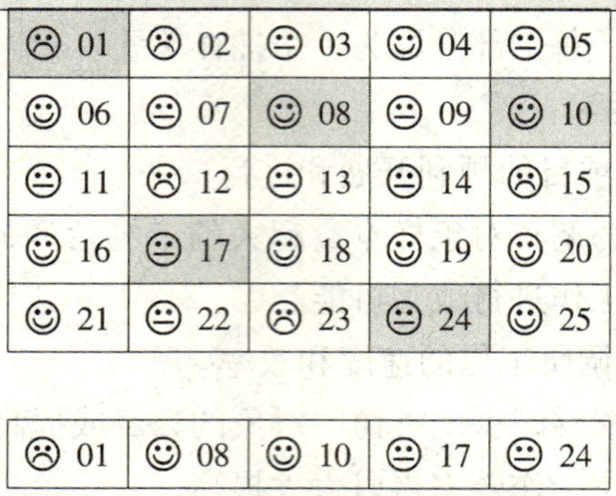	总体中每个单位被选入样本的机会是均等的
等距抽样	1. 总体目录清单（抽样框） 2. 随机起点，使用抽取间隔选取样本单位	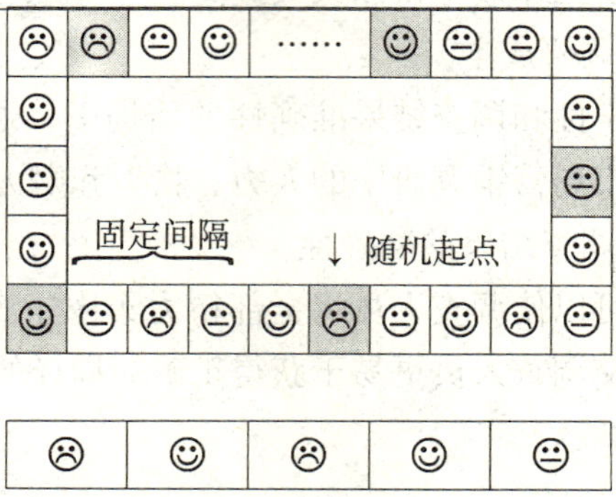	样本抽取框内每个单位被选入样本的机会是均等的
整群抽样	1. 整体由组内相同、组间不同的一些群体构成 2. 随机选群，群内成员被随机选取进入样本	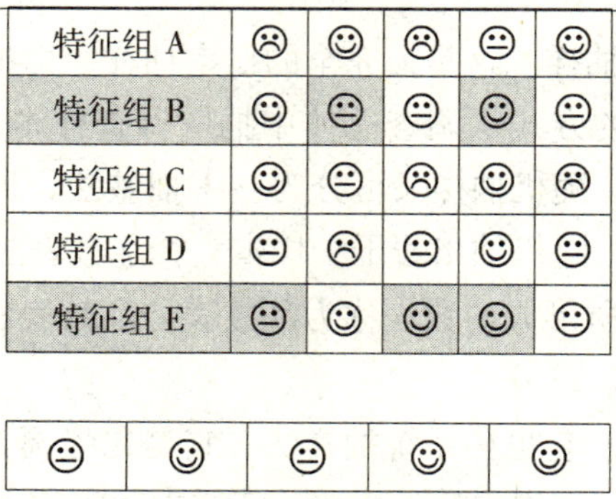	总体内每个群均有相同的机会被选中；每个群组内的成员也有相同的机会从群中被选中
分层随机抽样	1. 总体被分成不同的组（层） 2. 从每层中随机按比例选取其中成员作为样本	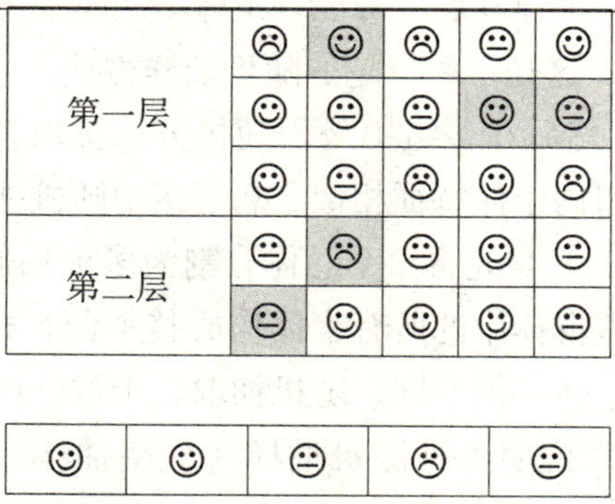	总体中的每层成员被选入样本的均值是均等的

2. 非随机抽样

（1）随意抽样。它也称任意抽样，它是由调查人员采用自己认为最方便的方式进行样本的抽取的一种方法。如在市场营销调研工作中经常采用的“街头拦截式”抽样方法就是一种典型的随意抽样，这种方式对地点与受访者的选择都有极大的主观性，一方面，总体中的某些人可能偶尔光顾或从不去闹市区，另一方面，由于缺乏精确的选择标准，有些成员因为他们的外表、举止或者其他因素而被调查人员人为地排除。

（2）判断抽样。它也称目的抽样，它是根据调查人员的主观判断或专家的判断来进行抽取样本的一种方法。这种方法适用于调查人员基于选择标准抽取典型样本的任何调查。

（3）配额抽样。它是非随机抽样中最流行的一种抽样方法，是对全部样本中的各种类型规定一个受访者的配额或比例，配额抽样根据研究内容来确定，并且通过总体关键特征（甄别标准）来区分。例如，某调研人员希望访问的样本中60%为男性，40%为女性，因而配额抽样可以克服随意抽样内在的非代表性的风险。

（4）推荐抽样。它是以“滚雪球”的方式，通过使用初始被调查者的推荐来挑选和获得其他调查样本的抽样程序。最初的名单在某些方面可能是特殊性的，样本的增加主要是通过最初原始名单中那些人的加快产生的，依赖于受访者的社会关系，尤其适合于手头只有一个数量有限且少得可怜的抽样框，而受访者提供的推荐访问名单又比较符合调查需要时使用。

四、问卷设计技术

问卷是调研人员用来收集数据的工具，通过精心设计的格式来展现调研人员期望受访者回答的问题，它是调研过程中一个非常重要的部分。事实证明，问卷设计会直接影响数据收集的质量，即便是非常有经验的调研人员，也不能弥补问卷缺陷带来的偏差。

撰写问句就是将每一项调研内容转换成提问的句子和回答的选项，调研人员应尽量减少问句偏差；由于问卷是专门为某项研究而设计的，因此，调研人员对问卷的问句、使用说明、引导语和版面布局都要进行系统的评估与修订以防止潜在的错误；在上司或客户认可之前调研人员要对问卷进行预测试，预测试后要进行微调，随后要对问卷及答案进行编码以方便信息化处理。问卷设计过程如图 5-3 所示。

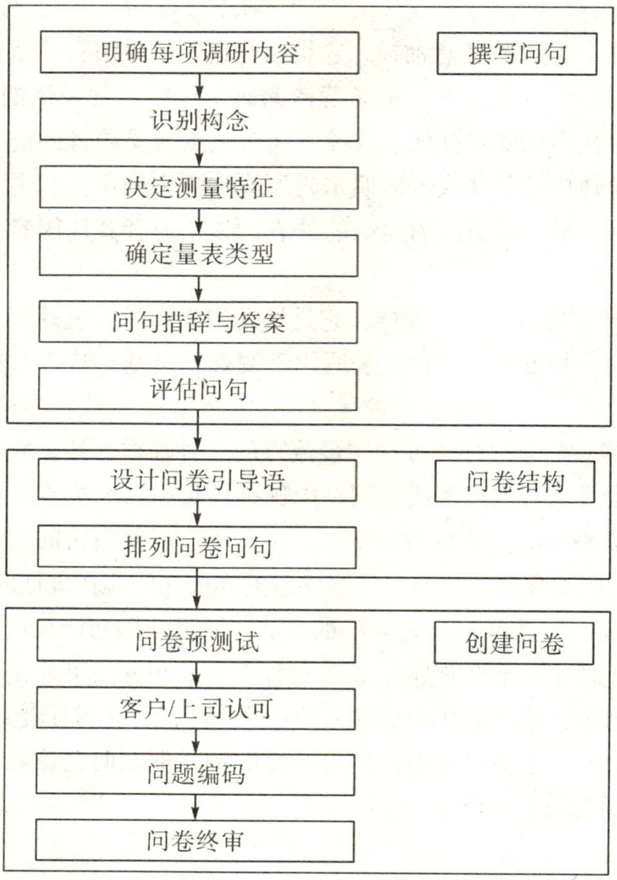

图 5-3 问卷设计过程

（一）撰写问句

撰写问句是用恰当的提问措辞、合适的回答形式编制问句，以使受访者能够清楚无偏差地理解调研人员所提出的问题。

1. 问句措辞设计中应遵循的四个原则与注意事项

（1）问句应当聚焦于一个主题或话题

调研人员必须最大限度地使问句聚焦于具体的主题或话题。例如，“你旅行时常住哪类宾馆”就是一个非常模糊的问句。因为这个问句没有说清旅行的类型，也没有告知何时使用宾馆。比如说，究竟是商务旅行还是度假旅行？下榻宾馆是指途中休息，还是在目的地过夜？一个主题比较明确的问法是：“当你和全家一起度假时，在旅行目的地，通常下榻哪类宾馆?”

（2）问句应当简短

问句设计中应当剔除繁杂的和不必要的措辞。这一要求在设计口头提问的问句时尤为重要，简短的问句有助于受访者了解问句的核心含义并减少对提问的误解。下面是一个冗长的问句：“假设你注意到冰箱的自动制冰效果并不像刚买回来时那样好，于是打算去修理一下，此时，你心中会有一些什么考虑呢?”一种更好的简短问句应该是：“若你的冰箱制冰器运转不正常，会怎样解决呢?”我们的建议是，简短的问句最好不要超过 20 个字。

（3）尽可能使用简单句

单句之所以受到欢迎，是因为它只有一个主语和谓语。而复合句却可能有多个主语、谓语、宾语和状语等。句子越复杂，受访者出错的可能性就越大。如果有必要，可以使用两个句子来表达问句的本意。看下面这个问句：“如果你们正在选车，一家之主使用这辆车来接送孩子们去学校、上音乐课和会朋友，在试车时你和你的配偶会对这辆车的安全性做何种程度的讨论呢?”一个简单地问法是：“你和你的配偶会对一辆新的家庭用车的安全性进行讨论吗?”若回答“是”，接着问：“你们对安全性的要求是‘低’‘一般’‘很高’还是‘非常高’?”

（4）问句应当清晰

问句应当清晰，使所有的受访者都能明白问句的意思是非常必要的。例如，对“你有几个孩子”这个问句可以有多种解释。有的受访者认为仅仅是指居住在家里的孩子，而其他受访者可能会把上一次婚姻所生的孩子也包括在内。这个问句应当改为：“你有几个 18 岁以下并在一起生活的孩子?”

把问题表达清晰的一种方式是使用受访者熟悉的词汇，最好避免使用模棱两可或可能导致受访者误解的词汇。一个学者曾经准确地概括了问句设计原则：问句应当简短、易懂和清晰。

当调研涉及不同国家/地区时，问句设计会更加困难。许多国家/地区都有自己独特的文化，一些国家/地区还同时存在好几种语言或方言，因此，针对不同国家/地区设计问句是一项巨大的挑战。以调查购买力为例的一些撰写问句时最应当避免的词汇如表 5-3 所示。

表 5-3　　撰写问句时最应当避免的词汇：以调查购买力为例

词汇	较差措辞	为什么这样不好	较好措辞
所有	在决定购买家庭影院音响前，你考虑了所有的方面吗?	对于消费者来说，可能有太多的考虑因素，很难逐个考虑。	当你要购买家庭影院时，你会考虑什么因素?
总是	你总是从博士（Bose）购买音像制品吗?	“总是”意味着每一次都一样，没有例外。	你经常到博士购买音像制品吗?
从不	在购买电子产品时，你从不考虑保修因素吗?	“从不”指的是所有情况，没有例外。	在购买大件电子产品时，你通常会考虑保修因素吗?
曾经	你曾经使用过家庭影院系统吗?	“曾经”指的是一个人生活当中的任何一段时间。	在过去的 30 天内，你使用过家庭影院系统吗?

表5-3(续)

词汇	较差措辞	为什么这样不好	较好措辞
任何	任何情况下你都会关心价格因素吗?	一个很微小的关心也可以理解为“任何”，通常这样的关心是不显著的。	你会在多大程度上关心价格?
任何人	在做出购买家庭影院的决定之前，你会跟任何人讨论吗?	“任何人”包括家人、朋友、同事、销售人员、邻居、老师等，指地球上的每一个人。	在做出购买家庭影院的决定之前，你会跟哪些人（也许包括配偶，同事等）讨论?
最好	你的新家庭影院最好的功能是什么?	“最好”指的是只有一个功能是最好的，但通常情况下，有些功能可能是同样重要的。	请使用“差”“中”“良”“优”对你的新的家庭影院的下列功能进行评价。
最差	高价格是你的家庭影院最差的方面吗?	可能不仅仅包括一个最差的因素。	当你购买家庭影院时，高价格会在多大程度上影响你的购买决策?

撰写措辞时应当注意：不应诱导受访者选择其中一个特定答案、不应使用含有暗示性的短语、问题不应使用双重提问、问句当中不应该使用夸大事实的词汇。

以全球卫星定位系统（GPS）为例来探讨一些撰写措辞中应该遵循的四个原则与四个注意事项。如表 5-4 所示。

表 5-4　　恰当和不恰当的问句措辞示例

规则	晦涩问句措辞	理想问句措辞
恰当：聚焦	你对你的全球卫星定位系统感觉如何?	请对全球卫星定位系统的下列特点进行评价（特点清单）。
恰当：简短	当路况不好时，你是否依赖全球卫星定位系统帮助你找到最快到达上班地点的路呢?	你的全球卫星定位系统帮助你按时到达目的地了吗?
恰当：简单句	如果你需要找到 10 千米外的孩子最好的朋友家，并送孩子去参加这个好朋友的生日聚会，你会使用全球卫星定位系统进行导航吗?	你在什么情况下会使用全球卫星定位系统帮助你找到孩子的朋友家?
恰当：清晰	你的全球卫星定位系统有用吗?	在哪些情况下，你的全球卫星定位系统会发挥作用?（列出情况）
不恰当：诱导	难道不是每一个人都应该使用全球卫星定位系统吗?	按照你的观点，你觉得全球卫星定位系统的作用有多大?

表5-4(续)

规则	晦涩问句措辞	理想问句措辞
不恰当：暗示	如果能够证明全球卫星定位系统对降低世界石油消耗有帮助，你会购买它吗？ 请问你觉得标号为“1”的样品与标号为“2”的样品，哪个的外形更好看一点？	你认为全球卫星定位系统能为你省多少油？ 请问你觉得“627”与“316”号样品，哪个外形更好看一点？（避免使用暗示性的简单的编号，因为消费者存在1比2好，A比B好的这种心理暗示性假设）
不恰当：双重	如果想省时、省钱和减少担心，你会购买全球卫星定位系统吗？	如果相信全球卫星定位系统能为自己节省10%的时间，你会购买它吗？（关于钱和担心方面的问题另外再问）
不恰当：夸张	你认为全球卫星定位系统能帮助你避免可能持续几个小时的交通堵塞吗？	你认为全球卫星定位系统能在多大程度上帮助自己避免交通堵塞？

2. 常见的问题形式

（1）二项选择法：提出的问题仅有两种答案可以选择。只能在“是”或“否”，“有”或“无”中选择一个。这两个答案是对立的，排斥的，非此即彼。

（2）多项选择法：所提出的问题答案有两个以上，被访者可在其中选择一个或几个，但一般不要超过三个。这种题一般还要设置一个“其他”选项，以便被访者充分表达自己的意见。

（3）顺位题：它也叫排序题，是研究者给出几个选项，由被访者根据重要性进行排序。

（4）回忆题：它通过回忆，了解被访者对不同商品质量、品牌等方面印象的强弱。如：当我一提到手机品牌时，您首先想到的是_____品牌手机，其次是____品牌手机，最后是______品牌手机。

（5）比较题：这种题一般是把若干可比较的事物整理成两两对比的形式，要求被访者进行比较并做出肯定的回答。

（6）态度量表：这种题主要是用来对被访者回答的强度进行测量。如：请对保险公司的下述各方面做出评价，如表5-5所示。

表5-5　　保险公司评价态度量表

公司形象	非常好	比较好	一般	比较差	非常差
广告宣传	非常好	比较好	一般	比较差	非常差
咨询服务	非常好	比较好	一般	比较差	非常差
营销人员素质	非常好	比较好	一般	比较差	非常差

有时为了便于对数据进行处理，往往把定性问题定量化，即给答案中的每个选项按重要程度赋分：5、4、3、2、1。程度多划分为奇数，如 3 分制、5 分制或 7 分制。

（二）问卷结构

问卷结构是指将问卷中的陈述句和问句有序地进行排列，结构良好的问卷能够激励受访者小心谨慎地完成问卷，结构混乱的问卷则可能会使受访者灰心丧气，甚至中途停止回答问题。而对于问卷结构的设计我们主要关心两个方面，即问卷引导和主体问卷的问句逻辑。

1. 问卷引导

邮寄问卷与网络调查中问卷引导通常作为附信；现场访问中，问卷引导通常作为“开场白”说给潜在的受访者听，以简明地说明访问性质与作用，以获得受访者的支持。表 5-6 通过一个事例说明问卷引导语的功能及设计问卷引导语中应该注意的原则性要求

表 5-6 问卷引导的功能与标准说明

功能	例子	原则与说明
确认调研者或委托公司	你好，我叫×××，我是×××调研公司的访问员。我不是在推销任何东西。	用礼貌的方式公开调研者的身份，使潜在受访者意识到这是一个真实合法的调研，而不是推销员唱的高调。 当然也有不公开调研，即不公开调研公司的名称。
解释受访者是如何被选中的	你的电话号码是被电脑随机选中的。	告诉潜在受访者是如何被选入调研的，打消受访者的疑虑。
表明调研目的	我正在进行一个有关互联网浏览器的调研。	简洁地向潜在受访者表明调研主题和接受访问的原因。
甄别潜在访问者	请问您最近三个月使用过互联网吗？	对于回答“否”而不符合调研条件的及时停止调研，以节约时间，并礼貌地终止访问。
提出要求和提供激励	这是一个匿名调研，我将问你一些有关使用网络浏览器的经历，大约会用 10 分钟的时间，现在时间合适吗，作为感谢我们会向你赠送话费××元？	询问潜在受访者是否愿意在此时参与调研（注意这里的匿名是为了获得合作），激励潜在受访者。

2. 问句逻辑

问句逻辑是指将问卷和甄别问卷中的问句或问句板块按一定的顺序进行排列，为了使受访者在回答问题时更加轻松，这些问句的排列必须尽可能地遵循一定的顺序，这些问句的排序也应当符合相应的常识或逻辑性要求。如表 5-7 所示。

表 5-7　　　　问卷中各类问句的位置之逻辑顺序

问题类型	问句所处位置	例句	理由
甄别问句	开篇	过去一个月中你是否在×××商店买过东西？ 你是第一次来这里吗？	用于甄选符合调研要求的受访者
热身问句	在甄别问句之后	你多长时间去买一次休闲服装？ 你通常在一周的哪几天买休闲服装？	很容易回答；向受访者表明调研很容易完成，可激发兴趣，通过简单问题的询问引导受访者完成全部问句
过渡（陈述和提问）问句	在主要问句之前或变换提问方式前	接下来，我要问一下您的家庭看电视习惯方面的问题。 下面我会读一些句子，请你在我读完每个句子后告诉我同意或不同意该说法。	提示受访者接下来的问句的主题或形式会有所改变
复杂或难以回答的问句	位于问卷中间；接近卷尾	请用 1~7 分（1 代表最差，7 代表最好）来给这家商店销售员的友善程度评分。 在接下来的三个月中你购买以下物品的可能性有多大？	此时受访者已经完成大部分的调研，面对不得不接受访问的境地，只能继续接受这些较难问句的访问，并且能看到（或被告知）所剩的问句不多
分类/人口统计问句	最后	您的最高学历是什么？	一些关于“私人”的可能引起不快的问句放在问卷的最后部分

大多数调研人员都认同表 5-7 中提到的问句排列规则，但也有一些调研人员喜欢其他的问句排列形式。他们倾向于将问句分成几个模块，例如对于咖啡购买的访问，可分为外观、颜色、气味、口味、价格、购买地点、使用习惯等模块，这些模块根据一定的逻辑和原则进行排列，然后再将问句排在适当的模块中。

3. 问卷创建

问卷设计的最后一个环节是问卷创建，而此部分工作的主要内容是问题的编码。所谓问题编码也就是对问句的每个回答选项配以数字或代码，以方便调研结束后数据录入，编码的目的是使每一种可能回答与唯一的数字/代码相对应，以方便进行计算机的信息化处理。

最终问卷编码示例

1. 上个月你是否买过必胜客比萨店的比萨饼？

　__是(1)　　__否(2)　　__不确定(3)

2. 上个月你买必胜客比萨店的比萨饼时，你的做法是：(单选)

　__要求送货到家(1)

__要求送货到单位(2)

__自己取走(3)

__在比萨店享用(4)

__采用其他方式(______)购买(5)

3. 你认为必胜客比萨店的比萨饼口味如何？(单选)

1　　2　　3　　4　　5

(很差)　(差)　(一般)　(好)　(很好)

4. 你喜欢在比萨饼上撒下面哪些配料？(可多选)

__青椒(10,11)　　__洋葱(20,21)

__蘑菇(30,31)　　__腊肠(40,41)

__胡椒(50,51)　　__辣椒(60,61)

__黑橄榄(70,71)　　__凤尾鱼(80,81)

5. 你怎样评价在点餐后必胜客的服务速度？

1　　2　　3　　4　　5　　6　　7

(非常慢)　　　　　　　　　　(非常快)

6. 你的年龄：____岁

7. 你的性别：____男(1)　　____女(2)

下面是一些问题编码的基本原则

(1) 每一个封闭式问句中的每一个可能的回答都应有对应的编码数字。

(2) 无论问句处于问卷中的什么位置，都应该使用统一的编码系统。

(3) “多项选择”只不过是“是与否”问句的特例，因此可用“1”表示是，用“0”表示否。如上表中，消费者选择（10，21，……）即代表（不喜欢青椒，喜欢洋葱……）。

(4) 如果有可能，在问卷定稿前就应该建立好相应的计算机信息化处理的软件或系统应用。

“预测试”通常会先选择5~10名受访者进行，以帮助调研人员从问卷初稿设计中发现一些普遍性的问题，避免正式调研后因为设计人员在设计中没能完全站在受访者立场进行设计，造成问卷在问句、逻辑、表述上的不当，从而给后续的调研造成巨大损失和无法弥补的缺陷。

第三节　市场营销预测概述

一、市场营销预测的含义

企业的市场营销预测是建立在市场信息和企业内部资料的基础上的，它把与企业未来产品发展有关的各个方面情况汇集在一起。营销预测既要与企业设定的方向与企业的总体发展目标相适应，也要为市场营销的科学决策出一张宏伟的蓝图。

市场营销预测是对未来的预见和推测，是企业根据得到的各种营销信息和资料，运用一定的方法或数学模型，对于营销有关的未来状况做出估计和判断。如对一个产品的市场需求预测、对一个地区的市场购买力预测等。

市场营销预测可以为企业的营销决策提供可靠的客观依据。从而为企业制订计划目标和做出各种营销决策提供资料和依据。企业进行市场营销预测的基础是广泛而周密的营销调查研究。

二、市场营销预测原则

1. 连贯原则

连贯原则即把未来的发展同过去和现在的发展状况联系起来，任何割断历史联系的预测都是不可取的，其预测结果也往往是片面的或不科学的。

2. 相关原则

相关原则也称系统原则。一切事物发展的内部要素都是互相联系、互相制约的。营销环境因素和企业内部因素等作为企业营销系统的要素也都是相互关联的，一种因素的变化可能会对其他因素产生影响，因此，企业的市场营销预测应综合考虑各个因素的变化情况及相关作用。

3. 类推原则

由于许多事物的发展都存在着相似或类同性，掌握了某一类事物发展变化的规律，就可以推测其他事物的发展变化规律，即“举一反三”“以此类推”。将这一原则运用到市场营销预测中，我们可以从一种产品或服务的变化趋势，或者从与自己企业状况相似的企业的发展变化中分析本企业的发展趋势。

三、市场营销预测种类

1. 预测范围

预测范围可分为宏观市场营销预测（如对全国市场需求变化的预测等）和微观市场营销预测（如对某一企业产品的销售情况的预测等）。

2. 预测时间

预测时间可分为长期预测、中期预测、短期预测和近期预测。

长期预测是指 5 年以上的预测。这种预测要求营销人员把注意力放在商品销售的长期营销方向上，一般用于新厂的建设以及扩充，添置新机器、新设备的投资计划安排，商品结构的变化，潜在市场的需求，商品的生命周期阶段的预测等。

中期预测是指对 1~5 年间营销因素变化的预测。它主要用于生产周期较长产品的设备及原材料的采购、企业经营在近期内应做的改进的预测。

短期预测是指对一年内营销情况的预测。短期预测主要为了解决在较短的时间内，企业应该采取哪些经营策略，或对原有策略进行哪些方面的调整，以及对消费者应提供的商品数量等。

近期预测是指一两个月内的预测，如节日市场需求预测，这种预测能使企业选择最适当的时间、地点和产品的供应量。

在一般情况下，预测结果的准确性因预测时间的长短而不同，预测时间越短，其误差越小。但是，由于预测内容的差别，有些预测又必须是长期的。因此，各企业在进行预测时，要根据被预测的内容和决策的需要来决定。

3. 定性预测和定量预测

定性预测是对营销因素未来发展的性质的判断或推测。如对某产品需求量变动趋势是增长还是减少的预测。

定量预测是对营销因素未来发展的程度和数量关系的预测。如对某产品的市场需求在5年内将增加多少的预测。

为了保证预测的准确性，一般在采用定性预测后再采用定量预测，使两者有机地结合起来。

4. 单项预测和综合预测

单项预测是对某一项产品或某一个问题的预测。这种预测一般用于解决某一方面的重点问题，如重点产品的发展，某一产品的式样、价格变动将对顾客引起的反应等。

综合预测是指对包括多个项目的综合影响所进行的预测，这种预测应用的范围较广，可用于对企业全部营销情况的预测、对产品群的预测等。

5. 乐观预测和悲观预测

乐观预测是对营销状况未来变化趋势的从宽估计。乐观预测容易鼓舞人们的斗志，但在预测时要注意不能过分乐观，以免达不到预期的目标，甚至造成损失。

悲观预测是对营销状况未来变化趋势的从严估计。悲观预测一般都有可靠的资料及市场调研作基础，但企业过于悲观容易趋于保守，在这种情况下，目标虽然容易达到，但有时会错过良机，影响营销事业的发展和壮大。

四、市场营销预测的内容

市场营销预测的内容和步骤正确与否是决定市场营销预测是否科学合理的关键。抓住了这一关键问题，就能使企业的市场营销获得成功。

1. 市场需求预测

一个产品的市场需求是指在一定的地理区域和一定的时间内，在一定的营销环境和一定的营销方案下，特定的顾客群体愿意购买的总数量。市场需求预测是市场营销预测的最重要的内容。

（1）产品的市场需求：即市场需求的八要素。

①产品。市场需求的预测要确定一个产品种类的范围，是哪一个产品，是哪一种产品还是哪一类产品的市场需求。

②总数量。一个产品市场需求量的大小可用实物量（如 1 亿吨）、金额数量（如 1 亿元）或相对数量（如占 20%）来衡量。企业进行预测前应明确其衡量指标。

③购买量。在市场需求衡量中，确定“购买量”必须明确是指定每单数量、装运数量、付款数量、收货数量或消费数量。不同的指向，市场需求的“购买量”不相同。因此，在市场营销预测中明确这一点是非常重要的。

④顾客群体。市场需求的预测可以针对整个市场或任何一个、几个细分市场。不同的市场即不同的顾客群体具有不同的购买和需求方式以及不同的需求量。

⑤地理区域。市场需求的预测应依据明确定义的地理边界来衡量，如下一年度轿车的需求量预测是指世界范围内，还是中国国内，还是在美国国内，或者某个地区。

⑥规定的时期。市场需求的预测应有一个规定的时期，可以指下一年度或未来 5 年等。预测的时间越长，其准确性越差。

⑦营销环境。市场需求受许多不可控制的因素影响。每一产品的市场需求预测都应该详尽地列出人口统计、经济、技术、政治和文化环境所做的假设。

⑧营销方案。市场需求也受一些可控制因素的影响，特别是受到企业制订的营销方案的影响。大多数的市场需求对产品价格、促销、产品改进和分销努力都多少有些弹性。因此，市场需求预测就要求对未来的行业价格、产品性能和营销费用做出假设。

（2）对市场的预测：它是指企业所要预测的市场是潜在市场还是有效市场，是合格有效市场还是渗透市场。潜在市场是指对某一确定的市场供应品自称有些兴趣的一群消费者；有效市场就是对特定的市场供应品有兴趣、有收入和有通路的一群消费者；合格有效市场是对一个特定的供应品感到有兴趣、有收入、有通路和有资格的一群消费者；渗透市场是指实际购买该产品的一群消费者。

2. 市场购买力预测

市场购买力预测是指对市场上现有的购买力水平和潜在的购买力水平的预测。在产品价格不变的情况下，市场购买力是由消费者的收入水平和经济建设的需要决定的。因此，对购买力的预测主要包括以下内容：①消费者收入水平的变化趋势；②国家的工资政策和投资政策的变化趋势；③基本建设投资增建趋势。

3. 企业资源预测

企业资源预测主要包括以下内容：①原材料供应的保证程度；②能源的保证程度；③使用新材料的可能性；④资源综合利用的可能性及发展趋势。

4. 市场占有率预测

市场占有率预测是指对一个产品、一系列产品或企业上市销售的所有产品，在市场同类产品总量中所占比重的发展趋势的预测。在进行预测时要把握以下几个方面：

①要统计分析本企业产品历年的市场占有率，从数量比例、成本高低、质量优劣等方面排列名次，以分析本企业产品在市场上所处的地位，并推测出来。

②要调查、预测竞争者的情况，掌握竞争对手的经营策略及变化趋势，并预测可能出现的新的潜在竞争对象及对本企业产品的威胁，以全面把握竞争形势。

③要预测市场上可能出现的新产品，尤其要预测新产品在质量、成本、价格等方面与本企业产品的异同，加以评价，从而进一步对代替老产品的状况及发展趋势做出预测，以便及早采取措施。

5. 产品生命周期预测

产品生命周期预测是市场营销预测的重要内容，这种预测不仅包括预测这类产品在市场上将要经历哪几个阶段，更重要的是要预测各阶段的转折时间，即何时进入发展期或成熟期，尤其要注意何时进入衰退期。为了准确预测产品的衰退期，营销人员还应对产品的市场饱和点及代用品的出现情况进行预测等。

6. 新技术发展趋势预测

新技术发展趋势预测是对技术发展对产品发展影响的预测。技术发展对产品发展有着决定性的影响，新技术、新材料、新工艺及在生产上的应用，既会创造出新的产品取代老产品，又会产生新的产品需求。这种预测主要包括对新技术、新发明、新设备、新材料等所具特点、性能、应用范围和应用速度、经济效益的预测，以及它们对社会生活和本企业产品的影响程度的预测。

诺基亚沦陷：低估智能手机技术发展

1998 年，正当老对手摩托罗拉陷入困境时，诺基亚却是如日中天。不过辉煌之后，今日（2011 年）的诺基亚错误连连。

诺基亚并未忽视手机的智能化发展，但它无疑低估了变化的速度，或许很少有人会料到基于网络的应用向手机平台的迁移会如此迅猛，而开发社区与用户的热情如此高涨，同时高端硬件的制造成本下降又如此快速。假如塞班系统早两年走向开放，或者对米果（Mee Go）的投入坚决一些，或者诺基亚抢在苹果前面与谷歌合作，甚至直接积极拥抱安卓，结果是否会不同？

7. 产品价格预测

产品价格预测是对产品价格的涨落趋势的预测，它是市场营销预测的重要内容。由于价格变动原因有多种，因而对产品价格的预测也应包括多方面的预测：①成本的变化趋势，包括原材料、设备价格的变化，企业管理方面的原因引起的成本变化。②国家的价格政策对价格变化的影响。③货币币值的变化给价格带来的影响。

8. 经营效果预测

经营效果预测是对本企业一定时期的经营效果变化情况的损测，包括两个方面的内容：一是预测一定时期内企业经营目标的实际情况；二是预测企业在一定时期内的产品销售量及利润收入的变化情况等。

五、市场营销预测的过程

市场需求预测是对未来市场需求的估计。在大多数情况下，企业的营销环境是在不断变化的，由于这种变化，总市场需求和企业需求都是变化的、不稳定的。这时准确地预测市场需求和企业需求就成为企业成功的关键，因为任何错误的预测都会导致诸如库存积压或存货不足等问题，从而出现销售额下降以至中断等不良后果。

市场预测涉及面较广，为了提高预测工作的效率和质量，必须按照一定的工作程序来进行。市场预测过程大致包括以下几个步骤：

1. 明确预测目标，制订预测计划

有了明确具体的预测目标，才能为进一步收集资料，选择预测方法指明方向。预测目标确定以后，营销人员就应根据目标的难易程度制订预测计划，包括调配预测人员、编制费用预算、安排工作日程等内容，使预测工作有计划、有步骤地开展。

2. 收集整理资料并加以分析

营销人员通过调查，占有充分的信息资料，这样才能对市场变动的规律性和预测对象的发展趋向进行具体分析，同时为预测模型提供必要的数据。市场预测的资料包括历史资料和现实资料两大类，收集资料一定要以预测目的和要求为转移，力求做到资料具有广泛性和适用性。

3. 选定预测方法及模型，做出预测

选择适当的预测方法、模型进行预测，是取得预测成果的关键一步。营销人员在选择预测方法及模型时，应综合考虑预测目标的要求、所收集到的资料情况、预测人员的专业技术水平等，因为每一种方法、模型都有其适用条件及范围。在许多预测中，通常是几种方法交叉使用，互相补充。

4. 分析预测结果，修正预测模型

预测误差是指预测值与实际值之间的差额。市场预测具有近似性的特点，因此预测结果不可能与实际值完全一致，预测误差是必然存在的。如果误差过大，则说明预测模型可能有问题，必须进行修正或选用其他模型。

5. 提出预测报告

预测者在对预测结果进行必要的评价、检验和修正后，要确定最终预测值，形成书面形式的预测报告，递交有关部门，供其决策时参考。

第四节　市场营销预测方法

市场预测方法有很多，根据美国斯坦福研究所统计，市场预测方法不下一二百种，其中常用的方法也有二三十种，大体上可分为两大类：定性预测法与定量预测法。

一、定性预测法

定性预测法也称为判断分析法，由预测者根据已有的历史资料和现实资料，依靠个人的经验和知识，凭借个人的主观判断来预测市场未来的变化发展趋势。

此方法一般在缺少可利用的历史统计资料的情况下采用，侧重于对市场的性质进行分析。

其优点是比较灵活，成本低，费时少。其缺点是受预测者的主观因素影响较大，较难提供精确的预测数值。

（一）德尔菲法（Delphi Method）

德尔菲法又称专家调查法，20 世纪 40 年代末期由美国兰德公司首先提出，很快就在世界上盛行起来的一种调查预测方法。其应用过程如下：

第一步是挑选专家，具体人数视预测课题的大小而定，一般问题需 20 人左右。在进行函询的整个过程中，自始至终由预测单位函询或派人与专家联系，不让专家互相发生联系。

专家选定之后，即可开始第一轮函询调查。预测者一方面向专家寄去预测目标的背景材料，另一方面提出所需预测的具体项目。首轮调查，任凭专家回答，完全没有框框。专家可以以各种形式回答问题，也可向预测单位索取更详细的统计材料。

预测单位对专家的第一轮反馈回来的各种回答进行综合整理，把相同的事件、结论统一起来，剔除次要的、分散的事件，用准确的术语进行统一的描述。然后将结果反馈给各位专家，进行第二轮函询。

第二轮函询要求专家对所预测目标的各种有关事件发生的时间、空间、规模大小等提出具体的预测，并说明理由。预测单位对专家的意见进行处理，统计出每一事件可能发生日期的中位数，再次反馈给有关专家。

第三轮是各位专家再次得到函询综合统计报告后，对预测单位提出的综合意见和论据加以评价，修正原来的预测值，对预测目标重新进行预测。

上述步骤，一般经过 3~4 轮，预测的主持者要求各位专家根据提供的全部预测资料，提出最后的预测意见，若这些意见收敛或基本一致，即可以此为根据做出判断。

德尔菲法是在专家会议的基础上发展起来的一种预测方法。其主要优点是简明直观，预测结果可供计划人员参考，受到计划人员的欢迎，避免了专家会议的许多弊端。在专家会议上，有的专家崇拜权威，跟着权威一边倒，不愿发表与权威不同的意见；有的专家随大流，不愿公开发表自己的见解。德尔菲法是一种有组织的咨询，在资料不齐全或不多的情况下均可使用。

德尔菲法同时也存在着缺点。例如，专家的选择没有明确的标准，预测结果的可靠性缺乏严格的科学分析，最后趋于一致的意见，仍带有随大流的倾向。

在使用德尔菲法时必须坚持三条原则。第一条是匿名性。预测者对被选择的专家要保密，不让他们彼此通气，使他们不受权威、资历等方面的影响。第二条是反馈性。一般的征询调查要进行3~4轮，要给专家提供充分反馈意见的机会。第三条是收敛性。经过数轮征询后，专家们的意见相对收敛，趋向一致，若个别专家有明显的不同观点，应要求他详细说明理由。

（二）部门主管集体讨论法（Jury of Executives）

该讨论法通常由高级决策人员召集销售、生产、采购、财务、研究与开发等各部门主管开会讨论。与会人员充分发表意见，提出预测值，然后由召集人按照一定的方法，如简单平均或加权平均，对所有单个的预测值进行处理，即得预测结果。

这种方法的优点是：①简单易行；②不需要准备和统计历史资料；③汇集了各主管的经验与判断；④如果缺乏足够的历史资料，此法是一种有效的途径。

这种方法的缺点是：①由于是各主管的主观意见，故预测结果缺乏严格的科学性；②与会人员间容易相互影响；③耽误了各主管的宝贵时间；④因预测是集体讨论的结果，故无人对其正确性负责；⑤预测结果可能较难用于实际目的。

（三）用户调查法（Users' Expectation）

当对新产品或缺乏销售记载的产品的需求进行预测时，常常使用用户调查法。销售人员通过信函、电话或访问的方式对现实的或潜在的顾客进行调查，了解他们对与本企业产品相关的产品及其特性的期望，再考虑本企业的可能市场占有率，然后对各种信息进行综合处理，即可得到所需的预测结果。

这种方法的优点是：①预测来源于顾客期望，较好地反映了市场需求情况；②可以了解顾客对产品优缺点的看法，也可以了解一些顾客不购买这种产品的原因，有利于改进、完善产品，开发新产品和有针对性地开展促销活动。

这种方法的缺点是：①很难获得顾客的通力合作；②顾客期望不等于实际购买，而且其期望容易发生变化；③由于对顾客知之不多，调查时需耗费较多的人力和时间。

（四）销售人员意见汇集法（Field Sales Force）

这种方法有时也称基层意见法，通常由各地区的销售人员根据其个人的判断或与地区有关部门（人士）交换意见并判断后做出预测。企业对各地区的预测进行综合处理后即得企业范围内的预测结果。有时企业也将各地区的销售历史资料发给各销售人员作为预测的参考；有时企业的总销售部门还根据自己的经验、历史资料、对经济形势的估计等做出预测，并与各销售人员的综合预测值进行比较，以得到更加正确的预测结果。

这种方法的优点是：①预测值很容易按地区、分支机构、销售人员、产品等区分开；②由于销售人员的意见受到了重视，增加了其销售信心；③由于取样较多，预测结果较具稳定性。

这种方法的缺点是：①带有销售人员的主观偏见；②受地区局部性的影响，预测结果不容易正确；③当预测结果作为销售人员未来的销售目标时，预测值容易被低估；④当预测涉及紧俏商品时，预测值容易被高估。

二、定量预测法

时间序列模型和因果关系模型是两种主要的定量预测方法。

时间序列模型以时间为独立变量，利用过去需求随时间变化的关系来估计未来的需求。时间序列模型又分为时间序列平滑模型和时间序列分解模型。

因果模型利用变量（可以包括时间）之间的相关关系，通过一种变量的变化来预测另一种变量的未来变化。

需要指出的是，在使用时间序列和因果关系模型时，存在着这样一个隐含的假设：过去存在的变量间关系和相互作用机理，今后仍将存在并继续发挥作用。这个假设是使用这两种定量预测模型的基本前提。

本部分内容会在其他相关课程（大学数学、统计学等）中专门详细开设，因而本书仅作一般性的介绍。

（一）时间序列分析法

时间序列是按一定的时间间隔和事件发生的先后顺序排列起来的数据构成的序列。每天、每周或每月的销售量按时间的先后所构成的序列，是时间序列的典型例子。

对于这些量的预测，当我们很难确定它与其他因变量的关系，或收集因变量的数据非常困难，我们就不能采用回归分析方法进行预测，而只能采用时间序列分析方法；或者说，有时对预测的精度要求不是特别高，这时我们可以使用时间序列分析方法来进行预测。

采用时间序列分析进行预测时需要用到一系列的模型，这种模型统称为时间序列模型。在使用这种时间序列模型时，预测者总是假定某一种数据变化模式或某一种组合模式总是会重复发生。因此预测者首先可以识别出这种模式，然后采用外推的方式就可以进行预测了。

采用时间序列模型时，关键在于假定数据的变化模式（样式）是可以根据历史数据识别出来的；同时，决策者所采取的行动对这个时间序列的影响是很小的。因此，这种方法主要用来对一些环境因素，或不受决策者控制的因素进行预测，如宏观经济情况、就业水平、某些产品的需求量；而对于受人的行为影响较大的事物进行预测则是不合适的，如股票价格、改变产品价格后的产品的需求量等。

这种方法的主要优点是数据很容易得到，相对说来成本较低，而且容易被决策者所理解，计算相对简单。当然对于高级时间序列分析法，其计算也是非常复杂的。此外，时间序列分析法常常用于中短期预测，因为在相对短的时间内，数据变化的模式不会特别显著

一个时间序列通常由四种要素组成：趋势、季节变动、周期波动和不规则波动。

趋势成分（T）是时间序列在长时期内呈现出来的持续向上或持续向下的变动。

季节成分（S）是时间序列在一年内重复出现的周期性波动。它是诸如气候条件、生产条件、节假日或人们的风俗习惯等各种因素影响的结果。

周期成分（C）是时间序列呈现出的非固定长度的周期性变动。循环波动的周期可能会持续一段时间，但与趋势不同，它不是朝着单一方向的持续变动，而是涨落相同的交替波动。

不规则成分（I）是时间序列中除去趋势、季节变动和周期波动之后的随机波动。不规则波动通常是夹杂在时间序列中，致使时间序列产生一种波浪形或震荡式的变动。只含有随机波动的序列也称为平稳序列。

对于时间序列的四种成分，随机成分的影响由于无法预测故不在本书讨论之列。周期成分也因需要长期的历史数据而被忽略。本书只讨论趋势成分和季节成分。不过，这样做并不影响绝大多数生产经营决策的科学性，因为其时间一般都比较短，周期成分对它们不会造成明显的影响。即使对于长期预测而言，预测也是滚动的，是随着时间的推移而不断修改的，因而周期成分的影响也很小。

1. 时间序列平滑模型

若因随机成分的影响而导致需求偏离平均水平时，应用时间序列平滑模型，通过对多期观测数据平均的办法，可以有效地消除或减少随机成分的影响，从而使预测结果较好地反映平均水平。简单移动平均、加权移动平均、指数平滑是常用的几种时间序列平滑模型。

（1）简单移动平均

$$SMA_{t+1} = \frac{1}{n}\sum_{i=1}^{n} A_{t+i-n}$$

式中：SMA_{t+1} 为周期为 t 周期末的简单移动平均值，可作为 $t+1$ 期的预测值；A_i 为 i 周期的实际值；n 为移动平均采用的周期数。

（2）加权移动平均

$$WMA_{t+1} = \frac{1}{n}\sum_{i=1}^{n} \alpha A_{t+i-n}$$

式中：WMA_{t+1} 为周期为 t 周期末的加权移动平均值，可作为 $t+1$ 期的预测值；α_1，α_2，…，α_n 为实际需求的权系数。其余符号意义同前。

简单移动平均法对数据不分远近，同样对待。有时，最近的数据反映了需求的趋势，用加权移动平均法更合适些。加权移动平均法则弥补了简单移动平均法的不足，若对最近的数据赋予较大的权重，则预测数据与实际数据的差别较简单移动平均法的结果要小。一般地说，α_i 和 n 的取值不同，预测值的稳定性和响应性也不一样，受随机干扰的程度也不一样。n 越大，则预测的稳定性就越好，响应性就越差；n 越小，则预测的稳定性就越差，响应性就越好。近期数据的权重越大，则预测的稳定性就越差，响应性就好；近期数据的权重越小，则预测的稳定性就越好，响应性就越差。然而 α_i 和 n 的取值都没有固定的模式，都带有一定的经验性，究竟选择什么数值，要根据预测的实践而定。

（3）一次指数平滑法

一次指数平滑法是另一种形式的加权移动平均。加权移动平均法只考虑最近的 n 个实际数据，指数平滑法则考虑所有的历史数据，只不过近期实际数据的权重大，远期实际数据的权重小。

一次指数平滑平均值计算公式为：

$$SA_t = \alpha A_t + (1 - \alpha) SA_{t-1}$$

若用一次指数平滑平均值 SA_t 作为 $t-1$ 期的一次指数平滑预测值 SF_t，则一次指数平滑法的预测公式为：

$$SF_{t+1} = \alpha A_t + (1 - \alpha) SF_t$$

式中：SF_{t+1} 为（$t+1$）期的一次指数平滑预测值；A_t 为 t 期的实际值；α 为平滑系数（取值范围为：$0 \leqslant \alpha \leqslant 1$）。

一般地，用一次指数平滑法进行预测，当出现趋势时，预测值虽然可以描述实际值的变化形态，但预测值总是滞后于实际值。当实际值呈上升趋势时，预测值总是低于实际值；当实际值呈下降趋势时，预测值总是高于实际值。比较不同的平滑系数对预测的影响，当出现趋势时，取较大的 α 得到的预测值与实际值比较接近。预测值依赖于平滑系数 α 的选择。一般来说，α 选得小一些，预测值的稳定性就比较好；反之，其呼应性就比较好。

在有趋势的情况下，用一次指数平滑法预测，会出现滞后现象。面对有上升或下降趋势的需求序列时，就要采用二次指数平滑法进行预测；对于出现趋势并有季节性波动的情况，则要用三次指数平滑法预测。

2. 时间序列分解模型

实际需求值是趋势的、季节的、周期的或随机的等多种成分共同作用的结果。时间序列分解模型企图从时间序列值中找出各种成分，并在对各种成分单独进行预测的基础上，综合处理各种成分的预测值，以得到最终的预测结果。

时间序列分解方法的应用基于如下的假设：各种成分单独地作用于实际需求，而且过去和现在起作用的机制将持续到未来。因此，在应用该方法时要注意各种成分是否已经超过了其起作用的期限。同时，还应该分析过去出现的“转折点”情况。比如，1973 年的石油危机对美国 1973 年以后的汽车销售产生了重大影响。当应用某种模型来预测今后 10 年的汽车销售量时，就应该考虑类似石油危机这样的重大事件是否会发生。

时间序列分解模型有两种形式：乘法模型和加法模型。乘法模型比较通用，它是通过将各种成分（以比例的形式）相乘的方法来求出需求估计值的。加法模型则是将各种成分相加来预测的。对于不同的预测问题，人们常常通过观察其时间序列值的分布来选用适当的时间序列分解模型。

乘法模型：　$TF=T\cdot S\cdot C\cdot I$

加法模型：　$TF=T+S+C+I$

式中：TF 为时间序列的预测值；T 为趋势成分；S 为季节成分；C 为周期性变化成分；I 为不规则的波动成分。

例：假设表 5-8 中数据仅受线性趋势成分和季节波动两方面的影响，根据其 3 年来各个季度的销售记录，试预测该公司未来一年的各季度销售量。

表 5-8　　某公司 3 年各季度销售记录

季度	季度序号 t	销售量 A_t	4 个季度销售总量	4 个季度移动平均	季度中点
夏	1	11 800			
秋	2	10 404			
冬	3	8 925			
春	4	10 600	41 729	10 432. 3	2. 5
夏	5	12 285	42 214	10 553. 5	3. 5
秋	6	11 009	42 819	10 704. 8	4. 5
冬	7	9 213	43 107	10 776. 8	5. 5
春	8	11 286	43 793	10 948. 3	6. 5
夏	9	13 350	44 858	11 214. 5	7. 5
秋	10	11 270	45 119	11 279. 8	8. 5
冬	11	10 266	46 172	11 543. 0	9. 5
春	12	12 138	47 024	11 756. 0	10. 5

解：求解可分为三个步骤：

（1）求趋势直线方程

首先根据表 5-8 中给出的数据绘出曲线图形，从此曲线图可明显地观察到数据呈现季节成分的变化。

用移动平均法求出 4 个季度的平均值（这里 $n=4$，根据曲线变化呈周期为 4 的规律得出），移动平均法求出的结果可作为第（$n+1$）的预测值，通过移动平均，可消除/减少随机成分的影响，使预测结果较好地反映平均需求水平。

通过求出消除/减少随机成分影响的移动平均值后，利用最小二乘法或其他方法求出对应于移动平均值的一元线性回归公式：$y=ax+b$。我们这里采用 *EXCEL* 添加趋势线并显示公式的方法直接在图 5-4 上得出：$T_t=y=164.18x+9\ 709.8$。

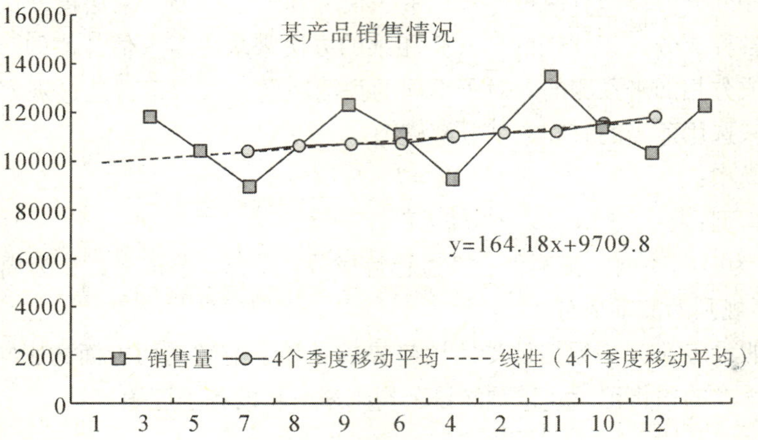

图 5-4　趋势直线方程

（2）估算季节系数

所谓季节系数就是实际值 A_t 与趋势值 T_t 的比值的平均值。季节系数估计值如表 5-9 所示。

表 5-9　　季节系数估计

季度序号	销售量 A_t	移动平均值	趋势预测值 T_t	A_t/T_t
1	11 800		9 873.98	1.20
2	10 404		10 038.16	1.04
3	8 925		10 202.34	0.87
4	10 600	10 432.3	10 366.52	1.02
5	12 285	10 553.5	10 530.7	1.17
6	11 009	10 704.8	10 694.88	1.03
7	9 213	10 776.8	10 859.06	0.85
8	11 286	10 948.3	11 023.24	1.02
9	13 350	11 214.5	11 187.42	1.19
10	11 270	11 279.8	11 351.6	0.99
11	10 266	11 543	11 515.78	0.89
12	12 138	11 756	11 679.96	1.04

由于季节 1、5、9 都是夏季，所以求出它们的平均值作为夏季的季节系数：

SI（夏）=（1.20+1.17+1.19）/3=1.18

SI（秋）=1.02

SI（冬）=0.87

SI（春）=1.03

（3）预测

预测下一年度中各个季度的销售量，而下一年度的夏、秋、冬、春，分别对应季度序号为 13、14、15、16，所以，结合已经求出来的趋势预测公式和季节影响因子，利用乘法公式有：$TF=T \cdot S$。

夏季：（9 709.8+164.18×13）×1.18=140.5.12

秋季：（9 709.8+164.18×14）×1.02=12 242.99

冬季：（9 709.8+164.18×15）×0.87=10 609.10

春季：（9 709.8+164.18×16）×1.03=12 688.59

（二）因果模型

在时间序列中，它将需求作为因变量，将时间作为唯一的独立变量。这种做法虽然简单，但忽略了其他影响需求的因素，如政府部门公布的各种经济指数、地方政府的规划、银行发布的各种金融方面的信息、广告费的支出、产品和服务的定价等，都会对需求产生影响。

因果模型则有效地克服了时间序列法的这一缺点，它通过对一些与需求（如书包）有关的先导指数（学龄儿童数）的计算，来对需求进行预测。

由于反映需求及其影响因素之间因果关系的数学模型不同，因果模型又分为回归模型、经济计量模型、投入产出模型等。本书只介绍一元线性回归模型预测方法。

一元线性回归模型可用下式表达：

$$y_r = a + bx$$

$$b = \frac{n\sum xy - \sum x\sum y}{n\sum x^2 - \left(\sum x\right)^2}$$

$$a = \frac{\sum y - b\sum x}{n}$$

式中：y_r 为一元线性回归预测值；a 为截距，为自变量 $x=0$ 时的预测值；b 为斜率；n 为变量数；x 为自变量的取值；y 为因变量的取值。

例：对上例（时间序列分解）应用一元线性回归法进行预测。如表 5-10 所示。

表 5-10　　　　一元线性回归预测

季度	季度序号 t	销售量 A_t	4 个季度销售总量	4 个季度移动平均	季度中点
夏	1	11 800			
秋	2	10 404			

表5-10(续)

季度	季度序号 t	销售量 A_t	4个季度销售总量	4个季度移动平均	季度中点
冬	3	8 925			
春	4	10 600	41 729	10 432. 3	2. 5
夏	5	12 285	42 214	10 553. 5	3. 5
秋	6	11 009	42 819	10 704. 8	4. 5
冬	7	9 213	43 107	10 776. 8	5. 5
春	8	11 286	43 793	10 948. 3	6. 5
夏	9	13 350	44 858	11 214. 5	7. 5
秋	10	11 270	45 119	11 279. 8	8. 5
冬	11	10 266	46 172	11 543. 0	9. 5
春	12	12 138	47 024	11 756. 0	10. 5

解：计算 a 和 b，然后求 y_r 。

结果如表5-11所示。

表5-11　　计算结果

x	y	x^2	xy
2. 5	10 432. 3	6. 25	26 080. 75
3. 5	10 553. 5	12. 25	36 937. 25
4. 5	10 704. 8	20. 25	48 171. 6
5. 5	10 776. 8	30. 25	59 272. 4
6. 5	10 948. 3	42. 25	71 163. 95
7. 5	11 214. 5	56. 25	84 108. 75
8. 5	11 279. 8	72. 25	95 878. 3
9. 5	11 543	90. 25	109 658. 5
10. 5	11 756	110. 25	123 438
$\sum = 58.5$	$\sum = 99\ 209$	$\sum = 440.25$	$\sum = 654\ 709.5$

$$b = 164.183$$

$$a = 9\ 956.03$$

$$y_r = 9\ 956.03 + 164.183 \cdot x$$

本章小结

市场营销调研与预测是市场营销工作的基础性工作，对市场的准确分析是市场营销成功的前提条件。

本章介绍了市场营销调研的基本知识，包括三种不同的调研及市场调研内容可以针对营销工作所涉及的八个方面来展开。而对于市场调研的具体步骤环节，本章着重介绍了调研方法、抽样方式及问卷的设计。

本章对于市场预测也对其预测的原则、种类、预测的基本内容及营销预测的过程进行了介绍，同时提出两大类预测方法，即定性预测与定量预测法。

思考与练习

1. 什么是市场营销调研？
2. 市场营销调研有哪些？
3. 市场营销调研方法有哪些，应该如何选择？
4. 市场营销预测的内容包括哪些方面？
5. 市场营销预测方法有哪些？
6. 理解时间序列平滑模型与时间序列分解模型的组合运用。
7. 理解时间序列模型与因果模型的组合运用。

第六章　市场营销战略规划

学习要点

通过学习本章内容，学会通过对市场环境的分析理解并掌握企业战略、业务战略以及营销战略三者之间的关系与各自的详细内容；市场营销战略规划主要涉及在已经决定进入的产品/市场中如何参与竞争，因而需理解并掌握及运用如何划分战略业务单位，如何认识并评价各战略业务单位，在此基础上理解、掌握并运用战略业务单位的投资组合与战略规划。

开篇案例

余额宝暴富记

名不见经传的天弘基金公司旗下的一只货币基金2013年6月13日上线，截至11月14日下午3点，其投资账户数已经接近3 000万户，规模超过1 000亿元，相当于国内全部78只货币基金总规模的近20%。这家基金公司管理的资产规模也借此狂增，摆脱年年亏损上千万元的厄运，上半年净利润达850万，在85家基金公司中的管理资产规模排名从去年年底的50名开外蹿升到前十。这背后的功臣，是天弘基金和支付宝合作推出的名为“余额宝”的产品

天弘基金副总经理周晓明说，大家把余额宝捧得挺高，但它本身没什么大不了：普通的货币基金，搭载到大家习以为常的支付平台，唯一的创新就是所谓嵌入式直销，把货币基金直接放到支付账户里。

国外早已有类似做法。1999年美国的网上支付公司PayPal设立了账户余额的货

币基金，由于美国连续数年实行零利率政策，货币基金整体业绩频降，2011 年 PayPal 最终将该基金清盘。

但不是谁都能想到捅破这一张纸。

大的基金公司用不着，他们日子过得挺爽，传统业务发展不错，品牌不错，员工薪水也不错。天弘基金则不行。2004 年成立的天弘基金是小公司，规模在行业中一直处于中下游，最近几年年年亏损。

做大规模要靠铺渠道，银行几乎垄断了基金销售的渠道，近百家基金公司，上千款基金产品，凭什么让银行优先卖你的产品？只能出高价。按照行业通行标准，基金公司付给银行的渠道费相当于基金管理费的三四成，甚至更高。

“穷则思变”。2012 年下半年，天弘基金开始考虑为支付宝量身定制产品，方案是货币基金，加上支付功能，正好能和阿里系的网上购物结合。

余额宝为支付宝搭载了增值功能，而且利用的是风险较低、收入稳定的货币基金，对于支付宝的客户黏性提升非常有帮助。

支付宝看重的，正是每天通过余额宝赚几毛钱的草根。因为这种方式更接近支付宝用户的生活。

在和支付宝接洽的过程中，大多数基金公司还是以自己的产品为中心，把支付宝当作销售自家产品的渠道，借助于支付宝提供的都是自己的投资管理能力。而天弘基金站在支付宝的角度考虑，谈自己能为支付宝的用户提供什么价值。

余额宝的成功，是因为它服务了传统体系中得不到很好服务的普通人，传统金融并非不愿服务这些客户，但成本不划算。互联网的特点则是边际成本递减，用户越多，成本越低，甚至趋近零。这让余额宝能按一块钱的最低门槛服务那些小客户。不仅如此，海量客户、频繁交易、小客单价组成在一起，通过大数据技术，还形成了相对稳定的趋势。通过大数据处理技术，余额宝的基金经理可以准确预测第二天的流动性需求，偏离度不超过 5%。在此基础上，基金经理可以更精准地投资，也可以为用户提供更稳定的收益。

余额宝的规模仍在每天快速增加，海通证券银行业分析师戴志锋、刘瑞在此前研究报告中预测，余额宝的潜在规模可以达到 2 000 亿~3 000 亿元。很多人认为，现在看来这个预测有点保守。但天弘基金副总经理周晓明说：“规模只是结果，关键是你到底服务了谁，有什么独特价值，你对用户很有用，也很好用，用户自然就用你。”

思考：天宏基金推出“余额宝”是基于自身与环境的何种判断？

“余额宝”是如何构建其业务市场的？

资料来源：轶名. 余额宝暴富记［OL］.（2013-12-03）［2014-12-23］http://finance.ifeng.com/a/20131203/11206815_0.shtml.

第一节　市场营销战略规划概述

一、战略与市场营销战略

（一）战略的含义

很多学者都认为，真正为企业战略下定义的第一个人是钱德勒（1962），他将战略定义为“确定企业基本长期目标、选择行动途径和为实现这些目标进行资源分配”。

1965年，安索夫在《公司战略：面向增长与发展的经营政策的分析方法》一书中提出，战略就是一种决策规则，它将企业活动与以下四个方面连接起来：产品/市场范围（企业提供的产品与企业在其中经营的市场）、增长向量（企业打算进入的产品/市场的变化）、竞争优势（在每一个产品/市场中企业较之竞争者具有较强地位的那些独特的优势）以及协同作用（将企业的不同部分有机结合起来以取得单个部分不能实现的方法）。

1980年，哈佛大学的迈克尔·波特教授在《竞争战略》一书中将战略定义为“公司为之奋斗的一些终点（目标）与公司为达到它们而寻求的方法（政策）的结合物”。

20世纪80年代以后，加拿大麦吉尔大学的明兹伯格教授在对以往战略理论进行梳理和深入研究的基础上，将人们对战略的各种定义概括为5P。明兹伯格认为，人们在谈及战略时都是在谈论5P中的某一个和几个含义，实际上，战略具有多重含义，人们既应当仔细体会每种含义，又应当将多个含义联系起来以形成整体的战略观念。

明兹伯格的战略5P定义

（1）战略是计谋（Ploy）。它是威胁和战胜竞争者的计谋和谋略。这是军事谋略在企业管理中的直接引用。

（2）战略是计划（Plan）。它是有意识的、正式的、有预计的行动程序。计划在先，行动在后。这是早期的战略观念。

（3）战略是模式（Pattern）。它是一段时期内一系列行动流的模式。这是明兹伯格为战略下的一个定义。在明兹伯格看来，企业在某一时期基于资源而形成的使命与目标固然重要，但更重要的是企业已经做了什么和正在做什么。早期的战略观念强调分析，明兹伯格强调行动。

（4）战略是定位（Position）。它是在企业的环境中找到一个有利于企业生存与发展的“位置”。

（5）战略是观念（Perspective）。它是深藏于企业内部、企业主要领导者头脑中的感知世界的方式。战略是以思维和智力为基础的，它具有精神导向性，体现了企业中人们对客观世界的认识，它同企业中人们的世界观、价值观和理想等文化因素相联系。

（二）企业战略层次与市场营销战略

1. 企业战略层次

一般说来，一个企业的战略可划分为三个层次，即公司战略、业务（事业部）战略和职能战略。如图 6-1 所示。

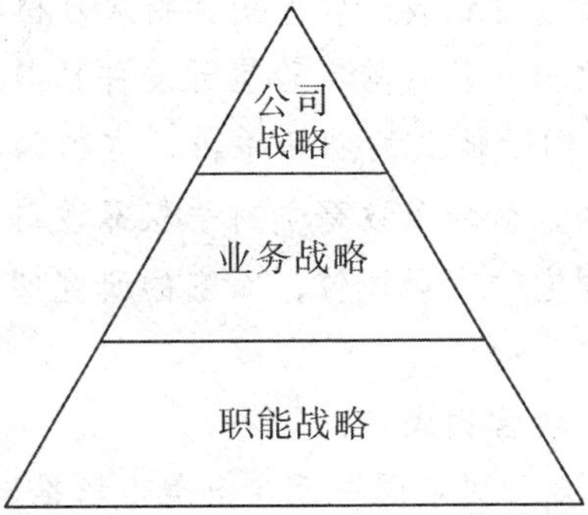

图 6-1　企业战略的三个层次

公司战略：这是企业总体的、最高层次的战略。公司战略的侧重点在两个方面：一是从公司全局出发，根据外部环境的变化及企业内部条件，选择企业所需要从事的经营范围和领域；二是确定所从事的业务后，提出相应的发展方向，并以此为基础在各项事业部门之间进行资源分配，以实现公司整体的战略意图。

业务战略（经营战略）：它处于战略结构中的第二层次，包括竞争战略和合作战略。业务战略所涉及的决策问题是在选定的业务范围（市场/产品区域）内，事业部门应在什么样的基础上来进行竞争，以取得超过对手的竞争优势。为此，事业部门的经理需要努力鉴别并稳固最有盈利性和最有发展前途的市场，发挥其竞争优势。

职能战略：它是在职能部门中，如生产、市场营销、财会、研究与开发、人力资源等部门，由职能管理人员制订的短期目标和计划，其目的是实现公司和事业部门的战略计划。

公司战略、业务战略以及职能战略之间相互作用，紧密联系。企业要想获得成功，必须将三者有机地结合起来，企业中高一层次的战略构成下一层次的战略环境（约束）；低一层次的战略为上一层次的战略目标的实现提供保障和支持。

2. 市场营销战略

市场营销战略作为企业战略管理的一个职能战略层面，必然受到其上层次战略的约束，同时也必然为上层次战略目标的达成提供保障与支持。具体而言，市场营销战略要求公司的资产（资源）管理必须根据变化多端的环境，选择切实可行、得以生存的商业方案，并以期最大限度地获得经济回报。市场营销战略规划一个重要的组成部分就是确立企业在某一商业领域内产品或市场的范围。

吉列（Gillette）锋速3与市场营销战略

一段时间以来，吉列公司要面对其剃须刀部发展速度缓慢的问题，因其竞争对手舒适公司（Schick）最近发动了新型剃须刀的竞争攻势，严重威胁其主打产品——剃须刀及刀片的销售情况，而这两种产品已在北美和欧洲市场拥有71%的市场份额。吉列需要一种新的市场营销战略以保护其剃须刀和剃须刀片市场的占有率。

经过分析，吉列决定推出一款由其实验室开发并已具备上市条件的新型剃须刀——锋速3。吉列有一套不同于他人的创新手段，吉列只有在其产品真正达到技术领先标准时才将其推向市场，而大多数竞争对手仅靠改进产品来应对竞争或满足市场。吉列需要新事物去巩固它的市场地位，而它的研究实验室拥有无可匹敌的产品准备上市。

吉列公司描述出以下市场营销战略：

市场（在哪里竞争）：吉列决定同一天在全美市场推出锋速3。

策略手段（如何竞争）：吉列决定将锋速3作为一种升级的产品上市，它的价格比其替代产品——超级感应（Sensor Excel）的价格高35%还多，而超级感应比其上一代产品的价格高60%还多。

时间安排（何时参与竞争）：吉列决定在公司的首席执行官阿尔·察恩先生退休之前推出这种新产品。公司希望锋速3可以充分利用察恩先生的影响力与人脉关系。

市场营销战略的构成应具备以下三项决策条件：

在哪里竞争，也就是需要进行市场定位。例如，在一个整体市场中或在一个或多个局部市场内参与竞争。

如何竞争，也就是说需要采取一种竞争的手段。例如，为了适应消费者的需求推广一种新产品，或为现有产品重新定位。

何时竞争，也就是说需要为进入市场制定时间策略。例如，首先上市或等待市场初级需求已形成后再行动。

二、战略规划与市场营销战略规划

（一）战略规划

战略规划也称战略管理过程，是指企业为保持其目标与变化环境之间的“战略适应”而制定长期战略所采取的一系列重大步骤。一般而方，任何一个层次的战略规划，主要过程可分解为四个阶段，如图6-2所示。

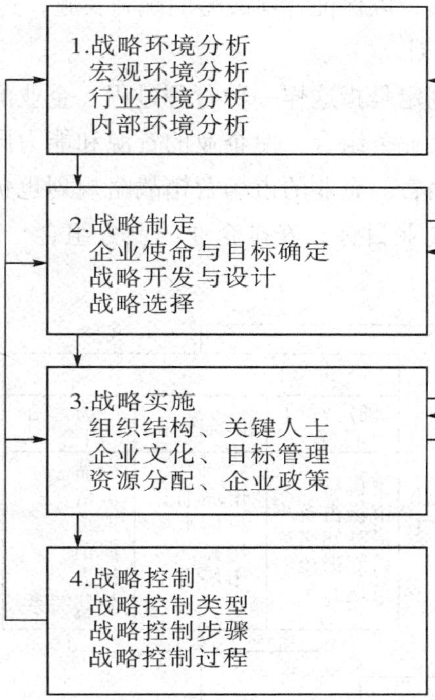

图 6-2　战略规划过程

1. 战略环境分析

企业战略环境分为外部环境与内部环境，其中外部环境又可分为宏观环境（指社会、政治、经济、技术等因素）和经营环境（指企业经营的特定行业与竞争者状况等）。

2. 战略制定

战略制定就是在对企业内部、外部环境综合分析的基础上，提出今后的中长期发展思路与方案。它包括明确企业的使命、目标与战略设想。

通常，对于一个跨行业经营的企业来说，它的战略决策应当解决以下两个基本的战略问题：一是企业的经营范围/领域，即明确企业的性质和所从事的事业，确定企业以什么样的产品或服务来满足哪一类顾客的需求；二是企业在某一特定经营领域的竞争优势，即要确定企业提供的产品或服务，要在什么基础上取得超过竞争对手的优势。

3. 战略实施

战略制定以后，随之进入战略实施阶段。企业将要采取的步骤包括调整组织结构、组织强有力的领导班子、制定有关职能战略、搞好资源分配、形成鼓舞士气的公司文化、订立有关的企业政策等。此外，对于战略实施过程当中可能遇到的各种困难，企业也必须设法加以克服。

4. 战略控制

企业对正在实施的战略进行监督调控，将战略实际执行情况与预定标准相比较，然后采取措施纠正偏离标准的误差。战略控制的目的是在问题变得严重之前就提醒企业高层管理者去加以解决，以保证各项战略的顺利实施，达到预期目标。

（二）市场营销战略规划

市场营销战略规划的制定是指这样一种管理过程：企业的最高管理层通过定出企业的基本任务、目标以及业务组合，使企业的资源和能力同不断变化着的营销环境保持适应的关系。一般而言，企业的市场营销战略规划也包括以下四个方面的内容：规定企业使命，确定企业目标，安排企业的业务组合，制定企业的增长战略。如图 6-3 所示。

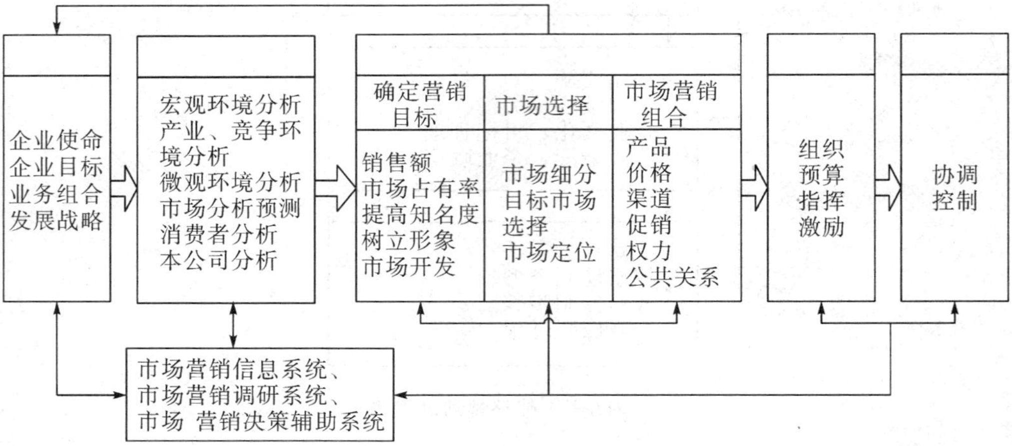

图 6-3 市场营销战略内容与步骤

市场营销战略规划的作用：

第一，营销战略是联结企业与环境的要素的，它直接关系到企业未来营销活动的成败得失，关系到企业的前途和命运。企业的战略规划是企业在市场上取胜的法宝，它实现了企业自身与其营销环境的相互适应。

第二，成功的战略规划使企业在某些方面可以引导、改善其营销环境，产生新的局面，旨在加强企业自身的应变能力和竞争能力的长期性、全局性、方向性的规划。

第三，营销战略规划的制定可以让员工清楚自己的使命和明白自己的责任。一旦经理人员和员工理解了企业正在做什么和为什么这样做，他们常常就会感受到自己是企业的一部分，并主动承担起支持企业发展的责任。

第四，成功的战略规划提供向员工授权的机会，通过鼓励员工参与决策及充分发挥其主动性、想象力来增强员工的效能感。

第五，战略规划的制定可以使企业增强销售能力、获利能力、生产能力等，避免企业陷入财务困境。

第六，营销战略规划可以让企业对外部环境的威胁有更深刻的认识，对竞争对手有更深入的了解，使员工生产效率提高、变革阻力减小以及对绩效与收入之间有更加深入的理解。

第七，战略规划常常为企业带来良好的秩序和纪律，使得整个管理系统有效率和效能。

对任何事物都应采取一分为二的观点，战略规划尽管有很多好处，但也有一些弊端。战略规划不是为企业提供迅速获得经营成功的灵丹妙药，相反它需要企业经历一个过程，且主要是提供提出问题、解决问题的基本框架。

第二节　规划企业使命与目标

我们先界定几个常用术语：使命（Mission），也被称作企业理念、信念、远景、宗旨或企业任务，是指公司存在的目的或理由，或者公司应该努力的方向，眼光放在长远机会上。策略（Policy）是指公司用于指导和规范某些活动和决策的文字建议，尤其是那些具有重要意义或经常出现的活动。目的（Objective）是一个长期的目标，不能够局限于某段时间。目标（Goal）是企业可量化的目的，由管理者确定，通过按部就班的行为在未来某一个时候可以实现。战略方向（Strategic Direction）是一个包括一切术语，如使命、目标和目的的方方面面。虽然我们知道目标和目的之间存在区别，但是为了叙述方便，我们将这两个术语放到一起同时考虑。

一、确定企业的使命

在公司确定它的使命时，不妨参考彼得·德鲁克的五个经典问题：

我们的企业是干什么的？

顾客是谁？

我们对顾客的价值是什么？

我们的业务将是什么？

我们的业务应该是什么？

例如，20世纪80年代早期，可口可乐公司将其企业使命从软饮料市场营销商转变为酿造公司，于是，公司购买了三家葡萄酒酿造企业。几年以后，公司失败地离开葡萄酒业务。虽然软饮料和葡萄酒业都属于饮料行业，但是运作软饮料业务所需的管理技能与运作葡萄酒业务所需的管理技能却相差甚远。可口可乐公司忽略了一些基本常识而自大地变更/扩大了自己的企业使命。

当然，随着时间的流逝，对于新的机会或变化的市场条件，企业使命也需要修改。亚马逊在线的使命正在从世界最大的网上书店改变成世界最大的网络商店。电子海湾（eBay）的使命正从经营在线的受托拍卖变为所有商品的拍卖。

很明显，企业的使命既不是当前业务的声明也不是当前业务的任意扩展。它明确了业务的范围和本质，并不是从今天的角度来讲的业务，而是未来可能的业务，使命在确定企业经营业务与范围的界定中起着主要作用。

公司是否有一个书面的企业使命声明并不重要，重要的是在确定使命时要考虑到相关技术和市场营销因素（与特定的细分市场和它们的需求有关）。

部分知名企业之企业使命描述

（部分企业只摘录其概述性描述）

迪斯尼：使人们过得快活。

福　特：汽车要进入家庭。

微　软：致力于提供使工作、学习、生活更加方便、丰富的个人电脑软件。

索　尼：体验发展技术造福大众的快乐。

惠　普：为人类的幸福和发展做出技术贡献。

耐　克：体验竞争、获胜和击败对手的感觉。

沃尔玛：给普通百姓提供机会，使他们能与富人一样买到同样的东西。

国际商业机器公司：无论是一小步，还是一大步，都要带动人类的进步。

万　科：建筑无限生活。

柯　达：我们建立统一、重视效益的企业文化。我们为消费者及顾客提供各种有效的方法，使他们无论何时何地都能够拍摄、保存、处理及打印图像和照片，并能将图像和照片传递给其他人和设备。我们开发合乎经济效益、与众不同的优质产品，并迅速投放市场。我们的员工来自不同的文化背景，具有一流的聪明才智和技能，并共同维护柯达公司在世界影像业的领导地位。

家乐福：家乐福所有的努力的最大目标是顾客的满意。零售行业是通过选择商品，提供最佳品质及最低价格，以满足顾客多变的需求。

二、编写企业的使命说明书

一份有效的使命说明书向公司的每个成员明确地阐明有关目标、方向和机会等方面的意义。公司的使命说明书充当着一只“无形的手”，引导着广大而又分散的职工各自地，但却一致地为实现公司目标而工作。

好的企业使命说明书应该具备三个明显的特点：

（1）明确公司要参与的主要竞争范围，包括行业范围、产品应用范围、能力范围、市场细分范围、纵向合作范围（企业自己生产自己需要产品的供应程度）以及地理范围。

（2）强调企业所需要遵守的主要政策和价值观，即涉及企业的核心价值观与企业经营指导方针，包括指导员工怎样处理顾客、供应商、分销商、竞争者和其他具体问题以及将个人自主的范围加以限定，以使员工在重大问题上行动一致。

（3）具有激励性与可操作性。

界定企业使命的参考因素

(1) 历史和文化。界定企业使命，必须注意自己的历史和文化的延续问题。

(2) 所有者、管理者的意图和想法。企业的上级主管单位或董事会，对企业的发展和未来会有一定的考虑和打算；企业的高层管理人员，也会有自己的见解和追求。这些都会影响企业对目的、性质和特征的界定。

(3) 市场、环境的发展/变化。市场、环境不是一成不变的，其变动会给企业的发展提供机会或带来威胁。考虑企业使命，自然是为了顺应时代和潮流。

(4) 资源条件。不同的企业，资源条件必然不一样。资源条件的约束，决定了一个企业能够进入哪些领域，不能开展哪些业务。

(5) 核心能力和优势。每个企业都能从事很多业务，但是只有它最擅长、肯定优于竞争者的特长，才能成为它的优势所在。界定企业使命必须结合企业的核心能力，使之能够扬长避短，倾注全力发展优势，才有可能干得出色。

三、确定企业市场营销战略目标

企业必须有一个指导其行动的目标。虽然目标本身并不能保证某个企业取得成功，但它的存在确定无疑地使管理活动效率更高，管理成本更低。

野心勃勃的战略目标会导致企业资源的浪费，打击员工的干劲，导致企业失去以往的利润，并对企业未来发展带来危险；畏畏缩缩的战略目标会让企业坐失机会，迷失方向，为妥协与落败打开大门。

市场营销战略目的与目标的制定可以根据企业活动（产品/市场组合目标，即企业在哪些特定市场中销售哪些特定产品）、财务指数（投资回报、利润率等）、预期达到的位置（市场份额、质量状况等）这些因素进行组合表达。

对于一个业务经营单位，我们通常将其目的与目标分解为三个级别：衡量、增长/生存、限定性。某业务单位市场营销战略目标如表 6-1 所示。

表 6-1　某业务单位市场营销战略目标说明

1. 战略性业务单位：
   烹饪炊具
2. 企业使命：
   向不同的家庭销售带有“烘/烤/煮/烧”功能的炊具，使用电燃料技术
3. 目标：
   A. 衡量性指标
      收益率
      现金流
   B. 增长/生存性指标
      市场地位
      生产效率
      创新

表6-1(续)

C. 限定性指标
在某些技术的研发方面进行投资
避免具有季节性的业务
避免反托拉斯问题
承担起公众责任
4. 目的
特殊目标和实现上述所有目标的时间约束

在企业级别上，目标受到企业员工、高层管理者价值系统、企业资源、业务单位的表现和外部环境的影响；业务经营单位目标以客户、市场竞争和企业战略为基础；产品/市场目标由产品/市场优势和劣势（在当前的战略、历史业绩、市场营销效力和市场营销环境的基础上确定优势和劣势）和动力（动力是指未来的发展趋势）所决定。

企业一旦设定了一个目标，可以使用下面的标准验证其正确性：

（1）一般来讲，它是行动指南吗？它能帮助管理者选择最吸引人的行为过程从而方便决策吗？

（2）它是否足够明确清晰地表达肯定/否定企业某类明示/暗示的行为吗？例如，“获得利润”就并不是一个明确清晰地肯定企业的行为，但是“在电器产品中开展有利可图的业务”就能清楚地肯定企业的行为。

（3）它是衡量和控制业绩的工具吗？

（4）它是否具有足够的雄心与毅力去实现这个挑战性目标？

（5）它认识到外部和内部的约束了吗？

（6）它可以在企业的较高和较低层面上将更广泛的目标与特定目标结合起来吗？例如，经营战略目标可否与公司战略目标联系起来？反过来，它们也可以与其产品/市场目标（职能战略目标）联系起来吗？

以上的六点其实与我们常说的目标应该具备“层次化、数量化、可行性、协调一致性、明确性以及激励性”是一致的含义与要求。

第三节　规划企业发展战略

我们接下来从市场营销的观点来探讨如何规划公司战略（经营范围以及资源的分配），即从市场营销的观点来规划企业通过经营哪些业务来发展自己。

一、密集型增长战略

密集型增长战略的基本特征是发掘产品或市场的潜能，增加现有产品/服务的销售额和利润额，使企业获得快于当前的增长速度。

在进行密集型增长战略设计过程中，美国战略管理学者安索夫（Ansoff）提供了“产品—市场扩展矩阵（Product-market Expansion Grid）”作为分析框架，如图6-4所示。

	现有产品	新产品
现有市场	市场渗透战略	产品开发战略
新市场	市场开发战略	多样化战略

图 6-4　三种密集型增长战略

（安索夫“产品—市场”扩展矩阵）

公司采用密集型增长战略的原因一般有：

（1）竞争对手的销售量占优势，存在着竞争缺口，需要通过市场渗透战略以填补竞争缺口。

（2）销售系统不健全，存在销售缺口，需要通过市场开发战略以填补销售缺口。

（3）产品品种不合理，存在产品缺口，需要通过产品开发战略以填补产品缺口。

按照安索夫的思考逻辑，面临如何壮大、发展自己的问题时，公司应该首先考虑，在现有市场上，对于现有的产品能否得到更多的市场份额（市场渗透战略）；然后，公司应该考虑是否能为现有产品寻找到新的市场（市场开发战略）；下一步，公司应该考虑能否在其现有的市场上开发并推广出若干有潜在利益的新产品（产品开发战略）；最后，公司还可以考虑走多样化发展（注意：安索夫在其矩阵中所谈的多样化与我们后面所谈的多样化有所区别）的道路。

星巴克的密集型增长道路

20世纪70年代，星巴克在西雅图创业，在其店内向当地咖啡爱好者推销新鲜咖啡豆。

2000年，新任的星巴克首席执行官霍华德·舒尔兹开始决定为顾客直接提供美味咖啡，这就形成了星巴克的市场渗透战略。

公司将西雅图运行成功的模式应用到太平洋西北部的其他城市，然后穿越北美洲，最后进入全球，这就是星巴克的市场开发战略。

再后来，星巴克通过向店内的顾客提供其他新品，包括光盘（CD）和时尚杂志，实施产品开发战略来增加顾客的数量。

（一）市场渗透战略

市场渗透战略是企业将现有产品和现有市场两个因素进行组合而产生的战略。企业在现有市场上如何扩大现有产品的销售量，主要取决于两个因素，即产品使用者的数量和产品使用频率。所以，市场渗透战略的具体思路主要就是从这两个方面入手：

（1）扩大产品使用者数量：把不使用本公司产品者转变为使用人，努力发掘潜在的客户，把竞争对手的顾客吸引过来。

（2）扩大产品的使用频率：增加产品使用次数，增加每次使用量，增加产品的新用途。

（3）改进产品特性：改进产品特性能留住老用户、吸引新用户以及增加用户每次的使用量。

总之，市场渗透战略希望通过对现有产品进行较小的改进，从现有市场上赢得更多的顾客。这种战略风险最小，如果市场处于成长期，在短期内此战略可能会使企业利润有所增长。

但因以下四个原因，它也许是风险最大的一种发展战略：第一，除非企业在市场上处于绝对优势地位，否则必然会出现许多强有力的竞争对手；第二，企业管理者宁愿把精力放在现有事务处理上而可能错过了更好的投资机会；第三，顾客兴趣的改变容易导致企业现有目标市场的衰竭；第四，一项大的技术突破可能会使产品的价值全部丧失。

（二）市场开发战略

市场开发战略是通过将现有产品和相关市场两个因素进行组合而产生的战略，它通过发展现有产品的新顾客（顾客市场）或新的地域市场（地理市场），扩大产品销售量，从而延长了产品生命周期。具体而言，实行这种战略有三种方式：

（1）地理范围市场的开发：把本企业的现有产品打入其他相关的市场。

（2）在新的用户市场寻找潜在的用户：例如，对讲机过去较多针对安保行业用户，而现在逐渐向用户外运动爱好者进行推广。

（3）增加新的销售渠道：例如，某凉茶饮料以前主要通过火锅店进行推广销售，后来进入普通超市，再后来转战歌厅（KTV）等销售渠道。

市场开发战略比市场渗透战略风险性大。这种战略迫使管理人员放开眼界，拓宽视野，重新确定营销组合。但此战略仍是一个短期战略，它仍然不能降低因客户减少或技术上落后而导致的风险性。

（三）产品开发战略

产品开发战略是指企业通过改进老产品或开发新产品去增加产品在既有市场上的销售量，扩大市场占有率。

这种战略要求企业根据市场需要，不断改进产品的规格、式样，使产品具有新的功能和新的用途；同时又要增加产品的花色品种，不断推出新产品，以满足不同顾客的需要。

二、一体化成长战略

一体化成长战略是指企业充分利用自己在产品、技术、市场上的优势，根据物资流动的方向，使企业不断地向深度与广度发展的一种战略。一体化战略有利于深化专业分工协作，提高资源的利用深度和综合利用效率。一体化三种基本形式如图6-5所示。

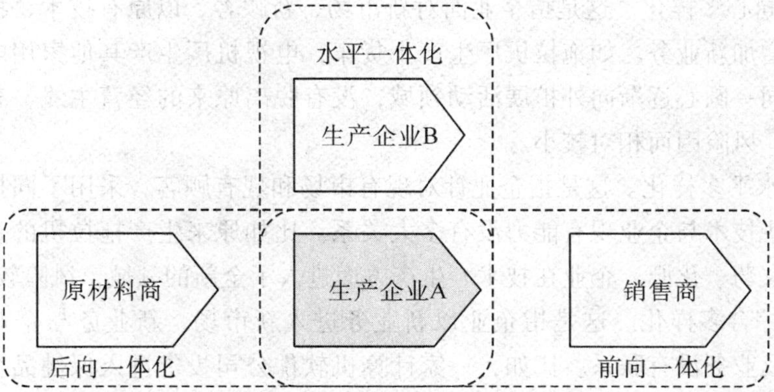

图6-5　一体化三种基本形式示意图

（一）前向一体化

企业通过新建或兼并收购下游产业的企业，使企业自己的业务活动更加接近消费者，保证原有产品的市场。例如，成衣厂兼并服装厂，洗车制造公司开设销售分公司和维修部，快速消费品生产商开设便利店等。

（二）后向一体化

企业通过新建或兼并收购上游产业的企业，使企业自己的业务活动更加接近原材料供应商，使过去的原材料供应商变为自己的原料生产供给部门，保证原材料的供应。例如，某液态奶生产商为保证奶源的稳定性与安全性，兼并或新建奶牛养殖企业。

（三）水平一体化

水平一体化也称作“横向一体化”，是指处于相同行业、生产同类产品或工艺相近的企业实现联合（收购、合并），扩大生产规模，取得规模经济，巩固市场地位。

企业采用一体化战略需要承担一定的风险。横向一体化的风险来自于企业对同一产业的过分投入，一旦市场消失，一个庞大的企业肯定比一个小型企业更难改变经营方向。纵向一体化的风险：①需要大量的资本投入，给企业财务资源管理带来很大的压力；②使企业进入了新的不熟悉行业，增加了企业管理的难度；③容易产生各个经营阶段生产能力的平衡困难，特别是当企业是通过兼并方式实现一体化时，新老业务能力如果不平衡，会带来产能的浪费，甚至会完全抵消一体化可能带来的收益增加部分。因此，采取一体化战略要求企业提高管理能力，以承担更大更多的责任和风险。

三、多样化成长战略

如果在原来的经营框架内已经无法发展，或在原经营框架之外有更好的机会，企业也可以考虑多样化成长。

（1）同心多样化。这是指企业面对新市场、新顾客，以原有技术、特长和经验为基础，增加新业务。如拖拉机厂生产小货车，电视机厂生产其他家用电器。由于企业是从同一圆心逐渐向外扩展活动领域，没有脱离原来的经营主线，有利于发挥已有优势，风险因而相对较小。

（2）水平多样化。这是指企业针对现有市场和现有顾客，采用不同技术增加新业务。这些技术与企业现有能力没有多大关系。比如原来生产拖拉机的企业，现在准备生产农药、化肥。企业在技术、生产方面进入了全新的领域，风险较大。

（3）综合多样化。这是指企业以新业务进入新市场，新业务与企业现有的技术、市场及业务没有联系。比如，一家计算机软件公司投资进入保健品行业，并且还从事房地产等业务。这种做法风险最大。

多样化成长并不是说企业要利用一切可乘之机大力发展新业务，相反，企业在规划新的发展方向时必须十分慎重，须结合已有的特长和优势加以考虑。

第四节　规划企业投资组合计划

大多数企业不仅经营一种产品或提供一种服务，不同的产品或服务增长状况、所需资源的类型与数量以及经营效益各不相同。因此，企业高层决策者必须对现有的各种产品和服务的经营状况加以分析、评价，确定哪些产品应增加投资、哪些产品应维持投资、哪些产品应减少投资、哪些产品应淘汰。企业根据分析结果，制订产品投资组合计划，以便把有限的资源用到发展效益最高、前途最好的产品/服务中去。

一、战略业务单位的划分

企业的高层管理者在决定企业资源的分配以及业务发展过程中，首先需要确认“如何区别出公司的业务单位，各个业务单位又经营着什么业务”。因为区别界定不同的业务单位是进行企业资源分配的前提。

所谓一项业务，通常是指能够相对独立地为顾客提供某种价值的最小经营单元。

一项业务通常可以从三个方面来界定：顾客群、顾客需求以及满足手段（技术）。通过对这三个问题的回答，我们就可理解一个业务的实质内涵：谁是我们的顾客？他们需要什么？我们该如何满足他们的需要？

例如，一个小公司专为电视摄影棚设计白炽照明系统。它的顾客群就是电视演播室；顾客需要就是照明；满足顾客需求的手段就是白炽照明。公司也可以扩大它的业务领域。例如，它可以决定为其他顾客群生产照明灯，如为家庭、工厂或办公室；或者它可以提供电视摄影棚所需要的其他服务，如通风、暖气等；再或者它也可以为电视摄影棚提供其他照明技术，如荧光照明等。

所以，我们对业务的定义应该从市场的角度而不是从产品的角度来定义，一项业务必须被看作一个顾客满足过程，而不是一个产品生产过程。

大公司通常经营着不同的业务范围，每项业务都要有自己的战略。在 20 世纪 20 年代，美国通用汽车公司（GM）的总裁斯隆提出了“战略业务单位（Strategic Business Unit，SBU）”这个概念。所谓的战略业务单位是指在公司中若干事业部或事业部的某些部分组成的战略组织，以企业所服务的独立的产品、行业或市场作为划分的基础（而不是以产品生产过程不同作为划分基础）。战略业务单位必须在公司的总体目标和战略约束下，执行自己的战略管理过程。

如何标识战略业务单位是一个存在争议的问题。假设一个大型的、多元化公司内的制造汽车收音机部门存在这样的可能性：①汽车收音机部门可能代表着一个切实可行的战略性业务单位；②有选择性的、带有自动调节装置的豪华型汽车收音机部门也有可能组成一个战略性业务单位，因为这个部门完全不同于标准型号收音机部门组成的战略性业务单位；③在公司的其他领域，如电视机部门，可能联合所有或部分汽车收音机部门，建立一个战略性业务单位。

所以在标识战略业务单位时会出现两种情况：过宽的定义与过窄的定义。结合菲利普·科特勒与萨布哈什·C. 杰恩的观点，一个战略业务单位的结构与行动必须是独立自主的，并应具有以下三个特征：

（1）它是一项独立业务或相关业务的集合体，但在计划工作时能与公司其他业务分开而单独作业。

（2）它有自己的竞争者，这个竞争者是可明确定义并区别出来的。

（3）它有一位经理，负责战略计划、利润业绩，并且他控制了影响利润的大多数因素。

多年来，宝洁公司诸多品牌相互抗衡、竞争。佳美（Camay）香皂品牌经理与象牙（Ivory）香皂品牌经理之间竞争的激烈程度如同二者各为其主，基于这种观念的品牌管理系统长久以来几乎被所有消费品生产企业所采用。然而 1987 年秋，宝洁根据“战略性业务单位”概念进行了重组，根据战略性业务单位设计方案，宝洁公司在美国市场的 39 类产品的每一类产品，均由一名产品类别经理全权负责，广告、销售、生产、市场研究、工艺技术全部归属产品类别经理。这一设想的目的在于着眼于产品类别，对产品进行合理组合来制定市场营销战略，而不是提出产品竞争战略，各产品瓜分资源。

二、规划战略业务单位投资组合

企业必须对各个战略业务单位及其业务状况进行评估和分类，确认它们的前景和发展潜力，从而决定向哪些业务单位进行何种程度的投资。在规划业务单位的投资组合方面，主要有两种模式被广为应用。

（一）波士顿咨询公司（Boston Consulting Group，BCG）矩阵

1. 波士顿矩阵分析基本原理

波士顿咨询公司是一家领先的管理咨询公司，设计出了“市场增长率—市场占有份额”矩阵（Growth-share Matrix），这种方法通过两个指标（市场增长率、相对市场占有份额）把公司所有业务分门别类地划分。

（1）市场增长率，指企业一定时间销售业绩增长的百分比，一般认为大于10%是高的。市场增长率越高，则表示市场前景看好，企业在未来获取市场份额的机会就越大，获取利润的机会也越大；当然，由于市场前景看好，竞争也会越激烈。基于上述两方面的原因，企业对该项业务的现金投入也越大。

（2）相对市场占有率，表示该业务单位的市场份额与最大竞争者的市场份额之比。如果公司的该项战略业务单位的市场份额与竞争者的市场份额旗鼓相当，比值就为“1”；如果比值为“0.1”，则说明公司战略业务单位的销售额仅占最大竞争者销售额的10%；而比值为“10”，则认为该公司的战略业务单位是该市场的领先者，且是市场第二位的10倍。相对竞争地位越强，表示企业该项业务的市场地位很牢固，代表企业获利能力越强，该项业务能够为企业产生的现金流就越多。

波士顿矩阵的分析前提是认为企业的相对竞争地位（用相对市场占有率表示）和业务增长率（用市场增长率来表示）决定了企业众多业务中某一项特定的业务应当采取何种战略。

2. 波士顿矩阵分析应用

现在我们假设某个公司有8项战略业务单位，分别计算出各项战略业务单位的“相对市场份额”以及“市场增长率”两个数值，然后再将各项业务放置在由“相对市场份额”构成的横坐标以及由“市场增长率”构成的纵坐标的图中，也就是说，每项业务的位置表明了它的市场增长率与相对市场份额的状况。圆圈大小与各项业务的大小成比例。

将矩阵分为四个象限的几条线是任意的，但基于一般的商业实践与经验，通常我们将年增长率10%作为高市场增长率的界限，“1”作为划定相对竞争地位高低的界限，如图6-6所示。

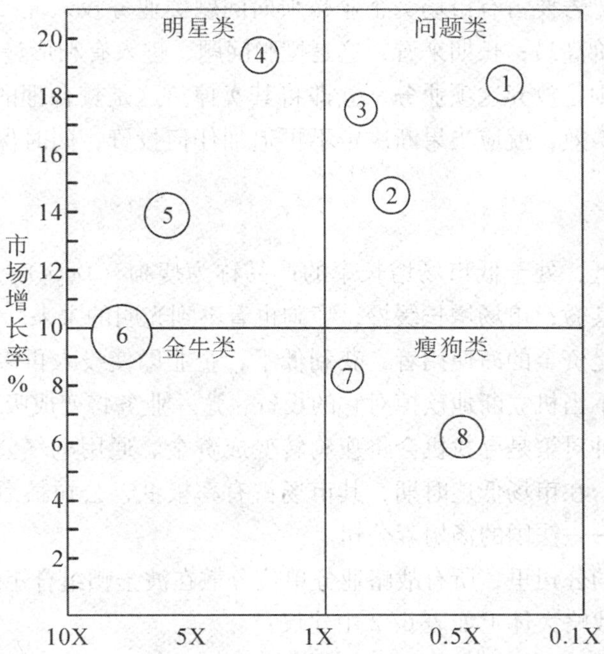

图 6-6　波士顿矩阵的应用

（1）明星类

在高增长率的市场中的领先者被称为明星（Stars）。对于某种明星来说，只有将来甚至是很远的将来才可能产生现金流。我们为了能得到来自明星业务未来的利润，必须对明星业务进行现金的投入，以确保其在快速增长的市场中依然占有稳固的地位并不断发展。

假设一种明星被用来在短期内收获大量资金，或是因为缩减投资、价格上涨使得这一产品的市场份额拱手相让给别人，那么明星最终将变成瘦狗。

（2）金牛类

金牛（Cash Cows）的特点是市场的低增长率和高市场份额。由于市场的低增长率减少了竞争者加入的机会，可稳坐钓鱼台；高市场份额可让该项业务大把敛财。这类业务产生了大量资金剩余，公司可以用来支付股息红利、利息，提高筹资能力，补充研发基金，支付企业一般管理费用，并投资于其他业务。金牛类业务是一切经营的立本之源，企业必须妥善保护；为公司生存与发展着想，企业必须要有金牛类业务。

（3）问题类

占有一定的市场份额，且处于成长期的业务称为问题（Question Marks）。这类业务需要的资金多于它们所能产出的资金。

究竟如何可以使问题类业务更具有生存力？一种办法就是提高其市场份额。因为只有使其处于支配地位，它才能转变成明星，从而等日后市场逐渐成熟，市场增长率放慢后能够形成现金牛。否则，由于缺乏大量资金的投入，问题类业务会萎缩成为瘦狗类业务。若要占有市场，企业必须向问题类业务投入充裕的资金。在短期内，这一战略代价高昂；长期来看，这是摆脱问题、进入有利形势的唯一途径。

另一种战略则是放弃这项业务，立即将其卖掉。这是较合理的一种选择。但如果这一战略不能奏效，就应当果断决定不再追加任何投资，同时保证现有业务尽可能地获取利润。

（4）瘦狗类

市场占有率低，处于低市场增长率的产品称为瘦狗（Dogs）。它们微弱的竞争地位使它们获利甚微；市场增长缓慢，瘦狗也看不到光明的未来。

通常，它们是资金的净使用者，获利低下，企业即使投入再多的资金也无济于事。因此，如果不当机立断地砍掉对它的投资，这一业务将变成吸取资金的无底洞。对之采取的另一种对策是寻找机会将瘦狗转变成资金。通用电气公司的家用电器就曾是瘦狗类业务，在市场低迷时期，其市场占有率极低，公司最后决定将此负担甩卖给其他电器商——法国的汤姆森公司。

在一个典型的公司里，所有战略业务单位分散在波士顿组合矩阵的四个象限里。每一阶段适用的战略大体上如表 6-2 中建议：

表 6-2　　波士顿战略象限中各业务特点和战略应用

象限	投资特点	收入特点	现金流特点	战略应用
明星	对生产能力扩张的连续开支 投入大量现金	由低到高	负现金流 （净资金使用者）	不断提高市场份额，如有必要可牺牲短期收入为代价
金牛	保持生产能力的开支 保持市场地位的开支	高	正现金流 （净资金贡献者）	维持市场份额和领先地位，直到投资达到边际效应
问题	对初始生产力的大量投入 高昂的研发成本	由负到低	负现金流 （净资金使用者）	评估占领细分市场的概率，如果可行继续追加，以获得更高的市场份额；如果不可行重新对业务定义或退出
瘦狗	生产能力逐渐枯竭 减少直到停止投资 负投资（卖掉）	由高到低	负现金流 或 正现金流	有计划、有步骤地退出，最大限度地获取现金流

3. 波士顿矩阵战略规划

公司的首要目标是确保现金牛的地位，同时警惕对金牛过度投资的倾向。从金牛中产出的资金应首先运用在明星产品上。剩余的资金要用来扶植经过精挑细选的问题类业务，使它们能达到市场支配地位。一切没有投资价值的问题类业务都应坚决舍弃。至于瘦狗类，我们通过敏锐地细分市场，将业务专业化、理性化，使产品在狭小的市场范围保持领先，这样做就可能维持其现有地位。如果上述做法实际效果不大，公司就应在时机成熟时，砍掉该业务的所有投资，及时清算将瘦狗处理掉。具体如图 6-7 所示。

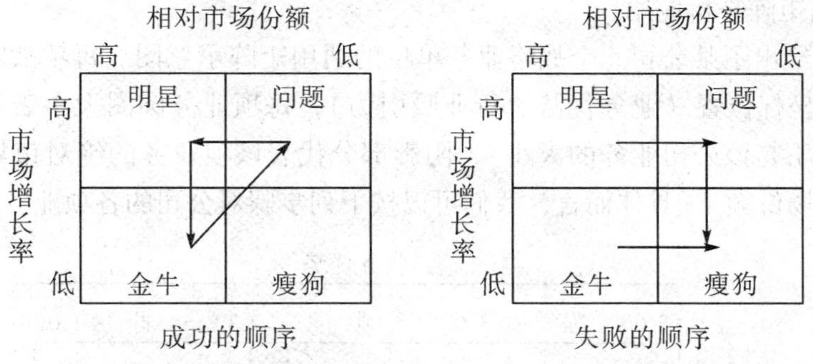

图 6-7　波士顿矩阵业务战略规划应用——投资顺序

图 6-7 显示了在四个象限里采取正确或错误战略举动所产生的结果。如果问题得到足够的支持，它就可能变为明星，并最终成为现金牛（成功的顺序）。如果不能适当投资于明星，明星就可能变为问题，最终沦落成瘦狗（失败的顺序）。

波士顿矩阵有其一定的局限性。它的应用的假设前提是：①行业吸引力由市场增长率来表示，企业实力由相对市场占有率来表示；②企业销售量大小和盈利的多少是正相关的；③公司在各项业务间的资金回收和资金投入是平衡的。

这些假设前提大体上是合理的，但并不是无懈可击的。①反映一个行业吸引力和企业实力的指标应该是多元的，而仅仅用两个指标数据来表示显然是不全面的；②企业的销售量增长和盈利能力不一定正相关；③按照该矩阵的意见，瘦狗类产品不是被清算就是被放弃，但有的专家认为位于低利润区域的经营业务可获得有价值的经验，并为降低明星或金牛业务的成本是有帮助的；另外，如果管理得当，某些瘦狗类业务也能成为现金收入的重要来源（如针对小众市场推出的特例产品可通过制定高价达到抵销成本，获取利润的结果），只有那些已经失效的瘦狗，才应作为放弃或清算的对象。

（二）通用电气公司（General Electric，GE）矩阵

波士顿矩阵存在着一些不足，没有涉及在相异业务之间如何投资，这就会给公司管理者带来错误判断或者使他们陷入迷茫。有鉴于此，通用电气公司首创了多因素组合矩阵，因而也被称作为通用矩阵。

1. 通用矩阵分析基本原理

通用电气公司矩阵虽然也是使用两个指标，即“行业吸引力”与“业务优势”，但每个指标却包含着对多种因素的综合分析。正是这种多因素的特点将通用矩阵与上面讨论的双因素组合矩阵方法区分开来。

这种通过综合分析多种因素并构成“行业吸引力”“业务优势”两项指标的组合思考方式对评定一项业务具有极佳的营销意义。一方面，公司如果进入富有吸引力的市场，并拥有在这些市场中获胜所需要的各种条件，它就可能成功。如若缺少其中一个条件，就很难得到显著的效果。另一方面，一个实力雄厚的公司不可能在一个夕阳市场中大展宏图，同样，一个孱弱的公司也不可能在一个朝阳市场中大有作为。

2. 通用矩阵分析应用

图 6-8 给出了某公司 5 个战略业务单位的通用矩阵示意图。每项战略业务单位对应不同的坐标位置（业务优势、行业吸引力），每项业务圆圈大小表示着总体市场规模（而不是该公司业务的大小），阴影部分代表该项业务的绝对市场份额（而不是相对市场份额）。具体而言，我们可以按下列步骤对公司的各项业务进行分析：

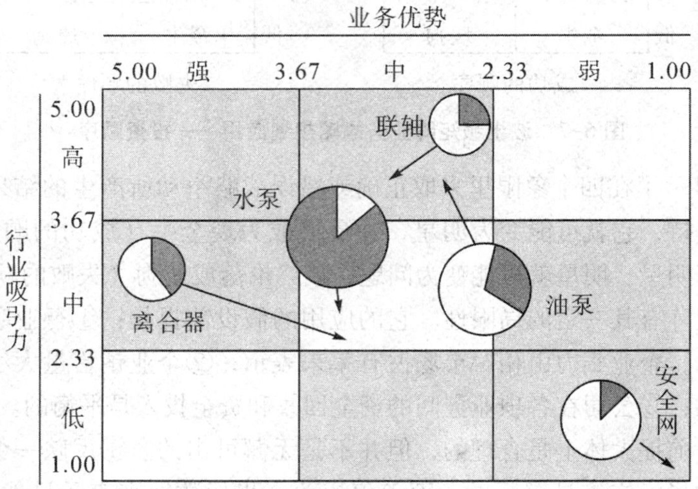

图 6-8 通用矩阵的应用

（1）区分不同的战略单元业务

（2）衡量“行业吸引力”与“业务优势”两个指标

营销战略管理者必须识别构成每个指标的各种因素，寻找测量这些因素的方法，并把这些因素合成为每个指标的数值。例如，对水泵业务“行业吸引力”与“业务优势”的分析如表 6-3 所示。

表 6-3 对水泵业务“行业吸引力”与“业务优势”的分析

指标	多种因素	权数	评分（1~5）	值
行业吸引力	总体市场大小	0.20	4	0.80
	年市场增长率	0.20	5	1.00
	历史毛利率	0.15	4	0.60
	竞争密集程度	0.15	2	0.30
	技术要求	0.15	4	0.60
	通货膨胀	0.05	3	0.15
	能源要求	0.05	2	0.10
	环境影响	0.05	3	0.15
	社会/政治/法律	必须是可接受的		
	合计	1.00		3.70

表6-3(续)

指标	多种因素	权数	评分（1~5）	值
业务优势	市场份额	0.10	4	0.40
	份额增长	0.15	2	0.30
	产品质量	0.10	4	0.40
	品牌知名度	0.10	5	0.50
	分销网	0.05	4	0.20
	促销效率	0，05	3	0.15
	生产能力	0.05	3	0.15
	生产效率	0.05	2	0.10
	单位成本	0.15	3	0.45
	物资供应	0.05	5	0.25
	开发研究绩效	0.10	3	0.30
	管理人员	0.05	4	0.20
	合计	1.00		3.40

表6-3中，我们列举了构成这两个指标的各种因素，并对各因素进行测量（设定各个因素的权重，测定打分，计算该因素的得分），然后计算出该项业务在“行业吸引力”与“业务优势”两项指标上的总得分。

评分的过程是营销战略管理者根据表6-3中的资料，从“1”（毫无吸引力）到“5”（最有吸引力）来逐项评估每一个因素。显然，在评分的过程中，对营销管理者个人经验与能力的要求就相当高，要求营销管理者做到合理与正确，尽量减少个人的偏见和资料信息的不完善。在表6-3中，我们得到“水泵业务”的“行业吸引力”与“业务优势”指标的总得分分别为3.70与3.40。这两个得分就构成该项业务在通用矩阵中的坐标位置。

需要注意的是，我们其实已经将波士顿矩阵的两个因素（市场增长率、市场份额）列入通用矩阵两个指标之中，也再次说明通用矩阵比波士顿矩阵考虑得更加全面。

另外，各项业务的评分测定系统也许并不相同，我们将各项业务按上面的逻辑进行分析、测量、计算，就得出每项业务在通用矩阵中的位置（坐标值）。

（3）通用矩阵中圆圈与阴影的应用

得到每项业务对应的坐标值，以此坐标值为圆心，圆的大小与该项业务的总体市场规模大小成一定比例。圆圈越大，代表这项业务的总体市场规模越大。例如，图6-8中，全国范围内（如果分析点是针对国内市场的话）的水泵业务的总体市场规模为离合器的2倍，是联轴市场规模的4倍。

阴影大小表示公司的该项业务占总体市场的大小，即我们所称的绝对市场份额。图6-8中，该公司的离合器业务就占全国（如果分析点是针对国内市场）离合器市场的 35%。

（4）关于箭线的应用

营销管理者还应根据现行的战略预测每个战略业务单位在今后 3~5 年的预期位置。这包括分析每个产品所处的产品生命周期，以及预期的竞争者战略、新技术、经济事件等。这种预测的结果由图 6-8 中箭线的长度与方向标出。例如，水泵业务预计其市场吸引力将缓慢下降，离合器业务在公司业务能力的地位将急剧下降。

3. 战略规划

实际上，通用矩阵分为九个格子，这些格子分列三个区，如图 6-9 所示。

行业吸引力 \ 业务优势	强	中	弱
高	保持优势 • 以最快可行的速度投资发展 • 集中努力保持力量	投资建立 • 向市场领先者挑战 • 有选择加强力量 • 加强薄弱地区	有选择发展 • 集中有限力量 • 努力克服缺点 • 无明显增长就放弃
中	选择发展 • 在最有吸引力处重点投资 • 加强竞争力 • 提高生产力和获利能力	选择保持现有收入 • 保护现有计划 • 在获利能力强、风险相对低的部门集中投资	有限发展或缩减 • 寻找风险小的发展办法，否则尽量减少投资，合理经营
低	固守和调整 • 设法保持现有收入 • 集中力量于有吸引力的部门 • 保存防御力量	设法保持现有收入 • 在大部分获利部门保持优势 • 给产品线升级 • 尽量降低投资	放弃 • 在赚钱机会趋于丧尽时售出 • 降低固定成本同时避免投资

图 6-9 通用矩阵之战略指导

（1）左上角的三个格子表示最强的战略业务单位，企业应该采取投资/扩展战略。

（2）在左下角到右上角对角线上的三个格子表示战略业务单位的总吸引力处于中等状态，企业应该采取选择或盈利战略。

（3）右下角的三个格子表示战略业务单位的吸引力很低，企业应该采取收获或放弃战略。

例如，安全网业务就是一个在规模较大、但吸引力不强的市场中占有极小份额的战略业务单位，同时，在这项业务在公司也无多大的优势，它就是适用收获或放弃战略的候选业务。

三、规划业务单位战略

企业通过常用的波士顿矩阵以及通用矩阵解决了发展哪些业务以及怎样发展的问题，接下来的工作就是规划具体战略去落实相关业务的发展任务。

态势分析法（SWOT）主要关注企业的内部禀赋运作、外部环境的构成与特点，并强调企业的内外匹配与契合。企业内部分析重点考察企业的优势（Strength）与劣势（Weakness）。企业外部分析主要考察机会（Opportunity）与威胁（Threat）。态势分析法分析框架即得名于上述四个英文单词：取每个词的第一个字母，依次组合而成，如图 6-10 所示。

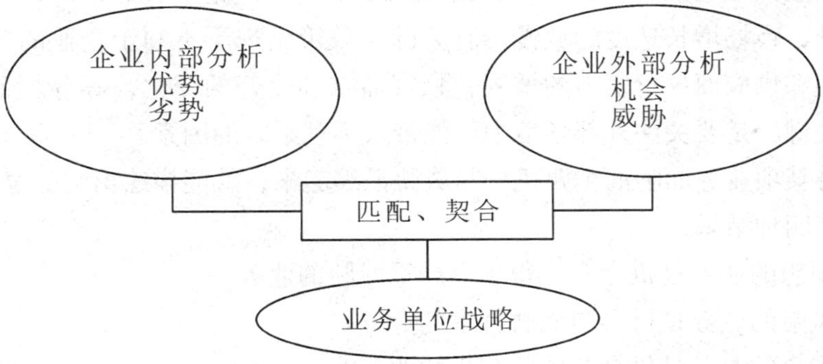

图 6-10　态势分析法分析框架：企业内外匹配与契合

通常，我们可以利用 SWOT 模型来规划业务单位的战略，因为对于态势分析法而言，它既是一种基本理论框架，也是一种独特的思维与分析方法，还是一种战略规划基本指南。

（一）态势分析法是战略思维与实践的基本理论框架

态势分析法对于战略管理实践与行动的指导意义是非常直观的。它强调的所谓内外匹配与契合，实质上是主张扬长避短、善用时机。这就要求企业应该积极努力地去寻求、发现和创造机会；规避、化解或消除来自外部环境的威胁，比如竞争的威胁；发挥、挖掘和利用自己的长项与优势；避免、改善和扭转自己的弱势，从而最大限度地张扬自己的优势特色，有效地利用外部环境中的机会。

（二）态势分析法是一种分析框架

1. 外部环境分析：机会与威胁分析

机会是影响企业战略的一个重要因素。机会的形式有两种：行业机会和企业机会。行业环境向所有企业提供发展机会，这种机会对每个企业都是平等的。但是，由于每一企业的优势和劣势各不相同，捕捉这种机会的能力也不同，对于具备捕捉机会能力的企业来说，行业机会就成为现实的企业机会。

市场机会的产生具有极大的不确定性，它主要来自于外部环境的突发性变化，比如技术的主要变化、新材料的可利用性、顾客的新类型、现有产品的新用途、法律法规的变化、市场的发展、新的分销渠道、新的组织模式的出现、良好的地理环境、高级人才的获得，等等。

企业对于机会的辨识应该从“吸引力”和“成功性”两个方面来考虑。

（1）机会中利益能清晰地表达给特定的目标市场吗？

（2）它能够通过成本有限的载体和交易渠道来到达目标市场吗？

（3）公司拥有或是否能得到传递顾客利益所需的主要能力或资源？

（4）公司能比现在或潜在的竞争者更好地传递利益吗？

（5）投资回报率是否达到或超过公司一开始对投资的期望？

威胁是指环境中对企业不利的因素。它是影响企业当前地位或其未来地位的主要障碍。企业面临的威胁来自各个方面，其中主要有：竞争者的进入，替代产品的销售额上升，市场增长速度的放慢，有关国家政策出现了不利于企业的变化，经济波动，顾客和供应商议价实力的增强，顾客需求和爱好的变化，等等。企业试图减少威胁的关键，是要关注外部环境中可能带来不利影响的因素。

企业将某项业务面临的主要机会与威胁汇编起来，就能描绘出它的全部吸引力。这样可能有四种结果：

（1）理想的业务是机会多、很少有严重威胁的业务。

（2）风险的业务是机会与威胁都多的业务。

（3）成熟的业务是机会与威胁都少的业务。

（4）麻烦的业务是机会少、威胁多的业务。

认清企业所面临的机会和威胁十分重要，因为这不仅涉及企业地位的变化，而且影响到战略的制定。企业在设计战略方案时，即要充分利用自己面临的一切机会，使其与自身能力相适应。

2. 内部环境分析：优势与劣势分析

优势指能使企业进行有效竞争和良好经营的某些因素或特征。它通常表现为企业的一种相对优势。表示企业实力较强的标志大致有：拥有某些重要的核心竞争力，拥有较为稳定或领先的市场占有率，实施了较为有效的战略，顾客的数量及其信任感的增长，拥有一个相对满意的战略组合，增长较快的细分市场趋向集中，拥有某些竞争力较强的产品，拥有成本优势，取得高于行业平均水平的盈利，拥有高于行业平均水平的技术与创新能力，实行富于创新和及时应变的管理，能及时捕捉市场的各种机会，拥有良好的经营技巧，完善的服务系统，专利技术，较好的广告宣传，产品创新能力，完善的经营管理，有效的经验曲线，较好的生产能力，等等。

各种优势对企业经营的影响是有所不同的，其中某些较为重要，它们对企业竞争成功起着关键的作用，即称之为关键的成功因素。

劣势就是给企业经营带来不利的因素或特征。这些因素或特征的存在和发展，可能会使企业在市场竞争中处于劣势地位。一个企业潜在的劣势主要表现在：缺乏明确的战略导向，缺乏与竞争者较量的基础，收益低于行业平均水平，资金不足，在顾客心目中声誉下降，产品开发处于落后地位，缺乏建立有效战略组合的基础，在大部分具有发展潜力的市场中处于软弱地位，经营成本较高，规模过小难以在市场中立足，不善于应付市场上新出现的威胁，产品质量较差，设备陈旧，盈利较少甚至亏损，内部管理混乱，缺乏管理经验知识，过去在执行战略过程中存在不足之处，研究与开发工作落后，产品线过窄，销售渠道不力，营销技巧差，等等。

某些劣势对企业来说是致命的，而另外一些劣势则相对不太重要且易补救。

3. 态势分析法分析应用

一般而言，我们在进行 SWOT 分析过程中，并不会将所有的机会/威胁，优势/劣势全部罗列出来，而是针对于某一具体的业务和情境，按重要的先后次序罗列出其中的 3~5 项即可。例如，某品牌香烟 SWOT 矩阵如表 6-4 所示。

表 6-4　某品牌香烟 SWOT 矩阵

	内部环境分析		外部环境分析	
	优势	劣势	机会	威胁
企业分析	灵通的市场调查 优异的企划群 雄厚的资金 通路掌握好	后发品牌 再定位困难 品牌单一 课税高	市场需求倾向洋烟 市场人口日趋增多	竞争对手多 水货猖獗 反吸烟声浪高
竞争者分析	先发品牌 有一定消费层 多品牌	品牌忠诚度不高 定位不明显 课税过高	香烟市场逐渐看好 竞争态势大致已定	水货猖獗 反吸烟声浪高
行业分析	国产烟与洋烟优缺点鲜明 洋烟口味支持者日渐增多	相同定位诉求过多 课税过高	香烟市场日益扩大 定位仍有回旋空间	水货猖獗 反吸烟声浪高
顾客分析	年轻人普遍喜好洋烟	品牌选择不稳定 受拒吸二手烟影响	对口味、价值感、健康诉求、知名度的坚持	拒吸二手烟运动进行颇烈 追求长寿和健康
环境分析	利润大并不断扩大 拥有良好的公共关系与政治力量	高课税影响利润	吸烟族仍钟情洋烟之清淡口味 吸烟群体增长快速	经济形势影响大 专卖体制的设计

（三）态势分析法是战略规划的指导框架

态势分析法向营销管理者提供了一种思维，也提供了一种分析方法，同时态势分析法也向管理者提供了一种战略规划的方法，如图 6-11 所示。

	机会	威胁
优势	4. SO 战略 发挥优势 抓住机会	3. ST 战略 发挥优势 回避威胁
劣势	1. WO 战略 克服劣势 抓住机会	2. WT 战略 减少劣势 回避威胁

图 6-11 SWOT 战略规划

1. 劣势—机会（WO）组合战略

企业已经鉴别外部环境所提供的机会，但同时企业本身又存在着限制利用这些机会的组织弱点。在这种情况下，企业应遵循的策略原则是，通过各种方式来弥补企业的弱点以最大限度地利用环境中的机会。如果不采取任何行动，则实际上就是将机会让给了竞争对手。

2. 弱项—威胁（WT）组合战略

企业应尽量避免处于这种状态。然而一旦企业处于这样的位置，在制定战略时就要减低威胁和劣势对企业的影响。事实上，这样的企业为了生存下去必须要奋斗，否则可能要选择破产。而企业要生存下去可以选择合并或缩减生产规模的战略，以期能克服劣势或使威胁随时间的推移而消失。

3. 优势—威胁（ST）组合战略

在这种情况下，企业应巧妙地利用自身的优势来对付外部环境中的威胁，其目的是发挥优势而减低威胁。但这并非意味着某个强大的企业，必须以其自身的实力来正面地回击外部环境中的威胁，合适的战略应当是慎重而有限度地利用企业的优势。

4. 优势—机会（SO）组合战略

这是一种最理想的组合，任何企业都希望凭借自身的优势和资源来最大限度地利用外部环境所提供的多种发展机会。

（四）SWOT 模型的局限性

与很多其他的战略模型一样，它也带有时代的局限性。以前的企业可能比较关注成本、质量，现在的企业可能更强调组织流程。例如以前的电动打字机被打印机取代，该怎么转型？是应该做打印机，还是做其他与机电有关的产品？从态势分析法分析来看，电动打字机厂商优势在机电，发展打印机就显得比较有机会。结果有的企业向打印机方向发展，结果却走向死胡同。态势分析法没有考虑到企业改变现状的主动性，企业是可以通过寻找或培育新的资源来创造企业的优势，从而达到过去无法达成的战略目标。

公司也不应去纠正它的所有劣势，也不必对其优势全部加以利用。主要的问题是公司应该去探究，它究竟是应只局限在已拥有优势的机会中，还是去获取和发展某些优势，以找到更好的机会。例如，在得州仪器公司的经理中有两种意见：一种认为公司应坚守工业电子产品（它有明显优势），而另一种认为公司应继续引进电子消费产品（在这方面它缺少营销优势）。有时，业务发展慢并非因为其各部门缺乏优势，而是因为它们不能很好地协调配合。

四、一般性竞争战略模式的规划

目标指出向何处发展，战略思想则说明达到目标的基本打算，而业务层面的竞争所涉及的主要问题是在一个给定的业务或行业内（产品/市场范围内），企业如何竞争取胜，即在什么基础上进行市场定位和确立竞争优势。根据美国学者波特的观点，有三种一般性的竞争战略可供参考，如图 6-12 所示。

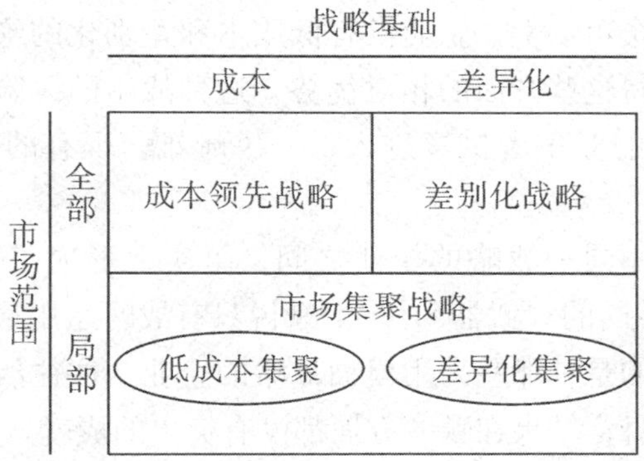

图 6-12　一般性业务竞争战略

（一）成本领先

成本领先战略是指一个企业力争使其总成本降到行业最低水平，并以此作为战胜竞争者的基本前提。企业采用这种战略，核心是争取最大的市场份额，通过标准化大量生产使单位产品成本最低，从而以较低售价赢得竞争优势。实现成本领先的目标，要求企业具有良好、通畅的融资渠道，能够保证资本持续不断投入；产品便于制造，工艺过程精简；拥有低成本的分销渠道；实施紧张、高效的劳动管理。另外，更先进的技术、设备，更熟练的员工，更高的生产效率，更严格的成本控制，结构严密的组织体系和责任管理和以满足数量目标为基础的激励制度等，都是实施这一战略的重要保障。这样，企业依靠成本低廉为其战略特色，并在此基础上争取有利的价格地位，在与对手的抗争中也就能够占据优势。

（二）差别化或别具一格

企业实施这种战略的竞争优势，主要依托于产品及其设计、工艺、品牌、特征、款式和服务等各个方面或几个方面，与竞争者相比能有显著的独到之处。由于不同的企业产品各有特色，顾客难以直接比较其间的“优劣”，故而可以有效抑制市场对价格的敏感程度，企业同样有可能获得不亚于成本领先企业的效益。一旦消费者对企业或者品牌建立了较高的信任度，还能为竞争者的进入设置较高的屏障。企业有效地实施这一战略的前提，是企业在市场营销、研究与开发、产品技术和工艺设计等方面具有强大的实力；在质量、技术和工艺等方面，享有优异、领先的良好声誉；进入行业的历史久远，或从事其他行业时积累的许多独特能力依然有用；可以得到来自销售渠道各个环节的大力支持和合作；等等。因此，一个企业必须能够对它的基础研究、新产品开发和市场营销等职能进行有效的协调和控制，具有可以吸引高技能的员工、专家和其他创造性人才，以及有助于创新的激励机制和企业文化。

（三）重点集中或市场“聚焦”

一般的成本领先和差别化战略多着眼于整个市场、整个行业，从大范围谋求竞争优势。重点集中或市场“聚焦”则把目标放在某个特定的、相对狭小的领域内，在局部市场争取成本领先或差别化，建立竞争优势。一般来说它是中小企业使用的一种战略。虽然在整个市场上，企业没有低成本和差别化的绝对优势，但在一个较狭小的领域中却能取得这些方面的相对优势。这种战略的风险在于，一旦局部市场的需求变化，或强大的竞争者执意进入、一决雌雄，现有的企业就可能面临重大灾难。

在同一市场上采用同一战略的企业之间，事实上形成了一个所谓的“战略群落”。由于彼此采用相同的“武器”，一般来说只有战略运用最佳的企业才能够收效最好。尤其需要注意的是，那些采用模糊战略的企业，往往经营最差。它们试图集所有战略的优点于一身，结果在哪一方面都没有突出的成就。

本章小结

企业战略确定企业的未来，并与风险紧紧相连。企业战略首先确定战略目标，然后使达到目标的机会最大化。为了适应来自国内外全面挑战的激烈竞争，要求有新型的管理规划程序，使企业具有较强的适应环境变化的能力。企业战略规划便应运而生，主要包括确定企业的任务与目标，选择合适的市场机会并制定相应的增长策略，制订投资组合计划等。

企业在规定了企业的总任务和目标之后，需要指定产品或服务的投资组合计划。制定产品或服务的投资组合最有效的方法就是进行战略业务单位的划分并对其评价。常用的评价方法有波士顿矩阵法、通用矩阵分析法。

企业为了达到预期的市场占有率或者实现扩大资金来源的目的，在对各业务单位进行分析之后，企业应着手制订业务组合计划，确定对各个业务单位的投资战略。

思考与练习

1. 总体战略、业务战略与市场营销战略之间有什么联系？
2. 如何界定企业的使命？
3. 什么是战略业务单位？
4. 简述企业的发展战略。
5. 阐述战略业务单位评价方法及其应用？
6. 如何充分利用 SWOT 工具？
7. 一般的业务竞争战略是哪三种，它们的具体内容是什么？

第七章　目标市场战略

学习要点

通过学习本章内容，明确市场细分的作用及其依据；应用市场细分的原理对消费者市场和产业市场进行细分；掌握选择目标市场的三种战略；掌握市场定位步骤及定位战略。

开篇案例

麦当劳瞄准细分市场的不同需求

麦当劳作为一家国际餐饮巨头，创始于20世纪50年代中期的美国。由于当时创始人及时抓住高速发展的美国经济下的工薪阶层需要方便快捷的饮食的良机，并且瞄准细分市场需求特征，对产品进行准确定位而一举成功。当今麦当劳已经成长为世界上最大的餐饮集团，在109个国家开设了2.5万家连锁店，年营业额超过34亿美元。

回顾麦当劳公司发展历程后发现，麦当劳一直非常重视市场细分的重要性，而正是这一点让它取得令世人惊羡的巨大成功。

市场细分是1956年由美国市场营销学家温德尔·斯密首先提出来的一个新概念。它是指根据消费者的不同需求，把整体市场划分为不同的消费者群的市场分割过程。每个消费者群便是一个细分市场，每个细分市场都是由需要与欲望相同的消费者群组成。市场细分主要是按照地理细分、人口细分和心理细分来划分目标市场，以达到企业的营销目标。

而麦当劳的成功正是在这三项划分要素上做足了功夫。它根据地理、人口和心理要素准确地进行了市场细分，并分别实施了相应的战略，从而达到了企业的营销目标。

一、麦当劳根据地理要素细分市场

麦当劳有美国国内和国际市场，而不管是在国内还是国外，都有各自不同的饮食习惯和文化背景。麦当劳进行地理细分，主要是分析各区域的差异。如美国东西部的人喝的咖啡口味是不一样的。麦当劳通过把市场细分为不同的地理单位进行经营活动，从而做到因地制宜。

每年，麦当劳都要花费大量的资金进行认真的严格的市场调研，研究各地的人群组合、文化习俗等，再书写详细的细分报告，以使每个国家甚至每个地区都有一种适合当地生活方式的市场策略。

例如，麦当劳刚进入中国市场时大量传播美国文化和生活理念，并以美国式产品牛肉汉堡来征服中国人。但中国人爱吃鸡，与其他洋快餐相比，鸡肉产品也更符合中国人的口味，更加容易被中国人所接受。针对这一情况，麦当劳改变了原来的策略，推出了鸡肉产品。在全世界从来只卖牛肉产品的麦当劳也开始卖鸡了。这一改变正是针对地理要素所做的，也加快了麦当劳在中国市场的发展步伐。

二、麦当劳根据人口要素细分市场

通常人口细分市场主要根据年龄、性别、家庭人口、生命周期、收入、职业、教育、宗教、种族、国籍等相关变量，把市场分割成若干整体。而麦当劳对人口要素细分主要是从年龄及生命周期阶段对人口市场进行细分，其中，将不到开车年龄的划定为少年市场，将20~40岁之间的年轻人界定为青年市场，还划定了老年市场。

人口市场划定以后，要分析不同市场的特征与定位。例如，麦当劳以孩子为中心，把孩子作为主要消费者，十分注重培养他们的消费忠诚度。在餐厅用餐的小朋友，经常会意外获得印有麦当劳标志的气球、折纸等小礼物。在中国，还有麦当劳叔叔俱乐部，参加者为3~12岁的小朋友，俱乐部定期开展活动，让小朋友更加喜爱麦当劳。这便是相当成功的人口细分，抓住了该市场的特征与定位。

三、麦当劳根据心理要素细分市场

根据人们生活方式划分，快餐业通常有两个潜在的细分市场：方便型和休闲型。在这两个方面，麦当劳都做得很好。

例如，针对方便型市场，麦当劳提出“59秒快速服务”，即从顾客开始点餐到拿着食品离开柜台标准时间为59秒，不得超过一分钟。

针对休闲型市场，麦当劳对餐厅店堂布置非常讲究，尽量做到让顾客觉得舒适自由。麦当劳努力使顾客把麦当劳作为一个具有独特文化的休闲好去处，以吸引休闲型市场的消费者群。

市场细分案例总结

通过案例分析，麦当劳对地理、人口、心理要素的市场细分是相当成功的，不仅在这方面积累了丰富的经验，还注入了许多自己的创新，从而继续保持着餐饮霸主的地位。当然，麦当劳在三要素上如果继续深耕细作，更可以在未来市场上保持住自己的核心竞争力。

（1）在地理要素的市场细分上，要提高研究出来的市场策略应用到实际中的效率。麦当劳其实每年都有针对具体地理单位所做的市场研究，但应用效率却由于各种各样的原因不尽如人意。如麦当劳在中国市场的表现，竟然输给在全球市场远不如它的肯德基，这本身就是一个大问题。麦当劳其实是输给了本土化的肯德基。这应该在麦当劳开拓市场之初便研究过的，但是麦当劳一上来还是主推牛肉汉堡，根本就没重视市场研究出来的细分报告。等到后来才被动改变策略，推出鸡肉产品，这是一种消极的对策，严重影响了自身的发展步伐。

所以，针对地理细分市场，一定要首先做好市场研究，并根据细分报告开拓市场，注意扬长避短是极其重要的。

（2）在人口要素细分市场上，麦当劳应该扩大划分标准。麦当劳不应仅仅局限于普遍的年龄及生命周期阶段。麦当劳可以加大对其他相关变量的研究，拓宽消费者群的“多元”构成，配合地理细分市场，进行更有效的经营。

例如，麦当劳可以针对家庭人口考虑举行家庭聚会，营造全家一起用餐的欢乐气氛。公司聚会等也是可以考虑的市场。

（3）对于心理细分市场，有一个突出的问题，便是健康型细分市场浮出水面。这对麦当劳是一个巨大的考验。如果固守已有的原料和配方，继续制作高热和高脂类食物，对于关注健康的消费者来说是不可容忍的。

首先，应该仍是以方便型和休闲型市场为主，积极服务好这两种类型的消费者群。同时，针对健康型消费者，开发新的健康绿色食品。这个一定要快速准确。总之，不放过任何类型的消费者群。

其次，在方便型、休闲型以及健康型消费者群外，还存在体验型消费者群。麦当劳可以服务为舞台，以商品为道具，环绕着消费者，创造出值得消费者回忆活动的感受。如在餐厅室内设计上注重感官体验、情感体验或者模拟体验等。深入挖掘体验型消费者群，这应该是未来的一个方向。

第一节　市场细分

一、市场细分的概念

市场细分（Market Segmentation）是由美国市场营销学家温德尔·史密斯（Wendell R. Smith）在1956年提出来的一个概念，此后，美国营销学家菲利普·科特勒进一步发展和完善了温德尔·史密斯的理论并最终形成了成熟的STP理论（市场细分 Segmentation、目标市场选择 Targeting 和定位 Positioning)。今天，市场细分与定位理论早已被业界所普遍接受，该理论也已经成为营销领域最重要、最有效、最常用的战略工具之一。可以说市场细分是市场营销理论的新发展，顺应了卖方市场向买方市场转变这一新的市场形势，是企业经营贯彻市场导向的必然产物。

市场细分是指企业通过市场调查研究，根据消费者需求的不同特征，把市场分割成两个或多个的消费者群的过程。也就是企业把一个异质的整体市场划分为若干个相对同质的子市场或亚市场，以用来确定目标市场，使企业相对有限资源达到效益最大化的一个过程。

市场作为一个复杂而庞大的整体，由不同的购买者和群体组成。由于这些购买个体和群体在地理位置、资源条件、消费心理、购买习惯等方面的差异性，在同类产品市场上，会产生不同的购买行为。为此，一个企业在市场营销中可能为消费对象中的不同群体制订不同的营销计划，也可能是只展开一种营销活动以针对某一确定群体。也就是说，市场细分理论认为，在多元选择的市场背景下，消费者由于各种因素的区别，本身也呈现为多样化，用任何单一的营销策略来对应所有不同的消费者群体，都不是一种优秀的战略选择。

消费者购买行为的差异程度有时候显著，有时候却并不明显。市场细分的目的是使同类产品市场上，同一细分市场的顾客具有更多的共同性，不同细分市场之间的需求具有更多的差异性，以使企业明确有多少数目的细分市场及各细分市场需求的主要特征。

二、市场细分战略的产生与发展

有什么样的市场条件，就会产生什么样的营销战略思想。市场细分战略同样如此，它是在总结企业市场营销实践经验的基础之上产生和发展的。市场细分作为现代市场营销理论与时间结合的产物，经历了以下几个主要阶段：

(一) 大众化营销阶段 (Mass Marketing)

早在 19 世纪末 20 世纪初，西方经济发展的重心是速度和规模，企业市场营销的基本方式是大量营销，即企业将同一种产品大量生产、大量分销和大量促销给所有的买主。比如，可口可乐公司就曾经使用这一战略，只生产一种容量为 6.5 盎司的包装、式样完全一样的可乐，以吸引所有的消费者；亨利·福特向市场上推出著名的 T 型车时，也是采用统一的设计和唯一的黑色款式。

由于大众化营销方式具有较低的成本和销售价格，在当时的市场环境下，可以获得较高的利润。大众化营销以市场的共性为基础，忽略市场需求的差异，力图以标准化的产品和分销影响最广泛的市场范围。在商品不充足、消费个性不突出或产品需求同质性的市场前提条件下，大众化营销能够有效地实现规模经济，为企业所推崇。

（二）产品差异化营销阶段（Product Different Marketing）

在20世纪30年代，发生了震撼世界的资本主义经济危机，西方企业面临产品严重过剩问题。市场迫使企业转变经营观念，企业营销方式经历了从大量营销向差异化营销的转变。产品差异化营销较大量营销是一种进步。但是，由于该策略的前提是以企业现有的能够提供的设计、技术为基础进行的生产，结果是使企业向市场推出了具有不同质量、外观和品种规格等与竞争者不同的产品或产品线。由于其产品差异化缺乏市场基础，因此不能大幅度地提高产品的适销率。由此可见，在产品差异化营销阶段，企业仍没有重视市场需求的研究，市场细分战略仍无产生的基础和条件。

（三）目标营销阶段（Target Marketing）

20世纪50年代以后，在科学技术革命的推动下，生产力水平大幅度提高，产品日新月异，生产与消费的矛盾日益尖锐，以产品差异化为中心的推销体制远远不能解决西方企业所面临的市场问题。于是，市场迫使企业再次转变经营观念和经营方式，由产品差异化营销转向以市场需求为导向的目标营销，即企业在研究市场和细分市场的基础上，结合自身的资源与优势，选择其中最有吸引力和最能有效地为之提供产品和服务的细分市场作为目标市场从事经营，设计与目标市场需求特点相互匹配的营销组合等。于是，市场细分战略应运而生。

市场细分理论的产生和发展，使传统营销观念发生了根本变革，在理论和实践中都产生了极大的影响，以至于被西方理论家称之为“市场营销革命”。市场细分化理论经过了一个不断完善的过程。最初，人们认为把市场划分得越细越能适应顾客需求，从而取得更大收益。但是，20世纪70年代以来，由于能源危机和整个资本主义市场不景气，营销管理者们发现过分的细分市场必然导致企业总经营成本上升，因而导致总收益下降。因此，又出现了一种“市场同合化”的理论。这一理论不是对市场细分化理论的简单否定，而是从成本和收益的比较出发，主张适度细分，是对过度细分的反思和矫正。而这一理论在20世纪90年代全球营销环境下，又有了新的内涵，适应了全球化营销的趋势。总之，这些变化都反映了市场细分化理论的演变，是该理论趋于成熟完善的表现。

【案例】市场细分大势所趋 民生银行瞄准网民

细分市场、找准定位，成为眼下商业银行在银行卡市场竞争中争相使用的制胜法宝。日前，中国民生银行济南分行又将目光瞄准日渐庞大的网民群体，与山东三联电子有限公司携手推出民生百灵联名卡。

这种联名卡除具有借记卡的固有功能外，还针对上网用户附加了多项增值服务，既是一张银行卡，也是百灵网客户的会员卡，享受会员的多种优惠。据介绍，最近民生银行济南分行还将针对不同客户群体的需求，陆续推出一系列的联名卡，满足持卡人不同的需要，以期在市场细分中抢占更大份额。

三、市场细分的理论依据和客观基础

消费者购买行为受到很多因素的影响，产品属性是其中非常重要的一个因素。根据消费者对产品不同属性的重视程度即识别偏好，可以将消费者分为三种偏好模式。这种需求偏好差异的存在是市场细分的理论依据。以冰激凌为例，根据消费者对甜份和奶油的不同偏好，可以产生同质偏好、分散偏好、集群偏好三种偏好模式，见图 7-1。

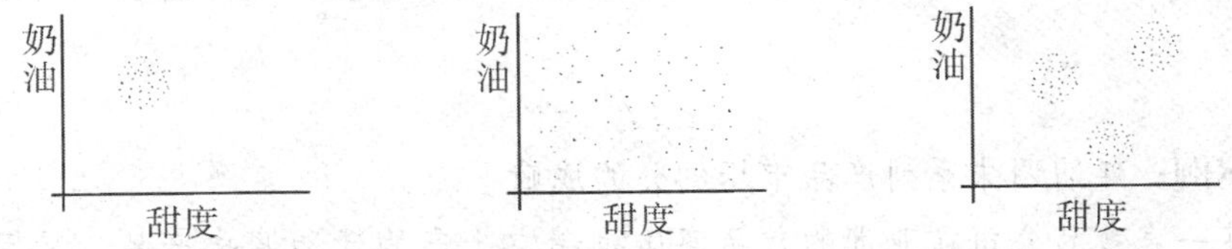

（1）同质偏好　（2）分散偏好　（3）集群偏好

图 7-1　基本市场偏好模式

（一）同质偏好

同质偏好指所有的消费者具备大致相同的偏好，如图 7-1（1）。这种市场不存在自然形成的细分市场，消费者对产品不同属性的重视程度大致相同，现有产品品牌基本相似，且集中在偏好的中心。

（二）分散偏好

分散偏好指消费者的偏好可能呈分散形态在空间四处散布，这表示消费者对产品的需求存在差异。但在这种模式下，消费者偏好很不集中，相似性不明显，集合较为困难，如图 7-1（2）。对这类市场，先进入市场的品牌可能定位在市场的中央，通过适应众多消费者某些方面的需要，以迎合并满足尽可能多的消费者的需求。

（三）集群偏好

集群偏好指不同的消费者群体有不同的消费偏好，但同一消费群体的消费偏好大致相同，如图 7-1（3）。这种市场也被称为自然细分市场。进入该市场的第一家企业可以有三种选择：一是定位于偏好中心，来迎合所有的消费者，即无差异营销；二是定位于最大的细分市场，即集中性营销；三是同时开发几种品牌，分别定位于不同的细分市场，即差异化营销。

四、市场细分的标准

市场细分的理论依据是消费者偏好和需求的差异性，因此可以运用影响消费者需求的因素作为市场细分的标准（也称细分指标或者细分变量）对市场进行细分。总的来说，可以把这些因素分为两个部分，即消费者市场的细分标准和产业市场的细分标准，分别说明如下：

（一）消费者市场细分标准

概括地说，细分消费者市场的变量主要有三类，即环境细分、心理细分、行为细分。以这些变量为标准来细分市场就产生出地理细分、人口细分、心理细分和行为细分4种市场细分的基本形式。

1. 地理变量

由于处于不同地理位置和不同地理环境的消费者，会形成不同的消费需求、消费习惯和偏好，因此地理细分是常用的市场细分方法。按照消费者所处的地理位置、自然环境来细分市场，具体来讲有国别、地区、城市规模、人口密度、气候等细分标准。

小案例：蚝油调味系列产品市场细分的成败

香港一家食品公司在亚洲的食品商店推销它生产的蚝油调味产品，采用的包装是一位亚洲妇女和一个男孩坐在一条渔船上，船里装满了大蚝，效果很好。可是这家公司将这种东方食品调料销往美国，仍使用原来的包装，却没有取得成功，因为美国消费者不理解这样的包装设计是什么含义。后来这家公司在旧金山一家经销商和装潢设计咨询公司的帮助下，改换了名称和包装。新设计的包装是一个放有一块美国牛肉和一个褐色蚝的盘子，这样才引起美国消费者的兴趣。经过一年的努力，这家香港公司在美国推出的新包装蚝油调味系列产品吸引了越来越多的消费者，超级市场也愿意经销该产品了，产品终于在美国打开了销路。

处在不同地理环境下的消费者对于同一类产品往往有不同的需求与偏好，他们对企业采取的营销策略与措施会有不同的反应。比如，我国南方人喜欢吃辛辣的食品，而北方人则偏爱吃面食，因此餐饮市场上，粤菜馆、湘菜馆、川菜馆、东北菜馆等各具地方特色的餐馆争奇斗艳，在深圳这座移民城市表现得尤为突出。美国通用食品公司根据东西部地区消费者对咖啡口味的不同需求，分别推出不同的产品，东部消费者偏爱清淡的咖啡，而西部消费者偏好口味醇厚的咖啡。

地理变量易于识别，是细分市场应考虑的重要因素，但处于同一地理位置的消费者需求仍会有很大差异。比如，在我国的一些大城市，如北京、上海，流动人口逾百万，这些流动人口本身就构成一个很大的市场，很显然，这一市场有许多不同于常住人口市场的需求特点。所以，简单地以某一地理特征区分市场，不一定能真实地反映消费者的需求共性与差异，企业在选择目标市场时，还必须进一步考虑其他因素。

小资料：地理细分变量

①国家：欧美、中亚、东亚、东南亚、中东、拉美、非洲、西亚、北亚、澳大利亚／发达国家、发展中国家

②城市规模：超大城市、特大城市、大城市、中等城市、小城市

③人口密度：人口密集区、人口中等区、人口稀少区、人口极稀区

④气候：寒带、温带、热带／海洋性、大陆性

⑤地形地貌：平原、高原、盆地、山地、丘陵

2. 人口变量

企业可按人口统计变量，如年龄、性别、家庭规模、家庭生命周期、收入、职业、教育程度、宗教、种族、国籍等为基础细分市场。消费者需求、偏好与人口统计变量有着很密切的关系，比如，只有收入水平很高的消费者才可能成为高档服装、名贵化妆品、高级珠宝等的经常买主。人口统计变量比较容易衡量，有关数据相对容易获取，由此构成了企业经常以它作为市场细分依据的重要原因。

由于生理上的差别，男性与女性在产品需求与偏好上有很大不同，如在服饰、发型、生活必需品等方面均有差别。像美国的一些汽车制造商，过去一直是迎合男性要求设计汽车，现在，随着越来越多的女性参加工作和拥有自己的汽车，这些汽车制造商正研究市场机会，设计具有吸引女性消费者特点的汽车。

不同年龄的消费者有不同的需求特点，如青年人对服饰的需求，与老年人的需求差异较大。青年人需要鲜艳、时髦的服装，老年人需要端庄、素雅的服饰。

高收入消费者与低收入消费者在产品选择、休闲时间的安排、社会交际与交往等方面都会有所不同。比如，同是外出旅游，在交通工具以及食宿地点的选择上，高收入者与低收入者会有很大的不同。正因为收入是引起需求差别的一个直接而重要的因素，在诸如服装、化妆品、旅游服务等领域根据收入细分市场相当普遍。

职业与教育细分市场，指按消费者职业的不同，所受教育的不同以及由此引起的需求差别细分市场。比如，农民购买自行车偏好载重自行车，而学生、教师则是喜欢轻型的、样式美观的自行车；又如，由于消费者所受教育水平的差异所引起的审美观具有很大的差异，不同消费者对居室装修用品的品种、颜色等会有不同的偏好。

除了上述方面，经常用于市场细分的人口变数还有家庭规模、国籍、种族、宗教等。实际上，大多数公司通常是采用两个或两个以上人口统计变量来细分市场。

【案例】第二次世界大战以后的美国市场

第二次世界大战以后，美国的婴儿出生率迅速提高。到20世纪60年代，战后出生的一代已长成为青少年。加之美国这个时期经济繁荣，家庭可支配的收入增加，所以，几乎所有定位于青少年市场的产业及产品都获得了成功。举世闻名的迪斯尼乐园就是成功的典范。20世纪70年代后期，受美国经济不景气的影响，出生率迅速下降。到20世纪80年代中期，几乎所有原来定位于婴幼儿和儿童市场的产品市场都出现了不同程度的萧条，这必然使那些原来定位于儿童和青少年市场的企业重

新定位或扩大经营范围。如迪斯尼集团也不得不放下架子，除了继续以青少年为对象外，还增加了成人游乐项目，并经营酒店、高尔夫球等业务，使企业在新的市场环境下继续发展。

小资料： 人口细分变量

①年龄：学龄前、小学生、中学生、青年、中年、老年

②性别：男性、女性

③家庭规模：单身贵族、二人世界、三口之家、四口之家、六口之家、氏族之家

④家庭生命周期：形成、扩展、稳定、收缩、空巢与解体

⑤民族：汉族、五十五个少数民族、其他

⑥籍贯：中国大陆（省份）、中国台湾、中国香港、中国澳门、海外华侨、外国

⑦宗教信仰：佛教、道教、天主教、基督教、伊斯兰教

⑧受教育程度：文盲、小学、初中、高中、大学专科、大学本科、研究生、博士

⑨经济收入（月收入：元）：1 500 以下、1 500~3 000、3 000~5 000、5 000~8 000、8 000 以上

⑩职业：国家机关、党群组织、企业、事业单位负责人，专业技术人员，办事人员和有关人员，商业、服务业人员，农、林、牧、渔、水利业生产人员，生产、运输设备操作人员及有关人员，军人，不便分类的其他从业人员

⑪阶层：最顶端的王者阶层、地方性的豪族、公务员、事业单位人员、国企管理人员、垄断国企人员和私营企业主管等、生活安逸的一般民众、城市平民和农村中生活比较好的农民、贫困群体、赤贫阶层、灾难性赤贫阶层

3. 心理变量

根据购买者所处的社会阶层、生活方式、个性特点等心理因素细分市场就叫心理细分。

社会阶层是指在某一社会中具有相对同质性和持久性的群体。处于同一阶层的成员具有类似的价值观、兴趣爱好和行为方式，不同阶层的成员则在上述方面存在较大的差异。很显然，识别不同社会阶层的消费者所具有不同的特点，对于很多产品的市场细分将提供重要的依据。

通俗地讲，生活方式是指一个人怎样生活。人们追求的生活方式各不相同，如有的追求新潮时髦，有的追求恬静、简朴；有的追求刺激、冒险，有的追求稳定、安怡。西方的一些服装生产企业，为“简朴的妇女”“时髦的妇女”和“有男子气的妇女”分别设计不同服装；烟草公司针对“挑战型吸烟者”“随和型吸烟者”及“谨慎型吸烟者”推出不同品牌的香烟，均是依据生活方式细分市场。

个性是指一个人比较稳定的心理倾向与心理特征，它会导致一个人对其所处环境做出相对一致和持续不断的反应。俗语说“人心不同，各如其面”，每个人的个性都会有所不同。通常，个性会通过自信、自主、支配、顺从、保守、适应等性格特征表现出来。因此，个性可以按这些性格特征进行分类，从而为企业细分市场提供依据。在西方国家，对诸如化妆品、香烟、啤酒、保险之类的产品，有些企业以个性特征为基础进行市场细分并取得了成功。

小资料：心理细分变量

①生活方式：传统型、新潮型、节俭型、奢华型、严肃性、活泼型、乐于社交型、爱好家庭生活型

②个性：活泼好动型、沉默寡言型、传统保守型、从一而终型、见异思迁型、优雅型、追逐潮流型、放荡不羁型

③购买动机：求异心理（吸引异性）、求实心理、攀比心理、求新心理、炫耀心理、求安心理、求廉心理、爱美心理

④价值取向：理性型、追求完美型、服务型、无私奉献型、利益至上型、信仰至上型、追求权力地位型

⑤商品供求形势：供过于求、供不应求、供求平衡

⑥销售方式的感应程度：敏感型、迟钝型、理性型、排斥型、接受能力强型

4. 行为变量

行为变量主要指消费者在购买过程中对产品的认知、态度、使用等行为特点，主要的细分依据有寻求利益、使用率、消费时机、使用者状况等。

（1）购买时机。消费时机是指顾客需求和消费产品的时间特性，根据消费者提出需要、购买和使用产品的不同时机，将他们划分成不同的群体。如对旅游的需求一般在公共假期和寒暑假处于高峰；“白加黑”感冒片，因为能够“白天吃白片不瞌睡，晚上吃黑片睡得香”，而比其他感冒药品更受上班族的欢迎；城市公共汽车运输公司可根据上班高峰时期和非高峰时期乘客的需求特点划分不同的细分市场并制定不同的营销策略；生产果珍之类清凉解暑饮料的企业，可以根据消费者在一年四季对果珍饮料口味的不同需求，将果珍市场消费者划分为不同的子市场。

（2）寻求利益。寻求利益指消费者对所购买的产品能带给自己的好处有不同的要求，如购车时，消费者可能会有以下要求：款式好、安全、省油、耐用等。因此，经营者应了解消费者在购买某种产品时所重视的主要利益是什么，消费者还有哪些利益没有得到满足，进而使自己的产品突出这些利益要求，就可以更好地引起消费者的兴趣。

小资料：受益细分

按消费者寻求的利益可分为求实、求美、求档次、求安、求廉、求异、求新、追求地位和名牌等细分市场，具体的受益细分因不同的产品而不同。

①保养品：美白、祛斑、保湿、防晒

②牙膏：美白、防蛀牙、口气清新、全面护理、经济实惠

③服装：舒服、实惠、个性、大方

④汽车：安全、省油、贵族、时尚、实惠

⑤食品：包装抢眼、营养、美味、独特

（3）使用者状况。根据顾客是否使用和使用程度细分市场，通常可分为经常购买者、首次购买者、潜在购买者、非购买者。大公司往往注重将潜在使用者变为实际使用者，较小的公司则注重于保持现有使用者，并设法吸引使用竞争产品的顾客转而使用本公司产品。

（4）使用率或使用数量。使用率反映的是消费者使用量的多寡。根据消费者使用量的不同，可将消费者分为少量使用者、中量使用者、大量使用者。大量使用者人数可能并不是很多，但他们的消费量在全部消费量中占很大的比重。美国一家公司发现，美国啤酒的80%是被50%的顾客消费掉的，另外一半的顾客的消耗量只占消耗总量的12%。因此，啤酒公司宁愿吸引重度饮用啤酒者，而放弃轻度饮用啤酒者，并把重度饮用啤酒者作为目标市场。公司还进一步了解到大量喝啤酒的人多是工人，年龄在25~50岁，喜欢观看体育节目，每天看电视的时间不少于3~5小时。很显然，根据这些信息，企业可以大大改进其在定价、广告传播等方面的策略。

（5）品牌忠诚程度。企业还可根据消费者对产品的忠诚程度细分市场。有些消费者经常变换品牌，另外一些消费者则在较长时期内专注于某一或少数几个品牌。通过了解消费者品牌忠诚情况和品牌忠诚者与品牌转换者的各种行为与心理特征，不仅可为企业细分市场提供一个基础，同时也有助于企业了解为什么有些消费者忠诚于本企业的产品，而另外一些消费者则忠诚于竞争企业的产品，从而为企业选择目标市场提供启示。

（6）购买的准备阶段。消费者对各种产品的了解程度往往因人而异。有的消费者可能对某一产品确有需要，但并不知道该产品的存在；还有的消费者虽已知道产品的存在，但对产品的价值、稳定性等还存在疑虑；另外一些消费者则可能正在考虑购买。针对处于不同购买阶段的消费群体，企业进行市场细分并采用不同的营销策略。

（7）态度。企业还可根据市场上顾客对产品的热心程度来细分市场。不同消费者对同一产品的态度可能有很大差异，如有的很喜欢持肯定态度，有的持否定态度，还有的则处于既不肯定也不否定的无所谓态度。企业可针对持不同态度的消费群体进行市场细分，并在广告、促销等方面应当有所不同。

【案例】酒类市场细分女士专用酒流行起来

据一位业内人士介绍，近年来，随着人们生活水平的提高，年轻人越来越崇尚个性化的生活方式，女性尤其是年轻女性饮酒的人数在不断增加。根据一项调查显示，近三年来，中国各大城市中时常有饮酒行为的女性人数正在以每年22%的速度增长，各种国产的、进口的、专门针对女性的酒类品种目前已达到几十种。一位啤酒经销商介绍，由于饮酒的女士数量增长很快，各种女士酒近来不断上市。仅在最近一段时间，燕京啤酒集团推出了无醇啤酒，吉林长白山酒业也出了“艾妮靓女女士专用酒”，还有台湾烟酒公司研制成功一种功能性饮料——五芝啤酒，其出发点很大程度上也是针对女性市场的。此外还有哈尔滨泉雪啤酒有限公司推出的有保健功能的含“肽”啤酒，也推出营养概念，抢占女性啤酒市场。业内专家介绍说，目前国内市场上的各种女士酒大约有40种，都是近来才出现的，预计还会有更多类似的酒出现。

小资料：行为细分变量

①消费者进入市场的程度：经常购买者、初次购买者、潜在购买者、非购买者

②消费的数量：大量客户、中量客户、少量客户

③对品牌的忠诚度：忠诚者、转变者、多变者

④品牌偏好：单一品牌忠诚者、几种品牌忠诚者、无品牌偏好者

⑤ 购买或使用产品的时机：普通时机、特殊时机（节假日）

⑥使用率：经常使用、偶尔使用、从未使用

⑦ 对产品的态度：相当热情、无所谓、厌恶反感

（二）产业市场细分的标准

许多用来细分消费者市场的标准，同样可用于细分生产者市场，如根据地理、追求的利益和使用率等变量加以细分。不过，由于生产者与消费者在购买动机与行为上存在差别，所以，企业除了运用前述消费者市场细分标准外，还可用一些新的标准来细分生产者市场。

1. 用户的行业类别

用户的行业类别可分为农业、工业、军工、食品、纺织、机械、电子、冶金、汽车、建筑等。不同行业的用户其需求和要求不同。计算机公司通常将其市场细分为公司集团、小企业、机关学校、家庭。

2. 用户规模

企业用户按规模可以分为大型、中型、小型企业，或大客户、小客户等。用户规模不同，其购买力、购买数量、购买的行为和方式等都有很大差别。

在生产者市场中，有的用户购买量很大，而另外一些用户购买量很小。以钢材

市场为例，像建筑公司、造船公司、汽车制造公司对钢材需求量很大，动辄数万吨的购买，而一些小的机械加工企业，一年的购买量也不过几吨或几十吨。企业应当根据用户规模大小来细分市场，同时，用户或客户的规模不同，企业的营销组合方案也应有所不同。比如，对于大客户，企业宜于直接联系，直接供应，在价格、信用等方面给予更多优惠；而对众多的小客户，企业则宜于使产品进入商业渠道，由批发商或零售商去组织供应。

3. 产品的最终用途

产品的最终用途也是工业者市场细分的标准之一。工业品用户购买产品，一般都是供再加工之用，对所购产品通常都有特定的要求。比如，同是钢材用户，有的需要圆钢，有的需要带钢；有的需要普通钢材，有的需要硅钢、钨钢或其他特种钢。企业此时可根据用户要求，将要求大体相同的用户集合成群，并据此设计出不同的营销策略组合。

4. 用户购买状况

企业可根据工业者购买方式来细分市场。工业者购买的主要方式如前所述，包括直接重购、修正重购及新任务购买。不同的购买方式的采购程度、决策过程等不相同，因而可将整体市场细分为不同的小市场群。

五、市场细分的原则

企业可根据单一因素，亦可根据多个因素对市场进行细分。企业选用的细分标准越多，相应的子市场也就越多，每一子市场的容量相应就越小。相反，选用的细分标准越小，子市场就越少，每一子市场的容量则相对较大。如何寻找合适的细分标准，对市场进行有效细分，在营销实践中并非易事。一般而言，成功、有效的市场细分应遵循以下基本原则，如图 7-2 所示。

（一）可衡量性

可衡量性指细分的市场是可以识别和衡量的，亦即细分出来的市场不仅范围明确，而且对其容量大小也能大致做出判断。有些细分变量，如具有“依赖心理”的青年人，在实际中是很难测量的，以此为依据细分市场就不一定有意义。可衡量性主要表现为：对要明确了解到细分市场上消费者对商品需求的差异性的各项要求，通过产品或服务反映和说明让消费者感觉到你的差异。衡量细分市场主要体现在以下几个方面：

（1）对细分后的市场范围清楚界定。如礼品市场可分为国内市场、国际市场，其中国内市场还可进一步细分为华中市场、西南市场、东北市场等；也可根据消费行为细分为青年人礼品市场、儿童礼品市场、老年人礼品市场等。如对生产资料市场进行细分，则可选择最终用户、用户规模和生产能力、用户地点等因素作为细分标准。

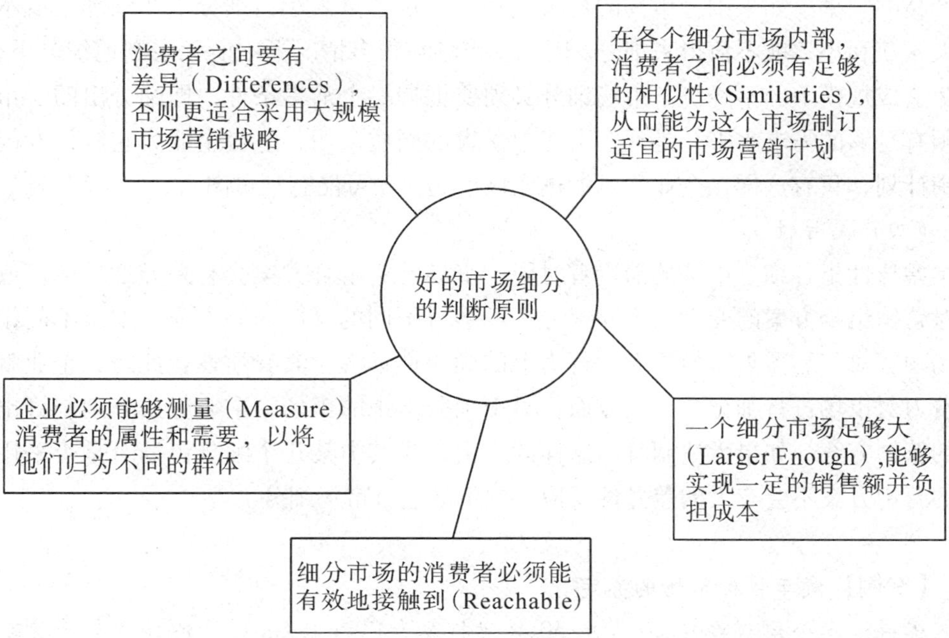

图 7-2　好的市场细分的判断原则

（2）对市场容量的衡量。在细分市场后作为企业就要明确细分范围内的市场容量是多大，因为细分市场就是为了对市场进行全面彻底的开发和利用。

（3）对市场潜力的衡量。成功营销最大的定律是就不断开发新的有需求的市场，对于一种商品来说不是所有的地区都有无限的市场，所以在细分市场时我们除了考虑到现有的市场容量，还要考虑在将来的很长一段时间内，对于这个细分范围内还有很多潜在的市场需求。

（二）可进入性（可接触）

可进入性指细分出来的市场应是企业营销活动能够抵达的，亦即是企业通过努力能够使产品进入并对顾客施加影响的市场。不管多么好的市场如果你的企业或是商品没法进入这块市场，那么再细分也是没有意义的。比如，生产冰激凌的企业，如果将我国中西部农村作为一个细分市场，恐怕在一个较长时期内都难以进入。企业在细分市场时一定要考虑到企业进入这个市场有多大的销售额。根据这一要求我们要从各个细分市场的规模、发展潜力、购买力等方面进行着手。通常说，在企业对营销策略和商品有绝对信心时，市场的规模、发展潜力、购买力等越大，那么你的企业进入这个市场后占据性就会更强，销售额就会更大。

（三）可盈利性（足够大的容量）

企业通过细分，必须使子市场有足够的需求量，能够保证企业获取足够的利润，有较大的利润上升空间。即细分出来的市场其容量或规模要大到足以使企业获利。进行市场细分时，企业必须考虑细分市场上顾客的数量，以及他们的购买能力和购买产品的频率。如果细分市场的规模过小，市场容量太小，细分工作烦琐，成本耗费大，获利小，就不值得去细分。因此，市场在很多情况下不能无限制地细分下去，避免造成规模上的不经济。市场细分必须要把握一个前提条件，即细分出的子市场必须有足够的需求水平，是现实可能中最大的同质市场，值得企业为它制订专门的营销计划，只有这样，企业才可能进入该市场，才可能有利可图。

（四）差异性

差异性指各细分市场的消费者对同一市场营销组合方案会有差异性反应，或者说对营销组合方案的变动，不同细分市场会有不同的反应。一方面，如果不同细分市场顾客对产品需求差异不大，行为上的同质性远大于其异质性，此时，企业就不必费力对市场进行细分。另一方面，对于细分出来的市场，企业应当分别制订出独立的营销方案。如果无法制订出这样的方案，或其中某几个细分市场对是否采用不同的营销方案不会有大的差异性反应，便不必进行市场细分。

【案例】汽车目标市场的界定

福特汽车公司曾经在20世纪50年代打算专门为1.2m以下的侏儒生产特制汽车，如特殊的产品设计、与大众化汽车生产不同的生产线及工装设备，这必然造成成本的大量增加，但更好地满足了特殊消费者的需求。公司通过市场调研与细分后，发现这一汽车细分市场的需求极其有限，人口较少，盈利前景暗淡，最终放弃了这一构想。

六、市场细分的作用

前些年我国曾向欧美市场出口真丝花绸，这种产品在欧美市场上的消费者是上流社会的女性。由于我国外贸出口部门没有认真进行市场细分，更没有掌握目标市场消费者的需求特点，因而营销策略发生了较大失误：产品配色不协调、不柔和，未能赢得消费者的喜爱；价格采取了未能迎合消费者心理的低价策略，而目标市场消费者要求的是与其社会地位相适应的高价产品；销售渠道选择了街角商店、杂货店，甚至跳蚤市场，大大降低了真丝花绸的华贵地位；广告宣传也流于一般。这个失败的营销个案，恰好从反面告诫我们，市场细分对于制定营销组合策略具有多么重要的作用。

（一）细分市场是企业发展市场机会的起点

在发达的商品经济“买方市场”条件下，企业营销决策的起点在于发现具有吸引力的市场环境机会，这种环境机会能否发展成市场机会，取决于两点：一方面，这种环境机会是否与企业战略目标一致；另一方面，利用这种环境机会能否比竞争者具有优势，并获得显著收益。显然，这些必须以市场细分为起点。通过细分市场，企业可以发现哪些市场需求已得到满足，哪些只满足了一部分，哪些仍是潜在需求。

相应地，企业可以发现哪些产品竞争激烈，哪些产品较少竞争，哪些产品亟待开发。

发展最优的市场机会，对于中小企业至关重要。因为中小企业资源能力有限，技术水平相对较低，因此在市场上与实力雄厚的大企业相比，缺乏竞争力。通过市场细分，中小企业就可以根据自身的经营优势，选择一些大企业不愿顾及、相对市场需求量小一些的细分市场，集中力量满足某一特定市场的需求，即可在整体竞争激烈的市场条件下，在某一局部市场取得较好的经济效益，在竞争中求得生存和发展。

（二）细分市场有助于掌握目标市场的特点

不进行市场细分，企业选择目标市场必定是盲目的，不认真地鉴别各个细分市场的需求特点，就不能进行有针对性的市场营销。20 世纪 80 年代中期中国粮油公司出口日本市场冻鸡的销售起伏，是一个很有说服力的启示。

（三）细分市场是企业制定市场营销组合策略的前提条件

市场营销组合是企业综合考虑产品、价格、促销形式和销售渠道等各种因素而制订的市场营销方案。上述几个因素各自又存在不同的层次，各个因素之间又有多种组合形式。但就每一个企业特定的市场而言，却只有一种最佳的组合形式，而这种最佳组合只能是进行市场细分的结果。

（四）细分市场有利于提高企业的竞争能力

在市场经济条件下，竞争作为市场经济的内在规律必然发挥作用。一个企业竞争能力的强弱要受到客观因素的影响，但通过有效的营销战略可以改变现状。市场细分战略是提高企业竞争能力的一个有效方法。因为，在市场细分后，每一个细分市场上竞争者的优势和劣势就明显地暴露出来。企业只有看准市场机会，利用竞争者的劣势，同时有效地开发本企业的资源优势，用相对较少的资源把竞争者的顾客和潜在顾客变为本企业产品的购买者，提高市场占有率，增加竞争能力。

细分市场是有一定客观条件的。社会经济的进步，人们生活水平的提高，顾客需求呈现出较大差异时，细分市场才成为企业在营销管理活动中亟需解决的问题。因此只有商品经济发展到一定阶段，市场上商品供过于求，消费者需求多种多样，企业无法用大批量生产产品的方式或差异化产品策略有效地满足所有消费者需要的时候，细分市场的客观条件才具备。但是，细分市场不仅是一个分解的过程，也是一个聚集的过程。所谓聚集的过程，就是把对某种产品特点最易做出反应的消费者集合成群。这种聚集过程可以依据多种标准连续进行，直到识别出其规模足以实现企业利润目标的某一个消费者群。

第二节 目标市场战略

一、目标市场的概念及其评估

（一）目标市场的概念

目标市场就是企业期望并有能力占领和开拓，能为企业带来最佳营销机会与最大经济效益的具有大体相近需求、企业决定以相应商品和服务去满足其需求并为其服务的消费者群体。

企业通过市场细分，有利于明确目标市场，通过市场营销策略的应用，有利于满足目标市场的需要。即目标市场就是通过市场细分后，企业准备以相应的产品和服务满足其需要的一个或几个子市场。目标市场有一个选择策略的问题，即关于企业为哪个或哪几个细分市场服务的决定。具体讲，所谓目标市场选择，就是指企业在市场细分之后的若干“子市场”中，所运用的企业营销活动之“矢”而瞄准的市场方向之“的”的优选过程。

例如，现阶段我国城乡居民对照相机的需求，可分为高档、中档和普通三种不同的消费者群。调查表明，33%的消费者需要物美价廉的普通相机，52%的消费者需要使用质量可靠、价格适中的中档相机，16%的消费者需要美观、轻巧、耐用、高档的全自动或多镜头相机。国内各照相机生产厂家，大都以中档、普通相机为生产营销的目标，因而市场出现供过于求，而各大中型商场的高档相机，多为高价进口货。如果某一照相机厂家选定16%的消费者目标，优先推出质优、价格合理的新型高级相机，就会受到这部分消费者的欢迎，从而迅速提高市场占有率。

（二）目标市场的评估

企业的目标市场是企业营销活动所要满足的市场需求，是企业决定要进入的市场。企业的一切营销活动都是围绕目标市场进行的。选择和确定目标市场，是企业制定营销战略的首要内容和基本出发点，不仅直接关系着企业的经营成果以及市场占有率，而且还直接影响到企业的生存。因此，企业在选择目标市场时，必须认真评价目标市场的营销价值，从市场潜力、竞争状况以及本企业的资源条件、营销能力和营销特点全面分析评估是否值得去开拓、能否实现以最小的消耗取得最大的营销成果。一般来说企业考虑进入的目标市场应做以下几方面的评估：

1. 有一定的市场规模和增长潜力

企业要评估细分市场是否有适当规模和增长潜力，因为适当规模是与企业规模和实力相适应的。较小的市场对于大企业，不利于充分利用企业的生产能力；而较大市场对于小企业，则小企业缺乏能力，来满足较大市场的有效需求或难以抵御较大市场上的激烈竞争。增长的潜力是要有尚未满足的需求，有充分发展的潜力。

2. 细分市场结构有足够的市场吸引力

吸引力主要是从获利的角度看市场长期获利率的大小。市场可能具有适当规模和增长潜力，但从利润立场来看不一定具有吸引力。波特认为有5种力量决定整个市场或其中任何一个细分市场的长期的内在吸引力。细分市场可能具备理想的规模和发展特征，然而从盈利的观点来看，它未必有吸引力。这5个群体是同行业竞争者、潜在的新参加的竞争者、替代产品、购买者和供应商。企业必须充分估计这5种因素对长期获利率所造成的影响，预测各细分市场的预期利润的多少。它们具有如下5种威胁性（图7-3）：

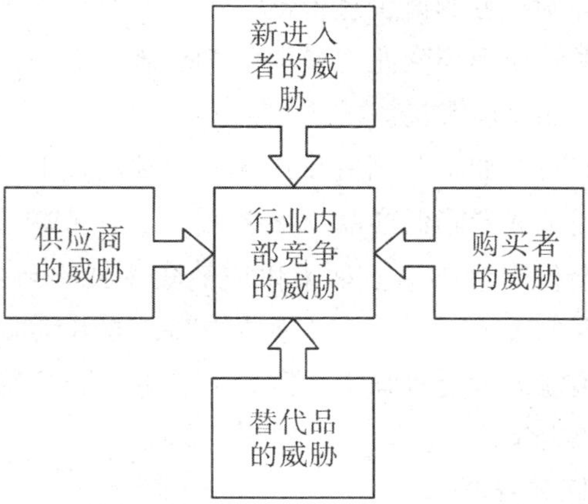

图7-3　影响市场吸引力的五种力量

第一，行业内激烈竞争的威胁。如果某个行业市场已经有了众多的、强大的或者竞争意识强烈的竞争者，那么该细分市场就会失去吸引力。如果出现该细分市场处于稳定或者衰退，生产能力不断大幅度扩大，固定成本过高，撤出市场的壁垒过高，竞争者投资很大的情况，那么情况就会更糟。这些情况常常会导致价格战、广告争夺战、企业推出新产品，公司要参与竞争就必须付出高昂的代价。

第二，新进入竞争者的威胁。如果某个细分市场会增加新的生产能力和大量资源并争夺市场份额的新的竞争者，那么该细分市场就会没有吸引力。问题的关键是新的竞争者能否轻易地进入这个细分市场。如果新的竞争者进入这个细分市场时遇到森严的壁垒，并且遭受到细分市场内原来的公司的强烈报复，他们便很难进入。保护细分市场的壁垒越低，原来占领细分市场的公司的报复心理越弱，这个细分市场就越缺乏吸引力。某个细分市场的吸引力随其进退的难易程度而有所区别。根据行业利润的观点，最有吸引力的细分市场应该是进入的壁垒高、退出的壁垒低；细分市场进入和退出的壁垒都高，利润量大，但伴随较大的风险；细分市场进入和退出的壁垒都较低，公司便可以进退自如，然而获得的报酬虽稳定但不高；最坏的情况是进入细分市场的壁垒较低，而退出的壁垒却很高。于是在经济良好时，大家蜂拥而入，但在经济萧条时，却很难退出。其结果是大家都生产能力过剩，收入下降。

第三，替代产品的威胁。如果某个细分市场存在着替代产品或者有潜在替代产品，那么该细分市场就失去吸引力。替代产品会限制细分市场内价格和利润的增长。公司应密切注意替代产品的价格趋向。如果在这些替代产品行业中技术有所发展，或者竞争日趋激烈，这个细分市场的价格和利润就可能会下降。

第四，购买者的威胁。如果某个细分市场中购买者的讨价还价能力很强或正在加强，该细分市场就没有吸引力。购买者便会设法压低价格，对产品质量和服务提出更高的要求，并且使竞争者互相斗争，所有这些都会使销售商的利润受到损失。对于购买者比较集中、该产品在购买者的成本中占较大比重、产品无法实行差别化、顾客的转换成本较低等购买者的讨价还价能力就会加强。销售商为了保护自己，可选择议价能力最弱或者转换销售商能力最弱的购买者。企业较好的防卫方法是提供顾客无法拒绝的优质产品供应市场。

第五，供应商的威胁。如果公司的供应商——原材料和设备供应商、公用事业单位、银行等，能够提价或者降低产品和服务的质量，或减少供应数量，那么该公司所在的细分市场就会没有吸引力。如果供应商集中或有组织，或者替代产品少，或者供应的产品是重要的投入要素，或转换成本高，或者供应商可以向前实行联合，那么供应商的讨价还价能力就会较强大。因此，企业与供应商建立良好关系和开拓多种供应渠道才是防御上策。

3. 符合企业的目标和资源

某些细分市场虽然有较大吸引力，但不能推动企业实现发展目标，甚至分散企业的精力，使之无法完成其主要目标，这样的市场应考虑放弃。企业还应考虑企业的资源条件是否适合在某一细分市场经营。只有选择那些企业有条件进入、能充分发挥其资源优势的市场作为目标市场，企业才会立于不败之地。因此企业选择目标市场必须考虑：第一，目标市场是否符合企业的长远目标，如果不符合就只有放弃；第二，企业是否具备了在该市场获胜所需的技术和资源，如企业的人力、物力、财力等，如果不具备，也只能放弃。但是仅拥有必备的力量是不够的，企业还必须具备优于竞争者的技术和资源，具有竞争的优势，才适宜进入该细分市场。

二、目标市场模式选择

小案例：一家小油漆厂如何选择自己的目标市场

英国有一家小油漆厂，访问了许多潜在消费者，调查他们的需要，并对市场做了以下细分：本地市场的60%，是一个较大的普及市场，对各种油漆产品都有潜在需求，但是本厂无力参与竞争。另有四个分市场，各占10%的份额。一个是家庭主妇群体，特点是不懂室内装饰需要什么油漆，但是要求质量好，希望油漆商提供设计，油漆效果美观；一个是油漆工助手群体，顾客需要购买质量较好的油漆，替住户进行室内装饰，他们过去一向从老式金属器具店或木材厂购买油漆；一个是老油漆技工群体，他们的特点是一向不买调好的油漆，只买颜料和油料自己调配；最后是对价格敏感的青年夫妇群体，收入低，租公寓居住，按照英国的习惯，公寓住户在一定时间内必须油漆住房，以保护房屋，因此，他们购买油漆不求质量，只要比白粉刷浆稍好就行，但要价格便宜。

经过研究，该厂决定选择青年夫妇作为目标市场，并制定了相应的市场营销组合策略：

（1）产品。经营少数不同颜色、大小不同包装的油漆。并根据目标顾客的喜爱，随时增加、改变或取消颜色品种和装罐大小。

（2）分销。产品送抵目标顾客住处附近的每一家零售商店。目标市场范围内一旦出现新的商店，立即招徕经销本厂产品。

（3）价格。保持单一低廉价格，不提供任何特价优惠，也不跟随其他厂家调整价格。

（4）促销。以“低价”“满意的质量”为号召，以适应目标顾客的需求特点。定期变换商店布置和广告版本，创造新颖形象，并变换使用广告媒体。

由于市场选择恰当，市场营销战略较好适应了目标顾客，虽然经营的是低档产品，该企业仍然获得了很大成功。

目标市场模式如图 7-4 所示。

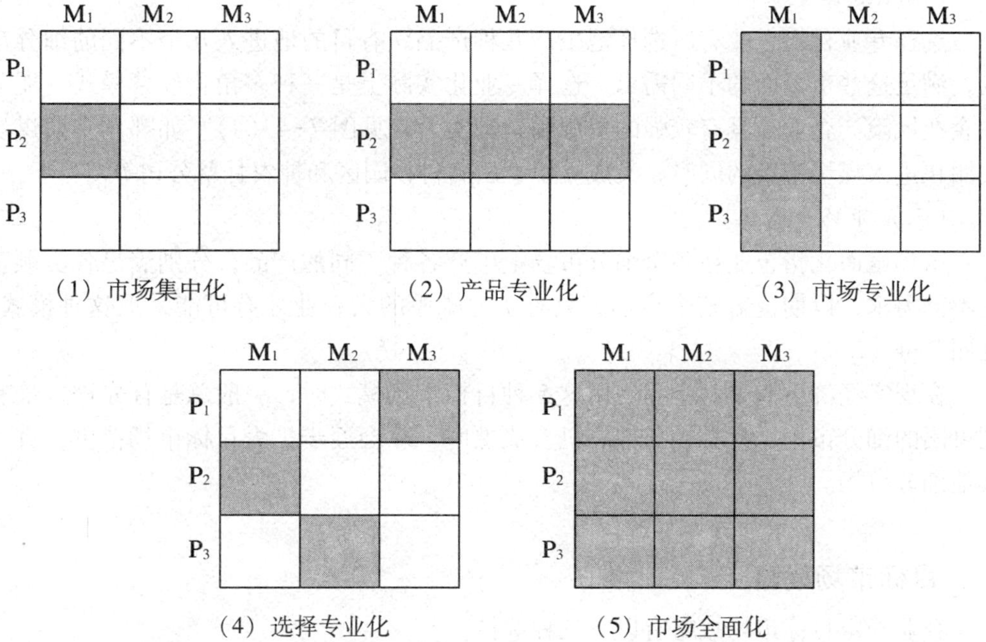

图 7-4　目标市场选择的模式

（一）市场集中化

市场集中化是指企业选择一个细分市场，集中力量为之服务。较小的企业一般这样专门填补市场的某一部分。集中营销使企业深刻了解该细分市场的需求特点，采用有针对性的产品、价格、渠道和促销策略，从而获得强有力的市场地位和良好的声誉，但同时隐含较大的经营风险。

市场集中化也是最简单的目标市场模式，指企业的目标市场都高度集中在一个市场面上，企业只生产一种产品，供应一个顾客群。市场集中化模式具有经营对象单一，可集中力量在一个细分市场上取得较高市场份额等优点，其缺点是目标市场狭窄，经营风险较高，见图 7-4（1）。

（二）产品专业化

产品专业化指企业生产一种产品向各类消费者销售，可在特定的产品领域树立良好信誉（如绿箭口香糖）。但如果这一领域发展出全新的替代技术，该企业则面临经营滑坡的危险，见图 7-4（2）。

（三）市场专业化

市场专门化指企业专门为一个顾客群服务，生产、经营他们需要的各种产品。美国一家公司专门为喜爱男装的女性提供她们所需的各种产品，如服装、鞋帽、手包和化妆品等。市场专门化有助于发展和利用与顾客之间的关系，降低交易成本，树立良好形象，分散经营风险。但该顾客群需求一旦下降，企业会遇到收益下降的危险，见图 7-4（3）。

（四）选择专业化

选择专业化指企业有所选择地生产几种产品，有目的地进入几个不同的细分市场，满足这些市场面的不同需求。选择专业化实际上是一种多角化经营模式，能分散企业风险。企业须具有较强的资源和营销实力，见图 7-4（4）。如鄂尔多斯煤炭集团在进入煤炭市场的同时，又成立了蒙西高科技园区和神农甘草公司等。

（五）市场全面化

市场全面化指企业在各个细分市场上生产各种不同的产品，分别满足各类顾客的不同需求，以期覆盖整个市场。只有实力雄厚的大企业才有可能采取这种模式。见图 7-4（5）。

在现实经济生活中，企业运用这 5 种目标市场模式时，一般总是首先进入最有利可图的细分市场，只有在条件和机会成熟时，才会逐步扩大目标市场范围，进入其他细分市场。

三、目标市场战略

企业确定目标市场战略有以下三种选择：

（一）无差异市场营销战略

无差异市场营销指企业在市场细分之后，不考虑各子市场的特性，只注重子市场的共性，决定只推出单一产品，运用单一的市场营销组合，力求满足尽可能多的顾客的需求。该战略的优点是产品的品种、规格、款式简单统一，有利于标准化与大规模生产，有利于降低生产、存货、运输、研究、促销等成本费用。其主要缺点是某种单一产品要以同样的方式广泛销售并受到所有购买者的欢迎，这几乎是不可能的。

采用无差异市场营销战略的企业将产品的整个市场视为一个目标市场，用单一的营销策略开拓市场，即用一种产品和一套营销方案吸引尽可能多的购买者。无差异营销策略只考虑消费者或用户在需求上的共同点，而不关心他们在需求上的差异性。可口可乐公司在20世纪60年代以前曾以单一口味的品种、统一的价格和瓶装、同一广告主题将产品面向所有顾客，就是采取的这种策略（无差异市场营销战略图7-5）。

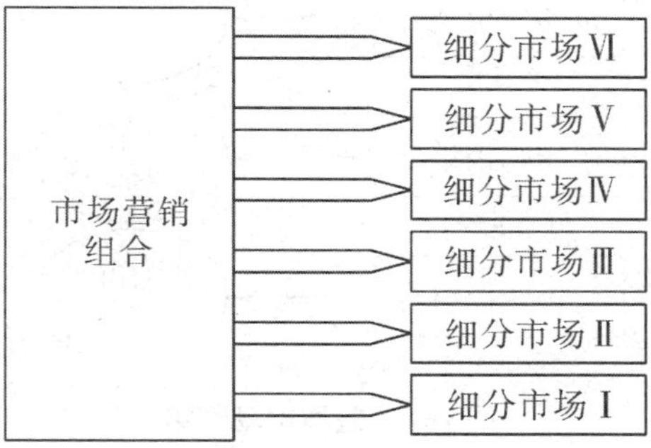

图7-5 无差异市场战略

无差异营销的理论基础是成本的经济性。生产单一产品，可以减少生产与储运成本；无差异的广告宣传和其他促销活动可以节省促销费用；无差异营销可以减少企业在市场调研 、产品开发、制订各种营销组合方案等方面的营销投入。这种策略对于需求广泛、市场同质性高且能大量生产、大量销售的产品比较合适。

无差异市场营销策略一般适用于垄断产品、专利产品、新产品的导入期且市场同质性高或供不应求的产品，对于大多数企业、大多数产品来说并不一定合适。首先，消费者需求客观上千差万别并不断变化，一种产品长期为所有消费者和用户所接受非常罕见。其次，当众多企业如法炮制，都采用这一策略时，会造成市场竞争异常激烈，同时在一些小的细分市场上消费者的需求得不到满足，这对企业和消费者都是不利的。再次，易于受到竞争企业的攻击。当其他企业针对不同细分市场提供更有特色的产品和服务时，采用无差异策略的企业可能会发现自己的市场正在遭到蚕食，但又无力有效地予以反击。正由于这些原因，世界上一些曾经长期实行无差异营销策略的大企业最后也被迫改弦更张，转而实行差异性营销策略。被视为实行无差异营销典范的可口可乐公司，面对百事可乐、七喜等企业的强劲攻势，也不得不改变原来策略。一方面向非可乐饮料市场进军，另一方面针对顾客的不同需要推出多种类型的新可乐。

（二）差异市场营销战略

差异市场营销指企业决定同时为几个子市场服务，设计不同的产品，并在渠道、促销和定价方面都加以相应的改变，以适应各个子市场的需要。该战略的优点是可提高消费者对企业的信任感，进而提高重复购买率，会使总销售额增加。但是也可能使企业的生产成本和市场营销费用增加。

实行这种策略的企业，需要先对整体市场做市场细分，然后根据每个细分市场的特点，分别为它们提供不同的产品，制订不同的营销计划，并开展有针对性的营销活动。例如，自行车厂为了满足不同消费者的需求和偏好，分别提供男车、女车、赛车、山地车、变速车、载重车、童车等多种产品，就是在自行车市场上实行差异性市场营销策略。差异性市场营销策略如图 7-6 所示。

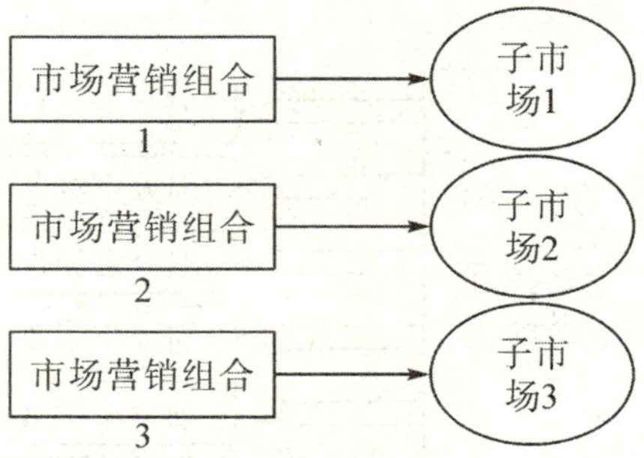

图 7-6　差异市场营销

实行差异性策略的优点：一是企业可以采用小批量、多品种的生产方式，并在各个细分市场上采用不同的市场营销组合，以满足不同消费者的需求，实现企业销售量的扩大；二是企业具有较大的经营灵活性，不是依赖于一个市场一种产品，从而有利于降低经营风险。但采取差异性营销策略，缺点也是显而易见的：一是增加了生产成本、管理费用和销售费用，由于需要制订多种营销计划，使得生产组织和营销管理大大地复杂化了；二是要求企业必须拥有高素质的营销人员、雄厚的财力和技术力量。为了减少这些因素的影响，企业在实施差异性策略时，一是要注意不可将市场划得过细，二是不宜卷入过多的细分市场。

（三）集中市场营销战略

集中市场营销是指企业集中所有力量，以一个或少数几个性质相似的子市场作为目标市场，试图在较少的子市场上取得较大的市场占有率。实行这种营销的企业，一般是资源有限的中小企业，或是初次进入新市场的大企业。实行集中性市场营销有较大的风险性，因为目标市场范围比较狭窄，一旦市场情况突变、竞争加剧、消费者偏好改变，企业有可能陷入困境。

实行这种策略的企业，既不是面向整体市场，也不是把营销分散在若干个细分市场，追求在较大的市场上占有较小的市场份额；而是把力量集中在一个或少数几个细分市场上，实行有针对性的专业化生产和销售。采用集中性策略的意义就在于，与其在大市场上占有很小的份额，不如集中企业的营销优势在少数细分市场上占有较大的、甚至是居支配地位的份额，以向纵深发展。如服装厂专为中老年妇女生产服装，汽车制造厂专门生产大客车等，均属于集中性策略，如图 7-7 所示。

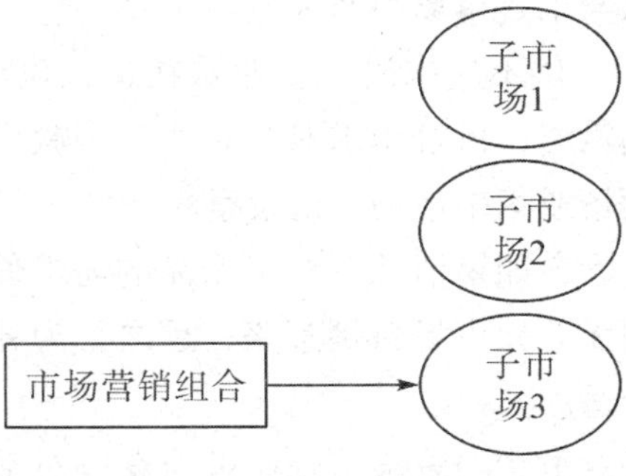

图 7-7　集中市场营销

集中性策略的优点是：有利于企业准确地把握顾客的需求，有针对性地开展营销活动，也有利于降低生产成本和营销费用，提高投资收益率。这种策略特别适用于小企业。因为小企业的资源力量是有限的，如果能够集中力量在大企业不感兴趣的少数细分市场上建立优势就有可能取得成功。集中性策略的缺点是经营风险较大。因为采用这一策略使得企业对一个较为狭窄的目标市场过于依赖，一旦这个目标市场上的情况突然发生变化，比如消费者的需求偏好突然发生变化，或者有比自己更强大的竞争对手进入这个市场，企业就有可能陷入困境。因此，采用集中性策略的企业必须密切注意目标市场的动向，随时做好应变的准备。

上述三种目标市场战略各有利弊，企业在进行决策时要具体分析产品和市场状况和企业本身的特点。也就是要关注企业目标市场策略的影响因素：企业资源、产品特点、市场特点和竞争对手的策略。

首先来看企业的资源特点。资源雄厚的企业，如拥有大规模的生产能力、广泛的分销渠道、产品标准化程度高、内在质量好和品牌信誉高等，可以考虑实行无差异市场营销策略；如果企业拥有雄厚的设计能力和优秀的管理素质，则可以考虑施行差异市场营销策略；而对实力较弱的中小企业来说，适于集中力量进行集中营销策略。企业初次进入市场时，往往采用集中市场营销策略，在积累了一定的成功经验后再采用差异市场营销策略或无差异市场营销策略，扩大市场份额。

其次是产品特点。产品的同质性表明了产品在性能、特点等方面的差异性的大小，是企业选择目标市场时不可不考虑的因素之一。一般对于同质性高的产品如食盐等，宜施行无差异市场营销；对于同质性低或异质性产品，差异市场营销或集中市场营销是恰当选择。

此外，产品因所处的生命周期的阶段不同，而表现出的不同特点亦不容忽视。产品处于导入期和成长初期，消费者刚刚接触新产品，对它的了解还停留在比较粗浅的层次，竞争尚不激烈，企业这时的营销重点是挖掘市场对产品的基本需求，往往采用无差异市场营销策略。等产品进入成长后期和成熟期时，消费者已经熟悉产品的特性，需求向深层次发展，表现出多样性和不同的个性来，竞争空前的激烈，企业应适时地转变策略，采用差异市场营销或集中市场营销。

再次是市场特点。供与求是市场中两大基本力量，它们的变化趋势往往是决定市场发展方向的根本原因。供不应求时，企业重在扩大供给，无暇考虑需求差异，所以采用无差异市场营销策略；供过于求时，企业为刺激需求、扩大市场份额殚精竭虑，多采用差异市场营销或集中市场营销策略。

从市场需求的角度来看，如果消费者对某产品的需求偏好、购买行为相似，则称之为同质市场，可采用无差异市场营销策略；反之，为异质市场，差异市场营销和集中市场营销策略更合适。

最后要考虑的因素是竞争者的策略。企业可与竞争对手选择不同的目标市场覆盖策略。例如，竞争者采用无差异市场营销策略时，你选用差异市场营销策略或集中市场营销策略更容易发挥优势。

总之，企业的目标市场战略应慎重选择，一旦确定，应该有相对的稳定性，不能朝令夕改。但灵活性也不容忽视，没有永恒正确的策略，企业一定要密切注意市场需求的变化和竞争动态。

四、选择目标市场营销战略的条件

企业选择目标市场是否适当，直接关系到企业的营销成败以及市场占有率。因此，企业选择目标市场时，必须认真评价细分市场的营销价值，分析研究是否值得去开拓，能否实现以最少的人财物消耗，取得最大的销售效果。一般来说，一个细分市场要能成为企业的目标市场，必须具备以下三个条件：首先要拥有一定的购买力，有足够的销售量及营业额；其次要有较理想的尚未满足的消费需求，有充分发展的潜在购买力，以作为企业市场营销发展的方向；最后是市场竞争还不激烈，竞争对手未能控制市场，有可能乘势开拓市场营销并占有一定的市场份额，在市场竞争中取胜。

所以，企业选择目标市场就是选择一个或一个以上的市场，从而有利于本企业扩大产品销售，保持市场的相对稳定性，目标市场不是越多越好。据英国市场营销协会的安德鲁·泰斯勒教授对英国、法国、德国等国家的360家出口大企业的调查，90%的出口产品集中在少数几个目标市场，而盈利却比无目标市场的企业高出30%~40%。

第三节 市场定位

一、市场定位的概念

目标市场范围确定后，企业就要在目标市场上进行定位了。市场定位是指企业全面地了解、分析竞争者在目标市场上的位置后，确定自己的产品如何接近顾客的营销活动。

市场定位（Market Positioning）是20世纪70年代由美国学者阿尔·赖斯提出的一个重要营销学概念。所谓市场定位就是企业根据目标市场上同类产品的竞争状况，针对顾客对该类产品某些特征或属性的重视程度，为本企业产品塑造强有力的、与众不同的鲜明个性，并将其形象生动地传递给顾客，求得顾客认同。市场定位的实质是使本企业与其他企业严格区分开来，使顾客明显感觉和认识到这种差别，从而在顾客心目中占有特殊的位置。

传统的观念认为，市场定位就是在每一个细分市场上生产不同的产品，实行产品差异化。事实上，市场定位与产品差异化尽管关系密切，但有着本质的区别。市场定位是通过为自己的产品创立鲜明的个性，从而塑造出独特的市场形象来实现的。一项产品是多个因素的综合反映，包括性能、构造、成分、包装、形状、质量等，市场定位就是要强化或放大某些产品因素，从而形成与众不同的独特形象。产品差异化乃是实现市场定位的手段，但并不是市场定位的全部内容。市场定位不仅强调产品差异，而且要通过产品差异建立独特的市场形象，赢得顾客的认同。

需要指出的是，市场定位中所指的产品差异化与传统的产品差异化概念有本质区别，它不是从生产者角度出发单纯追求产品变异，而是在对市场分析和细分化的基础上，寻求建立某种产品特色，因而它是现代市场营销观念的体现。

市场定位的概念提出来以后，受到企业界的广泛重视。越来越多的企业运用市场定位，参与竞争、扩大市场。市场定位勾画企业产品在目标市场即目标顾客心目中的形象，使企业所提供的产品具有一定特色，适应一定顾客的需要和偏好，并与竞争者的产品有所区别。江苏森达集团开发的“好人缘”牌皮鞋就定位为面向大众的质优价廉产品，科龙公司实行高技术、高起点的产品定位，海尔集团是质量争先、技术领先的产品定位。

资料：中国是最懂得运用“定位策略”的国家

如果单以“国家”的角度来看，其实，中国是最懂得运用“定位策略”的国家。在多届奥运会上，中国健儿频频摘金，为全球华人挣足了面子。1996年亚特兰大奥运会，中国攻下了16枚金牌排名第四，2000年悉尼奥运会，中国更上一层楼，摘下了28枚金牌，名列全球第三，2004年雅典奥运会则是摘下了32枚金牌，名列全球第二，使我国体育真正使入第一军团。特别是在希腊举行的2004年雅典奥运会上，共有202个国家（或地区），10 500位顶尖选手，角逐301个项目的金牌，竞争之激烈可想而知。不可否认的是，东方人与西方人的体型先天上就有些差距，东方人灵巧，西方人高大，因此，中国摘金的定位是专攻西方人的弱项——“不够灵巧”，换句话说，也就是主攻“灵巧、技术含量高”的项目，如跳水（8金）、游泳（32金）、射击（17金）、体操（18金）、乒乓球（4金）、羽毛球（5金），其次是攻取限制体型、分级分量的项目，如举重（15金）、柔道（14金）。今天，中国在奥运会上能够大放光芒，除了教练、选手及相关单位的努力之外，最大的功劳首推中国体育局正确地使用“市场区隔”和“定位策略”，以中国人的灵巧和技术优势，在奥运会上为中国选手创造了新的“市场空间”。

中国在奥运会上的伟大成就即是定位策略的成功案例之一，也非常值得企业界学习借鉴和研究。企业营销的重要任务之一就是要找到自己的目标市场，然后根据目标市场的特点来确定营销方案，这就是企业的市场定位，其实质是取得目标市场的竞争优势，是决定营销组合策略实施成败的关键。

小案例：麦当劳不是餐饮业，是娱乐业

早在1959年，年收入不过243万美元的麦当劳公司就以每月500美元的费用聘请芝加哥的一家公关公司做广告。到1973年，麦当劳各店平均营业额高达62.1万美元时，全国广告经销费已达到了2 000美元，负责麦当劳广告的伊登广告公司拿着这笔巨资策划广告时，针对不同的市场——儿童、青少年、青年及中年，提出不同的销售主张，但在任何一项销售主张中，都以欢乐、温暖和亲切为广告设计的主题。

伊登为麦当劳策划了一整套的儿童故事：“汉堡神偷”（Hamburglar）、“芝士汉堡市长”（Mayor McOheese）、“巨无霸警长”（Officer Big Mac）和“奶昔小精灵”（Grimace）。他们都成为麦当劳餐厅中最受欢迎的人物，也是许多麦当劳广告中的主角。麦当劳建造儿童乐园在快餐业同行中亦为少见，自从20世纪60年代以来在美国国内推出“麦当劳儿童乐园”后，它已成为麦当劳餐厅中最主要的特色之一。现在全球30%的麦当劳餐厅中都设有“儿童乐园”。

二、市场定位的方式

市场定位作为一种竞争战略，显示了一种产品或一家企业同类似的产品或企业之间的竞争关系。定位方式不同，竞争态势也不同。下面分析四种主要定位方式。

（一）*初次定位*

初次定位指新成立的企业初入市场、企业新产品投入市场，或产品进入新市场时，企业必须从零开始，运用所有的市场营销组合，使产品特色符合所选择的目标

市场，根据竞争对手在目标市场的位置，确定本企业产品的有利位置。

（二）重新定位

重新定位指企业变更产品特色，改变目标顾客对其原有的印象，使目标顾客对其产品新形象有一个重新认识的过程。市场重新定位对于企业适应市场环境、调整市场营销战略是必不可少的。产品在市场最初定位即使很好，随着时间的推移也必须重新定位：

（1）竞争者推出一个品牌把它定位在企业的旁边，侵占了企业本品牌的一部分市场定位。

（2）有些消费者的爱好发生了变化。

企业在重新定位时，要考虑两个因素：

（1）要考虑把自己的品牌全面从一个子市场转移到另一个子市场的成本费用。

（2）要考虑把自己的品牌换成新品牌时能获得多少收入。

重新定位策略是指企业对已经上市的产品实施再定位，一般情况下，这种定位目的在于摆脱困境，重新获得增长与活力。例如，美国强生公司的洗发液由于产品不伤皮肤和眼睛，最初被定位于婴儿市场，当年曾畅销一时。后来由于人口出生率下降，婴儿减少，产品逐渐滞销。经过分析，该公司决定重新将产品定位于年轻女性市场，突出介绍该产品能使头发松软、富有光泽等特点，再次吸引了大批年轻女性。又如20世纪50年代美国年产销自行车400万辆，后下降为年产销130万辆。企业对其重新定位：健身休闲用品，同时增加品种类型和花色。再如橘汁的传统定位是：维生素C保健饮品（保健功能）。而新定位是：消暑解渴、提神、恢复体力的饮品。

（三）对峙定位

对峙定位策略又称竞争性定位策略，指企业选择在目标市场上与现有的竞争者靠近或重合的市场定位，要与竞争对手争夺同一目标市场的消费者，彼此在产品、价格、分销及促销等各个方面差别不大。这种定位方法有一定的风险性，但能激励企业学习竞争者的长处，充分发挥自己的优势。实行这种定位策略的企业，必须具备以下条件：

（1）能比竞争者生产出更好的产品。

（2）该市场容量足以吸纳两个以上竞争者的产品。

（3）拥有比竞争者更多的资源和更强的实力。

例如，美国可口可乐与百事可乐是两家以生产销售碳酸型饮料为主的大型企业。可口可乐自1886年创建以来，以其独特的味道扬名全球，第二次世界大战后百事可乐采取了针锋相对的策略，专门与可口可乐竞争。半个多世纪以来，这两家公司为争夺市场而展开了激烈竞争，而它们都以相互间的激烈竞争作为促进自身发展的动力及最好的广告宣传，百事可乐借机得到迅速发展。1988年，百事可乐荣登全美十大顶尖企业榜，成为可口可乐强有力的竞争者。当大家对百事可乐—可口可乐之战兴趣盎然时，双方都是赢家，因为喝可乐的人越来越多，两家公司都获益匪浅。

（四）回避定位

回避定位策略也叫填补空隙策略，指企业尽力避免与实力较强的其他企业直接发生对抗竞争，寻找新的尚未被占领的，但又为许多消费者所重视的市场“空白点”进行定位，如开发并销售目前市场上还没有的某种特色产品，开拓新的市场领域。其优点在于能迅速立足于市场，在目标顾客心目中树立良好的形象。风险较小，成功率较高。例如，金利来进入中国内地市场时，就是填补了男士高档衣物的空位。企业通常在两种情况下适用这种策略：一是这部分潜在市场即营销机会没有被发现，在这种情况下，企业容易取得成功；二是许多企业发现了这部分潜在市场，但无力去占领，这就需要企业有足够的实力才能取得成功。

在金融业兴旺发达的香港，“银行多过米铺”这句话毫不过分。在这一弹丸之地各家银行使出全身解数，走出了一条利用定位策略突出各自优势的道路，使香港的金融业呈现出一派繁荣景象。汇丰银行定位于分行最多、实力最强、全港最大的银行，是实力展示式的诉求。20世纪90年代以来，为拉近与顾客的情感距离，汇丰银行新的定位立足于“患难与共、伴同成长”，旨在与顾客建立同舟共济、共谋发展的亲密朋友关系。恒生银行定位于充满人情味、服务态度最佳的银行，通过走感性路线赢得顾客心，突出服务这一卖点也使它有别于其他银行。渣打银行定位于历史悠久、安全可靠的英资银行，这一定位树立了可信赖的“老大哥”形象，传达了让顾客放心的信息。中国银行定位于有强大后盾的中资银行，这一定位直接针对有民族情结、信赖中资的目标顾客群。

三、市场定位的步骤

企业实现产品市场定位，需要通过识别潜在竞争优势、企业核心优势定位和制定发挥核心优势的战略三个步骤实现。

（一）识别潜在竞争优势

识别潜在竞争优势是市场定位战略的基础。通常企业的竞争优势表现在两方面：成本优势和产品差别化优势。成本优势使企业能够以比竞争者低廉的价格销售相同质量的产品，或以相同的价格水平销售更高质量水平的产品。产品差别化优势是指产品独具特色的功能和利益与顾客需求相适应的优势，即企业能向市场提供在质量、功能、品种、规格、外观等方面比竞争者能够更好地满足顾客需求的能力。为实现此目标，企业首先必须进行规范的市场研究，切实了解目标市场需求的特点以及这些需求被满足的程度。一个企业能否比竞争者更深入、更全面地了解顾客，是能否取得竞争优势、实现产品差别化的关键。另外，企业还要研究主要竞争者的优势和劣势，知己知彼，方能战而胜之。企业可以从以下三个方面评估竞争者：一是竞争者的业务经营情况，譬如，估测其近三年的销售额、利润率、市场份额、投资收益率等；二是评价竞争者的核心营销能力，主要包括产品质量和服务质量的水平等；

三是评估竞争者的财务能力，包括获利能力、资金周转能力、偿还债务能力等。

（二）企业核心优势定位

所谓核心优势是企业与主要竞争对手相比（如在产品开发、服务质量、销售渠道、品牌知名度等方面），在市场上可获取明显的差别利益的优势。显然，这些优势的获取与企业营销管理过程密切相关。所以企业在识别核心优势时，应把企业的全部营销活动加以分类，并对各主要环节在成本和经营方面与竞争者进行比较分析，最终定位和形成企业的核心优势。

（三）制定发挥核心优势的战略

企业在市场营销方面的核心优势不会自动地在市场上得到充分表现。对此，企业必须制定明确的市场战略来充分表现其优势和竞争力。譬如，通过广告传导核心优势战略定位，使企业核心优势逐渐形成一种鲜明的市场概念，并使这种概念与顾客的需求和追求的利益相吻合。

四、市场定位的关键

市场定位的关键：企业塑造自己的产品比竞争者更具竞争优势的特性即找出消费者心智上的坐标位置，定位是“攻心之战”，取胜的关键是要在消费者的心中找到一个恰当的坐标位置。在此，坐标轴变量的选择至关重要，而我们经常性地采用产品定位图作为我们对产品定位进行直观分析的辅助工具。

五、产品定位方法

各个企业经营的产品不同，面对的顾客不同，所处的竞争环境也不同，因而可选择的市场定位战略也不同。总体上，企业可以选择的市场定位的方法有以下几种：

（一）特色定位法

这是指企业根据具体的产品特殊定位也就是根据自己产品的某种或某些特点，或者根据目标顾客所看重的某种或某些利益去进行定位。这里的产品特色包括企业生产该产品所使用的技术、设备、生产流程及产品的功能等消费者关心的信息，也包括与该产品有关的原料、产地、历史等因素。当企业的某些特性超出竞争对手的水平时，企业就应该在市场上强调产品的这些特性以获得市场的认可。企业可实行市场定位与产品差异化相结合起来。这种定位更多表现在心理特征方面，它产生的结果是使潜在的消费者对一种产品形成观念和态度，在类似产品之间形成区别。比如，迪斯尼乐园在其广告中宣传自己是世界上最大的主题公园。大，就是一种产品特色，它蕴含了一种利益，即有最多的娱乐项目可供选择。又如，龙井茶、瑞士表等都是以产地及相关因素定位，而一些名贵中成药的定位则充分体现了原料、秘方和特种工艺的综合。

（二）利益定位法

这是根据产品为顾客提供的利益定位，这里的利益既包括顾客购买产品时所追求的利益，也包括购买产品时能获得的附加利益，产品本身的属性及消费者获得的利益能使人们体会到它的定位。如大众汽车“气派”，丰田车“经济可靠”，沃尔沃车“耐用”，而奔驰是“高贵、王者、显赫、至尊”的象征，奔驰的电视广告中较出名的广告词是“世界元首使用最多的车”。如手机市场中，摩托罗拉向目标消费者提供的利益点是“小、薄、轻”，而诺基亚则宣称“无辐射”。如无铅皮蛋、不含铅的某种汽油等将其定为不含铅，间接地暗示含铅对消费者健康不利。有一则广告说，七喜汽水“非可乐”，强调七喜不是可乐型饮料，意在响应美国当时的反咖啡因运动，暗示可乐饮料中含咖啡因，对消费者健康不利。这种定位的关键是要突出本企业产品的优势和特点，以及他对目标顾客有吸引力的因素，从而在竞争者中突出自己的形象。

（三）用途定位法

这是指企业根据产品使用场合及用途来定位。例如，金嗓子喉宝专门用来保护嗓子，丹参地丸专门用来防治心脏疾病。为老产品找到一种新用途，是为该产品创造定位的好方法。尼龙从军用到民用，便是一个最好的用途定位例证。小苏打一度被广泛用作家庭的刷牙剂、除臭剂和烘烤配料等，现在国外开始把它作为冰箱除臭剂、作为调味汁和肉卤的配料、作为夏令饮料的原料之一等。各种品牌的香水，在定位上也往往不同，有的定位于雅致的、富有的、时髦的，有的定位于生活方式的活跃。如防晒霜被定位于防止紫外线将皮肤晒黑晒伤，而保持和补充水分的润肤霜则被定位于防止皮肤干燥。

（四）使用者定位法

这是指企业根据使用者的类型来定位。企业常常试图把某些产品指引给适当的使用者即某个细分市场，以便根据该细分市场的看法塑造恰当的形象。企业使用者定位主要是针对某些特定消费者群体进行的促销活动，以期在这些消费者心中建立起企业产品“专属性”特点，激发消费者的购买欲望。这种定位战略能在一定程度上满足消费者的心理需求，促进消费者对企业产生信任，采用此战略时，企业要为目标客户设计专门产品并采取不同的营销措施。如，在房地产广告中常听到“成功人士的家园”，或者文艺界人士和教师等的最佳选择，这就是通过特定的使用者类型为自己定位。再比如，奔驰和宝马两款车在面向同一市场时都采用使用者定位战略，分别选择了不同的形象定位，从而有效地避免了正面竞争。具体来讲，奔驰以企业董事长、银行经理、企业主和政府要员为主要使用者，他们通常年龄较大，一般都配有专职司机；而宝马的使用者多为年轻的经理、部门主管及各行业的成功人士，他们喜欢自己驾车。而康佳集团针对农村市场的福临门系列彩电，充分考虑农民消费者的需求特殊性，定位为质量过硬、功能够用、价位偏低，同时增加了宽频带稳压器等配件产品。再如强生公司将其婴儿洗发液重新定位于常常洗头而特别需要温和洗发液的年轻女性，使其市场占有率由 3%提高至 14%。

（五）竞争定位法

竞争者定位指一个企业可以通过将自己同市场声望较高的某一同行企业进行比较，借助竞争者的知名度来实现自己的市场定位。比较常见的做法是，企业通过推出比较性广告来说明本企业产品与竞争产品在某个或某些性能特点方面的相同之处，从而达到引起消费者注意并在心目中形成印象的目的。比如，有“东方威尼斯”之称的苏州在旅游市场定位方面可谓典型的利用竞争者定位战略。企业根据竞争者来定位可以接近竞争者定位，如康柏公司要求消费者将其个人电脑与 IBM 个人电脑摆在一起比较，企图将其产品定位为使用简单而功能更多的个人电脑；也可远离竞争者定位，如七喜将自己定位为“非可乐”饮料，从而成为软饮料的第三大巨头。

（六）档次定位法

不同的产品在消费者心目中按价值高低有不同的档次。对产品质量和价格比较关心的消费者来说，选择在质量和价格上的定位也是突出本企业形象的好方法。企业可以采用优质高价定位和优质低价定位。在各种家电产品价格大战如火如荼的同时，海尔始终坚持不降价，保持较高的价位，这是优质高价的典型表现。如劳力士表价格高达几万元人民币，是众多手表中的至尊，也是财富与地位的象征。拥有它，无异于暗示自己是一名成功的人士或上流社会的一员。

（七）形状定位法

这是指企业根据产品的形式、状态定位。这里的形状可以是产品的全部，也可以是产品的一部分。如白加黑感冒药、大大泡泡糖都是以产品本身表现出来的形式特征为定位点，打响了其市场竞争的一炮。

（八）消费者定位法

这是指企业按照产品与某类消费者的生活形态和生活方式的关联定位。以劳斯莱斯为例，它不仅是一种交通工具，而且是英国富豪生活的一种标志。90 多年来劳斯莱斯公司出产的劳斯莱斯豪华轿车总共才几十万辆，但其最昂贵的车价格高达 34 万美金。

（九）感情定位法

这是指企业运用产品直接或间接地冲击消费者的感情体验而进行定位。如田田口服液以“田田珍珠，温柔女性”为主题来体现其诉求和承诺，由于“田田”这一品牌名称隐含“自然、清纯、迷人、温柔”的感情形象，因而其感情形象的价值迅速通过“温柔女性”转为对“女性心理”的深层冲击。“田田”这一女性化特质的品牌名称，明确将一种感情形象的价值倾向作为其产品定位的出发点，并以此获得了市场商机。

（十）文化定位法

将某种文化内涵注入产品之中，形成文化上的品牌差异，称为文化定位。文化定位可以使品牌形象独具特色。如万宝路引入男性文化因素，改换代表热烈、勇敢和功名的红色包装；用粗体黑字来描画名称，表现出阳刚、含蓄和庄重；并让结实粗犷的牛仔担任万宝路的形象大使，强调“万宝路的男性世界”。万宝路不断塑造强化健壮的男子汉形象，终于使万宝路香烟的销售和品牌价值位居世界香烟排名榜首。

（十一）附加定位法

企业通过加强服务树立和加强品牌形象，称为附加定位。对于生产性企业而言，附加定位需要借助于生产实体形成诉求点，从而提升产品的价值；对于非生产性企业来说，附加定位可以直接形成诉求点。例如，“海尔真诚到永远”是海尔公司一句响彻全球的口号。

市场定位实际上是一种竞争策略，是企业在市场上寻求和创造竞争优势的手段，要根据企业及产品的特点、竞争者及目标市场消费者需求特征加以选择。企业在实际营销策划中往往是多种方法结合采用。

本章小结

市场细分是指企业通过市场调查研究，根据消费者需求的不同特征，把市场分割成两个或多个的消费者群的过程。消费者市场细分标准包括地理变量、人口变量、心理变量、行为变量。产业市场细分的标准包括用户的行业类别、用户规模、产品的最终用途、用户购买状况。市场细分的原则包括可衡量性、可进入性、可盈利性和对营销策略反应的差异性。

企业确定目标市场的战略有三种选择：无差异市场营销战略、差异市场营销战略和集中市场营销战略。

市场定位的实质是使本企业与其他企业严格区分开来，使顾客明显感觉和认识到这种差别，从而在顾客心目中占有特殊的位置。市场定位的关键在于企业塑造自己的产品比竞争者更具竞争优势的特性，即找出消费者心智上的坐标位置。

思考与练习

1. 何谓市场细分？市场细分战略的产生和发展经历了哪些阶段？
2. 市场细分的理论依据以及市场细分的标准是什么？
3. 市场细分过程中应注意哪些问题？
4. 什么是目标市场？
5. 目标市场选择的方式有哪些？
6. 目标市场的战略内容是什么？
7. 什么是市场定位？市场定位的关键是什么？
8. 市场定位的方式和步骤分别是什么？

课后案例

奇瑞 QQ——年轻人的第一辆车

“奇瑞 QQ 卖疯了！”在北京亚运村汽车交易市场 2003 年 9 月 8 日至 14 日的单一品牌每周销售量排行榜上，奇瑞 QQ 以 227 辆的绝对优势荣登榜首！奇瑞 QQ 能在这么短的时间内拔得头筹，归结为一句话：这车太酷了，讨人喜欢。

在北京街头已经能时不时遭遇奇瑞 QQ 的靓丽身影了，虽然只是 5 万元的小车，但是奇瑞 QQ 那艳丽的颜色、玲珑的身段、俏皮的大眼睛、邻家小女儿般可人的笑脸，在滚滚车流中是那么显眼，仿佛街道就是她一个人表演的 T 型台！

一、微型车行业概述

微型客车曾在 20 世纪 90 年代初持续高速增长，但是自 90 年代中期以来，各大城市纷纷取消“面的”，限制微客，微型客车至今仍然被大城市列在另册，受到歧视。同时，由于各大城市在安全环保方面的要求不断提高，成本的抬升使微型车的价格优势越来越小，因此主要微客厂家已经把主要精力转向轿车生产，微客产量的增幅迅速下降。

在这种情况下，奇瑞汽车公司经过认真的市场调查，精心选择微型轿车打入市场。它的新产品不同于一般的微型客车，是微型客车的尺寸，轿车的配置。QQ 微型轿车在 2003 年 5 月推出，6 月就获得良好的市场反应，到 2003 年 12 月，已经售出 28 000 多辆，同时获得多个奖项。

二、市场细分

令人惊喜的外观、内饰、配置和价格是奇瑞公司占领微型轿车这个细分市场成功的关键。

奇瑞 QQ 的目标客户是收入并不高但有知识有品位的年轻人，同时也兼顾有一定事业基础，心态年轻、追求时尚的中年人。一般大学毕业两三年的白领都是奇瑞 QQ 潜在的客户。人均月收入 2 000 元即可轻松拥有这款轿车。

许多时尚男女都因为 QQ 的靓丽、高配置和优性价比就把这个可爱的小精灵领回家了，从此与 QQ 成了快乐的伙伴。

奇瑞公司有关负责人介绍说，为了吸引年轻人，奇瑞 QQ 除了轿车应有的配置以外，还装载了独有的“I-say”数码听系统，成为了“会说话的 QQ”，堪称目前小型车时尚配置之最。据介绍，“I-say”数码听是奇瑞公司为用户专门开发的一款车载数码装备，集文本朗读、MP3 播放、U 盘存储多种时尚数码功能于一身，让 QQ 与电脑和互联网紧密相连，完全迎合了离开网络就像鱼儿离开水的年轻一代的需求。

三、品牌策略

QQ 的目标客户群体对新生事物感兴趣，富于想象力，崇尚个性，思维活跃，追求时尚。虽然由于资金的原因他们崇尚实际，对品牌的忠诚度较低，但是对汽车的性价比、外观和配置十分关注，是容易互相影响的消费群体；从整体的需求来看，他们对微型轿车的使用范围要求较多。奇瑞把QQ定位于"年轻人的第一辆车"，从使用性能和价格比上满足他们通过驾驶QQ所实现的工作、娱乐、休闲、社交的需求。

奇瑞公司根据对QQ的营销理念推出符合目标消费群体特征的品牌策略：

在产品名称方面，QQ在网络语言中有"我找到你"之意，QQ突破了传统品牌名称非洋即古的窠臼，充满时代感的张力与亲和力，同时简洁明快，朗朗上口，富有冲击力。

在品牌个性方面，QQ被赋予了"时尚、价值、自我"的品牌个性，将消费群体的心理情感注入品牌内涵。

在引人注目的品牌语言方面，富有判断性的广告标语"年轻人的第一辆车"及"秀我本色"等流行时尚语言配合创意的广告形象，将追求自我、张扬个性的目标消费群体的心理感受描绘得淋漓尽致，与目标消费群体产生情感共鸣。

四、整合营销传播

QQ作为一个崭新的品牌，在进行完市场细分与品牌定位后，投入了立体化的整合传播，以大型互动活动为主线，具体的活动包括QQ价格网络竞猜、QQ秀个性装饰大赛、QQ网络Flash大赛等，为QQ2003年的营销传播大造声势。

相关信息的立体传播：奇瑞公司通过目标群体关注的报刊、电视、网络、户外、杂志、活动等媒介，将QQ的品牌形象、品牌诉求等信息迅速传达给目标消费群体和广大受众。

各种活动"点""面"结合：通过新闻发布会和传媒的评选活动，形成全国市场的互动，并为市场形成了良好的营销氛围。所有的营销传播活动，特别是网络大赛、动画和个性装饰大赛，都让目标消费群体参与进来，在体验之中将品牌潜移默化地融入消费群体的内心，与消费者产生情感共鸣，起到了良好的营销效果。

QQ作为奇瑞诸多品牌战略中的一环，抓住了微型轿车这个细分市场的目标用户。但关键在于要用更好的产品质量去支撑品牌，在营销推广中注意客户的真实反应，及时反馈并主动解决会更加突出品牌的公信力。

据奇瑞汽车销售有限公司总经理金弋波介绍说："因为广大用户的厚爱，QQ现在供不应求。作为独立自主的企业，奇瑞公司什么时候推出什么样的产品完全取决于市场需求。对于一个受到市场热烈欢迎的产品，奇瑞公司的使命就是多生产出质量过硬的产品，让广大用户能早一天开上自己中意的时尚个性小车QQ。"

QQ的成功，引起了其他微型车厂商的关注，竞争必将日益激烈。2004年3月奇瑞推出0.8L的QQ车，该车具有全自锁式安全保障系统、遥控中控门锁、四门电动车窗等功能，排量更小、燃油更经济、价格更低。新的QQ车取了"炫酷派""先锋派"等前卫名称，希望能够再掀市场热潮。

第八章　产品策略

学习要点

通过学习本章内容，理解产品的整体概念、产品生命周期的概念及其阶段划分、产品组合及其相关概念；掌握产品组合策略和产品生命周期各阶段的特征及营销策略；了解新产品开发的含义、种类和必要性，掌握新产品开发程序和新产品的采用与扩散过程；了解品牌和包装的含义和作用，掌握品牌和包装的基本策略。

开篇案例

苹果公司的产品策略

苹果公司自成立以来，一直以产品创新闻名于世。其主要产品线包括苹果电脑、苹果数码播放器（iPod）及相关音乐产品、苹果手机（iPhone）、显示器等配件以及软件。

一、产品创新的轨迹

（一）苹果电脑

1. 苹果电脑1代（Apple I）和苹果电脑2代（Apple II）

1976年大多数的电脑没有显示器，苹果电脑1代却能以电视作为显示器；苹果电脑1代主机更容易启动；设计者沃兹尼亚克设计了一个用于装载和储存程序的卡式磁带界面，以1 200位秒高速运行。尽管苹果电脑1代的设计相当简单，但它仍然是一件杰作。紧接着推出的苹果电脑2代一反过去个人电脑沉重粗笨、设计复杂、难以操作的形象，它设计新颖、功能齐全、价格便宜、使用方便，看上去像一部漂亮的打字机。这是当时全球第一台使用彩色图形界面的微电脑，因此被公认为是个人电脑发展史上的里程碑。

2. 麦金塔（Macintosh）电脑

20 世纪 80 年代苹果公司推出的麦金塔电脑，运用了图形用户界面、滑鼠、面向对象程序和网络功能等技术，获得了巨大的成功，引发了一场计算机世界的革命。

3. 手提电脑 PowerBook

20 世纪 90 年代苹果公司推出 PowerBook 手提电脑，为现今流行的手提电脑设立了现代的外形标准。

（二）苹果数码音乐播放器+苹果媒体播放程序（iTunes）网络音乐商店

2001 年 11 月，苹果公司推出苹果数码音乐播放器，配合其独家的苹果媒体播放程序网络付费音乐下载系统，一举击败了索尼公司的随身听（Walkman）系列，成为全球占有率第一的便携式音乐播放器。苹果公司随后推出的数个苹果数码播放器系列产品，更加巩固了苹果在商业数字音乐市场不可动摇的地位。苹果数码播放器不是第一个 MP3 播放器，但它确是第一个最易于使用的和具有最“酷”外观的 MP3 播放器。苹果数码播放器正在改变现有音乐的消费方式。首先，苹果数码播放器让消费者拥有更庞大的音乐控制权，由于苹果数码播放器以硬件作为储存技术，一台苹果数码播放器可以储存上千、上万首音乐，能让消费者随时随地都可以找到符合当下心情的音乐；其次，使用者可以自行编排播放清单；最后，经典的单曲，会因为苹果媒体播放程序下载排行的机制，一再地成为畅销金曲，而不会因为专辑过时而被淘汰。在 2008 年刚进入第 3 周时，苹果媒体播放程序售出了第 40 亿首歌曲。

苹果公司苹果数码播放器的市场表现如此之“酷”，是因为它在以下方面的创新超过了其他的竞争对手：

1. 商业模式

苹果数码播放器+苹果媒体播放程序相结合的商业模式为音乐人、音乐出版商和苹果找到了一种通过下载音乐赚钱的方式，苹果也从苹果数码播放器的销售中获得收益，而消费者获得了前所未有的消费体验。

在苹果数码播放器推出后不到一年半，苹果媒体播放程序网上音乐店也于 2003 年 4 月开张，以每首歌曲 99 美分的价格提供网上音乐下载服务，其中 65 美分付给唱片公司，25 美分用来负担技术成本和信用卡交易费用。这种收费模式非常简单，用户只需拥有一张以美国为账单邮寄地址的信用卡即可。用户可以通过苹果媒体播放程序网上音乐商店付费下载音乐到苹果数码播放器播放，获得全程服务。

苹果数码音乐播放器+苹果媒体播放程序网络音乐商店模式获得了巨大成功，在美国所有的合法音乐下载服务当中，苹果公司的苹果媒体播放程序音乐下载服务占据了 82%。与此同时，苹果也推出适合视窗操作系统（Windows）个人电脑的苹果媒体播放程序版本，将苹果数码播放器和苹果媒体播放程序音乐店的潜在市场扩大到整个世界。通过苹果数码播放器和苹果媒体播放程序音乐店，苹果改写了个人电脑（PC）、消费电子、音乐这三个产业的游戏规则。

2. 合作

苹果通过与多方合作扩大苹果数码播放器的市场份额和品牌影响。

苹果公司与汽车生产商合作。宝马发布了首个由汽车制造商制造的汽车界面，界面允许驾驶者在汽车中通过内置于方向盘上和收音机上的按键控制他们的苹果数码播放器，并在汽车的储物柜中放有保护苹果数码播放器的安全带。2005 年 1 月，包括奔驰和法拉利在内的更多的制造商宣布在 2005 年春季开始推出类似的系统。

苹果公司与运动产品生产商合作。2006 年 5 月 23 日，耐克公司和苹果公司宣布，双方合作推出了创新的耐克（Nike）+苹果数码播放器系列产品，首次将运动与音乐世界完美地结合起来，这两家公司合作开发的首款产品为耐克+苹果数码播放器运动组件。它可以通过设计在耐克运动鞋中的装置将人们跑步时的相关指标（如速度、消耗的热量等）传送到苹果数码播放器中，为人们带来全新的最佳跑步和锻炼的体验。

3. 产品功能和设计创新

苹果提供了易于使用、外形美观、触感优良的产品，创建了一条在市场上具有明显差异性的硬件产品线。在苹果的设计中，色彩与具体的形态相结合，便具有了极强的感情色彩和表现特征，具有强大的精神影响。

4. 产品体系健全和苹果数码播放器经济

苹果建立了一个无缝的网络，有苹果数码播放器硬件和软件、媒体播放程序网上音乐商店及苹果零售店和全世界的配件组成的网络，创新了苹果数码播放器经济，各参与方的利益都得到了保证。

5. 品牌和体验

苹果通过卓越的界面和媒体播放程序音乐软件产品，在使用者中建立起苹果的形象。苹果成为一家真正适合销售数字娱乐产品和运营数字娱乐服务的公司，“精致”“高雅”“酷”“自由”等符号成为其公众形象的一部分。作为时尚新宠，苹果数码播放器吸引了各界的关注，如今的苹果数码播放器已经是一种符号、一个宠物或者一种身份的象征。

6. 渠道完备

苹果公司实现了在线音乐合法销售的突破，并且建立起一个在网上、电子商品店及苹果专卖店销售硬件的网络。2001 年苹果宣布开设苹果零售店，最初只在美国开店。2003 年年底，银座店在东京开业。2004 年，大阪店、名古屋店和伦敦店相继开业。

（三）苹果手机

2007 年 6 月 29 日，苹果手机在全美正式开售后，持续热销，成为苹果公司的又一典范产品。苹果手机的独特之处主要体现在以下几方面：

第一，苹果手机是便捷的智能手机，功能齐全，使用方便。它具有新的地址簿功能、可视语音邮件列表功能、会话的同时收发短信的功能、日历功能、照相和图片管理功能。

第二，苹果手机是互联网服务+数字终端。苹果手机强大的互联网功能，使人们从个人电脑的制约中解脱出来，从而获得更为自由的数字体验。它具有网页浏览功能、搜索功能、电子邮件功能、地图服务功能。

第三，苹果手机是音乐播放器。它具有音乐库导航功能、观看电视节目和电影的功能、与苹果媒体播放程序在线商店兼容功能、与苹果数码播放器兼容功能。

第四，苹果手机拥有人性化的用户页面。苹果手机采用了先进的内置传感器，可以防止因使用者面部接触触摸屏幕而造成的错误输入，节省耗电量，增强用户体验。苹果手机还可以用手指代替书写笔进行操作。

第五，商业模式创新。苹果公司为苹果手机建立了分享通信运营商收益的新商业模式。苹果公司选择独家合作的运营商，运营商需要将收入的一定百分比分成给苹果公司。

二、产品创新成功的分析

（一）创新的文化

苹果公司产品创新来自于其创新时尚的企业文化。苹果公司的符号意义为设计、科技、创造力和高端的时尚文化。

第一，另类。苹果公司是一个以奇特、另类为核心理念的创新型企业。在创办初期，苹果公司曾在楼顶悬挂海盗旗，向世人宣称自己与众不同。苹果公司力图让每一项产品都符合消费者心目中的苹果文化印记。因为要求苛刻，以至于苹果每年只能开发出一两款产品，但几乎每款产品都能让消费者欣喜若狂。

第二，流行文化。乔布斯历来就是技术行业流行文化的风向标。乔布斯具有一种敏锐的感觉和能力，能将技术转化为普通消费者所渴望的东西，并通过各种市场营销手段刺激消费者成为苹果“酷玩产品”俱乐部的一员，使苹果用户都有时尚、品味的标签和自豪感。

第三，产品设计精益求精成就苹果文化符号。卓越的产品设计成就了苹果产品“另类、品味、时尚”的文化符号。iMac电脑以半透明的、果冻般圆润的蓝色机身重新定义了个人电脑的外貌，打破了原有电脑枯燥乏味的米黄色盒子的呆板模式，并迅速成为一种时尚象征。而风格极简、纯白的苹果数码播放器，在充斥着各种颜色的数字家电市场中特立独行。可以这样形容苹果的设计：简洁的、纯净的、空洞的。就如现在的苹果手机，只有一个巨大的空洞洞的屏幕和唯一的一个按键，比苹果数码播放器还要简单干净。乔布斯追求产品完美细节的激情使其被媒体形容为“魔鬼性的完美主义者”，正因为他的执著、精益求精，苹果产品才会有众多的追随者。

第四，人才精英文化。苹果公司在人才的使用上，极力强调“精”和“简”，强调“质量比数量更加重要”。乔布斯的用人标准是使用“那些每天挑战彼此，而让产品最佳化的人才”。

他相信由顶尖人才所组成的一个小团队能够运转巨大的轮盘，仅仅是拥有较少的这样的顶尖团队就够了。为此，他花费大量精力和时间打电话，用于寻找那些他耳闻过的最优秀人员以及那些他认为对于苹果各个职位最适合的人选。

（二）创新过程管理

苹果公司产品的卓越设计与其严格的创新过程管理是分不开的。苹果产品的设计流程有以下阶段：

第一，从 10 到 3 到 1。对于任何一项新的设计，苹果的设计师们首先要拿出 10 种完全不同的模拟方案，使设计师们有足够的空间，在没有限制的情况下放开设计。然后他们从中挑出 3 个方案，再花几个月的时间仔细研究这 3 个方案，最终得出 1 个最优秀的设计方案。

第二，两次设计会议。设计团队每周会有两次会议。一次是头脑风暴会议，完全忘记任何的条件限制，自由地思考，甚至提出疯狂的想法。第二次是成果会议，这个会议与前一次会议正好相反，设计师和工程师必须明确每一件事情，明确前面疯狂的想法是否可能在实际中应用。尽管在这个过程中，重心已经转移到一些应用的开发和进展上，但团队还是要尽量多地考虑到其他各个应用的潜在发展可能。即使到了最后阶段，也要保持一些创造性的想法做后备选项。

第三，小马驹会议。设计团队将每周两次会议上最好的几个想法交给领导层，由领导层的“小马驹会议”决定方案，以确保苹果的产品线不会出现低级的错误。

（三）以用户为本

苹果产品设计的目标是简便易用。苹果公司把消费者的需求放在第一位，在一切看似复杂的技术面前，苹果公司往往能化繁为简，让消费者容易使用。苹果产品的设计总是贯穿着以人为本的设计理念，清爽的外观、简洁的按钮、便捷的操作模式是产品的灵魂。

产品创新源于用户需求。苹果产品的产生往往源于一项潜在的消费者需求，如苹果数码播放器原本的设计思路是为了让用户能够更妥善地保存和管理音乐文件。而苹果数码播放器和苹果媒体播放程序的结合则来自于顾客对有质量保障的音乐、携带便利的数字格式音乐及大量数据的强烈需求。苹果公司把科技与消费者的需求进行了完美的结合，实现了产品策略的飞跃。

第一节　产品整体概念

一、产品整体概念

对于产品概念的理解，通常人们习惯地认为产品是具有某种形状和用途的物体，比如汽车、手表、服装、食品等。这种认识强调的是产品的物质形态，也就是有形的实体。现代市场营销对产品的理解则更为广泛深入，不仅包括物质形态的实体，同时也包括非物质形态的服务，是一个整体产品的概念。所谓整体产品是指能够通过交换来满足市场需要和欲望的任何有形物品和无形的服务。有形产品主要包括产品实体及其品质、特色、式样、商标和包装等；无形产品主要包括可以为顾客带来附加利益和心理满足感及信任感的售后服务、承诺、企业形象、信誉等。具体用五个层次来表述产品整体概念，即核心产品、有形产品、期望产品、延伸产品、潜在产品，如图 8-1 所示。

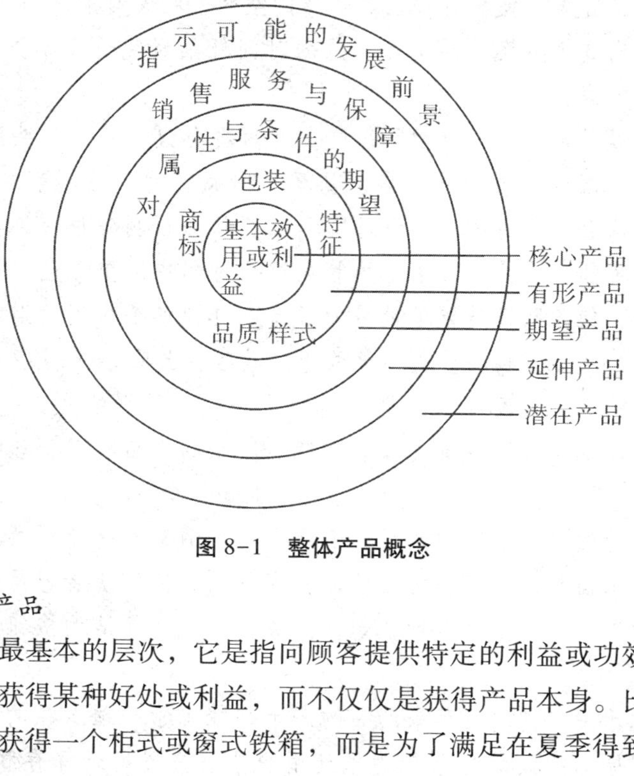

图 8-1 整体产品概念

（一）核心产品

核心产品是最基本的层次，它是指向顾客提供特定的利益或功效。顾客购买产品的目的是为了获得某种好处或利益，而不仅仅是获得产品本身。比如，人们购买空调，并不是为获得一个柜式或窗式铁箱，而是为了满足在夏季得到清凉，在冬季得到温暖的需求。

市场营销学中有一句非常著名的话："你卖的不是一个钻头，而是一个洞。"意思是说，产品本身只是一种满足消费者需求的工具，其本质是使顾客的某种需求得到满足，核心产品就是这种对顾客需求的满足。由此可以看出，在产品整体概念中，核心产品是最基本的，是顾客需求的实质。

（二）有形产品

有形产品是指能看得见的产品实体，是核心产品实现其功效的形式。商店里销售的各种商品实体，都是有形产品。有形产品的主要构成因素有产品的质量、款式、特色、品牌、包装等。例如格力空调，它由品牌、功能部件、窗式或柜式造型、特征、质量、包装等形式组成，为的是产生核心功效——满足凉爽舒适的需求。可见企业不但要满足顾客购买产品时对核心产品利益的需求，还须在有形产品上下功夫，使产品在外观造型、质量水平、花色品种、品牌包装等方面取得竞争优势。

（三）期望产品

期望产品是指顾客在购买产品时期望得到的与产品密切相关的一整套属性和条件。比如，顾客在宾馆消费时，期望得到清洁的床铺、洗漱用品、浴巾、洗衣服务等。由于大多数的宾馆能满足住宿者的最低的期望，所以顾客在档次大致相同的宾馆中选择时，一般不是选择哪家宾馆能提供其产品，而是根据哪家宾馆就近和方便而来确定。

（四）延伸产品

延伸产品是指现有产品包括的全部的附加服务和附加利益，包括产品说明书、保证、上门服务、送货、免费安装、技术培训等。尽管附加产品没有具体的实物形态，没有物理、化学属性，但它可以满足人们的需求，因此是产品的重要组成部分。许多情况表明，新的竞争不在于企业生产什么产品，而在于为产品发展延伸产品。发展延伸产品成为许多企业打造其核心竞争力的重要途径。

（五）潜在产品

潜在产品是指现有产品包括所有附加产品在内的、可能发展成为未来最终产品的潜在状态的产品。有形产品表明产品的现状，而潜在产品则预示产品的演变趋势和发展前景。如彩电可能会发展成计算机显示器，宾馆也许会发展成为人们休闲、娱乐、购物、餐饮等的综合性场所。

二、产品整体概念的意义

产品整体概念体现了以顾客为导向的现代市场营销观念，对于企业市场营销实践活动具有十分重要的理论指导意义。

第一，产品整体概念体现了“以顾客需求为中心”的现代市场营销观念。产品的五个层次，十分清晰地体现了以顾客需求为标准、以顾客利益为原则的观念。顾客所追求的是整体产品，企业所提供的也必须是整体产品。没有产品整体概念，企业就不可能真正贯彻现代市场营销观念。

第二，产品整体概念把产品由传统意义上的实体性产品扩展为多层次的组合。如果企业还是一味追求产品的优质耐用，而忽视顾客对品牌、包装、服务等各方面的要求，很难发挥产品的竞争优势。

第三，产品整体概念强调了服务是产品组成中的一个不可或缺的部分。随着顾客购买能力的增强和需求的不断变化，用提供全方位的服务增加产品的附加值，增加顾客的利益和满意度，对市场竞争具有决定性的意义。服务再好也不能使产品成为优质产品，而优质产品却会因服务不好而失去市场。

随着市场竞争的日趋激烈，向顾客提供能满足其效用、完善的整体产品已成为企业提高竞争能力的重要手段。正如美国学者西奥多·李维特所说：“未来竞争的关键不在于企业能生产什么产品，而在于其产品所提供的附加价值：包装、服务、广告、用户、用户咨询、融资、送货安排、仓储和人们所重视的其他价值。”

第二节　产品生命周期

一、产品生命周期的概念

市场营销学认为产品同任何事物一样，是有生命的，有一个产生、发展、衰亡的过程。所谓产品生命周期是指某产品从进入市场到最后退出市场所经历的市场生命循环的过程，一般分为导入期、成长期、成熟期和衰退期四个阶段。产品生命周期四个阶段的划分是以销售额和利润额为衡量标准，来显示产品在生命周期的不同阶段的发展变化过程的，用曲线表示如图 8-2。产品生命周期曲线描述了一个产品在市场上从无到有、高速发展、市场饱和直至被市场淘汰退出市场的运动过程。

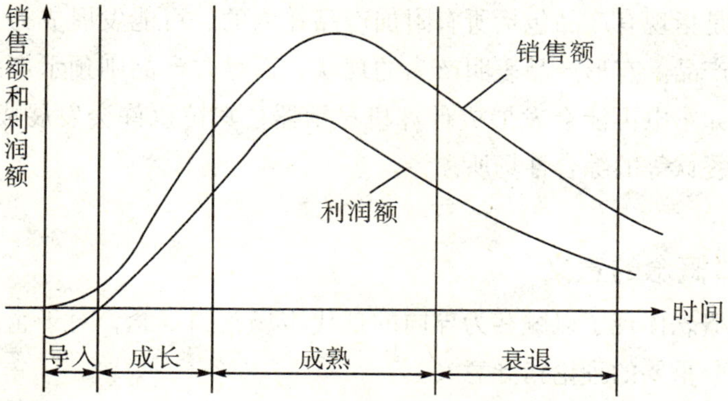

图 8-2　产品市场生命周期曲线图

由于产品所处的各个生命周期阶段具有不同的市场机会和利润潜力，所以分析产品生命周期，正确把握产品在市场所处的阶段，研究产品在生命周期各阶段中所体现出来的特点，及时采取相应的营销策略，对企业的经营有着非常重要的意义。

二、产品生命周期各阶段的主要特点

（一）导入期

产品的导入期是指新产品刚刚投放市场的阶段。这个时期通常表现出以下特点：

（1）由于产品刚刚投放市场，消费者对产品还不知道或了解很少，产品销售量小。企业为了提高产品的知名度和吸引经销商进货，需要花费大量的广告、公关、销售促进、人员推销费用，所以产品的单位成本较高，利润少甚至亏损。

（2）企业尚未建立有效、完善的分销渠道，分销费用比较高。

（3）价格决策难以确定。价格定高了，可能成为销售障碍，限制了购买；价格定低了，又难以尽快收回成本。

（4）产品的技术、性能、包装等还不够完善。

（5）市场上竞争者较少，市场竞争不激烈。

（二）成长期

产品的成长期是指产品在市场上逐步被顾客接受，销售量和利润迅速增长的阶段。这个时期通常表现出以下主要特点：

（1）产品销售量迅速上升，这是产品成长期的主要标志。

（2）生产规模不断扩大，企业产销量迅速增加，产品的单位成本逐步降低，利润快速增长。

（3）竞争者看到有利可图，纷纷进入市场，他们推出具有新特点的产品，竞争加剧。

（4）企业已建立起比较稳定的分销渠道，并在继续扩大。

（5）产品已基本定型，技术工艺比较成熟。

（6）产品价格比较稳定或略有下降。

（三）成熟期

产品的成熟期是指大多数消费者已接受该产品，销售量保持较高水平状态。这一时期的特点主要表现在：

（1）产品销售量和利润达到最高点，市场渐趋饱和，销售量增长速度明显放慢。在成熟期的后期，销量和利润开始缓慢下降。

（2）许多同类产品或替代品进入市场，竞争更加激烈，一些竞争力较弱的企业开始被挤出市场。

（3）为了稳住已有的市场份额和对付竞争对手，产品需要增加营销费用，尤其是促销费用。

（4）产品成熟期持续时间比较长，现实中的大多数产品都处在生命周期的成熟阶段。

（四）衰退期

产品的衰退期指产品的销售额加速递减，利润下降较快，趋于零或亏损的阶段。这一时期的特点：

（1）产品销量由缓慢下降变为迅速下降，利润很低甚至亏损，这是衰退期的主要标志。

（2）市场上以价格竞争为主要手段，价格下滑，降到最低水平，很多竞争者由于无利可图而纷纷退出市场。

（3）留在市场上的企业逐渐减少产品附带服务，削减促销费用，简化销售渠道，以维持最低水平的经营。

上述产品生命周期各阶段的特点，由图 8-2 比较形象化描述出来。但这只是反映产品生命周期理论上的一条曲线。大多数产品生命周期曲线都是这种“S”形，不同产品市场生命周期各阶段划分并无统一的标准，如流行产品、时尚产品、季节产品一投入市场便进入成熟期，并很快退出市场，即快速进入、快速退出市场产品生命周期，如图 8-3 所示，而有些产品进入成熟期后并没有进入衰退期而是进入第二个成长期，体现的是产品生命周期再循环过程，如图 8-4 所示。

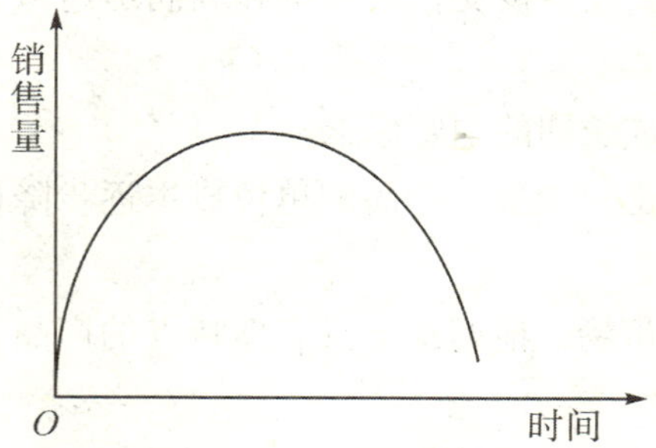

图 8-3　快速型产品生命周期曲线

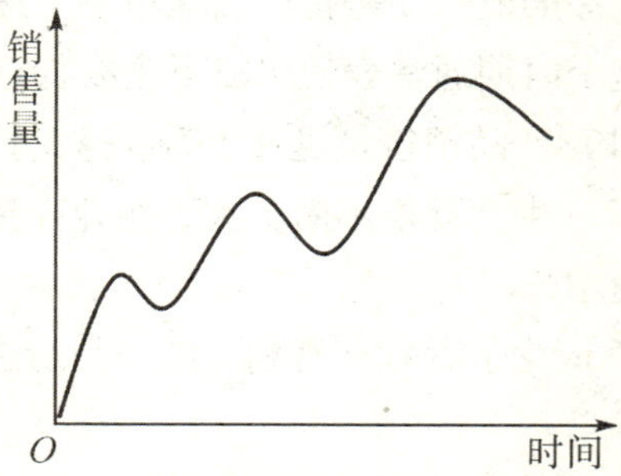

图 8-4　循环型产品生命周期曲线

三、产品生命周期各阶段的营销策略

产品生命周期理论的应用主要有三个目的：一是使产品尽快被消费者接受，尽量缩短产品的导入期；二是努力保持和延长产品的成熟期；三是尽量使产品以较慢的速度被市场淘汰。因此，经营者要善于根据产品生命周期各阶段的特点选用适当的营销策略，以获取最大利润，为企业创造最大利益。

（一）导入期的市场营销策略

导入期是产品首次投入市场的最初销售阶段，这时企业营销的主要目标是通过促销让消费者了解产品，建立分销渠道，设法使市场尽快接受此产品，缩短导入时间。因此，企业应综合考虑产品、价格、渠道和促销等组合因素，做好产品的整体营销策划。导入期一般有四种可供选择的策略：

1. 快速掠取策略

快速掠取策略是以高价格和高促销费用向市场推出新产品。企业制定较高价格，目的是短期内获得高额利润，快速收回投资；高的促销费用是通过促销来吸引消费者，以求迅速扩大销售量，取得较高的市场占有率。该策略适用的条件：新产品有特色，确实优于市场原有同类产品；市场需求潜力大，顾客求新心理强；目标顾客有强烈的购买欲望而愿意支付高价；企业面临潜在的竞争压力，需尽快树立名牌形象。

2. 缓慢掠取策略

缓慢掠取策略是以高价格和低促销费用将新产品推出的策略。企业选择这一策略是通过较低的促销费，获得较高的利润。前提条件是：市场规模有限；目标市场中大多数顾客已了解这种产品；目标顾客愿意支付高价；潜在的竞争威胁不大。

3. 快速渗透策略

这是企业以低价格和高促销费用推出新产品以求达到最快速的市场渗透和最高的市场占有率的策略。这种策略适用于以下条件：市场容量足够大；消费者不了解这种新产品，但对价格十分敏感；潜在竞争很激烈；产品成本能够随着生产规模的扩大和销量的增加而降低。

4. 缓慢渗透策略

这一策略是以低价格和低促销费用推出新产品。低价格是为了促使消费者迅速接受新产品，低促销费用则可以使企业获得更多利润。企业坚信该市场需求价格弹性较大，而促销弹性较小。实施这一策略的条件：市场容量较大；市场上该产品的知名度高；产品的需求价格弹性大；有相当的潜在竞争者准备加入竞争行列。

（二）成长期的营销策略

这一时期企业的工作重点是大力组织生产，不断扩大市场份额，尽可能延长产品的成长期。具体可以采取如下策略：

1. 提高产品品质

企业可以从质量、性能、花色品种、包装等方面加以改进完善，来提高竞争力。

2. 开拓新市场

处于高速发展时期的新产品，市场需求潜力一般都比较大。企业应该努力寻找和开拓新的细分市场，开辟新的分销渠道。

3. 树立产品形象

促销宣传的目标应由扩大产品知名度转移到树立产品形象上，使消费者建立品牌偏好。

4. 适当调整价格

企业应分析市场价格趋势和竞争者的价格策略，选择适当时机降价，以争取更多的消费者，同时还可以阻止竞争对手。

（三）成熟期的营销策略

产品处于成熟期时，企业营销的重点是延长产品的生命周期，巩固市场占有率，主要选择如下三种基本策略：

1. 市场改良策略

市场改良策略又叫市场多元化策略，即企业进入新的细分市场，开发产品新的目标市场。

2. 产品改良策略

企业可通过提高产品的质量，增加产品的功能，改进产品的式样，增加花色品种和规格型号，来吸引新的购买者，鼓励老顾客重复购买，从而增加销售量，延长成熟期。

3. 调整产品的营销组合

企业可通过改变定价、销售方式及促销方式来延长产品的市场寿命。一般是通过改变一个或几个因素的搭配关系来刺激消费需求、扩大销售量。在价格上可以适当调低，让利给消费者。拓宽销售渠道，增设销售网点，加强广告宣传等，都可以争取更多消费者。

（四）衰退期的营销策略

在衰退期，企业的主要任务是逐步淘汰老产品，研制开发新产品或转入新的目标市场，营销策略大致有如下几种：

1. 放弃策略

放弃策略即放弃那些迅速衰落的产品，将企业的资源投入到其他有发展前途的产品上来。企业既可以选择完全放弃，也可以部分放弃，逐步有计划地撤出市场，淘汰老产品，或寻找新的目标市场。但同时企业还应妥善处理好现有顾客的售后服务问题，否则老客户会因服务得不到满足而使企业的形象产生不良影响。

2. 维持策略

在衰退期，由于有些竞争者退出市场，市场留下一些空缺，这时留在市场上的企业仍然有盈利的机会。具体的策略包括：继续沿用过去的营销策略；将企业资源集中于最有利的细分市场，维持老产品的集中营销；大幅度削减营销费用，让产品继续衰落下去，直至完全退出市场。

3. 重新定位

企业可通过产品的重新定位，为产品寻找到新的目标市场和新的用途，使衰退期的产品再次进入新的生命周期循环，从而延长产品的原生命周期，甚至使它成为一个新的产品。这种策略成功的关键就是要正确找到产品的新用途，做好新产品开发。

第三节　产品组合策略

现代企业为了更好地满足目标市场的需要，扩大销售，分散风险，增加利润，往往生产经营多种产品，这些产品在市场上的相对地位以及对企业的贡献有大亦有小。随着外部环境和企业自身资源条件的变化，各种产品会呈现新的发展态势。因此，企业如何根据市场需要和自身能力，决定生产经营哪些产品，并明确各产品之间的配合关系，对企业的兴衰有着重要的影响。因此，企业需要对其产品组合进行研究和选择。

一、产品组合及其相关概念

（一）产品组合、产品线和产品项目

产品组合是指一个企业生产经营的全部产品的结构，即企业全部产品线和产品项目的组合。产品线是指在使用功能、销售对象、分销渠道、销售价格等方面相似或相近的一组产品，又称产品大类或产品系列。绝大多数企业的产品组合是一条产品线或多条产品线，而不是单一规格的产品项目。产品项目是指企业生产经营的每一个产品，即每一个产品就是一个产品项目。各个产品项目之间是根据规格大小、档次高低、价格贵贱、外观造型、商标品牌等来区分的。如某商场经营服装、家用电器、百货、文教用品四大类商品，即有四条产品线，产品大类中有各种不同的品种、档次、质量和价格的特定产品，即产品项目是产品线的具体组成部分。这些产品线和产品项目按一定比例搭配，就形成该商场的产品组合。

（二）产品组合的宽度、长度、深度和相关度

产品组合包括4个衡量变量：产品组合的宽度、长度、深度和相关度。下面以宝洁公司生产的消费品为例来说明这些概念，见表8-1。

表8-1 宝洁公司的产品组合宽度和产品线的长度（包括导入市场的日期）

	产品组合的宽度				
	清洁剂	牙膏	条状肥皂	纸尿布	纸巾
产品线长度	象牙雪 1930 德来夫特 1933 汰渍 1946 快乐 1950 奥克雪多 1914 达什 1954 波尔德 1965 盖恩 1966 伊拉 1972	格利 1952 佳洁士 1955	象牙 1879 柯克斯 1885 洗污 1893 佳美 1926 爵士 1952 保洁净 1963 海岸 1974 玉兰油 1993	帮宝适 1961 露肤 1976	媚人 1928 粉扑 1960 旗帜 1982 绝顶 1992

1. 产品组合的宽度

产品组合的宽度是指产品组合中所拥有的产品线数目，即一个企业生产经营的产品大类的多少。产品线多则说明该企业的产品组合宽，产品线少则说明产品组合窄。表8-1表明，宝洁公司产品组合的宽度是5。一般情况下，企业增加产品组合的宽度，即增加产品线，可以拓宽经营范围，在一定程度上分散企业的经营风险。

2. 产品组合的长度

产品组合的长度指一个企业的产品组合中产品项目的总数。用产品项目总数除以产品线数是产品线的平均长度。如表8-1中，宝洁公司产品项目总数是25个，产品线的平均长度为5。一般来说，产品组合的长度越长，说明该企业生产经营的产品品种和规格越多，就更能满足不同类型消费者对产品的个性化要求，使消费者有更多的选择机会，增加销售量；反之，则影响企业产品的销量。但如果产品组合的长度太长，也就是说产品的品种规格太多，会增加生产和销售成本，甚至引起消费者的厌烦和营销上的混乱。

3. 产品组合的深度

产品组合的深度是指企业每一条产品线中所包含产品项目的数量。例如，某洗涤用品公司的产品组合中，其中一条产品线——某品牌牙膏有3种规格和2种配方，则该牙膏的深度就是6。一般说来，产品组合的深度越深，可以占领同类产品更多的细分市场，满足更多消费者的需求。

4. 产品组合的相关度

产品组合的相关度是指各条产品线之间，在最终用途、生产要求、分销渠道、市场促销等方面相互关联的紧密程度。产品组合的相近程度越大，其相关度就越高，企业的各种内外资源越容易发挥连带优势，更容易得到充分有效的利用，经营成本也会越低，从而提高企业的竞争力。

产品组合的广度、深度与相关性在市场营销战略中具有重要意义。首先，拓展产品组合的广度，可以充分发挥企业特长，充分利用企业资源，开拓新市场，拓展服务面，分散投资风险，提高经济效益。例如，我国第一拖拉机厂，充分利用加工能力和设计力量，除生产传统产品——拖拉机外，还生产了筑路机械、建筑机械、汽车、自行车等系列产品，充分发挥了大型企业的优势，适应了市场竞争的需要。其次，增加产品组合的深度，可使各产品线有更多的花色品种，适应不同顾客的需要，扩大总销售量。最后，增加产品组合的相关性，可以充分发挥企业现有的生产、技术、分销渠道和其他方面的能力，提高企业的竞争力，增强市场地位，提高经营的安全性。

二、产品组合策略的运用

企业进行产品组合决策必须按照市场需要和环境分析，结合企业自身实力和经营目标，对其产品组合的长度、宽度、深度和相关度进行不同的选择，便形成了不同的产品组合策略。产品组合一般有五个方面的策略可供选择：

1. 多系列全面性策略

这种策略是企业着眼于向顾客提供所需要的一切产品，采用这一策略的条件是企业有能力照顾整个市场的需要。企业一方面要尽可能地增加产品组合的宽度和深度，不受产品组合相关度的约束。比如春兰集团生产空调、汽车、电脑、冰箱、洗衣机、彩电等不同行业领域的产品，同时向多个行业市场提供产品。另一方面，企业还要根据自身条件，考虑产品组合的相关度，充分发挥优势，在某一行业中生产各种此类产品，增强企业的竞争力。

2. 产品集中性策略

这种策略是指企业根据自己的专长，集中经营有限的或单一的产品以适应有限的或单一的市场需求。如服装厂只生产西服这一种产品满足市场。

3. 产品专业性策略

这种策略是指企业重点生产经营某一类产品来满足市场需求。如海尔集团重点在家电行业中生产冰箱、冰柜、洗衣机、空调、电视机、微波炉等，几乎涵盖家庭中使用的所有电器。

4. 市场专业性策略

市场专业性策略即企业向某个专业市场、某类顾客提供所需要的各种商品。如旅游公司的产品组合就应考虑旅游者所需要的一切产品或劳务，包括住宿服务、饮食服务、交通服务、旅游景点的选择、旅游购物等。这种组合方式一般不考虑各产品系列之间的相关度。

5. 选择性产品策略

选择性产品策略即企业生产经营某些具有特定需要的特殊产品项目，如生产经营某些特殊病人需要的药品、保健品、食品等。由于产品特殊，所能开拓的市场是有限的，但竞争威胁也小，有助于企业长期占领市场。

三、产品组合策略的调整策略

有关产品组合概念的介绍是为引导企业决策者搞好企业的产品规划，根据企业目标、市场需求和竞争状况对产品组合的宽度、长度、深度及相关度做出调整，以达到最佳的产品组合。企业在调整产品组合时，可以针对具体情况选用以下几种产品组合调整策略：

（一）扩大产品组合策略

扩大产品组合策略是指企业拓宽产品组合的宽度和加强产品组合的深度。拓宽产品组合宽度是指增加一条或几条新的产品线，扩大经营范围；加强产品组合深度是增加原有产品项目的品种，生产经营更多的产品以满足市场的需要。对生产企业而言，扩大产品组合策略的方式主要有三种：

1. 平行式扩展

平行式扩展指生产企业在设备和技术力量允许的条件下，充分发挥生产潜能，向专业化和综合性方向扩展。这种扩展方式的特点是在产品线层次上进行平行延伸，增加产品系列，扩大经营范围。

2. 系列式扩展

系列式扩展是指企业在维持原产品品质和价格的前提下，产品向多规格、多型号、多款式方向发展。这种扩展方式通过增加产品项目，使产品组合在产品项目层次上向纵深扩展。这样企业能向更多的目标市场提供产品，以满足更广泛的市场需求。

3. 综合利用式扩展

综合利用式扩展指企业生产与原有产品系列不相关的产品，通常与综合利用原材料、处理废物、防治环境污染等结合进行，充分利用企业资源和剩余生产能力，提高企业收益。

（二）缩减产品组合策略

缩减产品组合策略是指企业削减那些获利小的产品线或产品项目，集中资源生产经营获利较大的产品线或产品项目。这种策略一般是在市场不景气或原料、能源供应紧张时采用。企业可采取的缩减产品组合策略主要有以下两种：

1. 削减产品线

企业根据市场的变化情况，集中企业的优势资源，减少产品生产的类别，只生产和经营少数几个产品系列，实现专业化经营。

2. 减少产品项目

企业在保留原产品线的基础上，削减产品系列中不同品种、规格和式样的产品的生产，淘汰亏损或低利润的产品，尽量生产能创造更高利润的产品。

（三）产品线延伸策略

产品线延伸是指企业将产品线加长，增加企业的经营档次和范围。产品线延伸的主要原因是为满足不同层次的顾客需要和开拓新的市场，具体有向上延伸、向下延伸和双向延伸三种形式。

1. 向上延伸

向上延伸是指企业原来生产低档产品，现在在产品线中增加一些中档或高档的产品。采用这一策略的原因是：高档产品可以使企业提高品牌声望，提高企业及其产品的市场地位；高档产品市场潜力大，有较大利润空间，而这时竞争者实力较弱，且企业在技术和市场营销方面已经具备进入高档市场的条件；企业发展各个档次的产品，形成完整的产品线。

采用向上延伸策略能够为企业增加新市场机会，同时也会给企业带来一定的风险。因为，企业惯以生产廉价的低档产品，在消费者心目中的地位很难立即改变，使高档产品不容易很快打开销路，所以促销费用较大。另外就是原来生产高档产品的企业会向下延伸进行反击，进入低档产品市场，从而导致竞争的加剧。

2. 向下延伸

向下延伸是指企业原来生产高档产品，现在在产品线中增加一些中、低档产品。企业做出产品线向下延伸决策的原因是：企业高档产品的发展空间有限，不得不将产品线向下延伸开拓新的市场；借高档名牌产品声誉，吸引消费水平较低的顾客慕名购买该产品线中的低档廉价品，从而扩大产品的销售范围；企业向下延伸是为充分利用现有生产能力，补充产品项目空白，否则低档产品会成为竞争者的机会。

企业采取向下延伸策略同样有一定的风险：可能会刺激原生产低档产品的企业进入高档产品市场，使竞争加剧；向下延伸如果处理不当，会损害企业原有的品牌形象，新的低档产品最好采用新的品牌；低档产品的利润较少，经销商的积极性不高，企业必须采用新的销售政策，从而增加了企业的销售费用。

3. 双向延伸

双向延伸是指原生产中档产品的企业在具备一定条件时，在一条产品线上一方面增加高档产品，另一方面也增加低档产品。企业这样做的目的是全方位占领市场。企业采用这一策略存在的最大风险是：随着产品项目的增加，各项成本也增加，从而加大了市场风险，同时经营难度也增加，需要企业不断提高经营管理水平。

第四节　品牌策略

一、有关品牌的几个概念

任何商品都有其名称，如汽车、计算机、洗衣机、冰箱、手机等，这些是某种商品的通用名称，是用来区别不同的商品的。

品牌是商品的商业名称，是由企业独创的、有显著特点的、未作商标或已申请注册商标的某种商品的特定名称。例如，奥迪牌汽车，联想牌电脑，海尔牌洗衣机、冰箱等，这里的“奥迪”“联想”“海尔”就是商品的品牌。

美国市场学学会对品牌的定义：“品牌是产品的名称、词语、符号、表征、设计或以上几种的组合，用以辨认某个或一组产品和竞争者有所不同。”

菲利普·科特勒认为：“品牌是用于识别一种产品或服务的生产者或销售者的名称、术语、标记、符号、设计或者上述因素的组合。”

通俗地说，品牌就是一个企业产品的牌子，用以识别出售者的产品或劳务的某一名词、标记、符号、图案和颜色，或是这些要素的组合。其基本功能是使企业的产品或劳务区别于竞争者，使消费者便于识别。品牌是一个集合的概念，具体包括品牌名称、品牌标志和商标等。

（一）品牌名称

品牌名称是指品牌中可以读出来并可以用文字表述的部分。如上述的奥迪、联想、海尔。

（二）品牌标志

品牌标志是指品牌中可以被识别认出，但不能读出来，也不能用文字表述的部分。品牌标志通常是一些符号、图案、颜色、字体和其他特殊的设计，往往具有特殊的内涵。如，相连着的四环是奥迪汽车的品牌标志，红色飘带是李宁服装的品牌标志。

（三）商标

商标是指经过申请注册登记，受法律保护的品牌或品牌中的某一部分，是法律名称。产品品牌不实行法律管理，但若根据商标法，将产品品牌申请为商标，企业就获得了使用该品牌名称和品牌标记的专用权，并且受到法律保护。

品牌和商标是两个既有区别又有联系的概念。品牌是一个商业名称，是企业的无形资产，其主要作用是宣传商品；商标也可以用来宣传商品，但更重要的是，商标是法律名称，受法律保护。一般情况下，品牌侧重于名称宣传，商标侧重于标志申请注册，取得专用权。品牌与商标又是紧密联系的，品牌的全部或其中某一部分作为商标注册后，这一品牌便具有法律效力；品牌包含商标，是总体和部分的关系，商标是品牌的一部分，所有商标都是品牌，但品牌不一定是商标。

二、品牌的作用

品牌的作用是多个方面的，一般可以从企业营销和消费者两个方面来分析。

（一）品牌对企业营销的作用

对于从事市场营销活动的企业来说，品牌的积极作用表现在以下几个方面：

（1）品牌有助于产品促销，提高企业形象。品牌往往以其简洁、明快、易读易记的特征而使其成为消费者记忆产品质量、产品特征的标志，这有利于引起消费者的注意，满足他们的需求，所以是企业促销的重要基础。另外，由于消费者往往依照品牌选择产品，这就促使生产经营者更加关心品牌的声誉，不断开发新产品，加强质量管理，有助于树立良好的企业形象，使品牌经营走上良性循环的轨道。

（2）品牌具有保护功能。品牌经注册获得商标专用权后，受法律保护，其他任何未经许可的企业和个人都不得模仿与假冒，保护了企业的正当权利；同时，如果产品的质量出现了问题，消费者就可以根据品牌，直接追究企业的责任，依法向其索赔，这样也具有保护消费者权益的作用。

（3）品牌具有认知和识别的功能。品牌在消费者心目中是产品的标志，是产品的品质、特色和文化的代表。有品牌商标的产品在广告、公关宣传、销售促进活动中，容易被消费者认知、记忆，使之认牌购买，并且通过品牌还可以识别出满足消费者自己偏好的产品，缩短了消费者购买产品的过程，节省了消费者的时间和精力。

（4）品牌具有增值保价功能。品牌既是一种品质的标志，同时也是一种身份的象征，消费者有追求品牌，特别是名牌的偏好。名牌产品在消费者心理上具有很高的附加价值，其价格一般高于同类产品，但还能保持一定的市场份额，使企业保持较高利润。如海尔是中国家电业的知名品牌，其产品价格较高，不降价或很少降价，但也能占有很高的市场份额。

（5）品牌有助于企业实施市场细分战略，满足不同消费者的需求。企业为了适应市场竞争的需要，常常同时生产多种品牌的产品，来满足不同类型的消费者的需求。例如宝洁公司在美国至少推出了 8 种品牌的洗衣剂，分别对准 8 个重要的洗衣剂细分市场。在美国 43 亿美元的洗衣剂市场上，宝洁公司的 8 个品牌共占有 57%的市场份额，这绝不是一个品牌所能做到的。

（二）品牌对消费者的作用

（1）品牌便于消费者辨认、识别商品，有助于消费者选购商品。随着科学技术的发展，商品的科技含量日益提高，对消费者来说，同种类商品间的差别越来越难以辨别。由于不同的品牌代表着不同的商品品质、不同的利益，所以，有了品牌，消费者即可借助品牌辨别、选择所需商品或服务。

（2）品牌有利于维护消费者利益。有了品牌，企业以品牌作为促销的基础，消费者认牌购物。企业为了维护自己的品牌形象和信誉，都十分注意恪守对消费者的承诺，并注重同一品牌的产品质量水平同一化。因此，消费者可以在厂商维护自身品牌形象的同时获得稳定的购买利益。

（3）品牌有利于促进产品改良，满足消费需求。由于品牌在实质上代表着销售者（卖方）对交付给买方的产品特征和利益等的承诺，所以，企业为了适应消费者的需求变化，适应市场竞争的客观要求，必然会不断更新或创造新产品，以及变更或增加承诺。这是厂商的选择，也是消费者的期望。可见，迫于市场的外部压力和企业的积极主动迎接挑战的动力，品牌最终会带给消费者更多的利益。

品牌的积极作用，还表现在有利于市场监控、有利于维系市场运行秩序、有利于发展市场经济等促进社会经济发展方面。

三、品牌策略

企业研究品牌的重要目的是如何以此为手段，促进产品的销售，所以企业的品牌策略是加强企业产品市场竞争力的重要策略之一，品牌策略一般有如下几种：

（一）品牌化策略

品牌化策略是指企业决定是否给其产品规定品牌名称。由于品牌具有识别和认知、促销和增值保价等作用，可以给企业带来很多好处，所以大多数企业都应具有品牌。但使用品牌也会增加成本费用，例如品牌设计、申请注册、印制尤其是广告宣传的费用。没有品牌的产品可以节省上述费用，还可以采用简单包装甚至不包装，由此可以降低售价的20%~40%，从而可以以较低的价格参与市场竞争。因此，产品是否选用品牌，要根据产品的实际情况和需要而决定。一般来说，有四种情况可以不使用品牌，即未经加工的原料产品，如煤、木材、矿石、肉类、蔬菜、水果、粮食等；本身并不具有因制造者不同而形成不同质量特点的商品，如电力、沙、自来水等；某些生产比较简单、选择性不大、价格低廉的小商品，如小农具、针、线、鞋带等；临时性或一次性生产的产品。这类产品采用品牌并不能发挥品牌的功能，不用品牌反而能节约费用，为企业增加收益。当然，企业产品有无品牌不是一成不变的，近年来，随着品牌意识的增强，我国企业品牌化程度不断提高，农副产品品牌更是引人注目，如吉林市东福米业的东福牌大米，吉林皓月集团的皓月牛肉等。

（二）品牌所有权策略

生产企业如果决定给一个产品加上品牌，通常会有三种可供选择的策略：其一是使用生产商自己的品牌，这种品牌策略叫作企业品牌策略或生产者品牌策略；其二是使用销售商的品牌，即企业将产品销售给中间商，再由中间商使用他自己的品牌将产品转卖出去，这种品牌策略叫中间商品牌策略；其三是使用混合策略，即对部分产品使用生产者自己的品牌，而另一部分产品则使用中间商品牌。

一般的生产商都有自己的品牌，他们在生产经营过程中确立了自己的品牌，有的还发展成为名牌。可以说，品牌是由生产商设计的制造标记，几乎都为生产者或制造商所有。但是，随着市场经济的发展，市场竞争越来越激烈，品牌的作用也日益被人们所认知，中间商对品牌的拥有欲望也越来越强烈，不断致力发展自己的品牌，希望借此取得在产品销售上的自主权，摆脱生产商的控制，压缩进货成本，自主定价，以获得较高的利润。比如近年来，许多社会信誉较好的中间商，包括一些百货商店、超市、服装商场等，像长春的欧亚商都、苏宁电器、大富豪鞋城等，都在积极设计并使用自己的品牌。此外，企业选择生产者品牌或中间商品牌，即品牌所有权归属生产者还是中间商，关键看生产者和中间商谁在这个产品分销链上居主导地位，当生产者拥有较好的市场信誉、实力较强、产品市场占有率较高的情况下，应采用生产者自己的品牌；当生产者的社会信誉一般、实力较弱、或刚进入市场，这时应采用中间商的品牌或部分使用中间商的品牌。

（三）品牌统分策略

如果企业决定采用自己的品牌，还要考虑对所有的产品如何命名的问题，面临着对品牌的进一步选择。

1. 统一品牌策略

统一品牌策略是指企业对全部产品都统一使用同一个牌子。例如日本东芝家用电器公司的全部产品都以“TOSHIBA”为品牌，海尔公司的所有产品都使用“海尔”品牌。企业采用统一品牌策略，有助于节约新产品的宣传广告费用，使新产品顺利进入市场，也有助于显示企业实力，塑造企业形象。但是如果其中任何一个产品出现问题，比如质量问题，就可能影响全部产品和整个企业的信誉，使企业蒙受损失。所以，使用统一品牌策略的企业，必须对所有产品进行严格质量管理和控制。

2. 个别品牌策略

个别品牌策略指企业对各种不同的产品分别使用不同的品牌。该策略避免了企业的声誉受某个失败产品影响的风险，同时有助于发展多种产品线和产品项目，开拓更广泛的市场，同时有助于消费者从品牌上区分同一个企业不同的产品，满足不同消费者的需求。例如宝洁公司在中国市场上推出了潘婷、海飞丝、沙宣等洗发护发系列用品，还有佳洁士牙膏、护舒宝卫生巾、汰渍洗衣粉等保健、洗衣系列产品。但品牌过多，企业相应增加了设计、制作、广告宣传、注册等费用，而且较难树立统一的企业形象，不利于创立名牌。

（四）品牌延伸策略

品牌延伸策略指企业利用已成功的品牌推出新产品，把企业的一种知名度较高的产品品牌作为系列产品的牌名。例如，海尔集团成功地推出了“海尔”冰箱之后，又相继推出了“海尔”空调、洗衣机、电风扇、彩电、手机等新产品。该策略是借助企业已取得成功的品牌，将新产品迅速推入市场，缩短产品的导入期，节约了新产品的推广费用。但如果新产品失败，也会影响到品牌的声誉。

（五）多品牌策略

多品牌策略指企业对同一产品设计使用两个或两个以上互相竞争的品牌。例如我国的五粮液酒厂生产的白酒有五粮液、五粮醇、五粮春等不同品牌；德国大众汽车在中国市场生产销售的小汽车有桑塔纳、捷达、宝来、帕萨特、奥迪、高尔夫等多个品牌。不同的品牌产品显现出独特的个性，瞄准不同的目标市场，消费者可以根据自己的需要、身份、社会地位、职业、收入等做出选择。但这一策略的缺点是企业大大增加了营销成本，需要开发生产不同的产品，为多个品牌做广告，还可能引发本企业各品牌之间的内部竞争，所以在运用这一策略时就要注意每种品牌都应有一定的市场占有率，具有盈利的空间，否则会浪费企业有限的资源。

第五节　包装策略

一、包装的概念

在现代市场经济中，企业十分注重产品包装在市场竞争中的作用，包装已成为产品策略中的一个重要组成部分。所谓包装是指企业对某种产品的容器、包装物或装潢进行设计和制作的活动。它包括两方面的含义：其一指为产品设计、制作包装物的活动过程；其二是指具体的包装容器或包装物件。

（一）产品包装的构成要素

1. 品牌或商标

品牌或商标是包装中最主要的构成要素，是辨别不同产品的基础，应设计在包装的显著位置。

2. 形状

包装形状不仅应有利于产品的搬运、储存和陈列，而且还要符合目标顾客的审美习惯，吸引消费者的注意。

3. 颜色

颜色是包装中最具有刺激销售作用的构成要素。突出产品特色的色调组合，不仅能够强化品牌特征，而且使商品在货架上能够脱颖而出，对顾客有强烈的感召力。

4. 图案

包装上的图案要清楚、易理解，并能突出品牌定位。

5. 材料

包装材料的选择不仅影响包装成本，而且影响着商品的市场竞争力，所以企业应注意包装的选取。

6. 标签

产品标签也属于包装的一部分，一般标签上都印有包装内容和产品所包含的主要成分、品牌标志、产品质量等级、生产厂家、厂家地址、联系电话、生产日期和有效期、使用方法等，促进消费者对产品的了解。

（二）产品包装的三个层次

1. 基本包装

基本包装又叫内包装，是产品的直接容器或包装物，如酒瓶、牙膏皮、香烟盒、奶粉塑料袋（金属筒）等。

2. 次级包装

次级包装又称为中层包装，是产品基本包装的保护层，用于保护产品和促进销售。如牙膏的外纸盒、每一条香烟的外盒、装袋（筒）奶粉的纸箱等。

3. 运输包装

运输包装又称为外包装，是指为了储存、搬运和辨认而外加的包装。例如装入一定数量盒装牙膏的纸箱、装运成条香烟的纸板箱等。它通常具有支撑、加固和防风雨等功用，并有储运等指示标志。

在市场竞争日趋激烈的今天，产品包装的重要性已远远超越作为容器、保护商品、方便运输等方面，还涉及促进和扩大销售。特别是对于消费品的包装来说，好的包装能体现广告所宣传塑造的产品美好形象，从而刺激消费。可以这么说，两种相同的消费品，不同的包装，就会产生不同的促销效果。

二、包装的作用

对绝大多数产品来说，包装是产品运输、储存和销售不可缺少的条件。在现代市场营销中，包装的作用已远远超越了作为容器保护商品的范围，而成为一种提高产品市场竞争力的手段。设计良好的包装不仅能为消费者提供便利，而且还能为企业创造促销价值，其营销作用主要表现在如下几个方面：

（一）保护产品

这是包装的基本作用与功能，主要表现在两个方面：其一是保护产品本身，在产品的流通过程中，有些产品怕震、怕压需要包装来保护；有些产品怕风吹、日晒、雨淋、虫蛀等，也需要借助包装物来保护。其二是安全上的保护，有些产品是易燃、易爆、放射或有毒物品，对它们必须进行包装，以防泄露造成危害。

（二）便于储运

有的产品比较小或外形不固定（如液态、气态、粉状等），如果没进行包装，则无法运输和储存。所以，良好的包装有助于储存和运输，从而使产品保值，同时加快交货时间。

（三）促进销售

产品的外包装是顾客选择商品时的第一印象，其设计如果造型美观、漂亮得体，不仅能够吸引顾客，还能激发顾客的购买欲望，起到了“无声的推销员”的作用。而且良好的包装设计，为产品的陈列、销售、使用、携带等提供了方便，又进一步促进了产品的销售。

（四）增加盈利

人性化的包装设计，体现了企业对顾客细致入微的关怀。独具匠心的设计使消费者从购买、携带、保存到使用处处感到便利，如真空保鲜食品的包装，带碗筷方便面的包装等，能够满足消费者的不同需求，从而使消费者愿意按较高价格购买。同时，包装材料和包装过程也包含着一部分利润。因此，良好的包装能够增加产品的附加值，为企业创造更多的利润。

三、包装策略

由于包装在产品的营销中具有重要的作用，企业都十分重视产品的包装工作，在实践中，形成了各种不同的包装策略，常见的有以下几种：

1. 类似包装策略

类似包装策略是指企业生产经营的所有产品，在包装外形上都采用相同的图案、色彩、标记和其他共有特征的策略。它使顾客一见到包装就能联想到同一家企业的产品，具有同样的质量水平。类似包装策略不仅可以节省包装设计成本，树立企业整体形象，扩大企业影响，而且还可以充分利用企业已有的良好声誉，消除消费者对新产品的不信任感，带动新产品销售。该策略适用于同样等级和质量水平的产品，否则会对高档优质产品造成不良影响。

2. 等级包装策略

等级包装策略是指企业对不同质量、等级、档次的产品分别设计和使用不同包装的策略。此策略是将产品分为若干等级，高档产品采用优质包装，一般产品采用普通包装，其做法适应不同需求层次消费者的购买心理，便于消费者识别、选购商品，从而有利于全面扩大销售。但是该策略的实施必然会加大包装的生产、设计成本，也会使新产品上市时的宣传推广费用提高。

3. 分类包装策略

分类包装策略是指企业根据消费者购买目的的不同，对同一种产品采用不同的包装，来吸引更多的消费者购买。如送礼用产品用精致包装，自用产品用简单包装，以适应顾客的不同需求。

4. 配套包装策略

这种包装策略是指企业将几种有关联性的产品组合在同一包装物内销售。例如一个化妆盒、一个旅行药箱、一套厨房用具、礼品套装等。这种策略能够节约交易时间，便于消费者购买、携带和使用，有利于扩大产品销售，有时还可以带动滞销产品的销售。但要注意市场需求的具体特点、消费者的购买能力和产品本身的关联程度，不能硬性搭配，引起消费者的反感，从而对企业的声誉造成影响。

5. 再使用包装策略

该策略是指原包装的产品用完以后，包装物可再作它用的策略。如糖果盒、饼干盒可作为文具盒，果汁瓶要设计成茶杯、旅行杯等。这种策略能引起消费者的购买兴趣，刺激消费者购买，同时包装物上的商标、品牌标记可起到广告宣传的作用。

6. 附赠品包装策略

附赠品包装策略是企业在包装中附送小礼品，来吸引消费者购买或重复购买，以扩大产品的销售。如在食品包装中附赠画片、小玩具，有些产品包装内附赠奖券，若中奖可得奖品或奖金等，这大大提高了重复购买率。

7. 更新包装策略

更新包装策略就是指企业用新的包装设计、包装技术、包装材料，更新原有产品落后陈旧或没有吸引力的包装。这种策略改变了原有产品的形象，使顾客对产品产生焕然一新的感觉，积极购买，达到促进销售的目的。但企业在更换包装时，往往会增加产品成本，所以要考虑消费者的承受能力。

四、包装的设计

一般说来，包装的设计应遵循以下几个基本原则：

（一）注重安全原则

企业在设计产品包装时，首先要考虑的应是安全问题，这是企业设计包装最基本的原则之一。在包装设计中，包装材料的选择及包装物的制作必须适合产品的物理、化学、生物性能，以保证产品不损坏、不变质、不变形、不渗漏等。要求产品的包装一方面要保证商品质量完好、数量完整；另一方面要保护环境安全。

（二）包装应与产品价值和质量水平相一致

包装作为产品的包扎物，尽管有促销作用，也不能成为商品价值的主要部分。因此，包装应有一个定位。一般说来，包装应与所包装的产品价值和质量水平相匹配，对于贵重商品（如珠宝首饰）、高级化妆品、高档烟酒、名人字画等，应设计优美、精致的包装，以烘托商品的高贵、典雅和艺术性；对于一般商品或低档商品则不宜采用过分华丽的包装，使消费者难以接受，产生上当受骗的感觉，进而影响企业形象。

（三）包装造型要新颖独特，美观大方

包装造型设计要注重艺术性，同时还应突出产品独特的个性。这是因为，包装是产品的组成部分，追求不同产品之间的差异化是市场竞争的客观要求，而包装是实现产品差异化的重要手段。富有个性、新颖别致的包装更易满足消费者的某种心理要求。20世纪鲁德先生以他女朋友的裙子造型为基础设计出的可口可乐瓶子就是妙笔之作，深受消费者喜爱。

（四）包装造型和结构设计应方便产品的销售、保管、携带和使用

产品包装在保证安全的前提下，应尽可能缩小包装体积，以利于节省包装材料和运输保管的费用。销售包装的造型结构，一方面应与运输包装的要求相吻合，以适应运输、储存的要求；另一方面，要注意货架陈列的要求。此外，为方便顾客和满足消费者的不同需要，包装的体积、容量和形式应多种多样；包装的大小、轻重要适当，以便于携带和使用；为适应不同需要，企业还可采用单件、多件和配套包装等多种不同的包装形式。例如家庭号大包装洗衣粉的塑料袋上部，有四个圆洞，正好伸四个手指进去提拎商品，便于携带；为了方便开启和使用，商品在销售包装上设计拉环、拉片、按钮等，如易拉罐、食用油桶上的拉环等都是常用的方便开启的办法。

（五）包装的文字说明应能增加顾客的信任感并能指导消费

产品的性能、使用方法和维修保养等不能直接显示，需要通过文字表达，包装的文字应以满足消费者心理需要为重点，说明要通俗易懂，清楚明白。例如，食品包装上用文字说明食品用料组成、营养成分和食用方法等，有的还用图示来说明食用方法。另外，文字说明要真实可靠，不能夸大事实，损害消费者利益，从而影响企业的信誉。

（六）包装设计要符合法律规定，遵守包装道德，兼顾社会利益

包装设计是企业市场营销活动的重要环节，在实践中要严格按照有关法律、法规来执行。例如企业按法律规定在包装上注明产品名称、企业名称及地址、商标、原料成分、包装内产品的数量或重量、使用方法及用量、编号、质检号、生产日期、保质期等；企业在包装设计上要尊重不同的宗教信仰、风俗习惯、民族特点等社会文化环境，遵守包装道德，比如在包装中不能出现有损消费者宗教情感、容易引起消费者忌讳的颜色、图案和方案等。同时，包装设计还应兼顾社会利益，努力减轻消费者负担，节约社会资源，保护社会环境。

本章小结

产品在市场营销组合中处于最基本和核心的地位。企业在市场营销活动中，向市场提供具有竞争力的优质产品，是企业在市场上获得优势地位、取得较大经济效益的基础。因此，企业在营销中应认真研究和制定产品策略，不断创新，使企业保持旺盛的生命力和竞争力。本章较系统地介绍了产品的整体概念及其营销意义；产品组合的宽度、长度、深度、相关度的基本概念及产品组合策略；产品生命周期的导入期、成长期、成熟期、衰退期四个阶段的特点及营销策略；新产品的开发和扩散过程；品牌和包装策略及在营销实践中的具体运用。

思考与练习

1. 产品整体概念包括哪些内容？阐述产品整体概念的营销意义。
2. 什么是产品组合、产品线、产品项目？产品组合策略有哪些？
3. 论述产品生命周期理论。
4. 举例说明新产品开发的基本程序。
5. 什么是产品的品牌？举例说明品牌统分策略和多品牌策略。
6. 举例说明产品包装的重要性。

第九章　定价策略

学习要点

通过学习本章内容，理解和掌握影响定价的因素；掌握三种定价的一般方法，并注意各种定价方法的局限性与适应条件；能正确地运用各种定价策略；掌握企业如何发动价格变动及如何应对竞争对手的价格变动。

开篇案例

智能手机价格频跳水

近年来，伴随着谷歌安卓（Andriod）智能手机操作系统的频繁升级，各个品牌智能手机的配置也在不断提高。产品的升级换代速度明显加快。在2011年的年末，国内的消费者还在期待着主频1吉赫（GHz）的中央处理器（CPU）带来高速体验的时候，1.2G双核，1.4G双核的智能手机，转眼间已经铺天盖地地席卷而来。

从全球市场来看，除了苹果以其独特的苹果研发操作系统（IOS）和产品综合优势领跑全球的智能手机浪潮之外，其他的各大品牌，如三星、宏达（HTC）、摩托罗拉、中兴和华为等通信巨头，在智能手机系统上无不以安卓为标配。这在相同的操作系统情况下，不可避免地给使用者带来了同质化的选择困惑。而同质化的一个明显作用，就是让生产厂商不约而同地开始一场残酷的价格战，同时也是一场产品淘汰赛。

回到国产手机市场，作为产业上游的芯片供应商如高通、联发科、展讯等，不断推出更高速的智能芯片，以应对全球市场的需求。这个速度，让国内的各大方案公司和集成厂商们应接不暇，为了生存，只能跟紧国际巨头的脚步，加快产品的更迭和淘汰。最“杯具”的现状就是，智能手机的配置和性能越来越高，但是价格方面，却一而再、再而三的下调。较之多年来习惯了价格战的第二代移动通信技术（2G）手机行情，更是有过之而无不及。

2012年年初的时候，国内市场上，价格在1 000元以下的智能手机不过十余款。中兴V880、联想A60上镜率颇高，其他千元内智能手机主要来自于TCL和华为。就在短短的几个月之后，一批来自深圳和上海的智能手机品牌迅速崛起，以三位数的终端零售价格，很快赢得了市场的关注。例如深圳的“THL”，上海的“青橙”等新面孔。而最近有消息称，深圳很快又有一批从第二代移动通信技术向第三代移动通信技术（3G）转型的通信企业，即将推出零售价800元以内的第三代移动通信技术智能手机。而且配置三要素上，基本达到了“4.0英寸屏幕，1吉赫的主频，500万像素的摄像头”。这一批新品牌来势汹汹，摆好了价格战的阵势，以应对即将到来的暑期学生市场。

这新一轮的价格厮杀，无疑将使学生市场彻底地演化为智能手机的普及之夏。1 000元以下的国产智能手机亦将成为国内手机市场竞争最白热化的一个区间。面对这种加速度的竞争和价格跳水，业内人士喜忧参半。2012年国内手机市场，因为智能手机的普及和第三代移动通信技术时代的到来，呈现出剧烈的行业动荡和通信业态的大规模变革。

产业上游的通信企业群体，正在发生明显的次序调整。传统的以自营工厂、廉价成本为优势的第二代移动通信技术通信企业，由于同质化、同价化严重，正在失去其价格优势。而对于迅速到来的第三代移动通信技术智能浪潮，企业明显准备不足，应接不暇。而与此同时，一些位于产业上游的方案设计公司以及与之相关的高科技企业，由于对信息的敏感和对产业升级换代的前瞻性关注，使得他们抢在了大多数企业之前，就开始了产品的研发和结构性布局。尤其是对于移动互联网产业的乐观性展望，带动了很多互联网企业开始参与到智能手机的开发和运作中。以小米手机的成功为榜样，短短半年的时间，阿里巴巴、腾讯、网易、百度等大牌互联网企业，都开始联手传统手机企业，推出了崭新概念的智能手机。与那些传统的第二代移动通信技术通信产业集成商不同，这些新品牌要资金有资金，要知名度有知名度。无论是综合实力还是品牌附加值，都不是问题。

互联网企业的参与、方案设计公司的介入，都是冲着“智能手机和移动互联网”的这个新而且看起来很大的蛋糕而来的。国内的手机市场，发展和变动速度之快，超乎我们的想象。一个新的时代的到来，必然地从产业的最上游展开了新的格局之争。

现在的市场中，产品一旦滞销，大多数企业就认为是产品已经缺乏竞争力，急忙加大广告投入、提高促销力度、升级或淘汰产品等，其中最常用的方法就是降价。降价的确可以促进销售，但同时也使企业失掉了利润，并且有可能对品牌的形象造成损伤。而且，在今天这个同质化竞争十分激烈的市场中，你降价，竞争对手也跟着降价，甚至降幅更大时，价格这个有人称作“市场终极武器”的手段将失去作用，接下来你还拿什么武器出来？那么，有什么方法可以在不用降价的情况下达到促进销售的目的呢？

价格是企业市场营销组合的一个重要变数，也是最复杂、最敏感的一个市场因素。价格是影响需求和购买行为的主要决定因素。任何一个企业要想在市场经济中求得生存和发展，都必须给商品制定适当的价格。因此，价格策略是企业市场营销中一个十分重要的问题，它关系到企业经营的成败。

第一节　影响定价的主要因素

一、市场需求状况

市场需求对企业定价有着重要影响。当商品的市场需求大于供给，即供不应求时，企业可以通过提高价格来抑制需求；当商品的市场需求小于供给，即供过于求时，企业可以通过降低价格来刺激需求。可见价格会影响市场需求。一般情况下，价格的变动会引起市场需求的反方向的变动。也就是说，当价格提高，市场需求就会减少；相反，当价格降低，市场需求就会增加。因此，需求曲线一般是向下倾斜的。这是供求规律发生作用的表现。但是，菲利普·科特勒指出，显示消费者身份地位的商品的需求曲线却是向上倾斜的。例如，香水在提价后，香水的销售量却有可能增加。当然，香水的提价必须在一定的范围内，否则，超过一定的范围就会导致香水的需求和销售量减少。产品的需求弹性是指因价格和收入等因素而引起的需求的相应变动率，一般分为需求的收入弹性、价格弹性和交叉弹性，对于理解市场价格的形成和制定价格具有重要意义。

（一）需求收入弹性

需求收入弹性指因收入变动而引起需求相应变动的变动率。需求收入弹性大的产品，一般包括耐用消费品、高档食品、娱乐支出等，这类产品在消费者货币收入增加时会导致对它们需求量的大幅度增加。需求收入弹性小的产品，一般包括生活的必需品，这类产品在消费者货币收入增加时导致对它们需求量的增加幅度比较小。需求收入弹性为负值的产品，意味着消费者货币收入的增加将导致该产品需求量的下降，比如，一些低档食品、低档服装等。

（二）需求价格弹性

需求价格弹性指因价格变动而引起需求相应变动的变动率。需求价格弹性反映需求变动对价格变动的敏感程度，用弹性系数 E 表示，该系数是需求量变化的百分比与价格变化的百分比的比值。不同产品具有不同的需求弹性，定价时应该考虑需求弹性的作用，从其弹性强弱的角度决定企业的价格决策。

用E表示产品的需求弹性系数，那么：E=1，反映需求量与价格等比例变化。对于这类商品，价格的上升（下降）会引起需求量等比例的减少（增加），也就是说价格的变动与需求量的变动是相适应的。因此，价格变动对销售收入影响不大。定价时，企业可选择实现预期盈利率的价格或选择通行的市场价格，同时把其他市场营销策略作为提高盈利率的手段。E>1，反映需求量的相应变化大于价格自身变动。对于这类商品，价格上升（下降）会引起需求量的较大幅度的减少（增加），称为需求价格弹性大或富于弹性的需求。定价时，企业应通过降低价格，薄利多销达到增加盈利的目的。反之，提价时务求谨慎以防需求量发生锐减，影响企业收入。E<1，反映需求量的相应变化小于价格自身变动。对于这类商品，价格的上升（下降）仅会引起需求量较小程度的减少（增加），称之为需求价格弹性小或缺乏弹性的需求。定价时，较高水平价格的往往会增加盈利，低价对需求量刺激效果不大，薄利不能多销，反而会降低收入水平。

（三）需求交叉弹性

需求交叉弹性指具有互补或替代关系的某种产品价格的变动，引起与其相关的产品需求相应发生变动的程度。商品之间存在着相关性，一种产品价格的变动往往会影响其他产品销售量的变化。这种相关性主要有两种：一是商品之间互为补充，组合在一起共同满足消费者某种需要的互补关系；二是产品之间由于使用价值相同或相似而可以相互替代或部分替代的替代关系。一般而言，在消费者实际收入不变的情况下，具有替代关系的产品之间，某个商品价格的变化将使其关联产品的需求量出现相应的变动（一般是同方向的变动）；具有互补关系的产品之间，当某产品价格发生变动，其关联产品的需求量会同该产品的需求量发生相一致的变化。

总之，正是由于价格会影响市场需求，因此，企业制定价格的高低，会直接影响到企业产品的销售，从而影响企业市场营销目标的实现。所以企业的市场营销人员在制定价格时，必须要了解市场需求对价格变动的反应情况，即需求的价格弹性情况。需求可能缺乏弹性的条件有：

（1）市场上没有替代品或没有竞争者。

（2）购买者对较高价格不在意。

（3）购买者改变习惯较慢，也不积极寻找较便宜的东西。

（4）购买者认为产品质量有所提高，或认为存在通货膨胀等价格较高是应该的。

如果某种产品不具备上述条件，那么这种产品的需求就富有弹性。在这种情况下，企业在定价时可以通过适当的降价，以刺激需求，促进销售，从而增加销售收入。

二、企业定价的“自由程度”

产品的最低价格取决于它的成本费用，最高价格取决于它的市场需求。在它的最高价格和最低价格幅度内，多是由市场竞争来决定企业在这个产品上的定价自由度，即能把这种产品价格定多高。根据市场竞争的不同程度，大致可以分为完全竞争、垄断竞争、寡头垄断和完全垄断四种市场形式。

（一）完全竞争市场

完全竞争市场又叫自由竞争市场，是指在市场上买卖双方对于商品的价格均不能产生任何影响力的市场。在这种市场上，价格完全由供求关系决定，买卖双方都只是价格的被动接受者。在这种情况下，企业几乎没有定价的主动权，一般只能采取随行就市的价格策略；企业要获得更多利润只能通过提高生产效率，降低成本的办法来实现。在实际的生活中，完全竞争一般是不存在的，因为任何一个产品都存在一些差别，加上国家政策的干预以及企业间的不同的营销策略，使完全竞争几乎不可能出现。

（二）垄断竞争市场

垄断竞争是市场经济体制下最普遍的一种市场竞争状况。它是指既有垄断又有竞争的市场状况。垄断竞争市场是介于完全竞争市场和完全垄断市场之间的市场，属于一种不完全竞争的市场状况。这种市场主要的特点是：

（1）同类商品在市场上有较多的买者和卖者，市场竞争激烈。

（2）新企业进入该行业比较容易。

（3）不同企业生产的同类商品存在差异性，因而取得一定的垄断优势。

一般来说，在垄断竞争的条件下，少数的买者或卖者拥有较优越的交易条件，可以对市场价格的成交价和数量起较大的作用。通常情况下，在这种市场上，多数企业都能积极主动地影响市场价格，而不是完全被动地适应市场价格。另外，企业在制定价格时，应该认真分析竞争者的有关情况，采取相应的价格策略。

（三）寡头垄断市场

这是介于垄断竞争和完全垄断之间的一种市场形式。寡头垄断是指某种商品的绝大部分由少数几家大企业生产或销售，每个大企业在该行业中都占有较大的份额，以致其中任何一家厂商的产量或价格变动都会影响到该种商品的价格和其他厂商的销售量。在这种市场形式下，商品的市场价格不是通过市场供求关系决定的，而是由几家大企业通过协议或默契规定的。这种价格一旦形成，一般不会轻易变动，因为如果其中一家厂商私自降价，会立刻遭到竞争对手更猛烈的降价报复，从而导致两败俱伤的结局；当然如果其中一家企业单独提价，竞争对手一般不会予以理睬，反而乘机夺取市场。

（四）完全垄断市场

完全垄断市场又叫独占市场，它是指一种商品市场完全被某个或某几个厂商所垄断和控制。在现实生活中，完全垄断市场是很少见的，只见于某些国家特许的完全垄断企业，如公用事业企业（邮政、水、电等企业）绝大部分都是完全垄断企业。另外对于某种产品拥有专利权或拥有独家原料开采权的企业，也属于完全垄断企业。在某些特殊的地区，由于运输成本或其他因素的影响，使得当地的出售者可以在一定时期内在一定的价格范围内实行垄断。从理论上讲，在这种市场上垄断企业有完全自由的定价权利，可以通过垄断价格，获得高额利润，但实际上，垄断企业的产品价格也受到种种限制。因为定价过高，一方面会受到来自政府的干预，另一方面会引起消费者的反对、抵触，从而使消费者减少消费或者采用替代品等。

三、企业状况

（一）成本费用

产品成本是由产品的生产过程和流通过程所花费的物质消耗和支付的劳动报酬所形成的。在实际营销活动中，产品定价的基础因素就是产品的成本，因为产品价值凝结了产品内在的社会必要劳动量。但这种劳动量是一种理论上的推断，企业在实际工作中无法计算。作为产品价值的主要组成部分——产品成本，企业则是对此可以相当精确地计算出来。

任何企业都不能随心所欲地制定价格，企业定价必须首先使总成本得到补偿，要求价格不能低于平均成本费用。所谓产品平均成本费用包含平均固定成本费用和平均变动成本费用两个部分，固定成本费用并不随产量的变化而按比例发生，企业取得盈利的初始点只能在价格补偿平均变动成本费用之后的累积余额等于全部固定成本费用之时。显然，产品成本是企业核算盈亏的临界点，产品售价大于产品成本时企业就有可能形成盈利，反之则亏本。一般而言，企业定价中使用比较多的成本类别有以下几种：

（1）总成本（TC），指企业生产一定数量的某种产品所发生的成本总额，是固定成本（TFC）和总可变成本（TVC）之总和。

（2）总固定成本，也称为间接成本总额，指一定时期内产品固定投入的总和，如厂房费用、机器折旧费、一般管理费用、生产者工资等。在一定的生产规模内，产品固定投入的总量是不变的，只要建立了生产单位，不管企业是否生产、生产多少，固定成本都是必须支付的。

（3）总变动成本，也称为直接成本总额，指一定时期内产品可变投入成本的总和，如原材料、辅助材料、燃料和动力、计件工资支出等。总变动成本一般随产量增减而按比例增减，产量越大，总变动成本也越大。

（4）单位成本（AC），指单个产品的生产费用总和，是总成本除以产量（Q）所得之商。同样，单位成本也可分为单位变动成本（AVC）和单位固定成本（AFC）。单位变动成本是发生在一个产品上的直接成本，与产量变化的关系不大，而单位固定成本作为间接分摊的成本，在一定时期内，其与产量是成反比的。产量越大，单位产品中所包括的固定成本就越小；反之则越大。

（5）边际成本（MC），指增加一个单位产量所支付的追加成本，是增加单位产品的总成本增量。边际成本常和边际收入（MR）配合使用，边际收入指企业多售出单位产品得到的追加收入，是销售总收入的增量。边际收入减去边际成本后的余额称为边际贡献（MD），边际贡献为正值时，表示增收大于增支，增产对于企业增加利润或减少亏损是有贡献的，反之则不是。

（二）销售数量

就单个产品来讲，如果成本费用不变则价格愈高，盈利愈大。但是，单位产品包含的盈利水平高并不意味着企业总盈利水平必然就高。这是因为：

企业盈利＝全部销售收入－全部成本费用

＝商品销售数量×（单位产品价格－单位产品成本费用或平均成本费用）

即企业盈利是单位产品实现盈利与销售数量的乘积。这两个因素之间相互影响。如果价格过高会导致需求量和销售量的减少，进而减少企业的盈利收入。因此，假设其他条件一定，企业盈利状况最终取决于价格与销售数量之间的不同组合。

企业还可以利用边际收入与边际成本的关系，寻求价格和销售数量之间的最佳组合状态，来获取最大盈利。

（三）资金周转

企业年利润水平受到资金周转速度的影响，一般来说，企业维护高价会带来高利，但却因此延缓了资金的周转速度；而降价促销是加快资金周转的有效手段，但是企业会因此损失部分利润。在这种情况下，企业通常会选择较低的机会成本来确定商品的价格。

机会成本又称为择一成本或替代性成本。对企业来说，利用一定的时间或资源生产一种商品时，而失去的利用这些资源生产其他最佳替代品的机会就是机会成本。机会成本低意味着放弃的收入低于获取的收入。在企业面临是高价取厚利还是低价促周转的两种选择时，比较机会成本定价会给企业带来更多盈利。比如，假设降价出售可能造成一定损失，但由此带来资金周转速度加快，以至于下一生产经营周期可望增加的盈利大于这个损失，则表明降价的机会成本低于维持原价的机会成本。显然，企业此时应制定较低水平的价格。以此类推，凡出现与定价有关的多因素权衡抉择，也可以通过比较机会成本的方法确定恰当的价格水平。

第二节　定价的程序与方法

一、市场营销定价的主要步骤

企业在市场营销定价时，一般可以采取六大步骤，如图 9-1 所示。

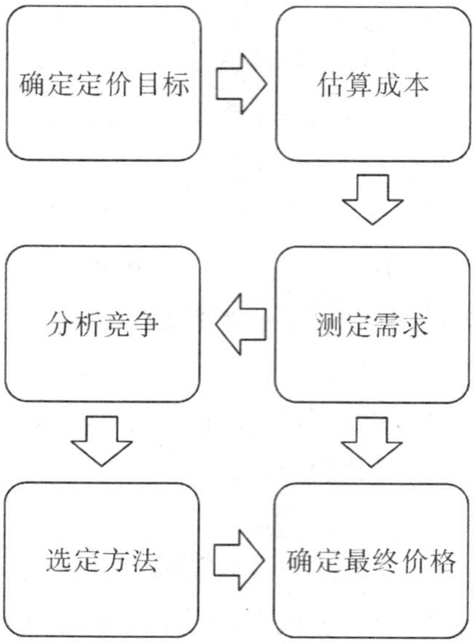

图 9-1　市场营销定价的流程图

（一）确定定价目标

价格作为企业市场营销的重要措施，是同其他各项营销组合因素密切配合来实现企业营销目标的。为了使定价能适应企业营销目标的要求，并与其他营销组合因素配套，企业在制定价格时，首先要确定定价目标，以明确定价思路的基本走向。例如，十五家大公司的定价目标如表 9-1 所示，一般企业定价目标如表 9-2 所示。

表 9-1　　资料：十五家大公司的定价目标

公司名称	定价主要目标	定价相关目标
阿尔卡公司	投资报酬率（税前）为 20%；新产品稍高（税后投资率约为 10%）	对新产品另行制定促销策略；求价格稳定
美国制罐公司	保持市场占有率	应付竞争（以替代产品成本决定价格）；保持价格稳定
两洋公司	增加市场占有率	全面促销（低利润率政策）
杜邦公司	目标投资报酬率	保证长期的交易；根据产品寿命周期对新产品定价
埃克森公司	合理投资报酬率目标	保持市场占有率；求价格稳定
通用电气公司	投资报酬率（税后）20%；销售利润率（税后）7%	新产品促销策略；保持全国广告宣传产品的价格稳定
通用食品公司	毛利率 33.3%（1/3 制造，1/3 销售，1/3 利润）；只希望新产品完全实现目标	保持市场占有率
通用汽车公司	投资报酬率（税后）20%	保持市场占有率

表9-1(续)

公司名称	定价主要目标	定价相关目标
固特异公司	应付竞争	保持地位；保持价格稳定
国际收割机公司	投资报酬率（税后）10%	保持稍低于统治地位的市场占有率
海湾公司	根据各地最主要的同业市场价格	保持市场占有率；求价格稳定
琼斯—曼维尔公司	投资报酬率高于过去十五年的平均（约为税后15%）；新产品稍高	市场占有率不大于20%；保持价格稳定
堪尼科特公司	稳定价格	目标投资报酬率（税前）20%
科如捷公司	保持市场占有率	增加市场占有率
美国钢铁公司	根据市场价格	

表 9-2　　**一般企业定价目标**

1. 最大长期利润	11. 避免供应者的更高需求
2. 最大短期利润	12. 提高公司信誉
3. 增长率	13. 关心消费者的赞誉
4. 稳定市场	14. 建立对项目的奖励与刺激
5. 淡化消费者对价格的敏感	15. 考虑竞争对手的可靠的价格
6. 保持价格的领导地位	16. 对消费困难的项目提供帮助
7. 阻止新加入者	17. 通过削价限制别人发展
8. 边际公司的退出	18. 产品为人所了解
9. 避免政府调查和控制	19. 为保持高价格而“夺取”市场
10. 维护中间商和销售人员的支持	20. 确立贸易关系

（二）估算成本

任何企业在市场营销定价时都会面临着一个成本估算的问题。企业可进行保本分析，从而确定一个企业可参照的最低价格——保本价格。

（三）测定需求

测定需求主要是分析目标市场对产品的需求数量和需求强度，预测顾客对产品定价的接受程度。如果目标市场对产品的需求数量和需求强度大，对价格的接受程度高，则对企业产品的定价较为有利。同时，市场需求又是一个可变的量，它反过来又会受到价格水平的影响。因此，在定价中，企业应根据需求弹性理论来测定产品的不同价格水平对市场需求数量和需求强度的影响，以便确定市场需求最大时消费者所能接受的价格上限——最高价格。

（四）分析竞争

分析竞争的目的是为企业产品确定一个最有竞争力的价格。对市场竞争的分析主要包括市场竞争的格局分析、主要竞争对手实力的分析、竞争对手应变态度和策略分析。一般情况下，市场竞争格局对企业有利和竞争对手实力较弱时，企业能较自主地制定自己产品的价格；如果竞争格局较为均衡或竞争对手实力与本企业相当时，企业在制定价格时应特别慎重，避免价格的对峙而形成“价格战”；如果市场竞争格局对企业不利或竞争对手实力强大时，则只能根据竞争对手的价格水平来制定本企业产品的价格。另外，企业在制定和调整价格时，还应分析竞争对手的应变态度和策略。如企业价格调整后，对手可能针锋相对地调整价格，进行价格竞争，也可能不调整价格，而在营销组合的其他因素上下功夫，与企业进行非价格竞争。

（五）选定方法

企业定价方法选择的根本原则是为实现企业定价目标，进而实现企业的经营目标而确定出一种最为可行的定价方法。一般来说，企业在定价时，要综合考虑成本、需求和竞争三个基本因素。而在实际定价中，由于当时所处条件和环境的差异，企业通常会侧重于其中一个因素，从而形成了三种类型的定价方法：成本导向定价法、需求导向定价法和竞争导向定价法。

（六）确定最终价格

企业运用一定的定价方法确定出了初步价格后，还不能交付使用。因为依据每种方法制定出来的价格都有一定的片面性，因而需要在全面分析的基础上进行调整，以确定最终价格。在调整时，应从以下三个方面进行：一是将初步价格按照国家有关的方针、政策、法规的要求进行调整，以使价格不与国家现行有关规定、法律相冲突；二是将初步价格按照企业市场营销组合的需要进行调整，以使产品价格与营销组合的其他因素相配套；三是将初步价格依据目标市场消费心理需求进行调整，以使产品价格能为消费者所接受。

二、定价的一般方法

实际工作中，企业的定价方法很多，一般说，定价方法的具体运用不受定价目标的直接制约。不同企业、不同市场竞争能力的企业以及不同营销环境中的企业所采用的定价方法是不同的，就是在同一类定价方法中，不同企业选择的价格计算方法也会有所不同。企业在为其产品和服务时通常采用的方法有成本导向定价法、需求导向定价法、竞争导向定价法和以价值为中心定价法。

（一）成本导向定价法

成本导向定价法指通常在产品的成本之上再多计入一定金额或者百分比，这是希望确保价格能回收成本及获得所期望的利润的一种定价方法。成本导向定价法简单直观，但是忽略了需求与供给的变化以及市场竞争的状况，没有考虑定价方法与定价目标之间的关系。成本导向定价法主要有成本加成定价法、变动成本定价法、目标利润定价法等

1. 成本加成定价法

成本加成定价法是指在销售方的确认成本中按一定比例或数量加上一个标准数额的加成来确定产品的销售价格。加成比例可以基于单位成本，也可以基于销售价格。通过加成比率（R）、售价（P）和平均成本（AC）可分别得出其计算公式：

如果基于成本计算成本加成价格，则有：

$$P1=AC\times(1+R)$$

如果基于售价计算成本加成价格，则有：

$$P2=AC\div(1-R)$$

假定制造某种空调产品的单位成本为1 000美元，如果销售商希望有成本20%的利润，则该商品的售价为1 000×（1+20%）=1 200美元；如果销售商希望有售价20%的利润，则该商品的售价为1 000÷（1−20%）=1 250美元。

成本导向定价法的一个有利之处在于对于买方和卖方来讲都比较公平，当买方需求强烈时，卖方不利用这一有利条件谋取额外利益而仍能获得公平的投资报酬。但是成本加成定价法是“将一个固定的、惯例化的加成加在成本上”，不是对任何产品都行得通的，因为任何忽视产品价格弹性、市场需求、顾客认知价值和竞争态势的定价方法，都不具有普遍适用性。

2. 变动成本定价法

变动成本定价法的重点指在考虑变动成本回收以后，尽量补偿固定成本。其基本思想就是在一特定的期间内，只考虑变动成本而不考虑固定成本或总成本来制定价格。从其基本思想我们可以看出变动成本可以视为产品销售的最低价格，因此，产品的销售价格在单位变动成本之上还应该加上一定的单位产品贡献，这样才能使固定成本得到补偿。

变动成本定价法通常适用于固定成本不大或者商品的市场生命周期较长而且又能占领市场的条件下，如果当市场竞争非常激烈或销量低迷之时，企业迫于无奈也会选择此举。比如某空调生产商在销售淡季固定成本是30 000美元，单位变动成本是100美元，预计某月的销量为1 000台，由于是销售淡季，假定只有当定价在120美元时才能完成1 000台的销售收入，从该案例可以分析出该空调生产商的如表9-3中的信息。

表9-3　　空调生产商信息分析

固定成本	30 000美元
变动成本	100×1 000=100 000美元
利润额	1 000×120−100×1 000−30 000=−10 000美元
单位产品贡献	120−100=20美元
补偿固定成本	20×1 000=20 000美元

从分析可以得出，企业处于亏损状态，但是固定成本如店铺租金等作为已经支付了的成本，如果企业停止生产，30 000 元的固定成本将全部得不到补偿，而企业如果继续生产，通过上面的分析可以看出，变动成本不仅得到了全部补偿，也补偿了 20 000 美元的固定成本。因此，企业可以继续经营下去。但是当价格低于变动成本定价时，企业的固定成本和变动成本都将得不到全部补偿，企业此时只有停止生产。

3. 目标利润定价法

目标利润定价法是指企业根据估计预计的销量和销售收入来制定产品价格，进而实现企业追求的投资收益率。投资收益率（ROI）指的是销售利润与投资额（I）的比率。设 P 为产品价格，Q 为预期销量，AVC 为单位变动成本，TFC 为固定总成本，ROI · I 为目标利润，则根据目标利润定价法所确定的价格为：

$$P=AVC+(TFC+ROI\cdot I)\div Q$$

例：某公司生产一批成套陶瓷，固定总成本为 30 000 美元，平均变动成本为 100 美元，预计销量为 500 套，目标利润为 50 000 美元，则该公司根据该定价策略所制定的价格为：

$$100+(30\,000+50\,000)\div 500=260\text{（美元）}$$

目标定价法也可以从收益平衡图中得出，该图描述了在不同销售水平上预期的总成本和总收入。图 9-2 为一张假定的损益平衡图，从该图可以看出，不论产量如何变化，该企业的固定成本为 60 万美元，因此，通过目标利润定价应计算出：

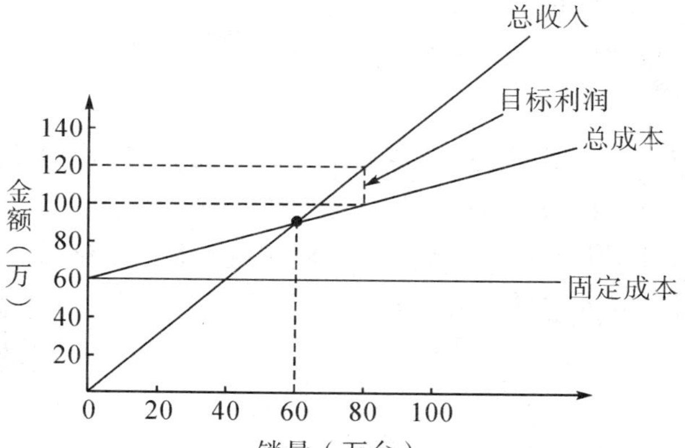

目标利润定价与盈亏平衡点

图 9-2

（1）企业的产能水平。假定该企业产能为 80 万台，则从图 9-2 可以看出生产这一产量的总成本为 100 万美元。

（2）企业的目标利润。假定该企业预计利润为成本的 20%，即利润目标为 20 万美元，这时企业的总收入必须是 120 万美元，总收入曲线即为(0,0)与(80,120)的连线，总收入的斜率即为根据目标利润法应当制定的价格。此例中企业定价为每台 15 美元，当售出 80 万台时，企业就可以获得 20 万美元的目标利润。

成本导向法的优点在于很好地考虑到了成本，但该方法存在一个严重的缺陷，即企业以估计的销售量来确定目标价格，却忽略了需求与竞争是影响销量的重要因素。因此，企业往往得不到预计的目标利润就在于对预计销量的失算。

（二）需求导向定价法

需求导向定价法是基于不同顾客、不同时间、不同地点的需求差异和市场普遍习惯以顾客需求和消费者感受为主要依据的定价方法。需求导向定价法包括感知价值定价法、反向定价法和需求差异定价法。

1. 认知价值定价法

认知价值定价法指企业根据消费者对产品的感受价值和理解程度来制定的一种方法。该定价方法的关键，是买主对价值的认识，其思想能与现代产品定位思想符合起来。有关研究表明，顾客对价值的感知是购买决策中最关键的因素。在产品选购时，消费者将会把感受价值作为一种权衡标准，它涉及产品或服务的感知利益和感知品质，以及为获得这些利益和品质而付出的成本。感知价值可表示为：

感知价值=感知利益或品质÷感知付出成本

从上式可以看出，在成本一定的条件下，消费者感受到的感知价值会随着感知利益或品质的增加而增加。同时应当注意的是，感知价值对于消费者并不是仅仅意味着低价格，而是应是价格与消费者的感知价值联系起来。比如人们对名贵手表 Rolex 的感知价值非常高，使得其价格越高的产品销量就越大。

【案例】春秋航空公司的廉价之路

春秋航空有限公司是一家民营航空公司，2005 年 7 月正式开航后推出 99 元、199 元和 299 元等一系列让人大跌眼镜的特价机票。除特价机票外，春秋航空公司平时的机票折扣也相当高，平均为 3.8 折，而同时期其他航空公司的相同航线平均票价为 6 折。2006 年 11 月，春秋航空公司又推出上海—济南航线的“1 元机票”，更是令其成为大众关注的焦点。

春秋航空公司如此低的票价是不是不正当竞争？是“赔本赚吆喝”吗？对此，春秋航空公司董事长王正华解释说，出于竞争的需要，春秋航空公司将自己定位为“廉价航空公司”，以吸引收入不太高的人群乘坐飞机；另外，从经济学的角度看，与其让飞机座位空着不如以较低的价格卖出去，不过每一班次的特价机票将控制在一定的比例内；更重要的是，公司的低票价是建立在节支增效、内部治理基础之上的，比如公司不使用中介环节售票而是通过公司网站在线售票；公司向机场申请专用旅客候机区域，飞机不靠廊桥、不用摆渡车、不用离港系统以降低机场起降费用；飞机上不供应免费餐饮等。这样，春秋航空大约比其他航空公司成本节约超过 50%。2007 年的数据表明，春秋航空公司两年累计实现利润 6 700 万元，在国内遥遥领先。

然而，2007年12月，济南市物价局称春秋航空公司以低于政府指导价销售济南至上海的机票行为属于价格违法行为，拟对济南春秋假日旅行社做出罚款15万元的行政处罚。目前，春秋航空公司虽已退出上海—济南航线，但其他很多城市则表示欢迎其前往开辟低价航线。春秋航空公司接受媒体采访时说会将“廉价之路”走到底，如果政策允许，还将出售“1元”机票。

春秋航空公司出于竞争的需要，将自己定位于“廉价航空公司”，和对手形成差异化，而且其低廉的价格建立在严格的成本控制基础之上，值得肯定。但是春秋航空公司在山东受罚也带给企业更多思索，企业必须全面了解定价的影响因素，选择恰当的定价方法。

2. 反向定价法

反向定价法也称逆向定价法，指的是企业定价时不以成本为起点，而是根据消费者能够接受的最终价格，计算出自己从事经营活动的成本和利润后，从各个营销渠道进行倒退，计算出产品的价格。分销渠道中的批发商和零售商经常采用这种定价方法。相应的计算公式为：

销售价格=市场可接受的零售价格×（1-批零差率）×（1-进销差率）

例如，某电视机市场可接受的价格为800美元，如果零售商预计要得到20%的目标利润，批发商要求得到15%的目标利润，则该电视机的销售价格为：

零售商可接受价格=消费者可接受价格×（1-20%）=800×80%=640美元

批发商可接受价格=零售商可接受价格×（1-15%）=640×85%=544美元

3. 需求差异定价法

需求差异化定价指的是根据市场需求的时间差、数量差、地区差、消费水平以及心理差异等不同细分市场对同一产品采取不同的定价策略。由此，企业在产品市场需求旺盛时定高价，反之则定低价。需求差异化定价并不主要考虑成本，而是把顾客需求的差异化作为定价最根本的依据，比如相同区间的机票由于季节差异会制定不同的价格。此方法将在下节中差别定价策略进行具体阐述。

（三）竞争导向定价法

在使用竞争导向定价（Competition-basedpricing）时，企业首先考虑的是竞争者价格的变化，而不考虑自己的成本或需求，当所竞争的产品间差异很小且企业所处的竞争市场优势以价格为订购决策时，竞争导向法应当是企业首先考虑的定价策略。竞争导向定价法主要包括：

1. 随行就市定价法

随行就市定价法（Goingratepricing）也称为通行价格定价法，指的是企业根据市场上本行业的主要竞争者的价格来定价。由于这种方法可以避免在同行业内挑起价格战，因此通常中小企业会采用这种方法。但一些大企业也会根据其自身目标市场、品牌形象、营销组合中的其他因素，制定一些稍微高于或低于同行业竞争者的价格。

随行就市定价法的优点在于其简单易行，不依赖需求曲线、价格弹性和产品的成本；也不会对整个行业价格系统造成较大破坏，不会扰乱行业内现有的均衡。随行就市法被认为是反映了行业的集体智慧，既能保证适当的收益，又有利于协调同行业的发展。但这种方法易造成企业的故步自封和一成不变。

2. 密封投标定价法

密封投标定价法（Sealedbidpricing）指的是买方引导卖方通过竞争取得最低商品价格的定价方法。该方法通常用于建筑工程、大型设备制造、政府大宗采购等。投标方往往会预先估算竞争者的成本和利润，然后在此基础上报出一个更低的价格给招标方。但报价不得定得低于边际成本，否则难以保证合理的收益，这样一来，企业的经营状况将会恶化。因此，投标方必须仔细权衡竞争者估计的定价和自己能获得利润的大小，中标的几率才会更大。

密封投标定价法要求企业在出价时考虑其不同出价下的得标几率和期望的利润，选择最高期望利润的价格。设某企业的出标价格与得标几率如表 9-4 所示，该企业根据通过综合考虑不同的利润值和得标几率应该选择出价 3 000 元来获得 900 元的期望利润。

表 9-4　各种出标价格条件下所得期望利润　单位：元

出标价格	成本	利润值	得标几率	期望利润
2 000	1 500	500	80%	400
2 500	1 500	1 000	70%	700
3 000	1 500	1 500	60%	900
3 500	1 500	2 000	40%	800
4 000	1 500	3 500	30%	700

3. 拍卖定价法

拍卖定价法（Auction-typepricing）指的是卖方预先展示出要出售的商品，选择一定的时间和地点，按照一定的行业规则由买家或卖家公开价格的定价方法。每个竞价者都根据最后报出的价格做出是否继续跟进报价的决定。常见的拍卖方式主要有以下两种：

英国式拍卖，即最常见的一卖多买的拍卖方式。卖方向买方展示商品后给出一个较低的价格后，买方依据该价格不断加价竞标，直到在规定时间内没有出价更高者，卖主将以该价格与买方成家。该方法通常运用在股东、艺术品、房地产的交易上。

荷兰式拍卖。该拍卖方式的一种形式（一卖多买）是拍卖人以最高价开始然后逐渐降低价格，直到有买方出价为止。另一种形式（一买多卖）是买方提出所要购买的商品，多个买方不断压低价格以寻求最后中标。荷兰式拍卖的竞争性在于只有一个竞价中标，这个仅有的竞价是对预期的一种直接反应，如果自己不出价，那么别人就会出价从而失去物品。

（四）价值为中心定价法

1. 认知价值导向定价法

认知价值导向定价法，与成本导向定价法的定价程序相反，基于消费者对产品价值的感知，公司制定出一个价格目标，该目标价值和价格引导产品设计的思想，并决定成本的规模。

成本定价：产品→成本→价格→价值→顾客

价值定价：顾客→价值→价格→成本→产品

企业应当准确地确定市场对所提供的产品价值的认识，如果过高地估计感受价值，企业会定出偏高的价格，反之，则会定出偏低的价格。因此，如何准确把握市场感受价值成了企业的一大任务。最常见的计算感知价值的方法为价值诊断法。例如产品使用者在评价某种产品属性时依据的是产品的耐用性、可靠性、服务质量和价格四种属性，对于每一种属性分配100分给不同企业的同一产品，如表9-5所示。

表9-5　　某产品认知价值分析

重要性权数	属性	产品 A	产品 B	产品 C
25	产品耐用性	40	40	20
30	产品可靠性	33	33	33
30	产品价格	50	25	25
15	服务质量	45	35	20
100	认知价值	41.65	32.65	24.9

从表9-5中可以得到，A产品的感知价值高于认知价值的平均水平，B产品的认知价值相当于认知价值的平均水平，而C产品提供的产品的感受价值低于平均水平。因此，在定价时，生产A产品的企业能其制定一个较高的价格，因为它被认知为相对于其他同类产品能提供更多的认知价值。而在实际操作中，由于在感受价值上占绝对优势，生产A产品的企业的定价将会低于顾客所认可的感受价值，这样该企业能得到更多的市场占有率

2. 价值定价法

价值定价法（Valuepricing）指的是企业用相当低的价格出售高质量的供应品，从而赢得忠诚的顾客。例如沃尔玛采取低价战略出售高质量的产品，赢得了大规模的顾客群。

价格定价的一个重要形式是天天低价（Everydaylowpricing，EDLP），即零售商

天天采取较低的价格来吸引消费者，而高—低定价（High-lowpricing）指的是零售商在平时采用较高的售价，但经常临时性采用比天天定价还要低的定价的定价策略。零售商通常采用天天低价形式，这种经久不变的较低的价格防止了每天价格的不确定性，而且能与采取促销导向竞争者的“高—低”定价法形成鲜明对比。另外，零售商也会因为柜台销售和促销成本太高逐渐摒弃“高—低”定价。

第三节　定价基本策略

定价方法是依据需求、成本和竞争等因素决定产品的基础价格的方法。所谓基础价格指的就是产品在生产地点或者经销地点的价格，未考虑产品运费、折扣等其他因素。但企业在市场营销实践中，需要考虑这些因素来确定各种产品的价格。

一、新产品定价策略

新产品定价策略是营销战略的重要组成部分。当企业推出一种新产品时，将面临着第一次定价的挑战，定高价还是定低价还要视企业产品的具体情况而定，新产品定价策略通常包括以下几种策略：

（一）撇脂定价

撇脂定价（Market-skimming Pricing）又称“撇奶油”定价策略，即在产品刚进入市场的阶段，也就是在产品生命周期的引入期，采取以很高的价格投放市场，尽可能在短期内获得较高的收益，就好像从牛奶中撇取奶油一样，尽快获取产品利益。撇脂定价的厂商往往会在产品生命周期的最初阶段制定一个顾客可能愿意支付的最高价格，从而在短期内获取最大利润。随着产品生命周期的发展，厂商会逐渐降低该产品的价格来获得更大的市场份额。经济学家称这种定价类型为“下滑需求曲线”。诺基亚（Nokia）公司就曾经是这一定价策略的老手，每当出产一款新手机之后，凭借其优秀的产品质量和形象将价格定得很高，竞争者开始威胁生产同配置手机时，该公司就降低价格，再生产另一款独特的产品进行第二轮撇脂。

这种定价策略的优点是：在新产品上市之初，竞争对手尚未进入，顾客对新产品尚无理性认识，企业利用顾客求新求异的心理，以较高价格刺激消费，以提高产品身价，创造高价、优质的品牌形象，开拓市场；产品由于价格较高，企业可在短期内获得较大利润，回收资金也较快，使企业有充足的资金开拓市场；在新产品开发之初，定价较高，当竞争对手大量进入市场时，便于企业主动降价，增强竞争能力，此举符合顾客对价格由高到低的心理。

这种定价策略的缺点是：新产品刚投入市场，产品声誉尚未建立，即以高价投入，不利于市场开拓，增加产量，不利于稳定和占领市场，容易导致新产品开发失败；价格高，销售量可能达不到预期值，反而使利润更少；高价带来的高额利润容易引来竞争对手的涌入，加速行业竞争，仿制品、替代品迅速出现，迫使价格下跌，此时若企业无其他有效策略相配合，则企业苦心营造的高价优质形象可能会受到损害，失去部分顾客；价格远远高于价值，在某种程度上损害了顾客利益，容易招致公众的反对和顾客的抵制，甚至被当作暴利加以取缔，诱发公共关系问题。

因此，这种策略主要适用于下列情况：

（1）产品的市场需求较大，且需求缺乏弹性，企业即使把价格定得很高，需求量也不会大量减少。

（2）高价会使需求量减少，因而产量减少，但因此带来的单位成本增加不致抵销高价所带来的收益。

（3）市场上没有替代产品，企业拥有专利或技术秘密，没有竞争者。

（二）渗透定价

渗透定价（Penetrationpricing）与撇脂定价正好相反，指的是企业制定一个相对较低的价格来使产品迅速进入一个巨大市场，从而获取巨大的市场份额，并通过规模经济来降低生产成本。戴尔公司在进入个人电脑市场时则采用了市场渗透定价，通过低成本的直销渠道销售高质量的电脑。因为当时其他品牌诸如 IBM、苹果（Apple）、康柏（Compaq）是通过零售商店销售计算机，成本不能降到更低，从而使得戴尔的销量飞速上涨。

这种低价策略必须满足一定的条件：首先，市场对价格的变化非常灵敏，因为需求具有弹性，市场才可以以一个较低的价格迅速扩张；其次，生产和分销成本必须随着销量的增长而下降；最后，低价格要能够阻止竞争，采用渗透定价策略的公司必须保持低价的优越位置，否则，低价只是昙花一现。

渗透定价的不利之处在于渗透意味着批量生产，然后以低价销售大量产品，而当遇到产能过剩、存货过多时，公司必然会损失巨额的制造成本，而撇脂定价在发现有限的需求不具备继续实行高价时，公司只要降低价格就可以了。渗透定价的另一个问题易出现在知名品牌，当其用渗透定价时会在市场上产生产品泛滥、“低价值—低品牌形象”的后果，进而使得该品牌不仅失去良好的品牌形象，还给提价和提升品牌形象带来了阻碍。

（三）适中定价

公司新产品在对新产品定价时还可以参考竞争实际状况、替代品价格定价，选择适中定价（Moderatepricing），即制定一个与竞争者价格相同或者十分接近的价格，从而使新产品进入市场并保持一定的市场占有率。例如一公司派人去另一同行公司打听行情，以此来保证定出一个适中的价格。

适中定价具有简单化的优势，但是其劣势在于这个策略基本上忽略了需求和成本，生产相同产品的公司成本基本上是不可能一致的，需求量也不仅仅限于价格的对比。然而，如果公司相对较小，比肩竞争或许是最安全的方法。

（四）满意定价

满意定价（Neutralpricing）指的是企业对新进入市场的产品制定不高不低的价格，取行业的中等价格水平，类似于适中定价。满意价格策略的优点在于能避免高价策略带来的风险，又能防止采取低价策略给生产经营者带来的麻烦。但该策略实际运用效果却不如撇脂定价和渗透定价，主要是由于随着生产技术的不断创新与提高，生产规模不断扩大，在生产规模达到经济规模效益之前，单位产品成本随时间的推移不断降低，价格也在不断变化，因此，中价水平不易保持长期稳定，而新产品首次出现在市场上时没有可以进行比较的价格。

二、商品阶段定价策略

（一）引入期定价策略

对于企业刚上市的产品，由于许多消费者不熟知该产品，因此销量较低，竞争力也弱。为了打开目标市场并拥有一定的市场占有率，企业针对不同的产品可以采取撇脂定价或渗透定价来吸引消费者，诱导购买。

例如，某化妆品企业推出一种新产品时，企业往往会让利使用来推销新产品，以较低的价格来培养顾客群。企业也会采取直销形式，减少中间环节，降低推销成本，让顾客也能以一个较低的价格接触到自己的产品。

（二）成长期定价策略

成长期的产品表现为销量迅速增长，利润随之增加，制造商的生产能力和经销商的销售能力不断增强，这时市场上将会出现强有力的竞争者，企业为维持市场份额和争取更多的市场份额可以选择适当的减价。

例如，当宏基电脑处于成长期时，面对市场上各种各样同等配置电脑的激烈竞争，宏基选择的则是降低电脑价格来维持和扩大电脑的市场占有率。

（三）成熟期定价策略

产品进入成熟期后，市场需求已经日趋饱和，销售量都达到了最高水平并开始出现回落的趋势，这时市场上出现较多的替代品和仿制品，销售商的利润也达到了极点，因此，在激烈的市场竞争中，一般适宜采取低价策略。

该定价策略可以见于现在市面上的安卓智能手机，多数品牌和各式样式的手机均生产出了该平台下的手机，其市场需求基本上达到了饱和状态，面对各种新型智能操作系统手机的挑战，这一平台手机采取了低价策略以尽量维持所拥有的市场份额。

（四）衰退期定价策略

产品进入衰退期之后，产品的需求量和销售量大幅度下降，甚至出现滞销状况，利润也日益缩减，企业一般果断采取降价措施，有的采取变动成本定价法，销售价格低于成本，仅补偿其固定成本即可。如果同行竞争对手出现了退市现象，而市场上依然有较少的保守购买者，企业也可以选择维持原价。

三、折扣定价策略

为回馈新老顾客以及尽早付清货款、满足批量购买、淡季采购和鼓励一些顾客做平时不愿意做的事情（比如付现金而不是刷信用卡、付款交货而不是收货若干天后付款、销售季节过后再交货等），公司销售人员就会下调基础价格，即通过各种折扣以及与折扣相关的折让、返还、价值导向定价等方法来实现其促销目的。公司进行基础价格调整时必须仔细考虑成本，否则利润将会远远低于预期。常见的折扣方法有如下几种：

（一）数量折扣

数量折扣（Quantitydiscount）是指生产企业鼓励顾客集中购买或大量购买所采用的一种策略。它按照购买数量或金额，分别给予不同的折扣比率，购买越多，折扣越大。例如顾客购买少于 100 单位，每单位 10 美元，购买 100 单位以上，每单位 9 美元，顾客得到的这个较低的价格即为数量折扣。又如，某地区品牌麦加乐蛋糕就采取了累计数量折扣的形式，顾客每订购一次蛋糕，店铺就会记录下顾客的购买数量，并承诺在订购一定数量之后顾客可以享受到一定的折扣或者能凭积分换取一定数额的相关赠品。

这种折扣通常有累计折扣和非累积折扣两种。非累计折扣则是顾客一次购买达到规定数量时企业给予的一种折扣方式，其目的是鼓励顾客大批量购买，促进产品多销、快销，从而降低企业的销售费用。累计折扣是指顾客购买物品累加达到一定数量时企业给予的另一种折扣方式，其目的在于鼓励顾客经常向本企业购买，培养忠诚客户，建立长期的购销关系。

数量折扣的促销作用非常明显，企业因单位产品利润减少而产生的损失完全可以从销售的增加中得到补偿。此外，销售速度的加快，使企业资金周转次数增加，流通费用下降，从而导致企业盈利水平上升。运用数量折扣策略的难点在于如何确定合适的折扣标准和折扣比例。因此，企业应结合产品的特点、销售目标、成本水平、资金利润率、需求规模、购买频率、竞争者手段以及传统的商业惯例等因素来制定科学的折扣标准和比例。

（二）现金折扣

这是企业对顾客迅速付清货款的一种优惠。现金折扣是企业对在规定的时间内提前付款或用现金付款的顾客给予的一种价格折扣，其目的是使顾客尽早付款，加速资金周转，降低销售费用，减少财务风险。现金折扣一般根据约定的时间界限来确定不同的折扣比例。

例如，顾客在 30 天内必须付清货款，如果 10 天内付清货款，则给予 2%的折扣，这种折扣方式可以简单地表示为“2/10，net/30”或“2/10，n/30”。账款的迅速回收能使销售商减少资金积压的成本，并且使卖方避免坏账。可见，现金折扣是为改善卖主的现金周转、减少赊欠收取成本和呆账损失服务的。在国际贸易中，因买卖双方距离遥远并且交易手续复杂，于是很多外贸企业和外国公司进行生意洽谈的时候都会采取现金折扣，以弥补企业的时间成本和资金周转速度。

（三）功能性折扣

功能性折扣（Functionaldiscount）又称贸易折扣（Tradediscount），指的是制造商对在交易渠道中发挥了某些功能，如推销、储存和账务记录的成员提供的一种折扣。因为各种渠道的工作不同，制造商对不同的交易渠道提供的折扣就可以不同，但在同一交易渠道中，制造商必须提供相同的功能折扣。比如零售商在推销制造商的产品时进行的大型促销活动使得产品销量迅速上升，制造商就会根据零售商在渠道中发挥的作用给予零售商一定的功能性折扣。

企业确定功能性折扣的比例，主要考虑中间商在销售渠道中的地位、对生产企业产品销售的重要性、购买批量、完成的促销功能、承担的风险、服务水平、履行的商业责任以及产品在分销中所经历的层次和在市场上的最终售价等。鼓励中间商大批量订货，扩大销售，争取顾客，并与生产企业建立长期、稳定、良好的合作关系是实行功能折扣的主要目的。功能性折扣还可以对中间商经营的有关产品的成本和费用进行补偿，并让中间商有一定的盈利。

（四）季节性折扣

季节性折扣（Seasonaldiscount）指的是企业对购买单季商品或服务的消费者提供的一种折扣。例如航空公司在经营淡季推出的各种折扣机票就属于季节性折扣。季节性折扣减少了生产商的库存，有利于生产商全年保持一个稳定的生产计划。

有些产品是常年生产的，季节性消费；而有些产品是季节性生产，常年消费。生产企业为了调节供需矛盾，实现均衡生产，把产品的储存分散到销售渠道或顾客手里，便采用季节折扣的方式，规定在销售淡季给予较优惠的折扣，而在销售旺季则恢复原价。例如，旅游的淡旺季十分明显，所以，在旺季时，宾馆、航空公司都维持较高的价格；而在淡季时，却给旅游者较高的价格折扣，以便招徕顾客。

季节折扣有利于减轻库存，加速商品流通，迅速收回资金，促进企业均衡生产，充分发挥生产和销售潜力，避免因季节变化而带来的市场风险。

（五）让价和补贴

让价和补贴是间接折扣的一种形式，它是指购买者按价格目录将货款全部付给销售者以后，销售者再按一定的比例将货款的一部分返还给购买者。补贴是企业为特殊目的、对特殊顾客以特定形式所给予的价格补贴或其他补贴。

例如，中间商为促进产品的销售而采取多种宣传手段，包括刊登地方性广告、设置样品陈列窗、为生产企业开辟销售专柜、举行展销会等各种促销活动时，生产企业给予中间商一定数额的资助或补贴。又如，企业开展以旧换新业务，将旧货折算成一定的价格，在新产品的价格中扣除，顾客只支付余额，以刺激消费需求，促进产品的更新换代，扩大新一代产品的销售，这也是一种补贴形式。

四、地理定价策略

由于公司的产品或会销往国内不同地区或进入国际市场，而公司的成本会随着运输距离的增加而增加，成本上升直接影响到公司的竞争力，因此，公司在定价时应当考虑是否根据地理位置的远近而制定不同的价格来缓和运费对于不同距离购买者的影响，即地理定价策略（Geographicalpricing）。以下是常用方法：

（一）离岸定价

离岸定价（FOBoriginpricing）也称FOB起点定价，指的是当货物装上运输工具后，所有权和责任就转移给买方，由买方从起运地开始支付运费的价格策略。其有利之处在于买方各自负担了自己的运输成本进而使得运输费用显得公平，而不利之处在于对于远距离的买方需要负担相当高的运输成本进而易失去远距离的潜在客户。

考虑到国际货物运输的风险性和不确定性，我国大多数企业出口都采取的是离岸价。当货物装上买方运输工具时，企业就不承担货物在运输途中产生的任何风险，这样有利于降低我们出口企业面临的风险。

（二）统一交货定价

统一交货定价（Uniform-deliverypricing）又称一致运送定价，指的是企业在制定价格时不考虑送货地点，给所有客户的定价加运费是统一的。统一交货定价有利于距离卖方相对较远的购买者，不利于距离卖方较近的购买者。该定价策略的另一个好处是公司易于管理，并且可以在很大的地域范围内宣传其价格。

（三）地区定价

地区定价（Zonepricing）又称区间定价，是介于离岸定价和统一交货定价之间的一种定价方法，指的是营销管理人员设计两个或多个地区，在同一地区的客户使用同一个价格来平衡买方的总费用。

（四）基点定价

基点定价（Basing-pointpricing）指的是公司指定一个地方作为基准价格点，运费按这个点到买方所在地的距离计算，不考虑货物的实际运输距离。该定价方法的一个主要问题在于，如果A公司以B地作为基点，而A公司所在地购进A公司产品就意味着要支付B地到A地之间的运费，而货物实际没有此段运输距离。这样的运费成为幻影运费（Phantomfreight），一些国家已经宣告该运费为不合法。因此，基点定价法正在逐步走向衰退。

（五）运费补贴定价

运费补贴定价（Freightabsorptionpricing）又称无运费定价或运费吸收定价，指的是卖方支付所有或部分运费，而没有转嫁到买方身上。在激烈的竞争区域或进行市场渗透时，公司会采用这种方法使产品迅速进入新市场。在销售人员看来，公司采用该定价方法可以获得更多的销量进而使平均成本下降，节约的比所付的运费要高。

五、心理定价策略

价格对消费者心理会产生很大的作用，高价格往往意味着高质量、高品位，而低价格意味着商品劣质或属于日常用品。心理定价策略（Psychologicalpricing）就是企业试图影响顾客对商品价格的认知，从而使得商品的价格在消费者心理方面更具有吸引力。常用的心理定价策略主要有以下几种形式：

（一）参考定价策略

参考定价法（Referencepricing）指企业将一个定价适中的商品放在一个价格相对较高的款式或品牌旁边，以此来使顾客从心理上认同比较适中的价格，进而产生购买行为。该定价方法基于“隔离效应”理论，即一个物体与另一个物体相比较可能会使该物品更具有吸引力。企业中档品牌在与其他企业高级品牌性能相同时可以采用参考定价法。

小案例：醉翁之意

珠海九洲城里有只3 000港元的打火机。许多观光客听到这个消息，无不为之咋舌。如此昂贵的打火机，该是什么样子呢？于是，九州城又平添了许多慕名前来一睹打火机“风采”的顾客。

这只名曰“星球大战”的打火机看上去极为普通，它真值这个价钱吗？站在柜台前的观光者人人都表示怀疑，就连售货员对此亦未知可否地一笑了之。它被搁置在柜台里很长时间无人问津，但它旁边的3港元一只的打火机却是购者踊跃。许多走出九洲城的游客坦诚相告：我原是来看那只“星球大战”的，不想却买了这么多东西。

无独有偶，日本东京都滨松町的一家咖啡屋，竟然推出了5 000日元一杯的咖啡，就连一掷千金的豪客也大惊失色。然而消息传开，抱着好奇心理的顾客蜂拥而至，使往常冷冷清清的店堂一下子热闹了，果汁、汽水、大众咖啡等饮料格外畅销。

（二）声望定价策略

声望定价（Prestigepricing）指的是商家把价格定在高价位，以此来树立名贵、优质的品牌形象。声望定价适用于消费者把产品的质量与价格联系在一起的产品。通常消费者都有追求知名品牌的心理，公司将有声望的产品制定出比同类产品高出很多的价格则可以迎合消费者的这种心理，使得顾客对该品牌形成高品质商品形象。

路易威登（LouisVuitton）就是典型的采用声望定价策略的著名企业，在树立起品牌之后，为了迎合消费者追求知名品牌的心理，路易威登把品牌形象与高品质融入价格之中，使得消费者无条件地相信路易威登系列产品的价格越高其所拥有的产品价值更多。

（三）尾数定价策略

尾数定价法（Odd-evenpricing）指的是商家根据消费者对一些数字尾数有不同认知心理而对商品价格尾数做出的一些处理来进行的价格制定方法。一种情形是比如把商品价格定为9.9美元而不是10美元，这样的零头尾数能使消费者从心理上认为这是一个真实的价格且卖家在制定价格的过程中是慎重考虑过的。另一种情形是比如把价格定位为50美元而不是49.9美元，这样给消费者传递的消息则是该商品是上了档次的，这种整数尾数使顾客当然地认为这个商品是高质量的。

（四）捆绑定价策略

捆绑定价法（Bundlepricing）指的是企业把两个或两个以上的商品捆绑在一起以一个价格出售，这个价格往往比把商品单独价格相加后的总价要低一些，以此来吸引顾客。捆绑定价不仅会提高顾客的满意度，通过捆绑那些周转慢的商品还可以提高商品的周转速度，降低成本，刺激销售，增加收益。

捆绑定价策略多用于计算机、汽车配件、生活用品等有配套使用设施的行业中。例如宝洁公司将洗发水、沐浴露和护肤水捆绑在一起制定出一个比分开卖更低的价格，由于生活用品的必需性，消费者一般都会倾向于购买这种成套产品。

（五）习惯定价策略

习惯定价法（Customarypricing）主要是对一些常见的日常用品进行定价。虽然商品价格的波动范围日渐增大，但有很多商品仍是基于传统制定。比如阿尔卑斯棒棒糖在人们心中已经形成了0.5元的价格，不管经济是在多么不确定的环境中发展着，这类商品的价格基本上都不会发生变化，因此，习惯定价法将是这类商品定价的永恒标准。再比如，冷饮摊上常见的“一元货”，即切削后分块零卖的水果。商人们把哈密瓜、菠萝、西瓜等削好，切成一块一块的，插上一根木条，每块卖一元。“一元水果”的生意非常红火。虽然“一元水果”相比整卖的水果要贵一些，但比较符合消费者购买意愿，所以顾客还很喜欢买。

（六）吉利定价策略

吉利定价（Auspiciouspricing）指的是企业根据消费者的文化背景而采用一些在他们心中能产生好运的吉利数字来进行定价，比如尾数为6、8、9等的定价能给中国文化背景下的消费者带来心理上的慰藉，而诸如13的定价则不适合西方文化背景下的消费者。

（七）天天低价策略

天天低价策略是相对商家经常性降价而产生的。经常性降价会在消费者心中形成惯性思维，认为这种商品只有在降价的时候才能真正体现其价值，进而消费者购买低价的心理会慢慢受到损耗。而天天低价策略是商家保持一贯的低价作风，而不是开始制定高价然后不断降价，这使消费者相信他们得到了一个公正的较低的价格。

沃尔玛能够迅速发展，除了正确的战略定位以外，也得益于其首创的“折价销售”策略。每家沃尔玛商店都贴有“天天廉价”的大标语。同一种商品在沃尔玛比其他商店要便宜。沃尔玛提倡的是低成本、低费用结构、低价格的经营思想，主张把更多的利益让给消费者，“为顾客节省每一美元”是他们的目标。沃尔玛的利润通常在30%左右，而其他零售商如凯马特的利润率都在45%左右。公司每星期六早上举行经理人员会议，如果有分店报告某商品在其他商店比沃尔玛低，可立即决定降价。低廉的价格、可靠的质量是沃尔玛的一大竞争优势，吸引了一批又一批的顾客。

六、差别定价策略

小案例：

1. 蒙玛公司在意大利以无积压商品而闻名，其秘诀之一就是对时装分多段定价。它规定新时装上市，以3天为一轮，凡一套时装以定价卖出，每隔一轮按原价削10%，以此类推，那么到10轮（一个月）之后，蒙玛公司的时装价就削到了只剩35%左右的成本价了。这时的时装，蒙玛公司就以成本价售出。因为时装上市还仅一个月，价格已跌到1/3，谁还不来买？所以一卖即空。蒙玛公司最后结算，赚钱比其他时装公司多，又没有积货的损失。

2. 国内也有不少类似范例。杭州一家新开张的商店，挂出日价商场的招牌，对店内出售的时装价格每日递减，直到销完。此招一出，门庭若市。

3. 哈尔滨市洗衣机商场规定，商场的商品从早上9点开始，每一小时降价10%。特别在午休时间及晚上下班时间商品降价幅度较大，吸引了大量上班族消费者，在未延长商场营业时间的情况下，带来了销售额大幅度增加的好效果。

差别定价是指公司根据消费者在产品、地理位置、需求等方面的差异，针对不同的细分市场对同一产品制定不同价格的策略。差别定价必须满足一定条件：第一，市场是可以细分的，而且各个细分市场的需求程度是不同的。第二，低价购买某产品的顾客没有可能将产品转手或者转交给付高价的细分市场。第三，竞争者没有可能在企业以较高价格销售产品的细分市场上以低价竞销。第四，细分的控制市场的成本费用不得超过因实行价格歧视而得到的额外收入。第五，差别定价不会引起顾客反感。第六，采取的差别定价形式不能是非法的。

差别定价主要有以下几种形式：

（一）顾客细分差别定价

在这种情况下，同样的产品或服务对不同顾客提供不同的价格。例如同一个景区对老人和学生收取的是一个较低的门票费用。

（二）产品样式差别定价

产品样式差别定价是指企业对不同型号或不同样式的产品制定不同的价格，但不同型号或式样的产品其价格之间的差额和成本之间的差额是不成比例的。比如一个1 620万像素的数码照相机比一个1 410万像素的数码相机的价格要高出很多，而实际成本差别没有那么大。

（三）销售时间差别定价

在这种定价方法下企业会根据不同季节、不同日期甚至不同时间段制定不同价格。例如长途电话通话划分忙、闲时，通信公司就会在忙时制定高价、闲时制定较低的价格；季节性的商品在不同季节制定不同价格，比如波司登羽绒服在夏季采取的低价促销活动。

小案例：低价不好销，高价反抢手

美国亚利桑那州的一家珠宝店，采购到一批漂亮的绿宝石。由于数量较大，店主担心短时间销售不出去，影响资金周转，便决心只求微利，以低价销售。本以为会一抢而光，结果却事与愿违。几天过去，仅销出很少一部分。后来店老板急着要去外地谈生意，便在临走前匆匆留下一纸手令：我走后若仍销售不了出，可按1/2的价格卖掉。几天后老板返回，见绿宝石销售一空，一问价格，却喜出望外。原来店员把店老板的指令误读成“按1~2倍的价格出售”，他们开始还犹豫不决，就又提价一倍，这才使绿宝石一售而空。

（四）产品形象差别定价

企业根据形象差别对同一产品制定不同的价格。这时，企业可以对同一产品采取不同的包装或商标，塑造不同的形象，以此来消除或缩小消费者认识到不同细分市场上的商品实质上是同一商品的信息来源。比如同样的五粮液原酒装入不同的包装就会因形象差异而制定不同的价格。

（五）销售地点差别定价

企业对处于不同位置或不同地点的产品和服务制定不同的价格，即使每个地点的产品或服务的成本是相同的。这也在一定程度上源于消费者心理的偏差。例如戏剧院的门票会因为消费者对座位的偏好或者因为过于太近或者过于太远而影响观看效果来制定不同的价格。

本章小结

价格是影响需求和购买行为的主要决定因素。企业定价总的要求是追求利润最大化，企业制定价格的目标主要有两个：获取利润目标和占有市场目标。影响企业定价的因素主要有市场需求状况、市场竞争状况、商品特点、企业内部因素和其他环境因素。

企业主要的定价方法有成本导向定价法、需求导向定价法和竞争导向定价法和以价值为中心导向定价法。在基本定价方法之上，企业可以采取的价格调整策略包括新产品定价策略、商品阶段定价策略、折扣定价策略、地理定价策略、心理定价策略、差别定价策略等。

思考与练习

1. 影响企业产品定价的主要因素有哪些？
2. 如果企业以竞争导向为定价目标，那么不同的企业应该如何选择定价方法？
3. 什么是价值定价法？
4. 新产品定价策略有哪些，各有何优缺点？适合在什么情况下使用？
5. 差别定价是否等于歧视性定价？为什么？什么是掠夺性定价？试举例说明。
6. 企业如何利用心理因素定价？
7. 企业在市场竞争中如何进行价格调整？
8. 观察你身边的定价现象，试举出几个例子说明定价策略的应用。
9. 购买者对价格变动可能有哪些理解？
10. 企业面对竞争者的降价有哪些对策？

第十章　分销策略

学习要点

通过学习本章内容，理解价值网络和分销渠道系统的定义；了解分销渠道的作用；懂得在设计、管理、评价和调整分销渠道时，公司应做出何种决策及如何整合渠道并解决渠道冲突；思考零售、批发和物流领域的主要发展趋势。

开篇案例

国美+苏宁对战（VS）京东

2010年岁末，国美、苏宁等家电销售连锁巨头以窜货为由，要求其供应商各大家电厂家，减少向网络销售商京东商城供货，企图“封杀围剿”京东商城，从而使得传统渠道对网络渠道的对抗公开化了。有着60：100的销售规模份额的京东商城也毫不示弱，指责苏宁和国美等渠道运作效率不高，企图价格垄断，要求供应商出面协调，给个说法。一边是新兴渠道的快速增长、年轻消费族群的巨大潜力，一边是传统渠道巨大的现实销量和广阔的覆盖面，各供应商只能在火药味越来越浓的两者冲突中不断救火，小心平衡。

在上述案例中，网络渠道与线下渠道面向的客户群体重叠，这是冲突的本源，网络渠道作为新兴的渠道模式对传统渠道的挤压是必定存在，而且网络渠道携互联网之传播快速的优势及中间环节简化带来的价格优势，让传统渠道从直观上对网络渠道有敌意 。由互联网的特性带来的价格冲击，这是线下渠道反应激烈的本质，网络渠道销售的商品由于不存在物流和仓储成本，也无需负担昂贵的营销成本，最终导致同样产品在线上售卖的价格比线下零售店的要便宜。

第一节 设计和管理整合营销渠道

一、分销渠道与价值网络

在大多数情况下，一件产品的产地和销地都存在着时间间隔、空间间隔，那么在两者之间会存在完成多种职能的中间商，这些中间商（或称为中介机构）组成了分销渠道（Marketing Channel），也称为营销渠道。

美国市场营销学权威菲利普·科特勒将分销渠道定义为："分销渠道是指某种货物或劳务从生产者向消费者移动时，取得这种货物或劳务所有权或帮助转移其所有权的所有企业或个人。"简单地说，分销渠道就是商品和服务从生产者向消费者转移过程的具体通道或路径。

为什么很多生产商要将产品销售环节委托或者是外包给中间商来做，将公司部分业务外包意味着对该业务环节放弃产品销售方式和时间等部分的控制权。这是因为根据大卫·李嘉图的比较成本优势和绝对成本优势理论，任何一个生产商在运营管理环节中，都不能对每项业务占有比较优势，而通过外包给中间商可以获得很多优势。比如说许多生产商缺乏足够的财力资源进行直接营销；对某些产品来说，直接营销是不可行的，比如像口香糖、电池、刮胡刀片等，这类产品必须和其他小商品放在一起销售，或者说这种类型的产品有派生需求的属性。

营销外包不仅是一种商业工具，更是一种全新的商业思维。营销外包是企业将营销活动尤其是渠道的开发与管理全权委托给一个拥有专门技能和网络的外部机构，企业只是在战略上进行全程监控和规定收益回报的下限，其他的营销风险全部由外包机构承担；加之将生产、人力资源管理、财务管理等价值链环节也外包给了专业的外部机构，企业可以将核心能力集中于"产品研发+品牌经营"的关键性领域，以获取巨额"净值"回报。

二、分销渠道的重要性

分销渠道体系（Marketing Channel System，MSC）是指公司所采用的分销渠道的整体整合。分销渠道体系决策是一个企业管理层面临的最重要的决策之一。企业拥有分销渠道不仅仅是对产品销售方式和时间的部分控制权，同时也意味着要承担一定的巨额风险，因为它们不仅要服务市场，而且必须创造市场。

企业必须要考虑确定采用哪种分销策略，比如说是拉式还是推式？或者是两者的结合？在推式战略（Push Strategy）中，企业利用人员推销，以中间商为主要促销对象，把产品推入分销渠道，最终推向市场。这种推销策略要求人员针对不同顾客、不同产品采用相应的推销方法。常用的推式策略有示范推销法、走访销售法、网点销售法、服务推销法等。

推式策略其强调的重点是分销渠道上各环节人员推销的推销活动，重点在于人员促销与贸易促销。销售人员介绍产品的各种特性与利益，促成潜在客户的购买决策。企业的销售人员访问批发商，企业的销售人员协同批发商的销售人员访问零售商，企业的销售人员再协同零售商的销售人员积极地向消费者推销产品。按照这种方式，产品顺着分销渠道，逐层向前推进。“推动”策略常用于销售过程中需要人员推销的工业品与消费品。

拉式战略（Pull Strategy）是指企业利用广告、公共关系和营业推广等促销方式，以最终消费者为主要促销对象，设法激发消费者对产品的兴趣和需求，促使消费者向中间商、中间商向制造商企业购买该产品。常用的拉式策略有会议促销法、广告促销法、代销、试销等。这种战略适用于某个分类中品牌忠诚度和涉入度都较高，人们能够明显感觉到品牌间的差别以及早在步入商店前就选好了品牌等情况。

然而，在市场营销体系中，也有很多顶级的营销公司，比如可口可乐、耐克、英特尔公司均是高超地同时使用了“推”和“拉”的战略。

三、价值网络

企业应当先考虑目标市场，然后从该点出发向后设计供应链，该观点称为需求链计划。需求链管理方法不仅是让产品流经这个系统，而且要找出顾客需要什么，以此来确定我们要销售及生产什么，以满足顾客和市场的需求。这种管理方法也是供应链管理网络结构中的前向一体化战略。

价值网络（Value Network）是指公司为创造资源、扩展和交付货物而建立的合伙人和联盟合作系统。价值系统包括公司的供应商和供应商的供应商以及它的下游客户和最终顾客，还包括其他有价值的关系，如大学里的研究人员和政府机构。布兰德伯格（Brandenburger）和纳尔波夫（Nalebuff）提出的价值网（Value Net）管理模型解释了所有商业活动参与者之间的关系。传统公司利用供应商提供的材料生产产品并同其他生产商竞争以获得顾客。但在价值网中，布兰德伯格和纳尔波夫介绍了商业活动中一个新的因素：互补者（Complementors），互补者指那些提供互补性产品而不是竞争性产品和服务的公司。

布兰德伯格和纳尔波夫提出的价值网概念，认为企业的发展进程受到以下四个核心组织成分的影响，如图 10-1 所示。

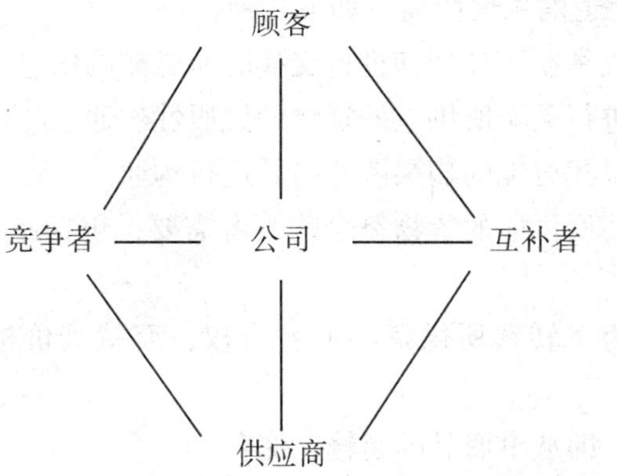

图 10-1　价值网组织构成

（1）顾客（Customers）。

（2）供应商（Suppliers）。

（3）竞争者（Competitors）。

（4）互补者（Complementots）。

价值网强调各种关系的对称因素。例如，顾客和供应商都拥有其竞争者和互补者。一家公司的顾客通常拥有其他供应商，如果其他供应商使这家公司的产品、服务或顾客价值增加，那么它就是该公司的互补者；反之，则是该公司的竞争者。同样，一家公司的供应商也拥有其他顾客，这些顾客是其竞争者或互补者。如果他们使这个供应商为最初那家公司提供的产品（或服务）更昂贵，那么他们就是竞争者；反之，则是互补者。与顾客相关的原则同样适用于供应商，而与竞争者相关的原则也适用于互补者。

客户、供应商、竞争者或互补者是一家公司扮演的多重角色，即同一家公司可以有多重身份。若要制定有效的战略，公司须理解每个角色扮演者的利益。

价值网与传统的供应链是不同的。价值网中，需求链计划提供了多方面的视角。首先，如果企业想向前或向后整合，它可以估测是上游还是下游可以赚到更多的钱。其次，公司会更清楚供应链中可能导致成本、价格或供应突然发生变化的地方。最后，价值网络中的合作伙伴可以通过技术联系在一起，更快速、更低成本、更准确地进行沟通、交易和支付。互联网的出现使得一家企业能够与其他企业建立更加广泛、复杂的联系。

四、渠道的功能与流程

1. 营销渠道的功能

从经济系统的观点来看，市场营销渠道的基本功能在于把自然界提供的不同原料根据人类的需要转换为有意义的货物搭配。市场营销渠道对产品从生产者转移到消费者所必须完成的工作加以组织，其目的在于消除产品（或服务）与使用者之间的差距。市场营销渠道的主要职能有如下几种：

（1）研究，即收集制订计划和进行交换时所必需的信息。

（2）促销，即进行关于所供应的货物的说服性沟通。

（3）接洽，即寻找可能的购买者并与其进行沟通。

（4）配合，即使所供应的货物符合购买者需要，包括制造、评分、装配、包装等活动。

（5）谈判，即为了转移所供货物的所有权，而就其价格及有关条件达成最后协议。

（6）实体分销，即从事商品的运输、储存。

（7）融资，即为补偿渠道工作的成本费用而对资金的取得与支用。

（8）风险承担，即承担与从事渠道工作有关的全部风险。

2. 营销渠道的流程

营销渠道的流程最主要的有实体流程（又称物流）、所有权流程、付款流程（又称支付流程）、信息流程及促销流程，如图10-2所示（以汽车为例说明了这些流程）。

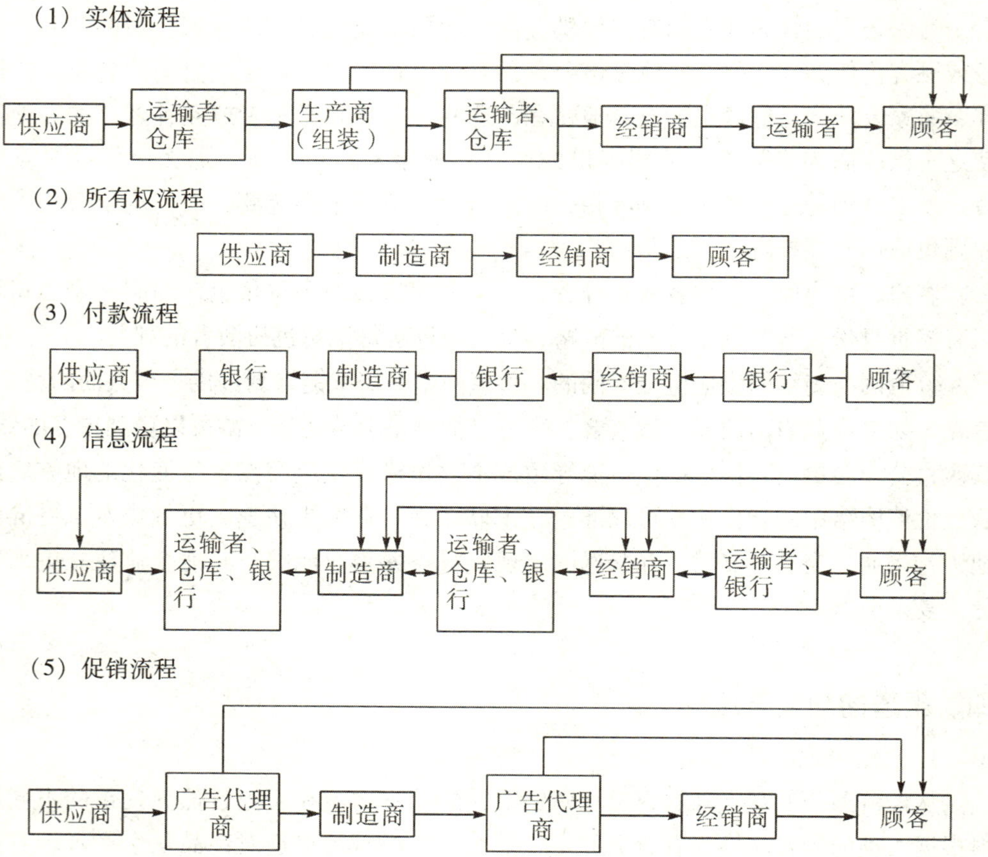

图10-2 汽车市场营销渠道流程

第二节　营销渠道的结构

一、渠道层级

在产品从制造商向消费者转移的过程中，任何一个对产品拥有所有权或负有推销责任的机构，就叫做一个渠道层次。渠道层次的多少决定了渠道的具体模式，任何一个营销渠道都包括生产者和最终消费者，如图 10-3 所示。

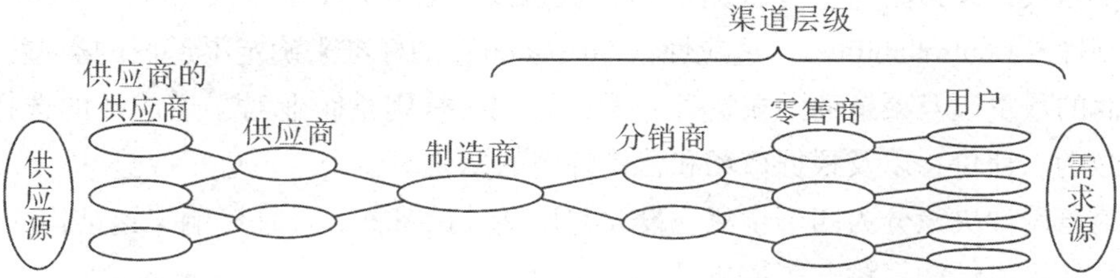

图 10-3　营销渠道层次结构

营销渠道按其包含的中间商购销环节即渠道层级的多少，可以分为零级渠道，一级、二级和三级渠道，据此还可以分为直接渠道和间接渠道、短渠道和长渠道几种类型。

（1）零级渠道（Direct Channel）又称直接渠道，意指没有中间商参与，产品由生产者直接售给消费者（用户）的渠道类型。直接渠道是产品分销渠道的主要类型。一般大型设备以及技术复杂、需要提供专门服务的产品，企业都采用直接渠道分销，如飞机的出售是不可能有中间商介绍的。在消费品市场，直接渠道也有扩大的趋势。像鲜活商品，有着长期传统的直销习惯；新技术在流通领域中的广泛应用，也使邮购、电话及电视销售和因特网销售方式逐步展开，促进了消费品直销方式的发展。

（2）一级渠道包括一级中间商。在消费品市场，这个中间商通常是零售商；而在工业品市场，它可以是一个代理商或经销商。

（3）二级渠道包括两级中间商。消费品二级渠道的典型模式是经由批发和零售两级转手分销。在工业品市场，这两级中间商多是由代理商及批发经销商组成。

（4）三级渠道是包含三级中间商的渠道类型。一些消费面宽的日用品，如肉类食品及包装方便面，需要大量零售机构分销，其中许多小型零售商通常不是大型批发商的服务对象。对此，有必要在批发商和零售商之间增加一级专业性经销商，为小型零售商服务。

根据分销渠道的层级结构，可以得到直接渠道、间接渠道、短渠道、长渠道概念。渠道越长越难协调和控制。

直接渠道是指没有中间商参与，产品由生产者直接销售给消费者（用户）的渠道类型。间接渠道是指有一级或多级中间商参与，产品经由一个或多个商业环节销售给消费者（用户）的渠道类型。上述零级渠道即为直接渠道；一、二、三级渠道统称为间接渠道。为分析和决策方便，有些学者将间接渠道中的一级渠道定义为短渠道，而将二、三级渠道称为长渠道。显然，短渠道较适合在小地区范围销售产品（提供服务）；长渠道则能适应在较大范围和更多的细分市场销售产品（提供服务）。

二、渠道设计决策

渠道设计决策是指企业根据产品特性以及目标市场，按照经济性（Economy）、可控制性（Controllability）、适应性（Adapation）的标准来确定渠道商的类型、每层渠道商的数量以及渠道商的权责等。渠道管理决策则指企业对渠道成员的选择、培训、激励、评价，以及根据市场和营销环境的变化对整个渠道进行改进。

渠道设计决策分为四个步骤：设立并调整分销目标，评估影响渠道结构的因素，选出最佳渠道结构，挑选渠道成员。

1. 设立并调整分销目标

企业设计营销渠道是为了更好地达到分销目的，完成分销任务。因此营销渠道的设计必须与企业的分销目标紧密地结合在一起，在设计渠道之前必须要明确企业的分销目标是什么，这是重要的一步，也是关键的一步。渠道的结构是为了分销目标而服务的，如果还没有搞清楚分销目标是什么就设计企业的渠道结构，那么再好的模式对企业来讲也不会有太大的作用。

然而，在需要做出渠道设计决策的这一阶段，企业的分销目标往往尚不明确，尤其是改变后的形式在需要企业做出渠道设计决策的同时，也会要求企业确立新的或改进后的分销目标。因此，在这一阶段，渠道管理者应该仔细审核企业的分销目标，判断是否需要添加新的内容。同时，渠道管理者也要判定该分销目标是否与营销组合中其他领域的分销目标相一致，是否与企业的整体目标和策略相一致。

企业的分销目标不同，所需要的渠道模式自然也不会完全相同。如果企业的分销目标是为了节约分销成本，那么它在设计渠道结构的时候就应该以减少渠道的成本为主要出发点；如果企业的分销目标是为了增加销售量、扩大市场占有率，那么它在设计渠道结构的时候就应该考虑如何尽可能地增加渠道销售网络的覆盖面积，以加大顾客与产品的接触频率。

2. 评估影响渠道结构的因素

在设计出几种可行的渠道结构之后，渠道管理者应该评估一系列将会影响到各类渠道结构的因素。尽管此类因素不计其数，但是，仍然存在着对可行性渠道结构进行分析的四类基本因素：市场因素、产品因素、企业因素和中间商因素。

（1）市场因素。在设计市场营销渠道的过程中，市场因素应该是影响渠道结构的关键因素。所有的现代营销渠道管理都建立在市场营销概念基础上，而这一概念强调以市场为主导。市场因素中对渠道结构有重要影响的因素主要有三个：市场区域、市场规模和市场密度。

（2）产品因素。产品因素是指企业在考虑各类渠道结构的过程中，必须重视的另一类重要的因素，包括体积与重量、腐蚀性、标准化程度、技术性和非技术性以及崭新度。例如，高技术性的产品通常采用较短的渠道结构方式，这是因为生产厂家需要一些有能力将其产品的技术介绍给潜在顾客，并能在产品出售以后能继续提供联系、建议和服务的销售人员。如果渠道结构过长，就会相应地减少这些服务功能，同时也会增加成本。一些相对技术含量较高的产品如个人电脑就采用较短的渠道结构方式来进行分销。

无论是在消费者市场中还是生产者市场，许多新产品都需要在最初上市阶段采用大规模、强有力的促销活动，以初步建立市场需求。通常情况下，渠道越长，就越难以通过所有的渠道成员达到促销目标。因此，在初上市阶段，简短的渠道通常能使产品更好地为市场所接受。并且，新产品在挑选渠道成员的时候对中间商的要求也较高，这是因为新产品的促销要求中间商提供强有力的促销活动以配合企业。

（3）企业因素。影响渠道设计的最主要的企业因素是企业规模、经济实力和管理才能。

（4）中间商因素。与渠道结构相关的中间商因素为：中间商的实力，使用中间商的成本，中间商所提供的服务。其中中间商的实力是企业在设计营销渠道时所要考虑的重点，每一个企业都希望有实力的中间商能够加盟自己的营销渠道，如果选择的中间商实力较强，那么企业在进行市场开发时就可以把许多事情交给中间商来完成，从而省去不少精力和成本。这样企业就可以采取较短的渠道模式，尽可能较少地使用中间商。如果渠道管理者认为，为提供一定的服务而使用中间商的成本过高，在渠道结构中就会减少使用中间商。中间商提供的服务，往往与选择过程紧密相关。需要中间商提供的服务越多，对中间商的要求也就越高，企业在设计营销渠道时就越可能采取较短的渠道结构。

3. 选出最佳渠道结构

从理论上讲，渠道管理者应该从各备选方案中选出最佳的渠道结构。这一结构应该能在最低的成本基础上，有效地完成各项分销任务。如果企业的目标是获得最大的长期效益，最佳的渠道结构就应该与此目标完全一致。在现实情况中，完美的渠道结构是不存在的，因为要做到这一点，渠道管理者就应该仔细考虑每一种可行的渠道结构，并计算出在一定标准下每一种渠道结构所产生的回报，选出能产生最高回报的渠道结构。而渠道管理者不可能知道所有的可行方法，也没有足够的时间和信息来帮助其实施所有可行的渠道结构，以便达到特定的分销目标。并且，即使管理人员愿意花费大量的时间和精力，他们也无法知道何时应该实施所有这些可行的方法。再者，即使可以实施所有可行的渠道结构，也无法精确计算出与之相关的回报数。影响渠道的因素不计其数，而且它们都在不断地变化。

尽管不存在选择最佳结构的具体方法，但可以根据各个企业的情况，采用一些粗略的评估方法来选择各自的渠道结构。企业可以通过分析影响渠道结构的各种因素来初步判定所罗列的所有渠道结构，剔除那些明显不合格的渠道结构；再通过结合企业及市场的实际情况对剩下的渠道结构做进一步的删除，选出最适合本企业的渠道结构模式。

4. 挑选渠道成员

企业在市场上的成功需要强有力的渠道成员的支持，即那些能有效履行分销职责、实现渠道设计思路的成员。所以，挑选渠道成员是一项很重要的任务，应避免随意性和偶然性。

对渠道成员的要求标准因企业而异，一般可从以下几个方面来考虑：中间商对公司的忠诚度、中间商实力、在顾客群体中及市场中的声誉、所经营的产品组合、财务状况、经营思路、网络覆盖情况、产品配送能力、销售人员培训及管理状况、是否会降价销售、是否跨区域销售等。如果企业不经过认真仔细的挑选就随便发展经销商，很可能会影响企业的品牌战略、市场规划，甚至因个别经销商而扰乱产品的价格体系，造成整个产品体系的全面崩溃。企业在经过挑选标准筛选之后，锁定选择目标，应该尽力争取使其成为企业的渠道成员。另外企业在更新渠道成员的时候也应该从以上标准出发，来选择成员。

三、渠道整合与渠道系统

渠道的设计和再造是为了更有利于对客户需求做出反应，因此渠道设计和再造需要遵循的总体原则就是渠道整合，即通过整合渠道资源，为各个渠道成员提供更高的价值，获取更高的渠道效率。对制造商而言，渠道整合体现在两个方面：一是对企业内部资源的整合，二是对企业外部经销商营销中心体系的整合。而从“无边界”的战略管理工作的要求来看，区分内部和外部并无必要，因为要整合好渠道资源，必须把从原料供应商到终端零售商等所有的环节视为一条完整的产业价值链，只要是这条价值链上的成员，都是整体中的不可或缺的个体，都应该被视为内部客户，而非外部经销商。渠道整合的最终的表现是渠道系统的设计，如垂直一体化营销系统、水平营销系统、多渠道营销系统的构建等。

1. 垂直营销系统

垂直营销系统（Vertical Marketing System）由制造商、批发商、零售商组成一个统一体，其中的一个成员拥有其他成员的所有权，或实行特许经营，或它有足够的实力使其他成员愿意合作。该系统由专业人才从事系统设计与管理，是一个中央集权式的销售网络。

垂直营销系统是近年来渠道发展中最重大的发展之一，它是作为对传统营销渠道的挑战而出现的，传统营销渠道由独立的生产者、批发商和零售商组成。每个成员都是作为一个独立的企业实体追求自己利润的最大化，即使以损害系统整体利益为代价也在所不惜。没有一个渠道成员对于其他成员拥有全部的或者足够的控制权。麦克康门把传统渠道描述为“高度松散的网络，其中，制造商、批发商和零售商松散地联结在一起，相互之间进行不亲密的讨价还价，对于销售条件各执己见，互不相让，所以各自为政，各行其是”。

垂直营销系统则相反，它是由生产者、批发商和零售商所组成的一种统一的联合体。某个渠道成员拥有其他成员的产权，或者是一种特约代营关系，或者这个渠道成员拥有相当实力，其他成员愿意合作。垂直营销系统可以由生产商支配，也可以由批发商或者零售商支配。麦克康门认为垂直营销系统的特征是“专业化管理和集中执行的网络组织，事先规定了要达到的经营经济和最高市场效果”。垂直营销系统有利于控制渠道行动，消除渠道成员为追求各自利益而造成的冲突。它们能够通过其规模、谈判实力和重复服务的减少而获得效益。在消费品销售中，垂直营销系统已经成为一种占主导地位的分销形式，占全部市场的64%。

垂直营销系统可分为三种类型：

①所有权式垂直营销系统。所有权式的垂直营销系统，是在单一所有权体系下组成的一系列的生产及分销机构。

②管理式垂直营销系统。管理式的垂直营销系统，是由某一规模大、实力强的成员，把不在同一所有权下的生产和分销企业联合起来的市场营销系统。

③契约式的垂直营销系统。契约式的垂直营销系统，是指不同的生产和营销机构，在合约的基础上进行的联合，期望能产生比单独经营时更大的效益。

契约式的垂直营销系统的主要形式有：

①批发商支持的自愿连锁系统。批发商支持的自愿连锁系统（Wholesaler-sponsored Voluntary Chains）是批发商为保护其零售商，以对抗其他较大的竞争者所发起的连锁组织，其方式是由批发商先拟订一套方案，然后劝说独立零售商加入该体系，除使用标准化的名称及追求商品采购上的经济性外，尚可以联合起来抵御其他连锁组织的侵入。

②零售商合作的自愿连锁系统。零售商合作的自愿连锁系统（Retailer-cooperatives）通常是为了防止所有权式的连锁组织的入侵，由零售者组织一个机构来执行批发工作，甚至生产工作。组织成员集体采购，按成员进货量返回分享利润。

③特许经营组织。特许经营组织（Franchise Organizations）即“生产—分销”连续过程中的各机构，在共同契约下连成一体，各成员则成为拥有特许专营权的单位。它可区分为三种形态：制造商支持的零售特许系统，一般在汽车业最为盛行；制造商支持的批发特许系统，常见于软饮料行业；服务机构支持的零售特许系统，在餐饮、旅店管理和出租车行业比较常见。

2. 水平营销系统

水平营销系统（Horizontal Marketing System）是由两家或两家以上的不相关的公司将资源和项目整合起来以开拓可能的市场机会。很多超市连锁店与当地银行签订协议，在店里提供银行服务。例如花旗银行在新英格兰的超市里有二百多家分支机构。对于其中的单个公司来说，它可能缺少独立运作的资金、技能、生产或营销资源，或者无法独立承担风险。

3. 多渠道营销系统

多渠道营销系统（Multichannel Marketing）是指企业设计构建的组合多种营销途径和组织的渠道系统。由于任何产品都不存在一个同质的市场环境，所有市场都可以进一步细分，仅依靠单一分销渠道不可能覆盖整个市场需求，所以，为有效占领多个细分目标市场，多渠道系统便成为许多企业的选择。菲利浦·科特勒指出，市场营销渠道决策是管理部门所面临的最重要的决策之一，一个企业的渠道决策直接影响到其他每一个营销决策。

这种系统一般分为两种形式：一种是生产企业通过多种渠道销售同一商标的产品，这种形式易引起不同渠道间激烈的竞争；另一种是生产企业通过多渠道销售不同商标的产品。通过增加更多的营销渠道，公司可以获得三种重要的收益：

（1）市场覆盖率的增加。例如瑞典家居产品集团宜家（IKEA）和美国百货连锁店杰西潘尼（JCPenney）的多渠道零售战略。宜家利用其网络渠道主要是为了支持其店面销售。事实上，在它运营的许多国家，它并不提供网上销售服务。宜家网站（Ikea. com）的主要作用是提供能提高该公司创新产品和低廉价格商誉的信息，以及可以帮助顾客制订进店购物计划的店内库存商品和货架位置的实时信息。与之相比，杰西潘尼则充分发挥了作为一个成功的目录销售商的传统优势，并将其与跨渠道的商品供应方式紧密集成到一起。商店中配备了网络，并且所有销售点的电脑终端都接入互联网，使顾客可以方便地购买在商店中找不到的产品种类、款式和尺码。杰西潘尼甚至正在试验一种系统，使顾客能够在商店中扫描已直接发送到他们手机上的优惠券。

宜家和杰西潘尼通过突出高级品牌和降幅很大的促销定价，这些不同的零售渠道和零售战略除了要体现突出整体品牌价值，还将产品渗透到不同的市场，提高市场覆盖率。

（2）降低渠道成本。公司可能增加新的营销渠道以降低对现有的顾客群体销售的成本（例如网上销售、电话推销、上门推销等形式）。

（3）实现个性化销售。公司可能增加渠道以更好地迎合顾客的需求。但是，新渠道的引入往往会带来冲突和控制问题；不同的渠道可能会争夺同一批顾客；随着新渠道的独立性的增加，公司将很难保证不同渠道之间的合作。例如，这种情况在化妆品行业很常见。多品牌战略是化妆品企业的一个常见策略，每个品牌拥有不同的任务，各自抢占属于自己的细分市场，井水不犯河水。这固然是一个理想状态，可如何避免品牌之间的消耗战。清晰的定位是首当其冲要解决的问题，但这样还远远不够，当品牌数越来越多，彼此之间的代理商、分销商、终端、消费者总会有所交叉重叠，一旦这种态势扩大，将对企业产生严重的影响。最简单的方法是通过资源的投放来平衡，一些品牌必然会弱化，甚至雪藏，而另一些则必然会得到强化。这是一种平衡的艺术，十指有长短，资源自然会倾向于表现最好的几个品牌。

第三节 管理零售、批发和服务化物流

一、零售

零售（Retail）指企业向最终消费者个人或社会集团出售生活消费品及提供相关服务，以供其最终消费之用的全部活动。这一定义包括以下几点：

（1）零售是将商品及相关服务提供给消费者作为最终消费之用的活动。如零售商将汽车轮胎出售给顾客，顾客将之安装于自己的车上，这种交易活动便是零售。若购买者是车商，而车商将之装配于汽车上，再将汽车出售给消费者则不属于零售。

（2）零售活动不仅向最终消费者出售商品，同时也提供相关服务。零售活动常常伴随商品出售提供各种服务，如送货、维修、安装等，多数情形下，顾客在购买商品时，也买到某些服务。

（3）零售活动不一定非在零售店铺中进行，也可以利用一些使顾客便利的设施及方式，如上门推销、邮购、自动售货机、网络销售等，无论商品以何种方式出售或在何地出售，都不会改变零售的实质。

（4）零售的顾客不限于个别的消费者，非生产性购买的社会集团也可能是零售顾客。如公司购买办公用品，以供员工办公使用；某学校订购鲜花，以供其会议室或宴会使用。所以，零售活动提供者在寻求顾客时，不可忽视团体对象。在我国，社会集团购买的零售额平均达10%左右。

零售商（Retailer）是指将商品直接销售给最终消费者的中间商，是相对于生产者和批发商而言的，处于商品流通的最终阶段。零售商的基本任务是直接为最终消费者服务，它的职能包括购、销、调、存、加工、拆零、分包、传递信息、提供销售服务等。在地点、时间与服务方面，方便消费者购买，它又是联系生产企业、批发商与消费者的桥梁，在分销途径中具有重要作用。

1. 零售商的主要类型

（1）商店零售商

商店零售商包括专业商店、百货商店、超级市场、便利商店、折扣商店、廉价零售商、超级商店和样品目录陈列室等，如表10-1所示。

表 10-1　　零售店的主要类型

类别	描述	例子
专业商店	经营一条窄产品线，而该产品线所含的花色品种却较多。专业商店可按其产品线的窄度再进一步分类，如单线生产线、有限生产线和超级专业商店	服饰商店、运动用品商店、家具店、花店及书店
百货商店	要经营几条产品线，通常有服装、家庭用具和家常用品，每一条线都作为一个独立的部门，由一名进货专家或者商品专家管理	西尔斯·萨克斯第五大街，马歇尔·菲尔德，梅斯，J. C. 朋内，诺特斯通，布卢明代尔，梅西
超级市场	相对规模大、低成本、低毛利、高销售量、自助服务式。超级市场的经营利润仅占其销售额的 1%，占其资本净值的 10%。虽然来自于新的创新的强有力的竞争者，如超级商店和折扣商店，超市是零售商店中保持了最频繁购买的商店	大联合，克罗格，AP 典礼商店
便利店	商店相对较小，位于住宅区附近，营业时间长，经营周转快，但是其种类有限。营业时间长，主要满足顾客的不时之需，而商品的价格则相对高些	日本 7-11，K 集团，娃娃商店
折扣店	出售标准商品，价格低于一般商店，毛利较少，薄利多销，销售量较大。偶然的价格折扣和临时的价格折扣以及低价出售廉价品或劣质品都不属于折扣商店的范畴，真正的折扣商店用低价定期地销售其商品，提供最流行的全国性品牌，而不是下等商品	全部折扣商店：沃尔玛；特殊品折扣商店：皇冠书店（书籍）、环路城（电子产品）
折价零售店	购买低于固定批发商价格的商品并用比零售商更低的价格卖给消费者。倾向于经营高质量但已变化和不稳定的商品，经常是过剩的、泛滥的和不规则的商品。廉价零售商主要在服装、服饰品和鞋子上发动大的攻击	工厂门市部：卡沙（餐具）；独立的廉价零售商：法林地下商店；仓库俱乐部（或批发商俱乐部）：沃尔玛拥有的山姆俱乐部
超级商店	平均面积 3.5 万平方英尺，主要满足消费者在日常购买的食品和非食品类商品方面的全部需要，通常提供诸如洗衣、干洗、修鞋、支票兑换和付账等服务	皮特斯马特（宠物供应）；斯特普尔斯（办公用品）
目录商店	应用于大量可供选择的毛利高、周转快的有品牌商品的销售。它们包括珠宝、电动工具、照相机、皮包、小型设备、玩具和运动器等	服务商品公司

（2）无商店零售商

无商店零售商包括直接摊销、直接营销、自动售货和购物服务，如表 10-2 所示。

表 10-2 非零售商店主要类型

类别	描述	例子
直接推销	直接推销方式始于几个世纪以前，从最初的沿街叫卖发展而来，现在已成为一个 90 亿美元的行业	直接推销有三种形式： 一对一推销：雅芳（个人化妆品）； 一对多（聚会）推销：玫琳凯化妆品公司； 多层次（网络）营销：安利
直接营销	起源于邮购和目录营销，但今天还包括了其他能接触人的形式，如电讯营销、电视直复营销（家庭购买程序和信息商品）以及电子购买等	家庭购买网络和 QVC 网络（电视直播）； 兰德恩特（目录商店）； 1-800-花店（电讯营销）
自动售货	用于多种商品，包括带有很大方便价值的冲动型商品（香烟、软饮料、糖果、报纸、热饮料等）和其他产品（袜子、化妆品、食品快餐、热汤和食品、纸面簿、唱片集、胶卷、T 恤衫、保险单、鞋油，甚至还有鱼饵）	可口可乐售货机， 《纽约时报》新闻盒
购物服务	一种为特定委托人服务的无店零售方式。这些委托人通常是一些大型组织如学校、医院、协会和政府机构的雇员。委托人有权向一组选定的零售商购买，这些零售商同意给予购物服务组织成员一定的折扣	联合购物服务组织（向它的 90 万成员提供了按“成本加 8%”购买商品的机会）

（3）零售组织

零售组织包括公司连锁商店、自愿连锁店、零售商店合作组织、消费者合作社、特许经营组织和商业联合大公司，如表 10-3 所示。

表 10-3 零售组织主要类型

类别	描述	例子
公司连锁	两个或两个以上的商店同属一个所有者所有和管理，经销同样的商品，有中心采购部和商品部，甚至连商店建筑也可以采用统一的基调	铁塔唱片，费法（鞋），波特利·本（餐具和家庭家具）
自愿连锁店	由某个批发商发起，若干零售商参加的组织，从事大规模购买和统一买卖	经营杂货的独立杂货商联盟（IGA），经营五金商品的真价五金公司
零售商合作组织	由若干零售商组成，它们成立一个中心采购组织，并且联合进行促销活动	联合杂货商（杂货）
消费者合作社	指为顾客自己所有的零售公司。这种商店可以把价格定得低一些，也可以价格照常，合作社成员则可按其个人的购买量多少分到相应的红利	在本国的各种当地消费者合作社

表10-3(续)

类别	描述	例子
特许经营组织	指特许人（一家制造商、批发商或服务组织）和特许经营人（在特许经营系统中，购买拥有或者经营其中一个或几个单元的独立的生意人）之间的一种契约性联合。特许经营组织通常是以某种独一无二的产品、服务，或者某种经营方式、一个商标、一项专利、特许人的声誉为基础	麦当劳，地铁三明治，必胜客，吉飞·卢贝，梅内克·穆夫拉斯
商业联合大公司	由几种不同的零售业务和形式联合组成的所有权集中的松散型公司，组织内各零售商的分销和管理职能实行若干程度的一体化	F. W. 华尔华兹公司，除了经营综合商店，还经营金尼鞋店

与产品一样，每种零售形式也有“生命周期”，一种零售商店类型在某个历史时期出现，经过一个迅速发展的时期，日臻成熟，然后衰退。新商店类型的出现是为了满足顾客对服务水平和具体服务项目的各种不同的偏好。

大多数产品种类的零售商可在下列四种服务水平上定位：

（1）自助零售：用于许多零售业务，特别是方便商品，某种程度上也适用于选购品。

（2）自选零售：顾客自己寻找所需要的商品，尽管他们可以要求帮助。

（3）有限服务零售：提供较多的销售帮助，因为这些商店经营的选购品较多，顾客需要较多的信息。

（4）完全服务零售：销售人员准备在寻找——比较——选择过程的每一环节上都提供帮助。

2. 零售商营销决策

零售商正在寻求新的市场营销战略以吸引并保留顾客。过去，零售商以独一无二的产品，比竞争者提供更多或者更好的服务或信用卡来吸引顾客。今天，全国性商标产品的制造商，为了争取多出售货物，将他们的带商标的产品到处摆设。因此，商店提供更多类似的花色品种——全国性商标品牌不仅在百货商店，也在大量商品及低价折扣商店中出现。结果，商店看起来愈来愈相似：它们已变得“商品化”。在任何城市，一个购货者能找到许多商店，但产品的类别很少。

服务的差别在零售商中也已缩小。许多百货商店削减服务而折扣商却增加他们的服务。消费者变得更加精明而且对价格更加敏感。他们认为没有理由为相同的品牌多付钱，尤其当服务的区别正在缩小时。而且由于如今大部分商店都接受银行的信用卡，消费者不再需要从一个特定的商店得到信贷。鉴于上述所有理由，许多零售商目前正在重新思考他们的市场营销策略。零售商面临有关他们目标市场和定位、产品分类和服务、价格、促销及分销的主要市场营销决策。

（1）目标市场和定位决策

零售商首先必须确定他们的目标市场，然后决定如何在这些市场定位。商店应该把注意力集中在高级还是中级购货者身上呢？目标购货者希望多样化、深层的分类、方便还是低价呢？对市场下定义并描述一个轮廓以前，零售商不能对产品分类、服务、定价、广告、商店装修做出一致的决策，或任何其他能够支持他们地位的决定。

太多零售商未能对他们的目标市场和地位明确地做出规定。他们试着给“每个人一些东西”而最后却未能好好满足任何市场。与此相对照，成功的零售商为他们的目标市场明确地下定义并有力地将他们自己定位。

（2）产品分类和服务决策

零售商必须决定主要的产品变数：产品分类、服务组合和商店的气氛。

零售商的产品分类必须符合目标购货者的期望。零售商必须决定产品分类的广度及其深度。这样，一个餐馆可以提供一种狭窄和浅的分类（小的午餐柜台），一种狭窄和深的分类（熟食店），一种宽的和浅的分类（自助食堂），或者一种又宽又深的分类（大餐馆）。另一种产品分类因素是商品的质量：顾客感兴趣的不仅是选择的范畴而且是可获得的产品的质量。

不管商店的产品分类和质量水平是什么，总有竞争者具有类似的分类和质量。因此，零售商必须寻找其他的方法将自己与相似的竞争者加以区别。他能采用几种战略的任何一种。第一，他可提供没有其他竞争者出售的商品——他自己的私人商标或他独占的全国性商标。第二，零售商能以一鸣惊人的商品推销为特色。第三，零售商凭借提供一种高度针对性的产品分类来使自己与众不同。

零售商必须决定提供给顾客的一种服务组合，如表 10-4 所示。老式的“夫妻”杂货店提供送货上门、信贷和会话——今天超级市场所疏忽的服务。服务组合是非价格竞争的主要工具之一，它使得一家商店与另一家有所区别。

表 10-4　　典型的零售服务组合模式

售前服务	售后服务	辅助服务
1. 接受电话订货	1. 送货	1. 兑现支票
2. 接受邮购订货	2. 正规包扎	2. 提供一般信息
3. 广告	3. 礼品或包扎	3. 免费停车场
4. 橱窗陈列	4. 商品调整	4. 餐厅
5. 店内陈列	5. 退货	5. 修理
6. 试衣室	6. 换货	6. 内部装饰
7. 营业时间	7. 代客剪裁	7. 信用交易
8. 时装表演	8. 代客安装	8. 休息室
9. 旧货折旧收进	9. 代客刻字	9. 照看婴儿服务

商店的气氛是它的产品是否受欢迎的另一因素。每个商店都有一种具体的布局使得人们在其中移动或者困难或者方便。每一个商店都有一种“感觉”：一家商店杂乱，另一家有吸引力，第三家豪华，第四家阴沉。商店必须有一种事先安排好的气氛适合目标市场并促使顾客去那儿购货。一家银行应该是安静、可靠及和平的；一家夜总会应该是闪烁的、喧闹的和震动的。愈来愈多的零售商正努力地创造符合他们目标市场的购货环境。

(3) 价格决策

零售商的价格政策是一个关键的定位因素，它的确立涉及目标市场、产品及服务分类的竞争。所有零售商都希望卖价高并达到高销售量，但这两者很少能兼之。大部分零售商寻求较低的销售量高标价（大部分专卖商店）或较高的销售量低标价（超级市场及折扣商店），零售商也必须注意定价的战术。大部分零售商会在某些项目定低价，或者为招揽顾客或者亏本出售。在一些情况下，他们对全店商品减价出售。在另一些情况下，他们计划对销路不佳的商品减价。

(4) 促销决策

零售商采用正常的促销工具，如广告、个人推销、营业推广和公共关系，与消费者取得联系。他们在报纸、杂志、无线收音机及电视上做广告。广告可能被通告和直接邮件所支持。个人推销需要仔细地培训销售人员有关如何迎接顾客、满足他们的需求和处理他们的投诉。营业推广可包括店内示范、展览、竞赛和访问名人。公共关系活动，如记者招待会和演说、商店开业、特殊事件、新闻通讯、杂志和公共服务活动对零售商总是有效的。

(5) 地点决策

零售商经常引证在零售业成功的三个重要因素：地点、地点及地点！一个零售商的地点是吸引顾客的关键。而且建筑物和租赁设施的费用对零售商的利润有一种重要的影响。因而，店址决策是零售商所做的最主要的一种。小的零售商可能必须满足于他们能找到或负担得起的任何地点。大的零售商通常雇用专家使用先进方法来选址。

3. 零售业的发展趋势

全球宏观环境的持续恶化，让人无法不对未来有所担忧，这些后果已经由前端产业正式传导到末端的零售业，如业绩下滑、利润骤减……“抑通胀、调结构、促发展和改革”是目前我国宏观调控的首要任务，意味着更多的商品需要由国内市场去消费。在以消费为主导的经济发展模式中，商业是经济内部循环最重要的环节。虽然目前零售业的市场环境已被多重因素颠覆，行业也正在发生重大而深远的变革。无论是品牌塑造，还是竞争环境，无论是消费者购物习惯的选择，或者经济环境的变化，连锁零售企业若是固守传统思路，就会面临当初以自身模式彻底淘汰柜台式销售一样的结局。但是每一次市场的重大转变，总是为很多企业带来成长机遇。例如沃尔玛是折扣店的开创者，家乐福是一站购齐的导演者，麦德龙是仓储卖场的推进者，7-11 是便利店行业的先行者……

零售业的发展趋势：

零售新形式：新的零售形式不断涌现，威胁着现有的零售形式。

零售生命周期缩短：由于变革在加速，所以新的零售形式的生命周期正在缩短。

非商店零售：电子时代极大地增加了非商店零售的机会。

各类商店的竞争加剧：当前在不同类型商店之间的竞争愈演愈烈。

零售业两极分化：由于各类型商店之间的竞争日益加剧，零售商在其所经营的各个产品线上定位时便出现了两极化的情况。

巨型零售商：超级零售商出现了。通过高级信息系统和购买力，这些巨型零售商使顾客得到强有力的价格优惠。

一次完全全部购物的定义在改变：诸如西尔斯和梅西等面货商店过去珍视它们的一次购足的方便性。

垂直营销系统的发展：营销渠道的管理与计划的专业化程度越来越高。

战略组合方法：零售技术作为竞争手段正变得日益重要。

大零售商的全球扩张：零售商正以其独特的形式和强大的品牌促销，日益快速地走向其他国家。

零售商店成为社区活动的中心。

二、批发

根据我国批发业发展的特点，我们将批发（Wholesale）定义为：批发是指不以向大量的最终家庭消费者直接销售产品为主要目的的商业组织，相反它们主要是向其他商业组织销售产品，如零售商、贸易商、承包商、工业用户、机构用户和商业用户。

美国著名营销大师菲利普·科特勒在《市场营销管理》一书中对批发作了如下定义性表述：“批发包含一切将货物或服务销售给为了转卖或者商业用途而进行购买的人的活动。”

美国普查局认为，所谓批发是指那些将产品卖给零售商和其他商人或行业机构、商业用户，但不向最终消费者出售商品的人或企业的相关活动。

作为产销的中间环节，批发与零售的主要区别在于：批发主要是为中间性消费者进行的购销活动；而零售则是为最终消费者服务的。因此，批发是一种购销行为：其一是购进，即直接向生产者或供应商批量购进产品，这种购进的目的是为了转卖，并非自己消费；其二是销售，将产品批量转卖给其他商业组织。

批发商（Wholesalers）是指向生产企业购进产品，然后转售给零售商、产业用户或各种非营利组织，不直接服务于个人消费者的商业机构，位于商品流通的中间环节。

1. 批发的主要类型

根据不同的分类标准，批发可分为不同的类型。常见批发类型如下：

（1）根据销售区域的不同划分，批发可以分为地方性批发、区域性批发和全国性批发三类。

①地方性批发。地方性批发是指在一个较小的交易区域内进行批发贸易。一般来说，地方性批发易于与最终消费者接触，能够及时准确地了解地方市场的需求状况，有利于为最终消费者提供适销对路的产品。但地方性批发一般规模不大，不利于大量采购和充分备货。

②区域性批发。区域性批发是介于地方性批发和全国性批发之间的批发贸易。区域性批发的经营范围比地方性批发大，比全国性批发小。区域性批发贸易既可以是大众化商品，也可以是专门性的商品。采用这种批发模式的好处在于：既可以用大量采购降低成本，又可以尽可能多地接触最终消费者，为最终消费者提供适销对路的商品。

③全国性批发。全国性批发是指在全国范围内进行批发贸易。一般来说，全国性批发贸易往往只经营大众化商品，很少经营特殊商品。全国性批发贸易往往在全国设有若干分支机构或经营网点，也就是说具有全国性的销售网络。

与地方性批发和区域性批发相比，其有利之处在于：可以通过大批量采购来降低成本，从而取得规模效益；其不足之处在于：如果管理者不注重对各地市场信息的收集，不注重对消费者最终需求的了解，就很难为消费者提供适销对路的商品。

（2）根据批发交易经营范围的不同，批发分为普通批发和专业批发两类。

①普通批发。普通批发是指经营范围广，商品种类和规格相对较多的批发贸易。普通批发大多是指综合批发贸易或百货批发贸易，这种批发模式的有利之处在于能够适应各种综合性零售贸易的需要。

②专业批发。专业批发是指专业程度较高，专门经营某种或某类商品的批发贸易。专业批发的对象主要为专业商店及生产消费单位。

（3）根据商品流通环节的不同，批发分为一道批发、二道批发和多道批发三类。

①一道批发。一道批发又叫头道批发，是指直接从生产企业采购商品后进行的批发贸易。头道批发的流通环节相对较少，易于形成价格优势。

②二道批发。二道批发是指从一道批发企业采购商品后的批发贸易。

③多道批发。多道批发是指从二道批发或二道以上批发企业采购商品后进行的批发贸易。

一般来说，多道批发由于流通环节较多，流通费用会适当增加，最终导致商品价格上涨，因此一般不宜采用此类模式。

2. 批发商的功能

（1）推销和促销：批发商提供推销队伍，使制造商能以较小的成本开支接近许多小顾客。

（2）采购和置办多种商品：批发商能够选择和置办其顾客所需要的商品品目和花色，这样就减少了顾客的大量工作。

（3）整买零卖：批发商通过购买整车运载的货物，把整批货物分解成较小单元，为其顾客节省费用。

（4）存货：批发商备有一定的库存，因为他们比制造商近。

（5）融资：批发商为其顾客提供财务援助，如准许赊购等，同时也为其供应商提供财务援助，如提早订货、按时付款等。

（6）承担风险：批发商由于拥有所有权而承担了若干风险，同时还要承担由于偷窃、危险、损坏和过时被弃所造成的损失。

（7）市场信息：批发商向他们的供应者和顾客提供各种活动、新产品、价格变化等方面的情报。

（8）管理服务和建议：批发商经常帮助零售商改进其经营活动，还可通过提供培训和技术服务，帮助产业客户。

3. 批发商的类型

批发商的形式共有四类：

（1）商业批发商，包括全部服务批发商。这种批发商执行批发商的全部职能：预测顾客的需求，销售和促销，采购和置办各种商品，整买零卖，储藏、运输，提供市场信息和提供管理服务及咨询、资金融通、风险承担；有限服务批发商，为了减少经营费用，降低批发价格，只执行批发商部分职能或提供部分服务，包括现金交易运货、自理批发商、卡车批发商、直送批发商、货架寄售批发商、生产合作社和邮购批发商等方式。

（2）经纪人和代理商，包括商品经纪人、制造商代理商、销售代理商、进出口代理商、采购代理商和佣金商。

（3）制造商和零售商的分部、营业所、采购办事处。

（4）其他批发商，如农产品集货商和拍卖公司。

三、服务化物流

渠道是每一个企业生存和发展的生命线，实体分配以工厂为起点，管理者通常要选择合适的营销渠道、物流渠道将产品运往目的地。现如今，实体分配的概念已经延伸到更广泛的供应链管理的概念。正如英国著名供应链专家马丁·克里斯多夫曾经说："市场上只有供应链而没有企业，21 世纪的竞争不是企业和企业之间的竞争，而是供应链和供应链之间的竞争。"

供应链（Supply Chain，SC）是围绕核心企业，通过对信息流、物流、资金流的控制，从采购原材料开始，制成中间产品以及最终产品，最后由销售网络把产品送到消费者手中的将供应商、制造商、分销商、零售商直到最终用户连成一个整体的功能网链结构。供应链管理（Supply Chain Management，SCM）起点要早于实物分配，包括获得正确输入品（原材料、组件和资本设备）过程；有效地把它们转化为制成品，分发到最终目的地。它甚至还扩展至研究公司的供应商自己怎样获得它们的输入品并化为原材料。对供应链的透视能帮助公司辨认优秀的供应者并改进生产效率，这最终导致公司成本下降。

美国物流管理协会将物流（Logistics）定义为：物流是供应链的一部分，是为了满足客户需求而对商品、服务及相关信息从原产地到消费地的高效率、高效益的正向和反向流动及储存进行的计划、实施与控制过程。

中国的物流术语标准将物流定义为：物流是物品从供应地向接收地的实体流动过程中，根据实际需要，将运输、储存、装卸、搬运、包装、流通加工、配送、信息处理等功能有机结合起来实现用户要求的过程。

我们理解它不仅把物流纳入了企业间互动协作关系的管理范畴，而且要求企业在更广阔的背景上来考虑自身的物流运作。即企业不仅要考虑自己的客户，而且要考虑自己的供应商：不仅要考虑到客户的客户，而且要考虑到供应商的供应商；不仅要致力于降低某项具体物流作业的成本，而且要考虑使供应链运作的总成本最低。总之，该定义反映了随着供应链管理思想的出现，强调"物流是供应链的一部分"；并从"反向物流"角度进一步拓展了物流的内涵与外延。

1. 服务化物流

服务化物流就是以满足消费者的需求为目标，组织货物的合理流动。具体而言，就是把商品的采购、运输、仓储、加工、整理、配送、销售和信息等方面有机结合起来，选择最佳的方式与路径，以最低的费用和最小的风险，保质、保量、适时地将货物从供方运到需方，为消费者提供多功能、一体化的综合性服务。这是一系列的协调活动与"物"并无联系，它们的目的是以尽可能高的成本效益和服务效率来完成顾客的服务请求。

服务物流的活动包括预测需求、规划企业服务能力、分析顾客要求、确定服务传递方案、组织服务网络能力、协调传递过程。服务物流不能简单理解成服务企业的物流，它同样可以存在于产品企业中。随着竞争的加剧，服务物流管理将在生产企业中起着越来越重要的作用。服务化物流的计划步骤如图 10-4 所示。

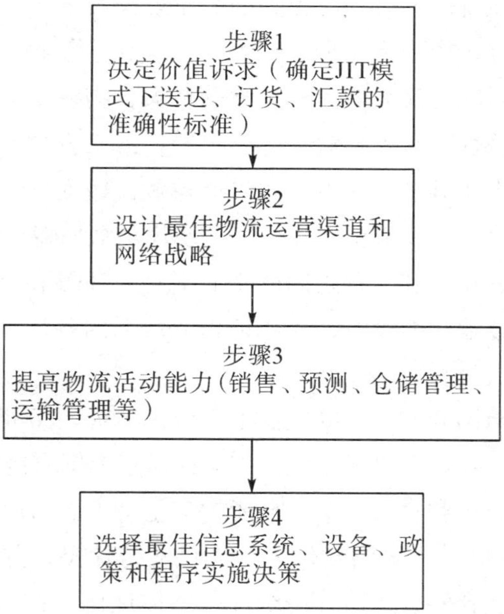

图 10-4　服务化物流的计划步骤

2. 整合物流系统

物流是为满足消费者需要而进行从起点到终点间的原材料、中间过程库存、最后产品和相关信息有效流动和储存的计划、实施控制管理过程；是对运输、装卸、包装、保管、信息及流通服务的统称。系统是由相互作用和相互依赖的若干组成部分结合而成的，具有特定功能的有机整体，而且这个整体又是它从属的更大的系统的组成部分。

服务化物流管理要求建立整合物流系统（Integrated Logistics System，ILS），它包括建立在信息技术基础上的原材料公司、物料流动系统和实体分配。而物流系统是指在一定的时间和空间里，由所需位移的物资、包装设备、装卸搬运机械、运输工具、仓储设施、人员和通信联系等若干相互制约的动态要素所构成的具有特定功能的有机整体。

物流系统整合就是物流系统为提供高效优质的综合服务，在同外部环境协调一致的基础上，内部各要素之间、各服务功能之间以及不同层次组织之间在实体上和软环境上进行的联系、协调乃至重组。物流整合服务还能在普遍降低物流系统运作成本的同时，提供高效、优质的综合服务来满足各种灵活多变的物流需求。

从逻辑上讲，物流系统整合服务将会创造更宽广的大型企业。例如第三方物流、第四方物流，在这一新兴综合服务领域中，既有传统的经营者，如快递、对方付费货运、公路运输公司，也有新的加入者，如国有铁路、私有铁路、邮政公司。在西方发达国家，以第三方物流为主的“大物流”系统十分发达，企业对第三方物流的利用率超过了 75%，而在中国尚不足 30%。第三方物流业务要使用专门的物流设施、快速反应的信息系统，一般需要很高的固定资金投入，固定成本在总成本中占有很大的比例。对于许多中小企业来说扩大规模、整合物流需要一笔大的资金投入，会给他们带来不小的风险。又只能随着规模的扩大，物流平均成本才会呈现出下降的趋势，具有规模经济性。从市场竞争的要求看，第三方物流也只有拥有一定的规模时，才能确保价格大于其平均成本，才可能盈利。因而，一定的规模是第三方物流生存的必要条件。第三方物流由于规模大、现代化水平高，加之契约制度的完善，能够有效地协调生产、流通和消费之间的物流活动，通过和企业的契约关系，利用信息化高科技手段、专业化的设备，才能把物流活动的各环节，从点到面有机地串联起来，快速完成物流过程。

物流系统的整合给第四方物流的发展也会带来契机。20 世纪末，一些大型制造商开始认识到，要进一步改进物流绩效，需要针对整个供应链实施更加有效的方法，而不只是优化运输、分拨和仓储等单个功能的零星努力。与此同时，Mangistics Descartes 等软件商已可以提供成熟的软件来管理供应链信息，并对以前孤立的功能如生产、客户关系管理、仓储、运输等系统进行整体优化。在这一背景下，出现了提供供应链管理服务的供应链创新商，如埃森哲（Accenture）、施耐德（Schneidr）等，称为第四方物流服务商（4PL）。

第四方物流服务商通过整合和管理自身的以及其他服务提供商补充的资源、能力和技术，提供全面的供应链解决方案，远远超出第三方物流服务商的服务领域，提供给客户更大的功能整合和更广泛的运行自主。第四方物流服务作为与客户的唯一界面，通过团队伙伴或联盟的形式管理多个服务商，将自身的能力和最佳物流服务商相结合来提供解决方案，既是物流系统整合后的发展产物又是整合物流资源的有效方式。

3. 服务化物流目标

物流的核心观念是服务观念，服务平台和服务战略已成为企业物流发展的基本战略之一。许多公司都是将“如何追求费用更低、速度更快、将适当的产品在适当的时间运到适当的地方”作为公司的物流目标。但是随着物流市场竞争的加剧，消费者对服务体验的追求，物流系统不得不面临需要同时完成最佳顾客服务和最低运营成本的目标。然后根据物流的背反原理，服务水平的提高往往也伴随着成本的增加。

服务化物流管理必须进行权衡，从全局出发制定决策。最基本的起点是研究顾客的需求和竞争对手的提供品。顾客的需求包括商品审美、商品时代性、按时交货、售后服务等。公司必须研究上述服务对顾客的相对重要性。例如麦当劳物流服务，为了提高食物的质量，麦当劳在全球范围内都建立了和运行着一套完善的生产、供应、运输等一系列的网路系统，以确保餐厅得到高品质的原料供应。而且无论何种产品，只要进入麦当劳的采购和物流链条，必须经过一系列严格的质量检查。

4. 服务化物流决策

物流管理必须解决四个问题：如何处理订单？商品存储的地点如何选择？如何确定安全库存？如何制订合理运输方案？

(1) 订单管理

订单管理（Order Management）是一个常见的管理问题，可用来发掘潜在的客户和现有客户的潜在商业机会。订单管理内容包含在公司的客户订单处理流程中，对客户下订单的方式多种多样、订单执行路径千变万化、产品和服务不断变化、发票开具难以协调等情况的处理。

(2) 仓储

仓储是指在产品生产、流通过程中因订单前置或市场预测前置而使产品、物品暂时存放。它是集中反映工厂物资活动状况的综合场所，是连接生产、供应、销售的中转站，对促进提高生产效率起着重要的作用。例如，2014 年，京东运营商——京拍档公司为了开展自营生鲜业务，在新发地购置了 500 平方米的仓库，其中冷链仓储面积为 50 平方米，冷链物流则选择和第三方快递“快行线”进行合作，可满足京拍档公司的农鲜生冷链物流系统能够为全国 26 个一线城市进行配送。

(3) 存货

存货是指企业在正常生产经营过程中持有以备出售的产成品或商品，或为了出售仍然处在生产过程中的在制品，或将在生产过程或提供劳务过程中耗用的材料、物料等。

企业的存货通常包括原材料、在制品、半成品、商品和周转材料等。

对于很多制造商、批发商和零售商而言，库存是最大的单项资产投资。库存投资占制造商总资产的 20%以上，对于批发商和零售商而言这一数字超过了 50%。从存货所占用的资金数量及其在企业总资源中所占的相对比例可以知道，存货是企业具有重要意义的一个核心成本。

(4) 运输

运输方式的选择会影响产品定价、准时交付率以及商品运达时的状态，而所有这些又将影响顾客的满意度。在将商品运往仓库、经销商和顾客时，公司可根据速度、运货频率、可信度、能力、可得性、可追踪性和成本等标准从铁路、公路、水路、航空、管道运输中进行选择。

集装箱的出现使得托运人开始更多地将两种或两种以上的运输方式相结合使用。集装箱运输（Container Transport），是指以集装箱这种大型容器为载体，将货物集合组装成集装单元，以便在现代流通领域内运用大型装卸机械和大型载运车辆进行装卸、搬运作业和完成运输任务，从而更好地实现货物“门到门”运输的一种新型、高效率和高效益的运输方式。

无论选择哪种运输方式，都必须要从公司的运输系统自身和物流系统角度考虑选择运输的合理性和避免不合理运输方式。合理运输应考虑到运输成本、运输时间、运输一致性和运输安全性。不合理的运输表现形式为对流运输、迂回运输、弃水走陆、铁路短途运输、水路过近运输、空驶、亏吨或超载运输、无效运输等。

本章小结

分销渠道是指产品和服务在从生产者向消费者转移的过程中，取得这种产品和服务的所有权或帮助所有权转移的所有企业和个人。影响渠道设计的主要因素有顾客特征、产品特征、中间商特征、竞争特征、企业特征和环境特征。企业必须对个别中间商进行选择、激励与定期评估。批发和零售是在分销渠道中执行两种不同职能的活动。批发商主要有商人批发商、经纪人和代理商以及制造商销售办事处。零售商的组织形式主要有商店零售商、无门市零售商、新兴的网络销售。零售业发展历史上曾出现过四次重大变革：百货商店的诞生，超级市场的诞生，连锁经营的兴起，信息技术的兴起。中国批发业经过改革和重组，传统的批发商业由现代的批发业代替，并获得发展。我国改革开放以来，社会经济有了根本性的变化，商品市场由原来的卖方市场向买方市场转变，人们的消费结构、消费习惯、消费水平都与过去有了较大的区别，因而零售业也出现了相应的变革与创新。

物流作为市场营销的一部分，不仅包括产品运输、保管、装卸、包装，还包括在开展这些活动时所伴随的信息传播。物流现代化包括条形码技术、电子货币、电子收款机、电子数据交换、电子标签等。

思考与练习

1. 市场营销渠道与分销渠道有何区别？
2. 在市场经济条件下，营销渠道对企业管理有何重要意义？
3. 中国企业渠道管理中存在哪些主要问题？如何解决？
4. 如何正确处理渠道成员之间的利益冲突？

课后案例

欧莱雅的营销战略布局

在欧莱雅的战略布局里，每一个品牌的进与退都是整体行为，无论是小护士、羽西，还是巴黎欧莱雅，每一次的攻与守、进与退都与战略有关。站在战略的高度审视它，就会发现欧莱雅每走一步都是谨慎而具有深意的。在复杂的中国市场，欧莱雅并购小护士的举动被各种声音解读着。在公众的潜意识里，跨国公司收购中国品牌似乎关乎民族情结。在接下来的几年里，中国区总裁盖保罗通过行动证明他没有让“小护士”消失，反而更好了——小护士不仅实现了两位数的同比增长，借由它的渠道，卡尼尔顺利挺进中国市场。更懂中国的欧莱雅摸索出了一条开拓二三线市场的模式正是所谓的小护士“雪藏”时期。在欧莱雅的金字塔版图里，小护士的得与失似乎对欧莱雅的大局并没有影响。可从战略意义上看，小护士不仅是一个练兵场，而是欧莱雅渠道下沉的一次战略卡位，其最终目的是让卡尼尔成功进入到二三线城市市场。2003 年，欧莱雅集团收购小护士，同时也一并获得了其在二三线城市的近 28 万个销售终端，此后 3 年，借力于小护士的渠道优势和品牌影响力，卡尼尔快速成长。

盖保罗将卡尼尔定位为大众化妆品品牌，但实际上，无论从品牌认知还是在价格策略上，卡尼尔给人的感觉并不“大众”。最开始，卡尼尔是一个专柜品牌，其设立的“卡尼尔研究中心”让其科技感十足，并在消费者心目中形成既定的品牌印象。一方面，借小护士渠道进入大众化的超市渠道后，卡尼尔并没有大幅度调低价格，以至于在许多市场被价格区间集中在 20~60 元的同级对手妮维雅所超越。另一方面，由于资源投放的不均衡，在一些三四线市场，卡尼尔产品线只有三四十种，这对终端的销售产生了一定影响。好在，刘亦菲版本的电视广告播放频次大大提高，促销力度也有所加强，这对卡尼尔的整体销量起到了相当大的提升作用。

除了小护士外，另一个并购来的品牌羽西也备受媒体关注。这个以创办人靳羽西而命名的化妆品品牌，是市场为数不多的具有浓郁中国风情的中高端化妆品品牌之一，然而由于各种因素，羽西一直在市场上表现平平。很自然，人们将又用怀疑的眼光对准了盖保罗。其实，作为运作了几十年的成熟品牌，羽西的品牌开始老化，在许多年轻女士心目中渐渐失去了吸引力。年轻化、高端化、国际化成为盖保罗改造羽西的三个关键词，在他的努力下，不论在形象代言人、产品配方还是品牌包装上，羽西都有了全新变化。

在欧莱雅的金字塔里，小护士与卡尼尔定位相近、渠道相同、资源共享，如果两驾马车齐头并进，摩擦、冲撞甚至消耗不可避免。小护士虽然在并购之初拥有极高的知名度，但由于针对人群过于年轻，价格相对便宜，致使毛利润并不高，而卡尼尔是欧莱雅在全球市场上的一个重要战略支撑，有着成熟的产品和广泛的美誉度。两相权衡之下，欧莱雅选择了卡尼尔这个国际品牌作为大众渠道市场的排头兵，即便如此，卡尼尔大举拓展中国市场，也是几年之后的事。“欧莱雅从不轻易推新产品”，欧莱雅中国区副总裁兰珍珍认为，正是这种谨慎让欧莱雅在中国市场上走得很稳。金字塔战略形象地勾勒了欧莱雅的多品牌格局，只有形成良好的布局，才能让品牌互为支撑、彼此扶持。如今，欧莱雅集团在全球拥有 26 个知名品牌，在中国内地则达到 17 个。之所以它能成功管理这么多的品牌，在于每个品牌有着极为鲜明的特性，满足不同层次消费者的需求，而对于定位相近甚至相冲突的品牌，它亦能做出果断、艺术地处理。

在市场运营上，每个品牌是一个单独的业务单元，有着各自的营销团队，在广告、渠道、促销及定价策略上，各品牌总经理拥有相当大的自主权。这种组织模式能快速应对激烈的市场竞争，而且加强了内部的竞争。但如果遇到重大的战略调整，每个品牌总经理不得不顾全大局，为其让路。欧莱雅在金融危机下逆势而上，在很大程度上归功于其牢固的品牌架构，哪怕是一个品牌在市场上表现不佳，也无法遏制整体增长势头。

第十一章　促销策略

学习要点

通过学习本章内容，理解促销以及促销组合的内涵；能综合运用人员推销、广告、营业推广、公共关系等四种促销工具；明确促销组合决策；了解人员推销过程、促销方案的制订、不同广告媒体的特点、公共关系的工作程序。

开篇案例

“双十一”电商丰收 阿里单日销售额超350亿元

来自阿里集团的数据显示，截至2013年11月11日24时，天猫“11·11”购物狂欢节支付宝成交额达350.19亿元，刷新去年“双十一”创下的191亿元的纪录。

2009年开始，阿里集团每年都会在11月11日举行大规模的消费者回馈活动。五年间，这一天从一个普通的日子逐渐成为中国电子商务行业乃至全球关注的年度盛事。

今年天猫“双十一”购物狂欢节参与商家规模增至2万家，是去年的两倍，涵盖电器、服装、家装家饰、箱包、汽车、洗护美妆、母婴、食品、图书等多个行业，共3万多个品牌。

同为电商的京东集团也“借节造市”。京东集团负责人接受记者专访时说，京东是11月1日至12日促销；促销高峰在11月10日至12日，挑选的时间更加宽裕；从11月11日零时到中午12时，订单量已达到平日全天的三倍，预计11月11

日当天会突破500万单。从流量来看，预计11日在5亿次左右，达到平日的2.5倍。

据了解，11月11日零时至早8时，京东电脑数码销售商品数量突破25万件，仅电脑就售出超过3万台；手机售出超过7万部，其中，苹果、三星、华为等中高端产品实现较平日3~7倍的大幅增长，反映出消费者在“双十一”大促销中对商品、服务品质的需求日趋强劲。

拥有线上线下双重资源的苏宁在今年“双十一”前后策划发起“第一届O2O购物节”。据苏宁方面人士透露，本届O2O购物节，苏宁连锁门店和苏宁易购全渠道参与，销售同比大幅上升。11月8日到11月10日，苏宁门店销售同比增长近100%，11日再次刷新单日销售记录。11日晚间，苏宁决定将O2O购物节延期一天，预计四天总订单量将超过1 000万单。

吸取去年物流爆仓快递变慢递的教训，今年各大电商都在物流配送上发力。菜鸟网络平台上的各大快递公司开足马力派送包裹。截至11日17时，处理的包裹数已经过亿。京东的仓库24小时滚动生产，15 000名配送员的服务可以覆盖全国近1 300个行政区县，覆盖90%的网购人群。

提升客户体验也是今年“双十一”各大电商的一大卖点。11日起，京东正式推出“退换货运费险”，保险费商家承担，受到买家好评。

第一节　促销与促销组合

一、促销的概念及意义

1. 促销的概念

促销是指企业通过各种有效的方式向目标市场传递有关企业及其产品（品牌）的信息，以启发、推动或创造目标市场对企业产品和服务的需求，并引起购买欲望和购买行为的一系列综合性活动。因此，促销的实质是企业与目标市场之间的信息沟通，促销的目的是诱发购买行为。

促销是企业市场营销组合中的基本策略之一，促销常见的方式有人员促销和非人员促销两大类，其中，非人员促销包括广告、公共关系和营业推广等方式。

为了有效地与消费者沟通信息，企业可以通过广告来传递有关企业及产品的信息；可以通过各种营业推广的方式来增加消费者对产品的兴趣，进而促使其购买；可通过公共关系的方式来改善企业在公众心目中的形象；可通过人员，面对面地说服消费者购买产品。在促销的过程中，消费者又可以通过多种途径将企业和产品以及竞争的信息反馈给企业，使企业能及时准确地掌握市场信息，为下一步的生产经营提供有益的参考。由上可见，促销是信息的双向沟通过程，而且是不断循环的双向沟通。

2. 促销的作用

促销在企业经营中的重要性日益显现，具体来讲有以下几方面：

（1）提供信息，疏通渠道

产品在进入市场前后，企业要通过有效的方式向消费者和中间商及时提供有关产品的信息，以引起他们的注意，激发他们的购买欲望，促使其购买。同时，企业要及时了解中间商和消费者对产品的意见，迅速解决中间商销售中遇到的问题，从而密切生产者、中间商和消费者之间的关系，畅通销售渠道，加强产品流通。

（2）诱导消费，扩大销售

企业针对消费者和中间商的购买心理来从事促销活动，不但可以诱导需求，使无需求变成有需求，而且可以创造新的欲望和需求。当某种产品的销量下降时，企业还可以通过适当的促销活动，促使需求得到某种程度的恢复，延长产品生命周期。

（3）突出特点，强化优势

随着市场经济的迅速发展，市场上同类产品之间的竞争日益激烈。消费者对于不同企业所提供的许多同类产品，在产品的实质和形式上难以觉察和区分。在这种情况下，要使消费者在众多的同类产品中将本企业的产品区别出来，就要通过促销活动，宣传和介绍本企业的产品特点，以及能给消费者带来的特殊利益，增强消费者对本企业产品的印象和好感，从而促进购买。

（4）提高声誉，稳定市场

在激烈的市场竞争中，企业的形象和声誉是影响其产品销售稳定性的重要因素。通过促销活动，企业足以塑造自身的市场形象，提高在消费者中的声誉，使消费者对本企业产生好感，形成偏好，达到实现稳定销售的目的。

二、促销组合

1. 促销组合的概念

促销组合是指企业根据产品的特点和营销目标，综合各种影响因素，对人员推销、广告、公共关系和营业推广四种促销方式的选择、编配和综合运用，形成整体促销的策略或技巧。

促销组合的运用，使得促销被作为一个系统性的策略，四种促销方式则构成了促销组合的四个子系统策略，每一个子系统都包含了一些可变的因素，即具体的促销手段或工具，某一因素的改变意味着组合关系的变化，也就产生了一个新的促销策略。促销组合是一个重要的概念，它体现了现代市场营销理论的核心思想——整体营销。这一概念的提出，反映了促销实践对整体营销理论的需要。

2. 促销组合的影响因素

影响促销组合的因素很多，企业在制定促销组合策略时，主要考虑以下几方面的因素：

（1）促销目标

促销目标是企业从事促销活动所要达到的目的。促销目标取决于企业的总体营销目标，但在不同时期及不同的营销策略下，企业进行的促销活动都有其特定的促销目标。企业的促销目标可以分为两类：一是增强企业获利能力的长期目标；二是提高企业的销售和利润的目标。促销目标不同，对促销方式选择的侧重点也就不同。前者注意企业良好形象的树立，处理好企业与社会、企业与政府、企业与公众等之间的关系，借以创造良好的外部环境，在促销的四种手段中，公共关系是实现这一目标的主要手段。后者则比较依赖于广告、营业推广和人员推销。

（2）产品因素

①产品的性质。对不同性质的产品必须采用不同的促销组合。一般来讲，对消费品促销时，因市场范围广，应较多地采用广告宣传，以起到宣传面广和传播速度快的作用；对工业品促销时，因购买者的购买量较大，市场相对集中，应以人员推销为主，利用人员推销具有直接性和针对性的特点。

②产品的生命周期。产品在不同的生命周期，根据不同的促销目标，应采用不同的促销组合策略。产品在投入期，促销的目的在于提高产品的知名度，使消费者或用户认识产品，产生购买欲望，从而促使中间商进货和消费者试用。广告起到了向消费者、中间商宣传介绍产品的功效。因此，这一阶段应以广告为主要的促销方式，以公共关系、人员推销和营业推广为辅助的促销方式。产品在成长期，销售量迅速增长，同时出现了竞争者，这时企业的促销目标是增进消费者或用户对本企业产品的购买兴趣，进一步激发其购买行为，因此应注重宣传产品的特点，以改变消费者使用产品的习惯，逐渐对产品产生偏好。在这一阶段，广告仍然是促销的重要手段，但此时的重点已经不是介绍产品了，而是增进消费者的好感与偏好，树立产品的特色，因而需要不断地改变广告形式，以争取更多的消费者和用户，特别是购买量大和购买频率高的购买者，如集团购买者。产品在成熟期，企业的竞争对手日益增多，企业的促销目标应是巩固老顾客，增加消费者对本企业产品的信任感。这一阶段为了与竞争对手竞争，保持已有的市场地位，企业在保持一定广告宣传的前提下，注重营业推广手段的采用，加强在终端的销售竞争力，同时采用公共关系宣传，以提高和保持企业和产品的市场美誉度。产品在衰退期，由于有关信息已经被消费者熟知，产品的销售开始下降，企业的任务不再是扩大知名度，而是在延迟产品退出市场时间的同时，尽量采用成本较低的促销手段将现有的产品销售完毕，准备转产。这一阶段，企业可以做一些提示性的广告，主要是有效地利用营业推广手段，刺激产品的销售，加速资金的周转。在产品的整个生命周期里，企业可以根据不同的生命周期阶段采用不同的促销方式和促销组合，具体如表 11-1 所示。

表 11-1　　　　　　产品生命周期不同阶段促销组合与目标重点

产品生命周期	促销目标与重点	促销组合
投入期	建立产品知晓	介绍性广告、人员推销
成长期	提高市场知名度和占有率	形象建立型广告等
成熟期	提高产品的美誉度，维持和扩大市场占有率	形象建立和强调型广告、公共关系，辅以营业推广
衰退期	维持信任和偏好、大量销售	营业推广、提示性广告

(3) 促销策略

促销策略从总的思想上可以分为推式策略和拉式策略两种，如图 11-1 所示。

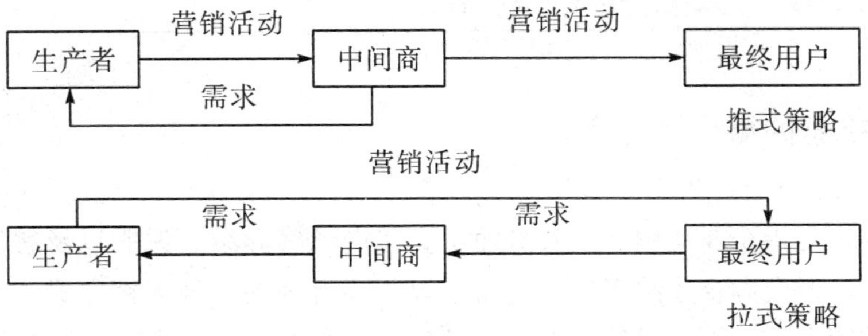

图 11-1　促销策略

推式策略是指企业运用人员推销的方式，将产品推向市场，即从生产企业推向中间商，再由中间商推给消费者，故称人员推销策略。推式策略一般适合于单位价值较高的产品，性能复杂、需要做示范的产品，根据用户需求特点设计的产品，流通环节较少、流通渠道较短的产品，市场比较集中的产品等。推式策略中企业主要面向的推销对象是批发商或零售商，主要采取人员推销和利益诱导的营业推广方式。

拉式策略是指企业运用非人员推销方式将消费者拉过来，使其对本企业的产品产生需求，以扩大销售，也称非人员推销策略。拉式策略一般适合于价值较低的消费品，流通环节较多、流通渠道较长的产品，市场范围较广、市场需求较大的产品。拉式策略中企业主要面向的推销对象是消费者，主要采取大量的广告方式。

(4) 市场特点

不同的市场，由于其规模、类型、顾客等条件的不同，促销组合和促销策略也有所不同。首先，市场规模的大小决定了促销方式的不同，如果企业的目标市场具有地理位置狭小、规模小、购买者比较集中的特点，应以人员推销为主。如果企业的目标市场具有地理位置广阔、规模大、购买者分散、交易额小、购买频率高的特点时，应以广告方式为主。其次，市场的类型不同，促销方式也不尽相同。消费者市场因消费者人数多而分散，多采用广告等非人员推销方式。生产者市场因用户少、购买批量大、成交额大，则主要采用人员推销方式。再者，在存在竞争的市场条件下，企业的促销组合和促销策略还应考虑竞争者的促销方式和策略，要有针对性地不断变换自己的促销组合及促销策略。

（5）促销预算

企业开展促销活动，必然要支付一定的费用。费用是企业十分关心的问题，并且企业能够用于促销活动的费用总是有限的。因此，在满足促销目标的前提下，要做到效果好而费用省，企业确定的促销预算额应该是企业有能力负担的，并且是能够适应竞争需要的。为了避免盲目性，企业在确定促销预算时，除了考虑销售额，还要考虑到促销目标的要求、产品生命周期等其他影响促销的因素。

第二节　人员推销策略

一、人员推销的概念及特点

（一）人员推销的概念

人员推销是指企业运用推销人员通过直接向顾客介绍、说服以及解答工作，促使顾客了解、偏爱本企业的产品，进而采取购买行为的一种促销方式。在人员推销活动中，推销人员、推销对象和推销品是三个基本要素，前两者是推销活动的主体，后者是推销活动的客体。通过推销人员与推销对象之间的接触、洽谈，使推销对象购买推销品，达成交易，实现既销售产品、又满足顾客需要的目的。

（二）人员推销的特点

人员推销与非人员推销相比，既有优点又有缺点，其优点表现在以下四个方面：

1. 信息传递的双向性

人员推销作为一种信息传递方式，具有双向性。在人员推销过程中，一方面，推销人员通过向顾客宣传介绍推销品的有关信息，如产品的质量、功能、使用、安装、维修、技术服务、价格以及同类产品竞争者的有关情况等，以此来达到招徕顾客、促进产品销售之目的。另一方面，推销人员通过向顾客接触，能及时了解顾客对本企业产品或推销品的评价；通过观察和有意识地调查研究，能掌握推销品的生命周期及市场占有率等情况。这样不断地收集信息、反馈信息，为企业制定合理的营销策略提供依据。

2. 推销目的的双重性

一重目的是激发需求与市场调研相结合，另一重目的是推销产品与提供服务相结合。就后者而言，一方面，推销人员施展各种推销技巧，目的是推销产品；另一方面，推销人员与顾客直接接触，向顾客提供各种服务，是为了帮助顾客解决问题，满足顾客的需求。双重目的相互联系、相辅相成。推销人员只有做好顾客的参谋，更好地实现满足顾客需求这一目的，才能诱发顾客的购买欲望，促成购买，使产品推销效果达到最大化。

3. 推销过程的灵活性

由于推销人员与顾客直接接触，当面洽谈，可以通过交谈和观察，了解顾客，进而根据不同顾客的态度和反应，有针对性地改进推销方式，以适应每个顾客的行为和需要，最终促成顾客购买。此外，还可以及时发现、答复和解决顾客提出的问题，消除顾客的疑虑和不满意感。

4. 协作的长期性

推销人员在推销过程中，需要与顾客面对面交流，在交流中如果能够把握好方式方法，可以取得顾客的理解和支持，把双方单一的买卖关系发展成深厚的个人友谊。而感情的培养和深化，可以使顾客对企业产生信任和依赖感，从而为企业培养一批忠实的顾客，有利于企业与顾客建立长期的买卖协作关系，保持企业产品销售的稳定。

人员推销的缺点主要表现在两个方面：

一是支出较大，成本较高。由于每个推销人员直接接触的顾客有限，销售面窄，特别是在市场范围较大的情况下，人员推销的开支较多，这就增大了产品的销售成本，并在一定程度上减弱了产品的竞争力。

二是对推销人员的要求较高。人员推销的效果直接取决于推销人员的素质高低，并且随着科学技术的发展，新产品层出不穷，对推销人员的素质要求越来越高。推销人员除了应具备营销才能外，还必须熟悉新产品的特点、功能、使用、保养和维修等知识与技术。因此，对于很多企业来说，要甄别和造就出理想的、胜任其职的推销人员比较困难，而且耗费也较大。

二、人员推销的形式、对象、策略与步骤

（一）人员推销的基本形式

一般来说，人员推销有以下三种基本形式：

1. 上门推销

上门推销是最常见的人员推销形式。它是由推销人员携带产品的样品、说明书和订单等走访顾客，推销产品。这种推销形式可以针对顾客的需要提供有效的服务，并方便顾客，故为顾客所广泛认可和接受。这种形式是一种积极主动的、名副其实的“正宗”推销形式。

2. 柜台推销

柜台推销又称门市推销，是指企业在适当地点设置固定的门市，由营业员接待进入门市的顾客，推销其产品。门市的营业员是广义的推销人员。柜台推销与上门推销正好相反，它是等客上门式的推销方式。由于门市里的产品种类齐全，能满足顾客多方面的购买要求，为顾客提供较多的购买方便，并且可以保证商品安全无损，

因而顾客比较乐于接受这种方式。柜台推销适合于零星小商品、贵重产品和容易损坏产品的推销。

3. 会议推销

会议推销是指企业利用各种会议向与会人员宣传和介绍产品，开展推销活动。例如，在订货会、交易会、展览会、物资交流会等会议上推销产品均属会议推销。这种推销形式接触面广、推销集中，可以同时向多个推销对象推销产品，成交额较大，推销效果较好。

（二）人员推销的推销对象

推销对象是人员推销活动中接受推销的主体，是推销人员说服的对象。推销对象有消费者、生产者和中间商三类。

1. 向消费者推销

推销人员向消费者推销产品，必须对消费者有所了解。为此，要掌握消费者的年龄、性别、民族、职业、宗教信仰等基本情况，进而了解消费者的购买欲望、购买能力、购买特点和习惯等，并且要注意消费者的心理反应。对不同的消费者，施以不同的推销技巧。

2. 向生产者推销

推销人员将产品推向生产者的必备条件是要熟悉生产者的有关情况，包括生产者的生产规模、人员构成、经营管理水平、产品设计与制作过程以及资金情况等。在此前提下，推销人员还要善于准确而恰当地说明自己产品的优点；能对生产者使用该产品后所得到的效益做简要分析，以满足其需要；同时，推销人员还应帮助生产者解决疑难问题，以取得其信任。

3. 向中间商推销

与生产者一样，中间商也对其所购产品具有丰富的专门知识，其购买行为也属于理智型。这就需要推销人员具备相当的业务知识和较高的推销技巧。推销人员在向中间商推销产品时，首先要了解中间商的类型、业务特点、经营规模、经济实力以及他们在整个分销渠道中的地位；其次，应向中间商提供有关信息，给中间商提供帮助，建立友谊，扩大销售。

（三）人员推销的基本策略

在人员推销活动中，一般采用以下三种基本策略：

1. 试探性策略

试探性策略也称为“刺激—反应”策略。这种策略是在不了解顾客的情况下，推销人员运用刺激性手段引发顾客产生购买行为的策略。推销人员事先设计好能引起顾客兴趣、能刺激顾客购买欲望的推销语言，通过渗透性交谈进行刺激，在交谈中观察顾客的反应；然后根据其反应采取相应的对策，并选用得体的语言再对顾客进行刺激，进一步观察顾客的反应，以了解顾客的真实需要，诱发顾客的购买动机，引导顾客产生购买行为。

2. 针对性策略

针对性策略是指推销人员在基本了解顾客某些情况的前提下，有针对性地对顾客进行宣传、介绍，以引起顾客的兴趣和好感，从而达到成交的目的。因推销人员常常在事前已根据顾客的有关情况设计好推销语言，这与医生对患者诊断后开处方类似，故针对性策略又称为“配方—成交”策略。

3. 诱导性策略

诱导性策略是指推销人员运用能激起顾客某种需求的说服方法，诱导顾客产生购买行为。这种策略是一种创造性的推销策略，它对推销人员要求较高，要求推销人员能因势利导，诱发、唤起顾客的需求，并能不失时机地宣传介绍和推荐所推销的产品，以满足顾客对产品的需求。因此，从这个意义上说，诱导性策略也可称“诱发—满足”策略。

（四）人员推销的步骤

不同的推销方式可能会有不同的推销工作步骤，通常情况下，人员推销一般包括以下七个相互关联又有一定独立性的工作步骤：

1. 寻找顾客

寻找潜在顾客可以通过现有顾客的介绍以及其他销售人员介绍，查找工商名录和电话号码簿等多种途径来寻找潜在顾客。

2. 事前准备

在走出去推销之前，推销人员必须掌握产品知识、顾客知识和竞争者知识等三方面的知识。产品知识主要是关于本企业情况及本企业产品的特点、用途、功能等各方面情况。消费者知识主要包括潜在消费者的个人情况，具体用户的生产、技术、资金情况，用户的需要，购买决策者的性格特点等。竞争者知识主要包括竞争者的能力、地位和它们的产品特点等。同时，还要准备好样品、说明材料，选定接近顾客的方式、访问时间、应变语言等。

3. 接近

接近即推销人员开始登门访问，与潜在顾客开始面对面交谈，要注意给顾客一个好印象，并引起顾客的注意。这一阶段推销人员要注意：

（1）给顾客一个好印象，并引起顾客的注意。因而，穿着得体、举止优雅、言谈文明、自信而友好的态度都是必不可少的。

（2）验证在准备阶段所准备的全部情况。

（3）为后面的谈话做好准备。在接近时，注意使自己有一个正确的心态：即友好和自信。友好：自己与对方是进行利益交换，是互惠互利的交换；自信：你不是低人一等求别人，你的企业产品是能经得起考验的。

4. 介绍

这是推销过程中的重要一步。介绍要注意通过顾客的视、听、触摸等感官向顾客传递信息，其中视觉是最重要的。在介绍产品时，要特别注意说明该产品可能给顾客带来的利益，要注意倾听对方的发言，以判断顾客的真实意图。

5. 处理异议

顾客在听取介绍的过程中，总会提出一些异议，推销人员应当具有与持不同意见买方洽谈的语言能力和技巧，能解释、协商，并随时有应对否定意见的措施和论据，但不要争辩。

6. 成交

在洽谈、协商的过程中，推销人员要随时给予对方能够成交的机会。介绍过程中如发现顾客表现出愿意购买的意图，应立即抓住时机成交。

7. 售后追踪

售后追踪的直接目的是了解顾客是否满意已购买的产品，发现可能产生的各种问题，表示推销人员的诚意和关心，并听取顾客对企业产品提出的改进意见。

（五）人员推销的任务

1. 沟通

与现实的和潜在的顾客保持联系，及时将企业的产品及其他相关信息介绍给顾客，同时了解他们的需求，沟通产销信息，成为企业与顾客联系的桥梁。

2. 开拓

企业除了熟悉现有顾客的需求动向，还要尽力寻找新的目标市场，发现潜在顾客。

3. 销售

推销人员通过与顾客的直接接触，运用推销的艺术和技巧，达成交易。

4. 服务

推销人员代表企业向顾客提供其他服务，如业务咨询、技术性协助等服务。

三、人员推销的管理

（一）推销人员的素质

人员推销是一个综合的复杂过程。它既是信息沟通过程，也是商品交换过程，又是技术服务过程。推销人员的素质决定了人员推销活动的成败。推销人员一般应具备以下素质：

1. 态度热忱，勇于进取

推销人员是企业的代表，有为企业推销产品的职责；同时，他又是顾客的顾问，有为顾客的购买活动当好参谋的义务。企业促销和顾客购买都离不开推销人员。因此，推销人员要具有高度的责任心和使命感，热爱本职工作，不辞辛苦，任劳任怨，敢于探索，积极进取，耐心服务，同顾客建立友谊，这样才能使推销工作获得成功。

2. 求知欲强，知识广博

广博的知识是推销人员做好推销工作的前提条件。较高素质的推销人员必须有较强的上进心和求知欲，乐于学习各种必备的知识。一般来说，推销人员应具备的知识有以下几个方面：①企业知识。推销人员要熟悉企业的历史及现状，包括本企业的规模及其在同行业中的地位、企业的经营特点、经营方针、服务项目、定价方法、交货方式、付款条件和产品的保管方法等，还要了解企业的发展方向。②产品知识。推销人员要知晓产品的性能、用途、价格、使用知识、保养方法，换代产品比原产品新增的功能和利益以及竞争者的产品情况等。③市场知识。推销人员要了解目标市场的供求状况及竞争者的有关情况，熟悉目标市场的环境，包括国家的有关政策、条例等。④心理学知识。推销人员要了解并适时适地运用心理学知识来研究顾客的心理变化和需求，以便采取相应的方法和技巧。⑤财务知识。推销人员了解财务知识是保证销售收入顺利回收的重要前提。此外，推销人员还应了解政策法规的最新变化及影响等知识。

3. 文明礼貌，善于表达

在人员推销活动中，推销人员推销产品的同时也是在推销自己。这就要求推销人员要注意推销礼仪，讲究文明礼貌，仪表端庄，热情待人，举止适度，谦恭有礼，谈吐文雅，口齿伶俐；在说明主题的前提下，语言要诙谐、幽默，给顾客留下良好的印象，为推销获得成功创造条件。

4. 富于应变，技巧娴熟

市场环境因素多样且复杂多变，市场状况很不平稳。为实现促销目标，推销人员必须有娴熟的推销技巧、反应灵敏，能针对不同的市场环境采用恰当的推销方式。推销人员要能恰当地选定推销对象并能准确地了解顾客的有关情况，能为顾客着想，尽可能解答顾客的疑难问题；要善于说服顾客（对不同的顾客采取不同的技巧）；要善于选择适当的洽谈时机，掌握良好的成交机会，并善于把握易被他人忽视或不易发现的推销机会。

（二）推销人员的甄选与培训

由于推销人员素质高低直接关系到企业促销活动的成功与失败，所以推销人员的甄选与培训十分重要。

1. 推销人员的甄选

甄选推销人员，不仅要对未从事过推销工作的人员进行甄选，使其中品德端正、作风正派、工作责任心强且能胜任推销工作的人走入推销人员的行列，还要对在岗的推销人员进行甄选，淘汰那些不适合推销工作的推销人员。

企业甄选推销人员的基本标准主要有以下几种：一是感召力，即善于从顾客角度考虑问题，并使顾客接受自己；二是自信力，即让顾客感到自己的购买决策是正确的；三是挑战力，即具有视各种疑义、拒绝或障碍为挑战的心理；四是自我驱动力，即具有完成销售任务的强烈愿望。

企业甄选推销人员的途径有两种：一是从企业内部选拔，即把本企业内部德才兼备、热爱并适合做推销工作的人选拔到推销部门工作；二是从企业外部招聘，即企业从大专院校的应届毕业生、其他企业或单位等群体中物色合格人选。无论哪种选拔途径，都应经过严格的考核，择优录用。

2. 推销人员的培训

对甄选合格的推销人员，还需经过培训才能上岗，使他们学习和掌握有关知识与技能。同时，还要对在岗推销人员每隔一段时间进行培训，使其了解企业的新产品、新的经营计划和新的市场营销策略，进一步提高素质。

推销人员培训的内容通常包括企业知识、产品知识、市场知识、心理学知识和政策法规知识等内容。

培训推销人员的方法很多，常采用的方法有三种：一是讲授培训。这是一种课堂教学培训方法。一般是通过举办短期培训班或进修等形式，由专家、教授和有丰富推销经验的优秀推销员来讲授基础理论和专业知识，介绍推销方法和技巧。二是模拟培训。它是受训人员亲自参与的、有一定实战感的培训方法，具体做法有实例研究法、角色扮演法和业务模拟法等。比如，由受训人员扮演推销人员向由专家教授或有经验的优秀推销员扮演的顾客进行推销，或由受训人员分析推销实例等。三是实践培训。实际上，这是一种岗位练兵。让甄选的推销人员直接上岗，与有经验的推销人员建立师徒关系，通过传、帮、带，使受训者较快地熟悉业务，成为合格的推销人员。

（三）推销人员的考核与评价

为了对推销人员进行有效的管理，企业必须对推销人员的工作业绩建立科学而合理的考核与评估制度，并以此作为分配报酬的依据和企业人事决策的重要参考指标。

1. 考评资料的收集

收集推销人员的资料是考评推销人员的基础性工作。全面、准确地收集考评所需资料是做好考评工作的客观要求。考评资料的获得主要有四个途径：

（1）推销人员的销售工作报告

销售工作报告一般包括销售活动计划和销售绩效报告两个部分。销售活动计划报告作为推销人员合理安排推销活动日程的指导，可展示推销人员的地区年度推销计划和日常工作计划的科学性、合理性。销售绩效报告反映了推销人员的工作实绩，从中可以了解销售情况、费用开支情况、业务流失情况、新业务拓展情况等许多推销绩效。

（2）企业销售记录

因企业的销售记录包括顾客记录、区域销售记录、销售费用支出的时间和数额等信息，从而使其成为考评推销业绩的重要基础性资料。通过对这些资料进行加工、计算和分析，可以得出适宜的评价指标，如某一推销人员一定时期内所接订单的毛利等。

（3）顾客及社会公众的评价

推销人员面向顾客和社会公众开展推销活动，决定了顾客和社会公众是鉴别推销人员服务质量最好的见证人。因此，评估推销人员理应听取顾客及社会公众的意见。通过对顾客投诉和定期顾客调查结果的分析，可以透视出不同的推销人员在完成推销产品这一工作任务的同时，其言行对企业整体形象的影响。

（4）企业内部员工的意见

企业内部员工的意见主要是指销售经理、营销经理和其他非销售部门有关人员的意见。此外，销售人员之间的意见也可作为考评时的参考。依据这些资料可以了解有关推销人员的合作态度和领导才干等方面的信息。

2. 考评标准的建立

在评估推销人员的绩效时，科学而合理的标准是不可缺少的。绩效考评标准的确定，既要遵循与基本标准的一致性，又要坚持推销人员在工作环境、区域市场拓展潜力等方面的差异性，不能一概而论。当然，绩效考核的总标准应与销售增长、利润增加和企业发展目标相一致。

制定公平而富有激励作用的绩效考评标准，客观上需要企业管理人员根据过去的经验，结合推销人员的个人行为来综合制定，并需要在实践中不断加以修订与完善。常用的推销人员绩效考核指标主要有以下两类：

（1）基于成果的考核

基于成果的考核是定量考核，主要考核以下一些指标：一是销售量，是最常用的指标，是用于衡量销售增长状况的指标；二是毛利，是用于衡量利润潜量的指标；三是访问率（每天的访问次数），是衡量推销人员努力程度的指标；四是访问成功率，是衡量推销人员工作效率的指标；五是平均订单数目，是用来衡量、说明订单规模与推销效率的指标；六是销售费用及费用率，是用于衡量每次访问的成本及直接销售费用占销售额比重的指标；七是新客户数目，是衡量推销人员推销绩效的主要指标。

（2）基于行为的考核

基于行为的考核是定性考核，主要考核销售技巧（包括倾听技巧、获得参与、克服异议等）、销售计划的管理（有无记录、时间利用等）、收集信息、客户服务、团队精神、企业规章制度的执行情况、外表举止、自我管理等。

3. 考评的方法

（1）横向比较法

横向比较法是将各推销人员之间的工作业绩进行比较。这种比较必须建立在各区域市场的销售潜力、工作量、竞争环境、企业促销组合等方面大致相同的基础上。应注意的是，销售量不是衡量推销人员工作业绩的唯一标准，还要对能反映推销人员工作绩效的其他指标进行衡量，如顾客的满意度、成本的耗费、产品的销售结构、资金的周转速度等。

（2）纵向比较法

纵向比较法是将同一个推销人员现在的业绩和以前的业绩进行比较，包括销售额、毛利率、销售费用、顾客变更情况等。这种考评方式可以衡量推销人员工作的改善情况，以把握推销人员的业务能力和思想动态的变化情况。

（四）推销人员的奖励

对推销人员的奖励，实际上是推销人员通过在促销活动中从事推销工作而获得的利益回报，一般包括工资、津贴、福利、保险、佣金和分红奖金等。可以说，公平合理的奖励既是对推销人员辛勤劳动的补偿，也是激励推销人员努力工作实现销售目标的最有效工具之一。奖励推销人员既有利于激励推销人员积极努力，保证企业销售目标的顺利实现，也有利于建设（吸收和维持）高素质的销售团队。

奖励推销人员的方式主要有单纯薪金制、单纯佣金制和混合奖励制三种。

1. 单纯薪金制

单纯薪金制亦称固定薪金制，是指在一定时间内，无论推销人员的销售业绩是多少，推销人员获得固定数额报酬的形式。具体说来就是“职务工资+岗位工资+工龄工资”。

单纯薪金制的优点主要有：①易于操作，计算简单，易于管理；②推销人员的收入有保障，有安全感；③在调整销售区域或客户时，遇到的阻力较小。

单纯薪金制的缺点也显而易见，主要表现在：①对销售效率和销售利润最大化缺乏直接的激励作用；②由于不按业绩获得报酬，故容易厚待业绩差的人而薄待业绩优秀的人；③薪金属固定费用，在企业困难时难以进行调整。

2. 单纯佣金制

单纯佣金制是指与一定期间的销售业绩直接相关的报酬形式，即按销售基准的一定比率获得佣金。单纯佣金制的具体形式又有单一佣金和多重佣金（累退制和累进制）、直接佣金和预提佣金之分。

单纯佣金制的优点主要表现在：①推销人员的报酬是其销售行为的直接结果，富有激励作用；②业绩越大报酬越大，推销人员的努力可获得较高的报酬；③推销人员清楚了解自己薪酬（佣金）的计算方式，容易使行为与收入挂钩；④佣金属变动成本，公司易于控制销售成本；⑤奖勤罚懒的效果非常直接，业绩差的推销员通常会自动离职。

单纯佣金制的缺点主要有：①推销人员收入不稳定，精神压力大，甚至容易焦虑；②推销人员对企业的忠诚度较差，可能为了分散风险多处兼职；③推销人员采用高压式推销，不关心客户的服务需求；④推销人员不愿意调整自己的销售领域，造成管理困难；⑤在企业业务低潮时，优秀的销售人员离职率高。

3. 混合奖励制

混合奖励制兼顾激励性和安全性的特点。当然，混合奖励制有效的关键在于薪金、佣金和分红的比率。一般来说，混合奖励中的薪金部分应大到足以吸引有潜力的推销人员；同时，佣金和分红部分足以大到刺激他们努力工作。

混合奖励的常用形式有：薪金+佣金；薪金+分红奖励；佣金+分红奖励；薪金+佣金+分红奖励；薪金+佣金+分红奖励+期权。

除了上述三种奖励形式以外，还有特别奖励，就是在正常奖励之外所给予的额外奖励，包括经济奖励和非经济奖励。非经济奖励包括给予荣誉、表扬记功、颁发奖章等。特别奖励的具体形式有业绩特别奖、销售竞赛奖等。

第三节　营业推广策略

营业推广是与人员推销、广告、公共关系相并列的四种促销方式之一，是构成促销组合的一个重要方面。

一、营业推广的概念与特点

1. 营业推广的概念

营业推广又称销售促进（Sales Promotion），是指企业在短期内刺激消费者或中间商对某种或几种产品或服务产生大量购买的促销活动。典型的营业推广活动一般用于短期的促销工作，其目的在于解决目前某一具体的问题，采用的手段往往带有强烈的刺激性，因而营业推广活动的短期效果明显。营业推广活动可以帮助企业渡过暂时的困境。

2. 营业推广的特点

营业推广是能强烈刺激需求、扩大销售的一种促销活动。与人员推销、广告和公共关系相比，营业推广是一种辅助性质的、非正规性的促销方式，虽能在短期内取得明显的效果，但它不能单独使用，常常需要与其他促销方式配合使用。营业推广这种促销方式的优点在于短期效果明显。一般来说，只要能选择合理的营业推广方式，就会很快地收到明显增加销售的效果，而不像广告和公共关系那样需要一个较长的时期才能见效。因此，营业推广适合于在一定时期、一定任务的短期性促销活动中使用。

营业推广有贬低产品或品牌之意的缺点。采用营业推广方式促销，似乎迫使消费者产生“机会难得、时不再来”之感，进而能打破消费者需求动机的衰变和购买行为的惰性。不过，营业推广的一些做法也常使消费者认为企业有急于抛售的意图。若频繁使用或使用不当，往往会引起消费者对产品质量、价格产生怀疑。因此，企业在开展营业推广活动时，要注意选择恰当的方式和时机。

二、营业推广的种类和具体形式

营业推广的方式多种多样，一个企业不可能全部使用。这就需要企业根据各种方式的特点、促销目标、目标市场的类型及市场环境等因素选择适合本企业的营业推广方式。

1. 针对消费者的营业推广形式

向消费者推广，是为了鼓励老顾客继续购买、使用本企业产品，激发新顾客试用本企业产品。其方法主要有以下几种：

（1）派发样品

派发样品是指企业向消费者提供一定量的服务或产品，供其免费试用。这种形式可以鼓励消费者认购，也可以获取消费者对产品的反应。样品赠送可以有选择地赠送，也可在商店或闹市地区或附在其他商品和广告中无选择地赠送。这是介绍、推销新产品的一种方式，但费用较高，对高价值产品不宜采用。

（2）送赠品

送赠品是指企业以免费产品为诱因，以此来缩短或拉近与消费者的距离，从而促使消费者采取购买行为。赠品根据是否以购买为条件可以分为无偿赠品和有条件赠品。前者是可以无条件获得的，如有些商店在开业时对光顾的每一位顾客都赠送一份礼品；后者需要消费者购买一定量的产品方可获得赠品，这种方式是最为常见的。

（3）优惠券

优惠券是指企业授权持有者在指定商店购物或购买指定产品时可以免付一定金额的单据。优惠券适用的场合很多，可以用来扭转产品或服务销售下滑的局面，也可以在新产品上市时用以吸引消费者的购买兴趣，按照发行的主体不同，可以分为厂商优惠型和零售型优惠。

（4）减价优惠

减价优惠是指企业在特定的时间和特定的范围内调低产品的销售价格，此种方式因最能与竞争者进行价格竞争而深受消费者的青睐。

（5）退款优惠

退款优惠是指企业在消费者提供了产品的购买证明后就可以退还其购买产品的全部或部分款项的促销方式。这种方式可以维护消费者的消费忠诚，收集消费者的有关资料，对于较高价位的产品具有较好的促销效果。

（6）趣味类促销

趣味类促销是指企业利用人们的好胜、侥幸和追求刺激等心理，举办竞赛、抽奖、游戏等富有趣味性的促销活动，吸引消费者的参与兴趣，推动销售。

（7）以旧换新

以旧换新是指消费者凭使用过的产品，或者使用过的特定产品的证明，在购买特定产品时，可以享受一定抵价优惠的促销活动，这类方式一般由生产企业使用。

（8）示范表演

示范表演是指企业在销售场所对特定产品的使用方法进行演示，以吸引消费者的注意。这种方式适用于操作相对复杂或该种产品比以前产品有重大改进，其目的是消除消费者的使用顾虑或树立产品独特的性能。

2. 针对中间商的营业推广方式

向中间商推广，是为了促使中间商积极经销本企业产品；同时能有效地协助中间商开展销售，加强与中间商的关系，达到共存共营的目的。其推广方式主要有：

（1）折扣鼓励

折扣鼓励包括现金折扣和数量折扣。现金折扣是指生产企业对及时或提前支付货款的经销商给予一定的货款优惠；数量折扣是指生产企业对大量进货的经销商给予一定额外进货量的优惠。

（2）经销津贴

为促进中间商增购本企业产品，鼓励其对购进产品开展促销活动，生产企业给予中间商一定的津贴，主要包括新产品的津贴、清货津贴、降价津贴等。

（3）宣传补贴

有的生产企业需要借助经销商进行一定的广告宣传，为了促进经销商进行宣传的积极性，经销商可以凭借进行了宣传的有关单据获得厂家一定数额的补贴。

（4）陈列补贴

随着终端竞争的激烈，生产企业为了给产品在终端获得一个较好的销售位置，往往给予中间商一定的陈列补贴，希望经销商维护产品在终端竞争中的位置优势。

（5）销售竞赛

销售竞赛是指生产企业为业绩优秀的中间商进行特殊鼓励，包括货款返还、旅游度假、参观学习等。

（6）展览会

展览会是指企业利用有关机构组织的展览和会议，进行产品和企业的演示，通过这种形式，可以让经销商获知本行业的市场发展和行业发展情况，有利于增加其业务能力和市场信息。

3. 针对销售人员的营业推广形式

（1）销售奖金

销售奖金是企业为了刺激销售人员的工作积极性，对于能够完成任务的销售人员给予一定的物质奖励。

（2）培训进修

培训进修是企业为了提高销售人员的业绩，对其进行业务技能和技巧方面的培训。

（3）会议交流

会议交流是企业定期或不定期召集销售人员对工作经验和工作方法以及工作中的得失开展交流，促进销售人员的共同提高。

（4）旅游度假

旅游度假是企业为了表彰先进，增强企业内部凝聚力，对销售业绩和素质表现良好的销售人员给予国内外旅游度假的奖励。

【案例】屈臣氏的促销

在帮助提高销售方面，屈臣氏采取了非常多的措施，除了门店的商品促销外，还包括非常多的事件营销活动，在此仅仅介绍门店日常的商品促销活动。

2004年6月，中国区屈臣氏个人护理商店常务董事艾华顿先生（Mr. IvorMorton）带领所有屈臣氏员工们举起右手郑重承诺："我敢发誓保证低价！"，并承诺"差额双倍奉还"。一夜之间，屈臣氏中国所有门店均在最显眼的地方标示"我敢发誓"字样。采取如此标新立异的促销方式，并采用"发誓"这个相对比较"通俗"的字眼，无疑是一个重磅炸弹，在零售业界引起非常大的轰动。很多专家认为，屈臣氏采取低价策略这种低级的促销竞争方式无疑是与原来定位相违背的，这将让屈臣氏进入一个低端的市场，甚至彻底毁了屈臣氏品牌。时至今日，对消费的调研反馈，"我敢发誓保证低价"已经深入人心，站在消费者的层面，他们认为屈臣氏的促销让他们实实在在享受到了来自于促销的实惠。"我敢发誓保证低价"并在最后调整为"我敢发誓真货真低价"。

除了"我敢发誓"的促销主题，屈臣氏的促销活动可谓丰富多彩。每15天为一次促销周期，在屈臣氏内部叫"转销"，在"转销"的前一天晚上，为了让顾客感受到整个卖场浓烈的主题促销氛围，店铺的员工要加班到凌晨，按照总部发布的促销指导书更换所有的促销商品、促销主题宣传画、更换新价格标签、调整商品陈列位置等，直至第二天顾客光临后感觉面目一新。

在屈臣氏的应季促销中，情人节、万圣节、圣诞节、春节是非常重要的，都会举行大型的主题促销活动，促销主题多式多样，譬如"说吧说我爱你吧"的情人节促销，"圣诞全攻略""真情圣诞真低价"的圣诞节促销，"劲爆礼闹新春"的春节促销。

在其他促销活动中，屈臣氏享有盛名的"健与美"大赏会得到非常多的忠诚顾客与生产厂商的支持与赞助。"冬日减价"针对冬季推出系列冬天产品进行促销；"10元促销"推出"大量10元、20元、30元"特价促销商品；还有"SALE周年庆""加1元多一件""全线八折""买一送一""自有品牌商品免费加量33%不加价"等让人感觉非常实惠的促销活动。

在屈臣氏的促销活动中经常都会包含如下几项内容，多年来重复的进行，很多顾客已经非常熟悉他的游戏规则。如在宣传海报的封面右下角的"剪角抵用券"活动，在活动中，顾客剪下此券可以优惠购买指定商品；“满 50 元超值 10 元换购”在每次促销活动中都会有三种非常优惠的商品，顾客在一次性购买满 50 元后，就可以 10 元购买指定商品任一件，让顾客感觉非常实惠，对提高销售业绩有非常大的帮助；“本期震撼低价”推出 9 个超值震撼低价商品，陈列在店铺最显眼货架上。

“销售比赛”也是屈臣氏一项非常成功的促销活动，每期指定一些比赛商品，分各级别店铺（屈臣氏的店铺根据面积、地点等因素分为 A、B、C 三个级别）之间进行推销比赛，销售排名在前三名的店铺都将获得奖励，每次参加销售比赛的指定商品的销售业绩都会以奇迹般的速度增长，供货厂家非常乐意参与这样有助于销售的活动。

三、营业推广的决策过程

1. 建立营业推广的目标

营业推广活动的决策一般是从目标的确立开始的。营业推广目标是在企业总营销目标的前提下，根据企业的具体需要确定的。

从产品所处的生命周期看，在产品投入期，营业推广的目标主要是为了缩短产品与顾客之间的距离，诱使目标消费者试用新产品，认知新产品。在产品成长期，营业推广的目标主要是鼓励消费者重复购买，刺激潜在购买者和增强中间商的接受程度。在产品成熟期，营业推广的目标在于刺激大量购买，吸引竞争品牌的消费者，保持原有的市场占有率。在产品衰退期，营业推广的目标是快速大量销售，尽可能地处理积压库存产品，加速资金周转。

从营业推广的对象看，对于消费者来讲，营业推广的目标在于鼓励现有消费者大量、重复、及时购买，同时吸引和培养新的消费群体。对中间商来讲，营业推广的目标是保证现有渠道的稳定，促使中间商维持较高的存货水平，刺激中间商积极销售产品。对于销售人员来讲，营业推广的目标是鼓励在维持现有产品销售的基础上，积极销售新产品，同时寻找更多的新顾客。

以上是营业推广的基本目标，作为一个企业来讲，不可能同时完成这些目标。企业应该在长远营销目标的基础上，根据自身经营特点，充分考虑企业面临的问题与机遇，做出营业推广目标的选择。

2. 选择营业推广形式

选择营业推广的具体形式，就是企业为了实现营业推广的目标而选择合适的营业推广方式。前面已经对营业推广的形式进行了基本的介绍，不同的形式其效果是不同的，同时，一个特定的营业推广目标可以采用多种形式来实现。企业在选用营业推广形式时应考虑以下几点：

（1）营业推广的目标

不同的促销目标决定了需要采用不同的营业推广工具，在选择营业推广工具时，首先要考虑企业在该时期的营业推广目标。如果企业是为了增加购买量，可以采用赠品和优惠券等方式，如果是为了改变消费者的购买习惯，可以采用折扣和酬谢包装的形式。

（2）产品的类型

在市场上销售的产品，可以按其用途分为生产资料和消费品两大类。对于生产资料来讲，可以采用样品赠送、展示会、销售奖励、宣传手册等方式；对于消费品来讲，可以采用优惠券、赠送、店内广告、降价、陈列、消费者组织等方式。

（3）企业的竞争地位

对于在竞争中处于优势地位的企业，在选择营业推广工具时应该偏重于长期效果的工具，如消费者的教育、消费者组织化等。对于在竞争中处于劣势的企业，应选择能为消费者和中间商提供更多实惠的工具，比如交易折扣、样品派送、附赠销售等，此外还应考虑选择差异化的营业推广工具。

（4）营业推广的预算

每一种营业推广的发生都要耗费一定费用，这些费用是开展营业推广活动的硬约束，企业应该根据自己的经济情况考虑使用不同的营业推广工具。

在为营业推广活动确定了目标和具体的工具后，还需要对营业推广活动制订具体的行动方案。在一个完整的营业推广方案中应该包括以下几个方面的内容：

（1）营业推广范围

企业要确定本次营业推广活动的产品范围和市场范围，即是决定针对单项产品进行促销还是对系列产品促销，是对新产品促销还是对老产品进行促销，是在所有的销售区域进行促销还是在特定的市场内促销。

（2）诱因量的大小

诱因量是指活动期间的产品优惠程度与平时没有优惠时进行比较的差异，它直接关系到促销的成本。诱因量的大小与促销效果密切相关，因为诱因量的大小直接决定了消费者是否购买。

（3）传播媒体的类型

传播媒体的类型是企业选择何种媒体作为促销信息的发布载体。不同的媒体有不同的信息传递对象和成本，其效果必然不同，这是企业在营业推广方案中应明确的问题。

（4）参与的条件

不同的营业推广目标和工具有不同的参与对象，在方案中对参与活动的对象应有一定的条件限制，以降低成本、提高效率。

（5）营业推广时间

营业推广时间的确定包括三个方面的内容：举行活动的时机、活动的持续时间和举办活动的频率。

（6）营业推广费用的预算

企业科学合理地制定预算，对于活动的顺利开展提供了有力的保障。营业推广的费用通常包括两项：一是管理费用，如组织费用、印刷费用、邮寄费用、培训教育费用等；二是诱因成本，如赠品费用、优惠或减价费用等。

此外，在方案中还要有其他内容，如奖品兑换的具体时间和方法、优惠券的有效期限、营业推广活动的具体规则等。

第四节　广告

广告作为信息的一种传递方式，伴随着商品和商品的交换而产生了。在当今通信技术高度发达的社会，广告作为一种社会活动，不仅贯穿于人类经济生活的方方面面，而且波及人类的社会生活、道德生活、文化生活、政治生活；在很大程度上影响着人们的消费观念、消费方式、消费文化、社会观、价值观、生活观等。在信息社会中，作为现代市场营销重要手段的广告让人们眼花缭乱，应接不暇：打开电视，各类广告扑面而来；翻开杂志、报纸，广告铺天盖地。可以说广告已经与大众的生活紧密地结合在了一起。各企业在广告宣传上的投入有增无减，各类媒体的广告招标会办得红红火火，广告的作用可见一斑。人类生活的各个方面都在不同程度上表现着广告文明，展示广告文化。广告作为一项知识密集、技术密集、人才密集、智能密集的高科技术产业，日益受到社会的重视，成为市场经济的先导产业。在市场经济中，广告的经济功能、社会功效、文化效用日趋突显。因此，系统地掌握现代广告的运作知识就显得十分重要。

一、广告的概念和构成要素

1. 广告的概念

广告（Advertising）一词源于拉丁语“Advertere”，有“注意”“诱导”“大喊大叫”和“广而告之”之意。广告作为一种传递信息的活动，是企业在促销中应用最广的促销方式。市场营销学中探讨的广告，是一种经济广告。也就是说，市场营销学中的广告是广告主以促进销售为目的，付出一定的费用，通过特定的媒体传播商品或劳务等有关经济信息的大众传播活动。由此，我们可以从四个方面来理解广告的内涵：广告是以广大消费者为广告对象的大众传播活动；广告以传播产品或劳务等有关经济信息为其内容；广告是通过特定的媒体来实现的，并且广告主需对使用的媒体支付一定的费用；广告的目的是为了促进产品销售，进而获得较好的经济效益。

2. 广告的构成要素

一个典型的广告活动由五个要素构成：

（1）广告主，是指发布广告的单位和个人。

（2）广告媒体，是指传递信息的载体。

（3）广告费用，是指广告主开展广告活动所必须支付的各种费用，包括广告调研费、设计制作费、广告媒体费、广告机构办公费以及工作人员的相关支出等。

（4）广告受众，是广告的对象，即接受广告信息的人。

（5）广告信息，是指广告的具体内容。

二、广告的特点

1. 传播面广

广告是借助大众媒体传播信息的，它的公众性和普及性赋予广告突出的“广而告之”的优点。广告主可以通过电视、报纸、广播、杂志等大众传媒在短期内迅速地将其信息告之众多的目标消费者和社会公众，这是人员推销等其他促销方式方法无法与之比拟的。

2. 传递速度快

广告是利用大众媒体传递信息的，大众传媒是一种迅捷的信息传播途径。它能使广告主发行的信息在很短的时间内传达给目标消费者。因此，在现代信息化社会，它是一种富有效率的促销方式。

3. 表现力强

广告是一种富有表现力的信息传递方式。它可以借助各种艺术形式、手段与技巧，提供将一个企业及其产品感情化、性格化、戏剧化的表现机会，增大其说服力与吸引力。

三、广告目标的确定

广告决策的第一步是确定广告的目标。广告目标是指在一定的期限内，针对既定的目标受众要实现的特定的沟通任务。企业的广告目标，取决于企业市场营销组合的整体战略要求，企业营销管理阶段的不同，其广告目标也随之不同。企业的广告目标归纳起来有以下几种：

1. 告知性目标

告知性目标也称开拓性目标或介绍性目标，广告的目的主要是向市场介绍新产品，使潜在顾客了解新产品，提高顾客对新产品的认知率。介绍的内容包括新产品的用途、性能、特点、使用方法以及给消费者带来的利益等情况，以促使消费者建立对该产品的初步印象和需求。这类目标的定量化指标通常有知名度、记忆率、理解度等。该目标一般在产品上市初期应该完成。

2. 说服性目标

说服性目标又称竞争性目标，即强调本企业产品的优势以及和竞争对手的明显差异，以确保顾客对产品有足够的关注和购买欲望，说服消费者购买本企业的产品。这类目标的定量化指标通常有市场占有率、品牌偏好度、产品的销售增长率等。该目标一般在产品的成长期和成熟期使用。

3. 产品销售目标

在某些情况下，企业可以根据产品的销售情况确定广告目标。这种方式的采用必须建立在广告是促进产品销售额增加的唯一因素或至少是主要因素的基础上。因此，以产品销售额作为广告目标往往只适用少数产品，对于大多数以普通方式销售的产品，这种方式并不适用。

4. 提示性目标

提示性目标也称提醒性目标，其目的不是介绍新产品，而是以提醒老顾客继续购买本企业产品或使之确信自己的选择是十分正确为目标；不是劝说顾客购买本企业的产品，而是要让顾客保持对产品的记忆。这类目标的定量化指标通常有满意度、重复购买率等。该目标一般在产品的成熟期和衰退初期使用。

四、广告媒体策略

1. 报纸广告策略

（1）体现新闻性特点，引起受众注目

报纸是一种专门传达新闻的大型媒体，由于发行渠道普遍和通畅，具有极高的新闻性、时效性特征。在大众传媒中，新闻总是对读者具有极大的吸引性。报纸广告一般都具有发行及时、传播面广的特点，因此，报纸广告适宜于诉求最新信息。在表达中，应突出媒体的这一特点，尤其在标题中加以表现，可以造成很大影响。新闻性可以在正题中加以体现。但由于报纸广告的图像视觉效果因纸质及印刷的原因，不可能达到最精美的表现，因此许多正题着力于艺术性表达。在这种情况下，新闻性既可以通过正题来体现，也可以另设引题，专门突出新闻性。

（2）文案第一，图像第二

尽管现代印刷业为报纸的印刷质量提供了足够的保证，并由此带来版式的灵活、图文并茂的新特点，实现了从黑白到套红再到彩版的飞跃。但从报纸媒体本身的特征来看，文字仍是其首要的传播元素。这一点，将对报纸广告的创意，表现的内容、重点、主次、版面结构都有相应的指导意义。标题应醒目、富有新意，最好能强调产品的利益，充分吸引消费者的注意；正文应精简、准确，有针对性，能诱发消费者的购买欲望。

（3）重视报纸广告的图像

在报纸广告中，图像的配合也很重要。随着印刷技术的升级换代和大众欣赏要求的不断提高，报纸也在高新技术的支持下，不断拓展新的表现空间。报纸从原来的纯文字传播到加入黑白插图、套红印刷，从黑白摄影到现在的彩版技术，呈梯级演变，这也直接为报纸广告的表现带来了新的突破。图像的渗透与丰富，一方面为信息的传达提供了更多的表现渠道；另一方面，增添了报纸的表现元素，提高了观赏性，图文并茂，读者更易于接收和理解信息。但是，归根到底，报纸仍是以文字为主要传播元素，图像只是起辅助和配合的作用。

（4）采用悬念与系列性表达，增强吸引力

在报纸广告中适当运用悬念，可以有效刺激读者的阅读兴趣，并会借着悬念把这种兴趣和热情延续到下一轮广告；系列性广告则可以分解产品的信息，使每一则广告主题鲜明，诉求单一，并维持消费者对品牌的关心度。一般而言，悬念式广告通常都是通过两则以上系列形式出现，同样，系列广告中也常常借助悬念这种技法。系列广告可运用形式多样的提示语、一致而又略有变化的标题，使每则广告的内容既各有侧重，又呈现出整体和谐性，具有形式美。

如沈阳金龙保健品有限公司出品的保龄参，广告有“亲情篇”“节日篇”，惠泉啤酒系列广告则分“策略篇”“技术篇”“人才篇”等。标题强调产品名称、同一产品的共性，不同的标题各有侧重地道出其产品的特性等内容。如江苏天宝药业有限公司的“中脉烟克”系列广告，以“戒烟是爱”为主题，另有标题“一切为了孩子”“一切为了妻子”“一切为了父母”，分别以爱心、爱情、孝心的名义，重申“戒烟是爱”的主旨，劝导吸烟者加入戒烟行列。

（5）创造特殊版面，产生特殊效果

报纸广告以在报纸里所在位置来分类，可分为新闻下、新闻中、报眼、插排（散播在新闻标题中，旁白小型广告）、中缝、分类等。正常情况下，报纸以版面来计数，报纸广告也是常以整版的几何对分来确定规格，全版、半版、四分之一版、八分一版……但报纸广告的版面也不完全是固定不变的，有时候，可通过智慧、构思和公关策略，创造一些特殊版面。在位置、规格上突破传统，另辟蹊径，将能产生意想不到的特殊效果。

①跨版。跨版广告指的是广告内容跨越报纸的版面区分，从一个版面直接延伸到另一个版面，通常有两种情况，一种是两个全版之间的跨版，这种情况一般是在特定的时期展示企业实力和形象的。另一种多是版面之间八分之一、四分之一两个通栏的连接，一气呵成。这种情况，一方面是借用超长空间展现有气度或宽度特质的产品及说明个性；另一方面，由于跨版这种形式本身在阅读情况下蕴含一定的悬念，能有效激发读者的兴趣。

②L形版面。L形版面是指两个同等规格的版面相互连接，拼成正九十度的排列，形成一个“L”形。这种版式安排得当，将会在工整规范的其他广告版面中脱颖而出，十分引人注目。另外，这种特殊的L形版面，在排版设计、广告内容的安排、文字与图像的配合方面都为广告创作人员提供了较为灵活的表现空间。形式与

内容的搭配，将大大提高产品的特别性。

③不规则版。也就是说，广告是不规则地撒布在报纸的整个版面上，造成视觉上的不协调，形成不规则美，从而吸引观众的注意力。

④反白。这也是一种对比方式，是在色彩上故意颠倒排列以引起视觉上的冲击力。正常情况下，报纸印刷都是白底黑字，但有的广告为了突出所要强调的内容，将背景转换成黑色，而让文字（或图像）呈现白色。这样能够充分地体现主体信息，吸引更多消费者的目光。

⑤装饰与留白。这是有效引起读者阅读兴趣和保持阅读方向的较好方法。装饰，有时候是为整个广告版面而装饰，有时候则是为广告所要强调的信息进行装饰，目的都是为了让消费者更注意广告要让他们注意的内容。比如在广告四周加上边饰，就可以使所有要素聚集在一定范围之内，有利于区分其他版面；如在主信息上加注箭头、阴影、色块，就可以使相应的文字、图像醒目、突出，同时也美化版面，丰富了视觉效果。留白就是报纸广告中不编排任何要素的部分（甚至也可以以黑色或其他颜色为背景而非白色）。留白可以利用于对一个孤立的要素集中注意力，若能在文案周围大量留白，看起来它如同位于舞台中央，十分抢眼。

2. 杂志广告策略

（1）注重图像视觉艺术

由于现代造纸和印刷技术的快速发展为杂志广告提供了品质精良的纸质和精密度极高的印刷效果，使印刷品越来越美，魅力无穷。现代杂志广告首当其冲地以视觉图像艺术获得了广大读者的青睐。但是，随着市场激烈竞争，杂志广告视觉图像的竞争力也越来越加剧。这就要求这类广告首先要有一个具有较强冲击力的视觉图像，将广告意图通过视觉语言表达出来。彩色印刷是一项制作过程复杂、众多人员参与的行业，从对原稿的照相、分色、制版、打样以至印刷、装订，无不需要精密的仪器设备以及丰富的经验和技术，特别是广告，讲求彩色、技巧、特殊效果的质量印刷。

（2）注重创意新颖性

正因为杂志媒体视觉效果显著，因此作者很容易将创作精力只集中于图像的视觉艺术本身，而忽视图像的内涵，这是不符合现代受众的审美心理的。现代广告受众对广告所表现的智慧美非常敏感，很关注广告全新的、巧妙的创意，这要求杂志广告必须将具有独创性的创意与精美的视觉图像结合起来，通过不同凡响的创意来表达内含丰富的视觉形象。杂志广告的艺术欣赏性很高，有许多成功广告是人们长久珍藏的艺术品。只有从创意内含和视觉效果两方面配合表现，才能大幅度地提高其艺术价值。

（3）注意版面选择策略

一般来说，杂志广告都是一版一则，具有很大的独占性，很少受到其他广告的影响。但就版面种类来说则有好几种：封面、封底、封二、封三、插页、跨版双页等。版面类别不同，受众对其注意率也有较大差异。选择版面要根据广告目标和经济支持力来决定。注意率越大，广告有效率越高，特别对那些开拓市场和塑造形象的广告，效果尤佳。当然也需要较强的经济支持力。另杂志媒体具有较强的专业性，即使是大众杂志，其读者群也较大众性报纸小，而且比较固定，有一定的文化层次，因此，杂志的选择要注意广告目标与读者的对位。

（4）发挥形式多样的制作技巧

企业要开拓思维，充分运用现代技术手段制作杂志广告的新形式。例如插页广告、跨页广告与杂志装订结构的巧妙结合，折页广告（从一折到多折）、联券广告（可撕下的礼品券、优待券、竞赛券等）、有声广告、立体广告、香味广告等。

（5）文案要有艺术性

在杂志广告中，标题常常和图像相得益彰，是艺术性很高的两个因素。因此，一定要创作出一个具有震撼力感染力的标题来。广告正文是杂志广告中一项重要内容，可以写出一定的篇幅，读者的阅读率较高。但在必须表达的范围内也要简明扼要，惜墨如金。

3. 广播广告策略

（1）内容必须一听就明白

文字是有声语言的符号，但又不完全等同于有声语言。中国文字中有许多字音同字不同，写出来清清楚楚，但是只听读音却常常会引起误解，发生歧义，有时候甚至一点儿也听不懂。例“××商店出售食油”，是食用油还是工业用石油？“有75%的儿童缺锌”，以及“每到3月，桑事繁忙”。听起来都极容易闹笑话。

（2）必须整体规划三要素

一般说来，每一条广播广告都是用三种声音即人声、效果声和音乐来传达讯息的，所以在广播广告创作中要特别注意这三者的整体规划与把握。否则就可能成为一条广告三张皮，破坏广告效果。

（3）要有一个好的开头

广告一开始就要抓住人，因为大多数听众都是在无意注意状态下收听广播广告的。一般说来听众只会准时收听自己喜爱的节目而不会专门等待收听广告的，所以广告的开头就很重要，如果开头不能引起人的注意，之后听众就很难再进入情境，广告的效力也就损失了大半，所以优秀的广告都是在如何开个好头上狠下功夫。

（4）要亲切感人

老舍先生说过：“世界上最好的文字就是最亲切的文字。所谓亲切就是普通话，别人这么说，我也这么说，不是用了一大车大家不了解的词汇。”所以说广播广告中的话要让人听着顺耳、顺心，必须以情感人。要像与朋友谈心聊天，和蔼可亲，不能教训人，要多用商量的口吻。只有这样才能贴近听众，而只有贴近听众，广告才有可能起作用。创作广播广告要尽量少用书面语言，少用华丽的语言，少用修饰的语言，相反要多用生活中的口语，多用短句。

（5）尽量简洁单一

广播广告的听众较其他任何媒介的受众更多地处于一种随意状态下，又没有视觉的参与，所以越是简洁单一的概念，越容易钻入听众的脑海，也越容易使其记住。在信息爆炸的今天，只有单纯的东西、简洁的东西才不会给疲惫的听众加重记忆的负担。广播广告最忌讳冗长、复杂，越是说得多，越是面面俱到，其效果则越是适得其反。

（6）充分调动人的想象力

广播广告只靠声音传播，因此它可以激发起人们丰富的联想，从而产生无穷的魅力。它那亲昵的话语、迷人的音乐、悦耳的音响，让人心旷神怡。借助听众的想象，广播可以完成其他任何媒体所不能完成的使命。难怪人说，“描述天下第一美女，最好用广播！”所以美国营销学家曼尔玛·赫伊拉说过，“不是卖牛排，而是卖煎牛排的吱吱声！”善于充分调动听众的想象力在广播广告创作中是极其重要的。

（7）努力塑造声音的个性

在五光十色的广告海洋里，没有个性的广告、没有特征的广告是难以让人记住的，广播广告也是如此。在创作中一定要注意努力塑造一个与众不同的声音，令人难以忘怀的音乐形象，并注意始终保持统一。力争让听众一听到你的语音或旋律，就知道你来了，而不与其他任何品牌形象混淆。当然，这是一个长期的战略任务。

4. 电视广告策略

（1）把握动态演示，注重情感诉求

电视广告媒介是诸多广告媒介中唯一能够进行动态演示的感情型媒体。它以视听结合的方式刺激人的感官和心理，从而具备一种特殊的感染力。所以，电视广告应着重情感诉求而不是逻辑诉求，在实际运作中，电视广告应该特别注意情绪的渲染，注意动态形象的塑造，尽量避免静态画面。在视听语言的运用上，应该在允许的范围内尽可能加大视觉与听觉的刺激度，力求最迅速、最大限度地撩拨起受众的情绪，使之产生强烈而深刻的印象。

（2）信息要简洁、单一

电视广告的时间极为短暂，不可能承载过多的或复杂的信息。电视广告一定要使人易认、易记，尽量减轻观众的认知与记忆负担，否则观众是不会买账的。在当今“信息爆炸”的时代里，只有单纯、简洁、明确的信息才有可能被受众记住。

（3）适时对准目标对象

慎重地选择目标对象，是电视广告成功的关键。在策划电视广告之初，务必确切地把握住你的目标对象究竟是什么样的人，他们关心什么，喜欢什么，心理趋向如何，什么时候会坐在电视机前。否则，短短几十秒的电视广告是难以击中目标受众的。

（4）创意要有震撼力

电视广告在众多广告接二连三快速演播和受众厌倦的情况下，要靠创意的出奇制胜和震撼力给观众留下深刻印象。创意要充分发挥独创性和非凡的想象力。例如美国著名的DDB广告公司总裁威廉·伯恩巴克指出："要使观众在一瞬间发生惊叹，立即明白商品的优点，而且永不忘记。"这才是杰出的销售创意。销售创意要有个性，要靠有力、明确以及干净利落的构思来体现。

（5）技法综合运用

电视广告表现技法十分复杂，例如不同景别（远景、全景、中景、近景、特写）的镜头语言，具有不同的表现力；不同的镜头运动方法（推镜头、拉镜头、摇镜头、跟镜头）具有不同的表现力；蒙太奇技巧等更是变幻丰富，"三维"和"特技合成"的合理应用能实现常理上不能实现的东西，包括物的创造以及时空的自由穿梭转换等，增强广告的表现力。电视广告要综合运用其特点，克服单一化的呆板倾向。

5. 户外广告策略

（1）具有很强的视觉冲击力

现代城市是户外广告的海洋，但能给受众留下深刻印象的只是极少数。这就要求户外广告必须以视觉冲击力引起受众的注意和兴趣。因此，广告必须首先巨大醒目，在视觉阈限占有一定位置。在内容设计上应有刺激性和震撼力，尤其是创意的内涵要足以诱发人们的注意和兴趣。否则，户外广告只能美化城市，对广告主不会带来实际价值。

（2）简洁单纯

户外广告常常是以行进中的受众为对象的。这样的受众对广告的视觉注意力和持久力都很小。因此，户外广告设计绝不能太繁杂，而要力求简明单纯。文案要简化到最少，有时甚至可以减少到只有一个品牌名称。必不可少的文案和图像，都要突出产品或企业形象的主要信息，减少信息量，扩大可视度。标题是户外广告的眼睛，要下功夫写作好，既能引起受众的注意和兴趣，又能对理解广告起到提示作用。

（3）开拓创意思路

户外广告一定要克服路牌告知的老程式，开拓思维，不拘一格，在创意上下功夫。例如一则国外户外广告，创意很新奇：一块航空公司广告只是一个立在机场边上的巨型边框，人们通过边框看到正在起飞的飞机。我国深圳机场的"新鲜粒粒橙"广告，是以切开的巨型橙瓣模型做成的路牌广告。这些广告以新奇的构思，给人一种首创的启迪。

（4）不拘一格，因地制宜

现代科技手段的发展，给户外广告开发创造了有利的条件。户外广告应充分利用现代科技手段，因地因势创造出新的形式，如福建漳州广告公司曾做过一块可口可乐广告，是利用路旁山势凿出一片山岩，又凿出可口可乐品牌标志，气势磅礴，蔚为壮观。日本利用一个三岔路口将麦当劳的M标志做成一个巨大的不锈钢立体拱门，车来人往，穿行其中，既树立了企业形象，又成为人人赞叹的城市美丽景观。

6. 网络广告策略

（1）网络广告尽可能与电子商务相结合

网络广告与电子商务是一对孪生姐妹，是网络经济的两大支柱产业。这也是跟网络广告的独有的特征联系在一起的。因为网络是唯一一个有机会能够把广告 AIDA 四个步骤一气呵成的媒体。所以网络广告的一个趋势就是，纯粹的形象广告会越来越少，都带有产品销售的性质，都与电子商务相结合。

另外，消费者对购买方便性的需求也决定了网络广告要与电子商务相结合。一部分工作压力较大、高度紧张的消费者会以购物的方便性为目标，追求时间、精力、劳动成本的尽量节省，特别是对于需求和品牌选择都相对稳定的日常消费，这一点尤为突出。如果这些人在网上看到自己喜欢的产品广告后，能立即购买的话，就会大大方便消费者，大大提高广告的宣传效果。

（2）赋予网络广告更多的趣味性，增强其吸引力

在现代生活中，由于劳动生产率的提高，人们可供自由支配的时间增加，一些自由职业者或家庭主妇希望通过购物消遣时间，寻找生活乐趣，保持与社会的联系，减少心理孤独感。因此他们愿意多花时间和精力去购物，而前提是购物能给他们带来乐趣。而网络的无限性及网络广告的趣味性，就可使这一部分消费者在畅游网络天地间，在网络广告的指引下，点击鼠标，充分享受购物的乐趣。

网络广告含有比传统媒体广告更多的技术成分，特别是自网络技术问世以来，新技术不断涌现，网络成了实时、动态、交互的多媒体世界，呈现出一幅丰富多彩的画面，使得网上广告具有文字、声音、图片、色彩、动画、音乐、电影、三维空间、虚拟视觉等所有广告媒体的功能，满足人们求新、求变的心理，因而可以充分引起消费者的兴趣，吸引消费者。

（3）注重网络广告更深页面的设计

目前，我们国内的一些广告主在选择网络广告的版位的时候有很大的盲目性，他们还沿用在传统媒体投放广告时的方式、方法。比如我们知道报纸、杂志封面、封底的广告价格最贵，因为最容易被看到，只要有钱，就可以去买这个位置。因此，在各网站就出现一种情况，在流量非常大的首页，广告非常集中，而越往深处，广告越少。其实，从广告效果来看恰恰相反。从许多网站的经验来，除了一些适合做在首页的大众消费品外，特别是对一些比较专业的产品来说，流量越大的页面，点击率越低，流量越小的页面，点击率越高。因为，越往深处，内容越专业，虽然暴露次数少，但是都是有价值的暴露。前不久，一家经营摄影器材的客户在新浪网上投放广告，开始在首页上做，结果点击率有 0.5%，最后换到深处的专业页面去做，结果点击率只有 20%，比在首页上增加了 40 倍。

（4）建立全面的资讯平台

在进行网络广告策划时，第一步要的工作便是构建策划的资讯平台，主要包括以下几个方面的内容：

第一，明确广告目标资讯。广告目标指引着广告的方向，这一点对网络广告同样成立。只有明确了这次广告活动的总体目标之后，广告策划者才能决定网络广告的内容、形式、创意，甚至包括网站的选择、广告对象的确定。网络广告传播能达到的广告目标大体可分为两种：一种是推销品牌，像传统媒体广告一样实现的是以信息传播为手段来达到影响受众的目的。第二种目标是获得受众的直接反应，这是网络广告与传统媒体广告所能达到目标的最大不同。

第二，准确性的目标对象资讯。广告目标对象决定着网络广告的表现形式、广告的内容、具体站点选择，也就影响着最终的广告效果。不同的目标对象都有各自特有的生活习惯，如上网时间、所感兴趣的网页内容、对信息的反应速度等。针对不同的广告对象就要采取不同的广告策略。

第三，竞争对手的随时资讯。俗话说："知己知彼，百战不殆"。在网络社会中，它同样是广告商战必要的前提考虑。你的竞争对象在网上做没有做广告？他们在哪些网站做广告？做什么类型的广告？广告主的诉求点是什么？投入量大不大？只有与竞争对手对应起来考虑，在网络广告策划中才会做到有的放矢、突显个性。否则，可能会导致广告行为的盲目性。

五、广告的设计原则

广告效果不仅取决于广告媒体的选择，还取决于广告设计的质量。高质量的广告必须遵循下列设计原则：

1. 真实性

广告的生命在于真实。虚伪、欺骗性的广告，必然会使企业的信誉丧失。广告的真实性体现在两方面：一方面，广告的内容要真实，即广告的语言文字要真实，不宜使用含糊、模棱两可的言词；画面也要真实，并且两者要统一起来；艺术手法修饰要得当，以免使广告内容与实际情况不相符合。另一方面，广告主与广告商品也必须是真实的，不应是虚构的。企业必须依据真实性原则设计广告，这也是一种商业道德和社会责任。

2. 社会性

广告是一种信息传递，在传播经济信息的同时，也传播了一定的思想意识，必然会潜移默化地影响社会文化、社会风气。从一定意义上说，广告不仅是一种促销形式，而且是一种具有鲜明思想性的社会意识形态。广告的社会性体现在：广告必须符合社会文化、思想道德的客观要求。具体说来，广告要遵循党和国家的有关方针、政策，不违背国家的法律、法令和制度，有利于社会主义精神文明，有利于培养人民的高尚情操，严禁出现带有中国国旗、国徽、国歌标志、国歌音响的广告内容和形式，杜绝损害我国民族尊严的，甚至有反动、淫秽、迷信、荒诞内容的广告。

3. 针对性

广告的内容和形式要富有针对性，即对不同的商品、不同的目标市场要有不同的内容，采取不同的表现手法。由于各个消费者群体都有自己的喜好、厌恶和风俗习惯，为适应不同消费者群体的不同特点和要求，广告要根据不同的广告对象来决定广告的内容与形式。

4. 感召性

广告是否具有感召力，最关键的因素是诉求主题。广告的重要原则之一，就是广告的诉求点必须与产品的优势点、与目标顾客购买产品的关注点一致。产品有很多属性，有的是实体方面的（如性能、形状、成分、构造等），有的是精神感受方面的（如豪华、朴素、时髦、典雅等），但目标顾客对产品各种属性的重视程度并不一样。这就要求企业在从事广告宣传时，应突出宣传目标顾客最重视的产品属性或购买该种产品的主要关注点，否则，就难以激发顾客的购买欲望。

5. 简明性

广告的受众是广大消费者及社会公众，因为广告量增多，而消费者接受和处理信息量的能力有限，广告不应给受众带来太大的视觉与听觉上的辨识压力。简短、清晰明了地点明品牌个性是品牌广告设计的客观要求。例如，宝洁公司的海飞丝宣传的是“头屑去无踪，秀发更出众”，飘柔则是“头发更飘、更柔”，潘婷是“拥有健康，当然亮泽”。显然，注重了简明性的广告，使广告接受者能够在较短的时间内理解广告主的传播意图，了解品牌个性，有利于提高广告传播效果。

还需说明的是，互联网广告（尤其是旗帜型网络广告）更应注意简明性。广告内容的句子要简短，尽可能采用目标受众熟悉的习语，直截了当，避免长句，也不宜过于文绉绉等。

6. 艺术性

广告是一门科学，也是一门艺术。广告把真实性、思想性、针对性寓于艺术性之中。广告利用科学技术，吸收文学、戏剧、音乐、美术等各学科的艺术特点，把真实的、富有思想性、针对性的广告内容通过完善的艺术形式表现出来。只有这样，才能使广告像优美的诗歌，像美丽的图画，成为精美的艺术作品，使人受到感染，增强广告的效果。这就要求广告设计要构思新颖，语言生动、有趣、诙谐，图案美观大方，色彩鲜艳和谐，广告形式要不断创新。

六、广告效果的测定

广告效果是指广告信息通过广告媒体传播后对社会和企业所能产生的影响。广告效果包括两个方面：一是信息沟通效果；二是销售效果。对这两种效果进行评价和测定有利于企业有效地制定广告策略，提高广告的经济效益。

1. 广告沟通效果的测定

沟通效果的测定主要是针对广告对消费者的知晓、认知和偏好所产生的影响的测定。其目的在于确定广告是否正在产生有效的沟通。其内容一般包括：

（1）对广告注意度的测定，是指各种广告媒体吸引人的程度和范围，主要测定读者比率、收听率、收看率、点击率等。

（2）对广告记忆度的测定，是指消费者对于广告的主要内容，如企业名称、产品名称、广告语等记忆度的测定，从中检查广告主题是否鲜明、突出。

（3）对广告理解度的测定，是指消费者对于广告内容、形式理解度的测定，从中可以检查广告的设计和制作中存在的问题并加以解决。

（4）对购买动机形成的测定，指企业了解广告与消费者购买动机形成之间的关系，进而研究广告在促销中的作用，为企业调整营销策略提供依据。

2. 广告销售效果的测定

广告沟通的效果不等于广告的销售效果，沟通效果良好不意味着就能提高销量。因此，越来越多的企业在关注广告沟通效果的同时，开始关注广告对企业销售的直接促进作用。在对广告的销售效果进行测定时，企业经常会将广告费用的增加与销售额的增加进行比较，其计算公式是：

广告效果比率=销售额增加率÷广告费用增加率

由于影响销售增加的因素复杂，因此企业在对广告销售效果进行评价时，要对影响销售增加的因素进行充分分析。

第五节　公共关系策略

一、公共关系的概念和特征

1. 公共关系的概念

“公共关系”又称公众关系，它译自英文 Public Relations，简称“公关”或 PR。按照美国公共关系协会的理解，“公共关系有助于组织（企业）和公众相适应”，包括设计用来推广或保护一个企业形象及其品牌产品的各种计划。也就是说，公共关系是指企业在从事市场营销活动中正确处理企业与社会公众的关系，以便树立品牌及企业的良好形象，从而促进产品销售的一种活动。

公共关系不是广告。不可否认，广告可以是特定的公共关系计划的一部分内容，或者说，公共关系能够支持广告传播活动。但是，公共关系并不等同于广告。首先，广告需要购买媒体的时间或空间并使用其传递企业想传递的品牌、产品等信息；而公共关系则无须为媒体的报道支付酬金。其次，企业公关活动是通过新闻发布等手段来吸引媒体给予报道，至于媒体报道什么内容将由媒体决定。也就是说，广告要支付费用、控制广告传播内容；而公共关系不支付费用，也不能控制媒体报道内容。

公共关系不以具体产品（或服务）为导向。一般而言，公共关系关注的是企业及品牌形象，公关活动的目的是力图为企业营造对企业信任的公共环境（包括舆论氛围等），而不是为具体的企业产品或服务创造需求。当然，这并不意味着企业的公共关系活动就不能激活或创造产品（或服务）的需求。事实上，成功的公关活动为激活需求、扩大产品（或服务）销售积累了人脉资源。

2. 公共关系的特征

公共关系是一种社会关系，但又不同于一般社会关系，也不同于人际关系。公共关系的基本特征表现在以下几个方面：

（1）公共关系是一定社会组织与其相关的社会公众之间的相互关系

这里包括三层含义：①公关活动的主体是一定的组织，如企业、机关、团体等。②公关活动的对象包括企业外部的顾客、竞争者、新闻界、金融界、政府各有关部门及其他社会公众，又包括企业内部职工、股东。因此，公关有内部公关与外部公关之分（内部公关对象是企业内部职工、股东等；外部公关对象是顾客、社会公众、政府等）。这些公关对象构成了企业公关活动的客体。企业与公关对象关系的好坏直接或间接地影响企业的发展。③公关活动的媒介是各种信息沟通工具和大众传播渠道。作为公关主体的企业，借此与客体进行联系、沟通、交往。

（2）公共关系的目标是为企业广结良缘，在社会公众中创造良好的企业形象和声誉

企业的形象和声誉是无形财富。良好的形象和声誉是企业富有生命力的表现，也是公关的真正目的所在。企业以公共关系为促销手段，利用一切可能的方式和途径，让社会公众熟悉企业的经营宗旨，了解企业的产品种类、规格以及服务的方式和内容等有关情况，使企业在社会上享有较高的声誉和树立较好的形象，以促进产品销售的顺利进行。

（3）公共关系的活动以真诚合作、平等互利、共同发展为基本原则

公共关系以一定的利益关系为基础，这就决定了主客双方必须有诚意、平等互利，并且要协调、兼顾企业利益和公众利益。这样才能满足双方需求，维护和发展良好的关系。否则，只顾企业利益而忽视公众利益，在交往中损人利己，不考虑企业信誉和形象，就不能构成良好的关系，也毫无公共关系可言。

（4）公共关系是一种信息沟通，是创造“人和”的艺术

公共关系是企业与其相关的社会公众之间的一种信息交流活动。企业从事公关活动，能沟通企业上下、内外的信息，建议相互间的理解、信任与支持，协调和改善企业的社会关系环境。公共关系追求的是企业内部和企业外部人际关系的和谐统一。

（5）公共关系是一种长期活动

公共关系着手于平时努力，着眼于长远打算。公共关系的效果不是急功近利的短期行为所能达到的，需要连续地、有计划地努力。企业要树立良好的社会形象和信誉，不能拘泥于一时一地的得失，而要追求长期稳定的战略性关系。

二、公共关系的活动方式和工作程序

公共关系在企业营销管理中占有重要地位。在企业内部，公关部门介于决策者与各职能部门之间或介于职能部门与基层人员之间，负责沟通和协调决策者与职能部门之间、各职能部门之间以及职能部门与成员之间的相互关系；在企业外部，公关部门介于企业与公众之间，对内代表公众，对外代表企业，沟通、协调企业与公众之间的相互关系。公共关系部门无论是独立的职能部门，还是隶属于某一职能部门，它都具有相同的活动方式和工作程序。

1. 公共关系的活动方式

公共关系的活动方式是指以一定的公关目标和任务为核心，将若干种公关媒介与方法有机地结合起来，形成一套具有特定公关职能的工作方法系统。按照公共关系的功能不同，公共关系的活动方式可分为五种：

（1）宣传性公关

宣传性公关是指企业运用报纸、杂志、广播、电视等各种传播媒介，采用撰写新闻稿、演讲稿、报告等形式，向社会各界传播企业有关信息，以形成有利于企业形象的社会舆论导向。这种方式传播面广，对推广企业形象效果较好。

（2）征询性公关

这种公关方式主要是企业通过开办各种咨询业务、制定调查问卷、进行民意测验、设立热线电话、聘请兼职信息人员、举办信息交流会等各种形式，逐步形成效果良好的信息网络，再将获取的信息进行分析研究，为经营管理决策提供依据，为社会公众服务。

（3）交际性公关

这种方式是通过语言、文字的沟通，为企业广结良缘，巩固传播效果，可采用宴会、座谈会、招待会、谈判、专访、慰问、电话、信函等形式。交际性公关具有直接、灵活、亲密、富有人情味等特点，能深化交往层次。

（4）服务性公关

服务性公关就是指企业通过各种实惠性服务，以行动去获取公众的了解、信任和好评，以实现既有利于促销又有利于树立和维护企业形象与声誉的活动。企业可以各种方式为公众提供服务，如消费指导、消费培训、免费修理等。事实上，只有把服务提到公关这一层面上来，才能真正做好服务工作，也才能真正把公关转化为企业全员行为。

（5）赞助性公关

赞助性公关是企业通过赞助文化、教育、体育、卫生等事业，支持社区福利事业，参与国家、社区重大社会活动等形式来塑造企业的社会形象，提高企业的社会知名度和美誉度的活动。这种公关方式的公益性强，影响力大，但成本较高。企业的赞助活动可以是独家赞助（或称单一品牌赞助），也可以是联合赞助。

2. 公共关系的工作程序

开展公共关系活动，其基本程序包括调查、计划、实施、检测四个步骤：

（1）公共关系调查

公共关系调查是公共关系工作的一项重要内容，是开展公共关系工作的基础和起点。通过调查，企业能了解和掌握社会公众对企业决策与行为的意见。据此，可以基本确定企业的形象和地位，可以为企业监测环境提供判断条件，为企业制定合理决策提供科学依据等。公关调查内容广泛，主要包括企业基本状况、公众意见及社会环境三方面内容。

（2）公共关系计划

公共关系是一项长期性工作，合理的计划是公关工作持续高效的重要保证。在制订公关计划时，要以公关调查为前提，依据一定的原则来确定公关工作的目标，并制订科学、合理、可行的工作方案，如具体的公关项目、公关策略等。

（3）公共关系的实施

公关计划的实施是整个公关活动的“高潮”。为确保公共关系实施的效果最佳，正确地选择公共关系媒介和确定公共关系的活动方式是十分必要的。公关媒介应依据公共关系工作的目标、要求、对象和传播内容以及经济条件来选择；确定公关的活动方式，宜根据企业的自身特点、不同发展阶段、不同的公众对象和不同的公关任务来选择最适合、最有效的活动方式。

（4）公共关系的检测

公关计划实施效果的检测，主要依据社会公众的评价来进行。通过检测，能衡量和评估公关活动的效果，在肯定成绩的同时，发现新问题，为制定和不断调整企业的公关目标、公关策略提供重要依据，也为确保企业的公共关系成为有计划的持续性工作提供必要的保证。

公共关系是促销组合中的一个重要组成部分，企业公共关系的好坏直接影响着企业在公众心目中的形象，影响着企业营销目标的实现，如何利用公共关系促进产品的销售，是现代企业必须重视的问题。

三、企业营销活动中的危机公关

2008 年年初，从我国南方大范围冰雪灾害到中国出口日本的毒饺子事件以及前不久出现的“牛奶危机”……危机事件当头，企业该怎么办？有的企业就此倒下，而有的企业利用危机的轰动效应，采取积极有效的危机公关策略，转危为安，从“危机”嬗变到新的发展“契机”。

（一）公关危机的概念和分类

1. 公关危机的概念

公关危机是指企业因产品质量不合格、劳资纠纷、法律纠纷、重大事故等被媒体曝光给企业带来的危机，它会令企业美誉度遭受严重考验。

关于企业危机公关的解释：由于企业的变化或许是社会上特殊事件引发的，对于一个企业或一个品牌产生的不良影响，并且在很短时间内涉及很广的社会层面，这种不良影响对于企业或品牌来讲就是一种危机。危机公关是衡量现代企业公关综合实力的标准，也是现代企业的立足之基、发展之本。国内外有许许多多的案例，企业在瞬间遭到危机毁灭，这就给企业的公关部门提出了更高的要求。但现今很多企业的公关部门（策划部、市场部、新闻部、宣传部）并不具备处理危机的能力，其还停留在发布企业新闻通稿、接待媒体采访等简单繁琐的事务工作上。没有良好的公关策划能力、没有对企业的全局把握和对外界的洞察能力，当危机来临的时候，企业的公关部门往往只能花钱去买通个别记者和花大价钱做广告来弥补。而这种做法延续下去，最终会为企业的失败埋下伏笔。

2. 公关危机的种类

（1）意外灾难危机——不可抗力引起的自然灾害、意外事故引起的人为灾害。

（2）经营危机——决策失误或管理不善，导致企业无法正常运行的危机。

（3）信誉危机——商业信誉下降而使企业形象严重受损的危机。如不能完成订单、产品出现严重的质量问题。

（4）信贷危机——企业失去银行的信任，得不到必要的生产资金，导致企业运行处于恶性循环。

（5）素质危机——由于企业素质过低，竞争力下降而形成的经营危机和商誉危机。企业素质过低主要表现在以下方面：决策能力低、企业管理及生产管理人员能力低、职工技术水平低、设备效率低、产品质量低、成本高、消耗大。

此外还有环境危机、政策性危机、反面宣传引起的危机等。

（二）公关危机的预防与处理

1. 公关危机的预防

危机的出现一害企业、二害公众、三害国家，应引起企业高度的重视，除了不可抗力引发的危机无法避免，其他方面预防得当是可以避免的。

（1）树立全员防范危机的意识。经常开展有关生产、安全、企业、经济、竞争等方面的教育活动，使全员产生一种危机感。完善规章制度和责任制度，完善基础管理工作，制定企业行为准则和职工守则。

（2）建立完善的报警系统。公众对企业的不满情绪、反对意见、迫切要求，是构成公共关系危机的前兆，因此，企业要建立完善的报警系统及时收集和捕捉这些征兆。加强公共信息与企业经营信息的收集、整理、分析工作，及时掌握公众对企业的反应和评价。了解和关注国家有关的政策，经济政治体制改革的动向、趋势，使企业能和社会大气候相协调。加强和客户的沟通工作，稳定企业与客户的关系，及时了解和掌握客户的要求变化情况。分析竞争对手和市场需求，做到知己知彼。定期不定期对企业进行自我诊断，对企业生产经营状况、公共关系状况、企业形象进行客观的分析和评价，对薄弱环节采取必要的措施。开展多种形式的调研活动，研究和预测可能引发的危机和突发事件，将危机消灭在萌芽状态。

（3）强化公共关系意识。通过有效的公共关系活动，增强公众对企业的理解和支持，保持企业与公众的良好关系是防止危机的重要条件。

（4）提高企业素质。提高领导者的决策水平，避免决策失误，克服企业中的短期行为，按客观规律组织生产和经营活动。突出以“人”为本的核心管理思想，重点抓好企业全体员工素质的改善和提高。

2. 公关危机的处理

任何企业、单位都无法避免随时可能发生的危机公关。1996 年闻名世界的可口可乐危机公关事件，由于可口可乐公司总部异常冷静的表现，迅速制订了处理危机的方案，同时，以极富人情味、积极主动的道歉方式，勇于承担对消费者负责的企业文化精神，再次获得了市场的认同。所以危机出现，企业应该采用科学的方法及时处理化解危机。

（1）危机发生时，以最快的速度成立危机公关办公室或工作小组，调配训练有素的、经过系统培训的专业人员，以最快的速度制订危机公关处理方案。

（2）企业高层要高度重视危机公关的处理。出现危机公关后，高层领导必须有“新闻发言代表”或“企业代表”出现，在第一时间以坦诚的态度出现在媒体和公众面前。

（3）企业应该使自己成为危机信息的权威渠道。企业发生危机公关时，要以坦诚的、解决问题的态度直面媒体和公众，而不是关起大门，一言不发。在危机公关时期，正确引导媒体和公众对企业的看法是解决危机公关的致命的关键。

（4）如果企业有不当行为，经确认后，企业尽快将其公布于众并采取积极的纠正措施。

（5）如果新闻报道与事实不符，应及时予以指正，并要求更正和道歉。

在企业公关危机中，最重要最关键的部分是如何面对媒体。如果公司管理人员不能对外提供很好的信息和充足的信息，媒体就会通过其他渠道寻求消息。媒体总是坚持不懈地寻求适于报道的消息，追求危机的新闻制造点和制造者。在这种情况下，一个声明，一个完整的说明足以满足媒体的需求。

一方面，大部分情况下，媒体的新闻报道是产生危机公关的重要源头，而另一方面，有效的传播沟通工作可以在控制危机方面发挥积极的作用。作为企业来说，当危机发生时，企业必须面对危机，更为重要的是，我们也必须面对媒体。

本章小结

促销是市场营销策略中重要的策略之一，其实质与核心就是加强与消费者的信息沟通、刺激消费者产生购买欲望，从而促进销量的提升。促销的主要方式有人员推销、营业推广、广告和公共关系等四种形式。

人员推销具有信息传递的双向性、推销目的的双重性、推销过程的灵活性和推销活动的高成本性等特点。为了提高销售人员的效率，企业有必要对人员推销进行管理。

营业推广能对销量的提升能起到立竿见影的作用，但不能长期使用。针对不同的营业推广对象，营业推广的方式多种多样，需要正确选择合适的营业推广方式。

广告是重要的、影响最广泛的促销方式。由于不同广告媒体有不同的特性，所以企业从事广告活动时必须对广告媒体进行正确选择。企业可以根据产品的特点、消费者接触媒体的习惯、媒体的传播范围、媒体的影响力和媒体的费用等因素选择具体的广告媒体。广告设计应遵循真实性、社会性、针对性、感召性、简明性、艺术性等原则。

公共关系是一门与公众建立良好关系的促销方式，也是一种长期活动。

思考与练习

1. 试述促销及促销组合的含义。促销组合的基本形式有哪些？

2. 在通信科技发达的今天，人员推销有没有存在的意义？

3. 今年圣诞节是某酒店成立十周年的日子，请以此为公司策划一个促销活动方案。

4. 广告媒体有哪几种，如何选择广告媒体？

5. 公共关系活动方式有哪几种？

图书在版编目(CIP)数据

市场营销学/黄浩主编.2版.—成都:西南财经大学出版社,2015.4
ISBN 978-7-5504-1842-4

Ⅰ.①市… Ⅱ.①黄… Ⅲ.①市场营销学—高等学校—教材
Ⅳ.①F713.50

中国版本图书馆 CIP 数据核字(2015)第 061633 号

市场营销学(第二版)

主　编:黄　浩

副主编:王山宝　钟大辉　覃彦玲　詹华庆　揭东慧

责任编辑:张　岚

助理编辑:高　玲

封面设计:杨红鹰

责任印制:封俊川

出版发行	西南财经大学出版社(四川省成都市光华村街 55 号)
网　　址	http://www.bookcj.com
电子邮件	bookcj@foxmail.com
邮政编码	610074
电　　话	028-87353785　87352368
照　　排	四川胜翔数码印务设计有限公司
印　　刷	四川森林印务有限责任公司
成品尺寸	185mm×260mm
印　　张	18.75
字　　数	390 千字
版　　次	2015 年 4 月第 2 版
印　　次	2015 年 4 月第 1 次印刷
印　　数	1—3000 册
书　　号	ISBN 978-7-5504-1842-4
定　　价	35.00 元